Hardw

Liber 07

c
49.99

ANAYA MULTIMEDIA

Título de la obra original:
PC Hardware Annoyances

Responsable Editorial:
Eugenio Tuya Feijoó

Traductor:
José Luis Gómez Celador

Realización de cubierta:
Cecilia Poza Melero

Hardware

Stephen J. Bigelow

Edición española:

© EDICIONES ANAYA MULTIMEDIA (GRUPO ANAYA, S.A.), 2005
Juan Ignacio Luca de Tena, 15. 28027 Madrid
Depósito legal: M. 35.765-2005
ISBN: 84-415-1913-7
Printed in Spain
Imprime: Lavel, S.A.

Sobre el autor

Stephen J. Bigelow obtuvo su licenciatura en Ingeniería Electrónica en 1987 y empezó a trabajar como ingeniero industrial, cargo que le permitió trabajar mucho con tecnologías informáticas, programación y con la realización de interfaces. Pero después de muchos años de sufrimiento en la lotería de despidos extenuante del mundo empresarial, decidió hacer algo que tuviera sentido de verdad para su vida.

Desde entonces, Bigelow ha escrito numerosos libros sobre reparación de ordenadores, entre ellos "Bigelow's PC Hardware Desk Reference". También ha escrito numerosos artículos para Computer Currents, Computer User y cualquier otra publicación que le ofrezca dinero.

Actualmente, Bigelow sigue aprendiendo sobre ordenadores y redes y escribe en numerosas ocasiones para Processor Magazine, SmartComputing y CNET.com. Su trabajo también ha aparecido en eWeek y en PC Today.

Agradecimientos

Una de las mejores cosas de este trabajo es que aprendo cosas nuevas todos los días. Este libro no habría sido posible sin las útiles experiencias personales y las muchas y variadas preguntas que muchos usuarios informáticos han compartido conmigo durante estos años. Espero haberos devuelto al menos un poco de todo lo que me habéis dado.

Índice de contenidos

Hardware. Problemas y soluciones

3. Problemas gráficos 141

Hardware. Problemas y soluciones

4. Problemas de sonido 201

6. Problemas con la unidad de CD/DVD 271

8. Problemas con la impresora y el escáner 397

Introducción

Comencé a escribir sobre ordenadores y tecnología allá por 1988. No, no estuve presente cuando el primer ordenador personal de IBM salió de la cadena de montaje, pero casi. Desde entonces, he tenido el privilegio de ver cómo la tecnología informática ha ido evolucionando y ha pasado de ser un cúmulo de aparatos anticuados e incompatibles entre sí, a convertirse en una elegante muestra de rendimiento. Lo mejor de todo es que esta evolución no se detiene y continúa mientras que está leyendo este libro.

Pero con toda la normalización y todos los avances que se han producido en los últimos 15 años más o menos, ahora es más difícil que nunca obtener respuestas a nuestras preguntas o resolver los problemas que plantea esta tecnología. Los ordenadores y sus periféricos aún presentan un verdadero conjunto de desafíos para los usuarios de a pie. Todo el mundo ha tenido que preocuparse alguna vez por algo relacionado con la instalación, la configuración, la compatibilidad o bien con el rendimiento y la mayor parte de los mensajes de error siguen siendo tan crípticos como en los tiempos de DOS 2.0.

Sin embargo, hoy en día la mayoría de los ordenadores vienen con muy poca (o ninguna) documentación impresa y tan sólo los más valientes (o los más aburridos) son capaces de esperar durante horas hasta que algún ser humano del servicio técnico los atienda. Juro que me va a dar un ataque si oigo otra vez una versión para organillo del "Bolero de Ravel".

¿Este libro es adecuado para usted?

Si todavía no ha visto la portada, este libro trata sobre las molestias que le causa el hardware de su ordenador, es decir, los asuntos y los problemas asociados con las diferentes unidades, los monitores, las impresoras, los escáneres, la memoria RAM, los chips, las placas y otros artilugios que están metidos en su ordenador de sobremesa o portátil o unidos a él.

No tiene que ser un loco por los ordenadores para poder utilizar este libro, pero no viene mal que conozca los aspectos básicos relacionados con un ordenador. Podrá sacarle más partido a este libro si maneja con soltura Windows XP y sabe qué lado del destornillador hay que sujetar para abrir el equipo. Si éste no es su caso, no se preocupe. He redactado instrucciones paso a paso para los procedimientos importantes. No importa si lleva veinte años jugando con los ordenadores o si aún no sabe dónde está el puerto del ratón de su primer ordenador. Los problemas abarcan una amplia gama de temas y de niveles de dificultad, así mantiene su gracia, mientras que la resolución de problemas complicados y el lenguaje especializado se han reducido al mínimo.

Cómo utilizar este libro

Este libro está organizado en amplias categorías: ordenadores de sobremesa, portátiles, discos duros, impresoras, redes, etc. En cada capítulo los problemas se agrupan por tema. Por ejemplo, el capítulo de los ordenadores de sobremesa incluye: problemas relacionados con la configuración, el teclado, el ratón, el inicio, la BIOS/CMOS, la memoria, el procesador, los puertos y el mantenimiento. De esta manera es mucho más sencillo ojear el libro y localizar las páginas que más le interesen, y resolver así un complicado problema que le ha traído de cabeza.

1. Problemas con el ordenador de sobremesa

Recuerdo mi primer ordenador de sobremesa. Era un Packard Bell 8086 con dos disqueteras y gráficos CGA. El armatoste asustaba a los gatos con su constante ruido y normalmente generaba tanto calor que calentaba mi oficina en los helados inviernos de Nueva Inglaterra. Por supuesto, el disco duro de 20 MB (sí, megabytes) y una exótica tarjeta gráfica VGA fueron actualizaciones caras que funcionaron bastante bien (una vez que conseguí que funcionaran). Los tiempos han cambiado. Los equipos de sobremesa modernos, que superan los 3 GHz, ofrecen una importante compatibilidad y estabilidad con muchísimos dispositivos de hardware. Sin embargo, aún hay muchas ocasiones en las que parece que el PC realmente nos odia y ni siquiera un pacto con el diablo haría que las cosas funcionaran como queremos. Este capítulo ofrece soluciones prácticas para evitar que destrocemos el maldito ordenador de sobremesa.

Problemas con la instalación del PC

Cableado y calidad de imagen

El problema: La imagen de mi monitor LCD parece poco definida, independientemente de la resolución o frecuencia de refresco que use. Ya he descargado los últimos controladores. ¿Qué más puedo hacer?

La solución: El ruido eléctrico suele hacer que la imagen se vea distorsionada, pero siempre debemos comenzar con algunas comprobaciones lógicas. Debemos asegurarnos de ceñir (apretar esos pequeños tornillos) el cable de vídeo RGB analógico que conecta el monitor y la tarjeta de vídeo del PC.

Buscar nudos, muescas o daños en el cable de vídeo. Si parece que el cable acaba de pasar por una batidora, cambiémoslo de inmediato. Alejemos el cable de vídeo de cualquier cable de alimentación de corriente alterna o dispositivos que consuman mucha energía (aparatos que puedan producir interferencias eléctricas notables), como cafeteras o aparatos con motor.

Si queremos imágenes de la máxima calidad, debemos tirar el viejo cable RGB y cambiarlo por una conexión DVI (Interfaz de Vídeo digital) (véase la figura 1.1). El cable DVI usa señales digitales en lugar de niveles analógicos, de modo que la conexión DVI suele producir imágenes más claras.

Solamente hay un inconveniente: la tarjeta de vídeo y el monitor LCD deben tener conexiones DVI.

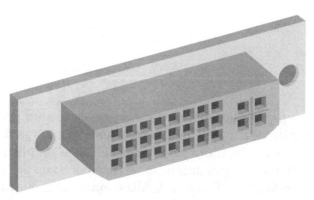

Figura 1.1. Una conexión DVI normalmente producirá una imagen ligeramente mejor que una conexión de vídeo RGB.

Truco

Debemos asegurarnos de usar el controlador de vídeo recomendado por el fabricante para nuestro monitor LCD. El controlador genérico para CRT podría no producir los resultados óptimos. Además, debemos probar la resolución diseñada para el monitor LCD. Por ejemplo, un Acer F51 funciona mejor a 1024 x 768.

Colores y conexiones

La parte trasera del PC tiene suficientes conexiones como para confundir al Dr. Frankenstein. Peor aún, los fabricantes de PC no señalan los conectores o usan algún tipo de jeroglífico moderno y necesitamos la piedra Rosetta para descifrarlo. Afortunadamente, los nuevos PC usan diferentes colores para identificar cada conexión. Los colores clave que debemos recordar son:

❏ Verde: Ratón PS/2.

❏ Morado: Teclado PS/2.

❏ Rojo: Puerto paralelo de 25 pines.

❏ Azul oscuro: Puerto de vídeo de 15 pines (alta densidad).

Y esas sorprendentes pequeñas conexiones de audio:

❏ Lima: Salida de altavoces o auriculares.

❏ Azul claro: Entrada de línea (externa).

❏ Naranja: Entrada de micrófono.

Hay que prestar atención a los teclados inalámbricos

El problema: He instalado un nuevo combinado de teclado y ratón inalámbricos, pero no consigo que mi equipo los reconozca.

La solución: Hay toda una serie de problemas que pueden hacer que esto no funcione. Debemos asegurarnos de que conectamos el receptor inalámbrico (normalmente un pequeño dispositivo USB, parecido al soporte cargador del ratón inalámbrico) a un puerto USB funcional. Además, el receptor debería aparecer en el administrador de dispositivos según las instrucciones de instalación del fabricante. Claro, ya hemos revisado esto cinco veces, pero hágalo otra vez, por favor.

A continuación podemos comprobar las pilas del ratón y el teclado. Revisamos que las pilas no estén colocadas al revés. Si es necesario, cambiamos las pilas por unas nuevas. Recuerde que las pilas sólo duran unos dos meses (aunque algunos fabricantes muy optimistas aseguran que duran seis). Deberíamos cargar por completo las pilas recargables del ratón antes de iniciar el equipo.

¿Seguimos sin respuestas? No hay por qué preocuparse. Los dispositivos inalámbricos admiten varios canales diferentes, por lo que probablemente tengamos que sincronizar el teclado y el ratón. Los pasos varían para cada fabricante, pero en productos como el Logitech Cordless MX Duo, basta con pulsar el botón de conexión del receptor y después pulsar el correspondiente botón de conexión en el teclado y en el ratón. ¡*Voila*!

Eliminar los problemas de fatiga repetitiva

El problema: Escribir me vuelve loco. Me duelen las manos, muñecas y brazos. ¿Algún consejo?

La solución: Ah, debe ser una pobre víctima de una lesión por fatiga repetitiva (su compañía de seguros... um, el doctor la llamará RSI). Algunas investigaciones sugieren que los periodos largos realizando movimientos repetitivos (como escribir o bien mover el ratón hacia delante y atrás) y las malas posturas de manos y cuerpo, pueden producir lesiones en los nervios, tendones y músculos. Los resultados pueden variar desde dolor, entumecimiento y hormigueo hasta debilidad, inflamación, quemaduras, calambres y rigidez. Afecta a zonas como manos, hombros, espalda, cuello y espalda. Conclusión: no se haga el remolón; vea al doctor lo antes posible.

Por suerte, podemos usar algunos trucos interesantes para ayudar a evitar (y a veces, posiblemente curar) las RSI. Logitech proporciona una serie de pautas de comodidad para preparar nuestro espacio de trabajo. Podemos descargar el PDF en varios idiomas de `http://www.logitech.com/pub/comfort/comfort-us.pdf`.

Prestigiosas páginas médicas, tales como WebMD (`http://www.webmd.com`), también pueden proporcionar detalles y sugerencias para enfrentarnos a la RSI y la página de ayuda contra el RSI de Deborah Quilter (`http://www.rsihelp.com`) profundiza en los detalles más elementales. Por último, los siguientes trucos podrían ser de ayuda:

❏ Reducir el uso del ordenador. Por ejemplo, dar paseos o ver una película en lugar de jugar con videojuegos.

❏ Colocar correctamente el ordenador. El monitor debe estar directamente delante de nosotros, con la pantalla a la altura de los ojos. El teclado y el ratón deben estar lo suficientemente bajos como para poder colocar los codos en una posición de 90 grados.

❏ Sentarnos erguidos. La columna dorsal debe estar recta.

❏ La técnica es muy importante. Nunca deje descansar las muñecas en la mesa, reposamuñecas o reposabrazos mientras escribimos o usamos el ratón.

❏ Tomarnos un breve descanso cada 20-30 minutos. Estirarnos frecuentemente mientras estamos frente al ordenador.

- El ejercicio cardiovascular (como caminar) regular ayuda a mejorar la circulación y los ejercicios de fortalecimiento y estiramiento de la parte superior del cuerpo ayudarán a nuestros brazos y muñecas.

- No seguir trabajando con el ordenador si notamos dolor o fatiga (debemos ver al médico inmediatamente).

Truco

Encontraremos pautas de ergonomía así como posibles cambios en el lugar de trabajo en la página Web de Occupational Safety and Health Administration (OSHA).

Detectar unidades USB

El problema: ¿Por qué mi equipo con Windows XP no reconoce mi nueva unidad DVD-/+RW USB? La he conectado una y otra vez, pero la $@#$ cosa no aparece.

La solución: Normalmente descubriremos la causa de un problema con un dispositivo externo en un problema con la conexión o la alimentación. En primer lugar, comprobemos nuestra presión sanguínea y conectar un ratón al puerto USB para asegurarnos de que funciona. Si podemos usar el ratón, sabremos que el puerto funciona. Si no es así, el problema es con el puerto USB del sistema.

Truco

Siempre debemos conectar directamente al equipo los dispositivos USB de alta velocidad, como las unidades de CD/DVD y dispositivos de captura de vídeo. Un concentrador USB puede producir problemas de conexión y rendimiento.

Tras resolver cualquier problema con el puerto USB, examinamos el cable de señal USB. Insertamos el conector firmemente y cambiamos cualquier cable retorcido, cortado o bien lleno de rozaduras. Como las unidades externas necesitan más energía de la que puede proporcionar el puerto USB, debemos asegurarnos de conectar correctamente el transformador de corriente a la unidad. La unidad tendrá una luz LED que se iluminará para indicar que recibe energía.

Truco

Puede que nos acordemos de los requisitos de sistema para una unidad externa. Las unidades USB de alta velocidad pueden necesitar un puerto USB 2.0 para alcanzar velocidades de transferencia de datos óptimas. Los puertos USB 1.1 podrían no detectar correctamente la unidad (o no usar la unidad a su máxima velocidad). Los viejos puertos USB 1.0 probablemente no detecten una unidad USB 2.0.

El gran miedo: Acabar con los cuelgues de sistema

El problema: He instalado una tarjeta PCI de captura de vídeo y ahora el equipo se cuelga en los momentos más inoportunos. ¿Cómo puede hacer que la tarjeta funcione sin tener que empezar desde cero?

La solución: Este problema de configuración afecta a la mayoría de los usuarios de PC y necesita un poco más de trabajo que el anterior problema. La instalación de un controlador erróneo o un conflicto con otros recursos casi siempre produce este problema. Observe que hemos dicho "casi siempre". Antes de hacer nada, extraemos el dispositivo y sus controladores y volvemos a revisar el PC. Los viejos técnicos de PC llaman a esto "lo último en entrar, lo primero en salir". En otras palabras, si quitamos el último elemento que hemos instalado, debería solucionar el problema temporalmente.

Nota

La cantidad de problemas del ordenador producidos por malas conexiones es sorprendente. Todos los conectores del PC deberían encajar, conectarse o atornillarse en su lugar; sin excusas. Debemos asegurarnos de fijar cada conexión y acordarnos de usar los pequeños tornillos para asegurar los cables de vídeo, del puerto serie y del puerto paralelo. No diga que no lo advertimos.

Sé que los manuales son la perfecta cura para el insomnio, pero debemos permanecer despiertos para volver a revisar los pasos de la instalación. A veces tendremos que instalar los controladores y el programa de ayuda antes de instalar el hardware. Otras veces, tras la instalación, el PC simplemente reconocerá el nuevo hardware y nos pedirá los controladores. Quitemos el dispositivo y los controladores y volvamos a intentarlo en el orden correcto. Si realmente queremos devolver el sistema al estado anterior a la instalación, usamos el asistente para la restauración del sistema.

Truco

Cuando instalamos un dispositivo externo (como por ejemplo una unidad de disco duro), debemos acordarnos de comprobar los cables de señal y de energía.

El CD de los controladores probablemente incluya los controladores para varios sistemas operativos, por lo que debemos asegurarnos de instalar el controlador adecuado. Además, los nuevos controladores de dispositivo a veces se publican con fallos y otros errores; quizás encontremos parches o actualizaciones en la página Web del fabricante.

Truco

Windows XP incluye una gran cantidad de controladores, por lo que quizás ni siguiera necesitemos el CD con los controladores.

Si la tarjeta sigue funcionando mal cuando la instalamos de nuevo, debemos buscar alguna señal de conflicto en el administrador de dispositivos. En Windows XP, abrimos Sistema en el panel de control, hacemos clic en la pestaña Hardware y hacemos clic en el botón **Administrador de dispositivos**. Los conflictos se producen cuando la tarjeta intenta usar los mismos recursos de hardware (como una interrupción, línea DMA o espacio de memoria) asignados a otro dispositivo del PC. Si no hay problemas de dispositivo, quizás este dispositivo concreto no funcione con nuestro ordenador. En ese caso, extraemos la tarjeta y la devolvemos a la tienda para que nos devuelvan el dinero o nos la cambien por otro modelo diferente. Sin embargo, si vemos que uno o más dispositivos están señalados con signos de error, hacemos clic con el botón derecho del ratón en el dispositivo y seleccionamos Propiedades, buscamos detalles del error en la zona de Estado del dispositivo y hacemos clic en el botón **Solucionador de problemas**. Un asistente para solucionar problemas nos acompañará mientras resolvemos el problema (véase la figura 1.2).

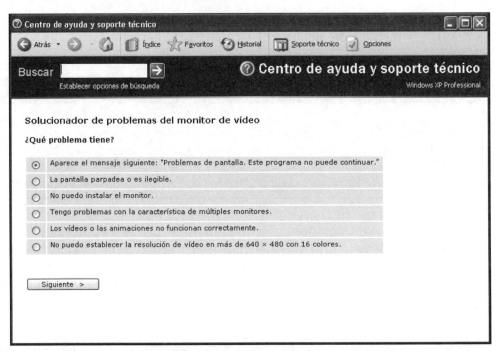

Figura 1.2. Windows proporciona ayuda global para resolver problemas, como el Solucionador de problemas del monitor de vídeo.

Nota

Los PC generan mucho calor. Para que todo funcione de forma fluida, el PC debe expulsar el aire caliente e introducir aire fresco. Debemos dejar suficiente espacio alrededor del ventilador extractor y no obstruir los ventiladores de entrada con libros, papeles u otros objetos.

El nuevo disco duro bloquea el sistema

El problema: He comprado un nuevo disco duro de 80 GB para ejecutar Windows XP en un PC viejo. Quiero usar la otra unidad para Linux. He instalado la nueva unidad como maestra y he conectado la unidad vieja como esclava. He empezado a instalar Windows XP en la nueva unidad, pero el sistema se congela en la BIOS durante el reinicio y no podrá detectar la unidad. ¿Alguna idea?

La solución: Tener varios discos duros puede ser complicado si no están bien configurados. Por ejemplo, ¿hemos configurado los conectores maestro/esclavo de cada unidad para que muestren su relación? Es habitual pasarlo por alto cuando pasamos una unidad vieja a una posición secundaria. Examinemos los conectores de la unidad, sólo para estar seguros.

Examinemos la lista de hardware de la BIOS durante el arranque para saber si hemos instalado las dos unidades correctamente. La BIOS mostrará un número de pieza de las unidades primaria y secundaria del canal principal. La nueva unidad debería aparecer como "Primary Master" y la unidad vieja debería aparecer como "Primary Slave". Si las designaciones del parte coinciden con las posiciones de la unidad, sabremos que la BIOS ve cada unidad a nivel de hardware. Si alguna entrada está señalada con "None" o "Not Installed", tenemos problemas con un cable o bien con un conector mal colocado.

Una unidad de arranque en la posición de esclavo puede hacer que algunos sistemas sean muy quejicas. Desconectamos la unidad vieja, pero dejamos solamente la nueva unidad en la posición de maestro. A continuación instalamos Windows XP en la nueva unidad. Seguidamente, apagamos el equipo y volvemos a conectar la unidad vieja. Copiamos cualquier archivo de datos importante, cambiamos la partición del disco antiguo e instalamos Linux a nuestro gusto.

Truco

Una fuente de alimentación ininterrumpida (o UPS) proporciona un seguro barato para cualquier PC. Cuando se produce un apagón, el UPS mantendrá el PC y el monitor funcionando durante unos minutos. No demasiado, pero bastante para guardar el trabajo importante y apagar con seguridad. En caso contrario, un apagón significa "desastre total" (imagine horas de trabajo perdidos e incluso sistemas de archivo corruptos). Un UPS se amortiza con el primer desastre que evita.

Truco

Una utilidad para cambiar unidades, por ejemplo Symantec Ghost (`http://www.ghost.com`) puede clonar un disco duro en una nueva unidad. Esto elimina la necesidad de volver a instalar el SO, las aplicaciones y los archivos de datos.

La sabiduría de los nuevos controladores de placa base

El problema: He instalado una nueva placa base en mi equipo Windows XP, pero ¿debería instalar los controladores de la placa base que vienen en el CD que incluía, o dejar que XP gestione el hardware?

La solución: Windows XP ofrece una gran cantidad de controladores para todos los tipos de hardware. Esto hace que la instalación de nuevos dispositivos sea rápida y sencilla puesto que no tenemos que tocar el disco de los controladores. Sin embargo, XP no es perfecto (no quiero chistes sobre Microsoft) y no tiene en cuenta todos los dispositivos de hardware.

¿Que qué demonios significa esto? Bueno, significa que no hay una regla fácil y segura. En realidad, depende de nuestra placa base y sus funciones de hardware. Por ejemplo, he visto una placa Biostar M7NCG instalarse perfectamente con Windows XP. El sistema operativo identificó muchos de los dispositivos de hardware (como los puertos USB) sin necesidad de controladores adicionales. La tarjeta de sonido incorporada a la placa no funcionaba, pero instalando los controladores del fabricante se solucionó rápidamente.

Por otro lado, he visto placas base Gigabyte funcionar perfectamente con XP sin controladores del fabricante.

¿El auténtico truco? No queremos que los controladores del fabricante sobrescriban los controladores de los componentes XP que funcionan, a menos que sea absolutamente necesario.

Mostramos tres pruebas que podemos seguir:

❑ Buscar alguna guía en la documentación de la placa base y del disco de los controladores. Si el manual dice específicamente que instalemos el disco con XP (o los controladores XP incluidos en el CD), tendremos que instalar los controladores siguiendo las instrucciones del fabricante. Siempre podremos enviar un correo electrónico o llamar al fabricante de la placa para comprobar algún aspecto.

❑ Si seguimos sin verlo claro, probemos la placa base sin más controladores. El sistema casi siempre arrancará, pero quizás algunas funciones (como el sonido o el puerto USB) no actúen correctamente. Tendremos que instalar el mínimo número de controladores necesarios para habilitar las funciones erráticas.

❑ Si la nueva placa base así como todas sus funciones (tarjeta de sonido, puerto de red Ethernet, puerto de vídeo integrado y puertos USB/FireWire) funcionan correctamente sin controladores adicionales, no debemos instalar los controladores del fabricante.

Nota

Parece que cada nuevo complemento para el PC incluye al menos un CD, y esos discos se acumulan rápidamente. En poco tiempo empezaremos a usar esos discos desperdigados como posavasos para la mesita de café. Es mejor usar una caja de zapatos u otro contenedor para guardar en un solo sitio todos los discos de instalación originales. Cuando necesitemos un controlador o queramos instalar una utilidad que antes no queríamos, ya sabremos dónde mirar.

Problemas con el teclado

Resucitar a un teclado muerto

El problema: Mi teclado se niega a reaccionar. ¿Me lo he cargado?

La solución: Un teclado muerto suele ser causa de un problema de conexión o un fallo de hardware. En primer lugar, probamos otro teclado y comprobamos que funciona. Si no funciona, probablemente tengamos un problema con el conector del teclado que hay en la placa base. Apaguemos el ordenador y probemos el teclado sospechoso en otro equipo. Si el teclado funciona en otro PC, ya sabemos que el problema está en el equipo inicial (no en el teclado). Quizás tengamos que cambiar la placa base o quizás podamos usar un teclado USB en su lugar. Podría ser una solución más barata y rápida que cambiar la placa base. Inteligente, ¿verdad?

Truco

Una rápida comprobación del teclado: pulsar las teclas **BloqMayús** o **BloqNum** y ver si se encienden las luces LED correspondientes del teclado. Si no es así, el teclado no recibe energía.

Despertar a los teclados USB narcolépticos

El problema: Mi teclado USB se niega a sacar al PC del estado de suspensión y término agitando el ratón para recuperar el sistema.

La solución: Esta molestia suele aparecer en ordenadores antiguos con poca compatibilidad USB en la BIOS. Para probarlo, apagamos el PC y cambiamos el teclado USB por un teclado PS/2. Si funciona, hemos descubierto que es un problema con el puerto USB. Podemos preguntar al fabricante de la placa base si existen actualizaciones para la BIOS (o seguir el camino fácil y seguir con el teclado PS/2).

A veces aparece un problema similar en sistemas nuevos que admiten perfectamente el USB. Quizás encontremos que ni el teclado ni el ratón despertarán al equipo de su estado de suspensión o hibernación. Sorpresa; está diseñado así. Tenemos que pulsar brevemente el botón de encendido para despertar al sistema. Pero cuidado, si mantenemos pulsado el botón de encendido durante más de cuatro segundos, apagaremos el ordenador y perderemos todos los datos que no hayamos guardado.

De modo que, ¿cómo hacemos que un teclado USB despierte a un PC moderno? Tenemos que modificar la configuración de ahorro de energía en el Dispositivo de interfaz de usuario (HID) del teclado USB. En Windows XP, abrimos Sistema, en el panel de control, hacemos clic en la pestaña Hardware y hacemos clic en el **Administrador de dispositivos**. Después hacemos clic en Teclados y doble clic en Teclado HID. En el cuadro de diálogo Propiedades del dispositivo de teclado HID, hacemos clic en la pestaña Administración de energía y marcamos la casilla Permitir a este dispositivo reactivar el equipo.

Acabar con el t-t-t-t-tartamudeo del teclado

El problema: Escribo bastante bien mirando el teclado, pero cuando alzo la vista, veo letras repetidas o que no aparecen.

La solución: Parece que tiene uno de los peores teclados del mundo, pero vayamos paso a paso. Abrimos Teclado en el panel de control y buscamos la repetición de caracteres (véase la figura 1.3). Un retraso de la repetición breve y una alta velocidad de repetición pueden producir caracteres superfluos antes de que nos demos cuenta. Coloquemos el cursor en la zona vacía marcada con Haga clic aquí y mantenga presionada una tecla para probar la velocidad de repetición y luego pulsemos una tecla para ver cómo funciona la repetición de carácter.

Figura 1.3. Un rápido vistazo a la repetición de caracteres puede resolver muchos problemas con los caracteres repetidos.

Si la repetición de caracteres parece correcta, probablemente tengamos que limpiar el teclado. Meses (e incluso años) de polvo, pelo de animal y demás suciedad pueden bloquear el mecanismo de una tecla. Esto suele provocar que sea difícil pulsar una tecla, por lo que el carácter no aparecerá hasta que realmente golpeemos la tecla. En otros casos, la tecla podría permanecer pulsada lo suficiente como para repetir el carácter. Apaguemos el PC, desconectemos el teclado y saquémoslo al exterior (si, al aire libre; me lo agradecerá) junto con una lata de aire comprimido (las encontraremos en tiendas de electrónica e informática). Introducimos aire entre las teclas y veremos volar la suciedad (ah, que la nube de polvo no le manche la cara). Tendremos que repetir esto cada 3-4 meses, o cuando sea necesario. Como último recurso, podemos cambiar el teclado.

Nota

Podemos usar una funda de teclado barata para minimizar los problemas del polvo y la suciedad a largo plazo. Por ejemplo, Keyboards.com (`http://www.keyboardskins.com/cartexe/disposable.asp`) y ProtecT Computer Products (`http://www.protectcovers.com`) ofrecen fundas baratas y una rápida búsqueda en Internet ofrecerá docenas de páginas. ¿No nos apetece malgastar el tan duramente ganado dinero? Podemos cubrir el teclado con una toalla cualquiera.

Desatascar un teclado atascado

El problema: Cada vez que intento iniciar el sistema, aparece un mensaje de error que dice que mi teclado está atascado.

La solución: Cuando el sistema se inicia, la BIOS realiza unas pruebas sobre sí mismo (POST). Si la prueba descubre que hay teclas pulsadas, informará de un fallo en el hardware, mostrará un breve mensaje de error "stuck key" y detendrá el proceso de arranque. Quitemos cualquier objeto que haya sobre el teclado (codos, dedos de bebé, patas de gato o cualquier otra cosa) y volvamos a iniciar el sistema. Si el problema no se soluciona, quizás haya teclas atascadas, de modo que tendremos que apagar el ordenador y cambiar el teclado.

Truco

Para que Windows reconozca las teclas especiales del teclado para correo electrónico, Internet Explorer, Windows Media Player y similares, tendremos que instalar el controlador incluido en el teclado. En el poco probable caso de que ya hayamos instalado el controlador, pregunte al fabricante por la existencia de parches o actualizaciones.

Sincronizar un teclado inalámbrico perdido

El problema: Mi teclado inalámbrico actúa de una forma muy rara. A veces funciona, otras veces se queda muerto. ¿Debería volver a sincronizar el teclado y el receptor?

La solución: No tan rápido "Sync-Boy". Las pilas descargadas pueden hacer que el funcionamiento de un dispositivo inalámbrico sea caprichoso, de modo que tendremos que comprobar las pilas antes de hacer nada. Además, debemos esperar unos minutos antes de colocar las nuevas pilas. Esto ayudará a eliminar cualquier macro o configuración que se haya almacenado en el teclado.

Si las nuevas pilas no acaban con los problemas, quizás se deban a interferencias electromagnéticas (IE) de diferentes dispositivos electrónicos, como monitores, altavoces, tomas de corriente, concentradores y aparatos similares. Si colocamos el receptor sobre cualquier superficie metálica, puede hacer que las señales de radiofrecuencia reboten o no lleguen a su destino. Debemos apartar cualquier posible fuente de interferencias, al menos a 20 centímetros del receptor o probar colocando el receptor en otro sitio.

En último caso, démosle una oportunidad a la sincronización. El proceso de sincronización depende de cada modelo particular, pero normalmente debemos pulsar un botón de mostrar/aprender en el receptor y en el teclado. Por ejemplo, para sincronizar un teclado Logitech Cordless Access, mantenemos pulsado el botón **Connect** en el receptor de radiofrecuencia durante unos 15 segundos y luego pulsamos el botón **Connect** en el teclado.

Las teclas multimedia no inician el reproductor

El problema: No puedo iniciar WinAmp usando las teclas multimedia de mi teclado inalámbrico Logitech. Sin embargo, puedo iniciar WinAmp manualmente.

La solución: Este problema ha aparecido varias veces con teclados inalámbricos de Logitech que utilizan el programa iTouch de la compañía. Por ejemplo, sólo las versiones 2.15 y superiores de iTouch pueden iniciar WinAmp 3.x. Por suerte, podemos descargar un programa iTouch posterior y solucionar esto en un momento (véase `http://www.logitech.com/index.cfm/downloads/categories/US/EN,CRID=1796`).

Nota

Cuando un PC regresa del estado de suspensión, debemos esperar unos segundos antes de poder acceder a un teclado o ratón inalámbrico Bluetooth. Está diseñado así. Para ahorrar pilas, los dispositivos Bluetooth pasan a un modo de suspensión tras un periodo de inactividad y tardan varios segundos en despertarse y volver a conectarse. Que no cunda el pánico.

Truco

El manual del teclado multimedia suele indicar los reproductores de audio, de DVD y demás aplicaciones compatibles.

Los problemas con el apagado y el teclado

El problema: He instalado el software para mi nuevo teclado multimedia y ahora mi sistema tarda mucho en apagarse.

La solución: Aquí tenemos otro ejemplo de programa mal diseñado que vuelve para atormentar al usuario final. Windows XP debe apagarse y descargar cualquier programa que esté ejecutándose en el sistema antes de cerrarse. Una aplicación obstinada, como este programa de teclado puede ralentizar Windows y evitar que el apagado se realice en un tiempo normal. Para cortar este problema de raíz, tendremos que actualizar el programa del teclado.

Si no existe una actualización del programa que soluciones este fallo (no sería nada nuevo), cerremos el programa del teclado antes de apagar el ordenador. Por ejemplo, si usamos iTouch de Logitech, bastará con hacer clic con el botón derecho del ratón en el icono de iTouch que hay en la barra de sistema y seleccionar Salir (encontraremos los iconos de la barra de sistema a la derecha de la barra de herramientas de Windows). Cuando el icono desaparezca, podemos apagar el equipo.

Terminar con las interferencias inalámbricas

El problema: Muchos compañeros de la oficina, usamos un teclado y ratón inalámbricos y a veces las pulsaciones de tecla o los movimientos de ratón de mis colegas se reflejan en mi sistema.

La solución: Éste se ha convertido en un problema habitual a medida que los dispositivos inalámbricos se introducen en el lugar de trabajo y en las aulas. Los receptores de radiofrecuencia responderán a cualquier señal que esté en la frecuencia adecuada. La mayoría de los dispositivos inalámbricos tienen un alcance de 1,8-3 metros, lo que significa que pueden interferir fácilmente entre sí en una oficina abarrotada. Los técnicos llaman a este tipo de interferencia "ruido" y se produce con los teclados y los ratones inalámbricos.

Una sencilla solución es separar los dispositivos inalámbricos por más de 3 metros. Si los ordenadores están cerca, podemos alternar equipos con cables y equipos inalámbricos para aumentar el rango entre los dispositivos inalámbricos. ¿Seguimos con dispositivos cerca? Podemos volver a sincronizar cada par de dispositivos inalámbricos para reiniciar los canales inalámbricos.

Sorprendentemente, el tiempo puede jugar un papel importante en la separación de los nuevos dispositivos. Fabricantes como Logitech aconsejan instalar cada nuevo dispositivo inalámbrico en periodos de 30 minutos. Incluso después de conectar un receptor inalámbrico, buscan otros dispositivos con los que sincronizarse durante 25 minutos. Conectar simultáneamente varios dispositivos inalámbricos puede hacer que un segundo dispositivo se conecte con el primer receptor. Debemos desconectar todos los nuevos dispositivos inalámbricos excepto uno y luego volver a conectar cada conjunto con espacios de 30 minutos.

Molestias con el ratón

Hacer que sea más fácil seguir el rastro del ratón

El problema: Quizás me esté haciendo viejo, pero quizás otras personas también consideren que es difícil seguir el recorrido del ratón por la pantalla. ¿Cómo puedo hacer que sea más fácil de ver?

La solución: Podemos configurar el ratón usando un par de trucos sencillos. Abrimos Mouse en el panel de control y hacemos clic en la pestaña Punteros (véase la figura 1.4). Usamos el menú desplegable y seleccionamos un esquema grande o enorme. Un puntero más grande es más fácil de ver ¿verdad? Si seguimos necesitando ayuda, hacemos clic en la pestaña Opciones de puntero y marcamos la casilla Mostrar rastro del puntero del mouse. Ajustamos la longitud del rastro hasta que podamos seguirlo fácilmente.

Figura 1.4. Un puntero más grande y su rastro harán que sea más fácil ver el ratón.

Ayuda con el ratón para zurdos

El problema: ¿Hay una ley contra la discriminación de los zurdos? Si es así, pienso demandar a todos los fabricantes de ratones del planeta. ¿Cómo se supone que voy a usar este teclado para diestros?

La solución: Siga mis pasos; tiene fácil solución. Abrimos Mouse en el panel de control y hacemos clic en la pestaña Botones (véase la figura 1.5). Marcamos la casilla Intercambiar botones primario y secundario para invertir los botones izquierdo y derecho. Esto, al menos, nos dejará los botones en su sitio.

Los fabricantes venden muchos ratones adaptados ergonómicamente para la mano derecha. Podemos intercambiar los botones del ratón, pero usar un botón para diestros con la mano izquierda es muy molesto. En su lugar, podemos usar un ratón ambidiestro para una sujeción más confortable.

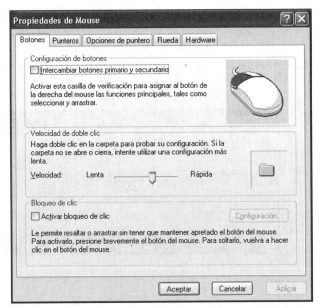

Figura 1.5. Invertir los botones del ratón es una gran ventaja para los usuarios zurdos.

Acabar con los parones y saltos del ratón

El problema: Últimamente, mi cursor parece saltar y pararse mucho. Necesito mover el ratón por toda la mesa para llevar el cursor a cualquier sitio.

La solución: Tomémonos un segundo para comprobar la conexión del ratón. Además, debemos buscar cualquier nudo o corte en el cable del ratón. Si el cableado parece estar bien, tendremos que hacer un poco de limpieza. La bola de plástico del ratón recoge todo el polvo, pelo de animal y demás suciedad de la alfombrilla del ratón. Desde allí, la suciedad recubre los pequeños rodillos del interior del ratón y éstos se deslizarán. La bola seguirá moviéndose, pero los rodillos X e Y no lo harán, así que el cursor seguirá parado.

Nota

Los ratones ópticos usan luces LED y sensores fotográficos (en lugar de bolas y rodillos) para detectar los movimientos del ratón. Esto significa que la superficie y textura de la alfombrilla del ratón son importantes para el movimiento del cursor. Las alfombrillas suaves, sin tramas (con una superficie acristalada o brillante) podrían "cegar" a un ratón óptico. En su lugar, debemos utilizar una alfombrilla con superficie de tela o con una cierta textura.

La solución es sencilla, pero tardaremos un poco. Apaguemos el PC y pongamos el ratón boca arriba. Giremos, en el sentido contrario a las agujas del reloj, el pequeño anillo de plástico que cubre la bola para abrirlo y el anillo y la bola caerán. Limpiamos la bola de plástico con una toallita de papel y un poco de limpiador de cristales. Usamos un bastoncillo para limpiar cualquier suciedad de los rodillos. Después volvemos a colocar la bola y el anillo en el ratón y cerramos completamente el anillo.

Advertencia

No debemos usar acetona ni ningún otro producto químico fuerte en las partes de plástico del PC. Los productos químicos fundirán el plástico y echarán a perder los componentes. Sigamos con el limpiador de cristales ligero, como Windex.

Nota

La mayoría de los cables del teclado y ratón sólo tienen un metro de largo. Por desgracia, algunos usuarios de PC usan cables alargadores para aumentar la distancia entre el PC y el teclado y el ratón. Los alargadores mal fabricados pueden recibir demasiado ruido eléctrico y hacer que el teclado y el ratón se comporten de forma extraña. Cuando queramos resolver algún error, siempre debemos quitar los cables alargadores y conectar los dispositivos de entrada directamente al equipo. Si tenemos que usar cables alargadores, paguemos lo que vale y compremos uno bien protegido.

Hardware. Problemas y soluciones

Problemas con el inicio

Recortar unos segundos en el tiempo de inicio

El problema: Mi sistema tarda años en arrancar. ¿Realmente tengo que ver la comprobación de memoria o de la unidad RAID cada vez que se inicia el sistema? ¿Cómo puedo acceder más rápido al sistema operativo?

La solución: La mayoría de los PC realizan la comprobación automática del inicio en menos de 15 segundos, pero podemos cambiar algunos valores predeterminados de la BIOS para recortar unos preciosos segundos al inicio normal. Por ejemplo, la versión de BIOS Phoenix/Award utilizada en la placa base Tyan Tomcat i7210 (S5112) Pentium 4 "Northwood" o "Prescott", proporciona una opción de comprobación automática rápida en el menú Advanced BIOS Features (véase la figura 1.6). Cuando está activada, la BIOS omite partes prescindibles de la prueba que realiza sobre sí mismo (POST), como la comprobación de la memoria.

También podemos desactivar la opción Boot Up Floppy Seek. Esto evita que el equipo busque una unidad de disco en cada inicio (una prueba que puede durar varios segundos). Además, podemos revisar la secuencia de arranque, que nos permite especificar en qué unidades buscará la BIOS archivos de arranque (en otras palabras, un sistema operativo). Debemos asegurarnos de que la secuencia de arranque muestre en primer lugar la unidad desde la que solemos arrancar (normalmente, la unidad C:). Si aparecen otras unidades en primer lugar (como una disquetera o una unidad de CD), la BIOS perderá preciosos segundos esperando a que responda cada unidad. De hecho, es aconsejable asignar a cualquier unidad que no usemos el valor None (en lugar de Auto) para evitar que el sistema busque unidades que no existen.

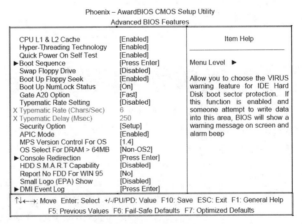

Figura 1.6. Podemos acelerar el arranque de nuestro equipo con algunas opciones de la BIOS cuidadosamente escogidas.

Truco

Cada fabricante de BIOS suele emplear diferentes opciones y suele darles nombres diferentes. Esto puede hacer que sea algo confuso encontrar determinadas opciones de la BIOS. Siempre debemos acudir al manual de la placa base para encontrar información detallada de cada función.

Ese código hijo de *beep*

El problema: Cuando enciendo mi PC, suena un pitido y no aparece nada en el monitor LCD. ¿Mi ordenador está intentando decir algo en código Morse?

La solución: Bueno, desde luego no está cantando. De hecho, el monitor en blanco indica un problema serio en la rutina de comprobación automática del inicio.

Los ordenadores realizan una comprobación automática cada vez que reciben energía. Cuando el sistema detecta errores, intenta informar del problema mediante un código o un mensaje. Podemos ver los códigos de pitidos de algunos fabricantes de BIOS en PC Hell (`http://www.pchell.com/hardware/beepcodes.shtml`) y también en Computer Hope (`http://www.computerhope.com/beep.htm`). Normalmente podremos reducir la mayoría de los problemas con pitido a tres zonas clave: memoria, vídeo y placa base. Afortunadamente, algunas comprobaciones rápidas revelarán los problemas más comunes.

Apaguemos el PC y abramos la carcasa. Revisemos todas las tarjetas de expansión, especialmente la tarjeta de vídeo AGP. Todas las tarjetas deberían estar completa y correctamente insertadas en su ranura. La abrazadera de metal de cada tarjeta debería estar firmemente sujeta al chasis con un solo tornillo. Una tarjeta de expansión conectada desigualmente podría cortocircuitar uno o más contactos metálicos y producir un problema de señales que estropeasen el ordenador.

Un adaptador de pantalla también podría ser el culpable. Si usamos el adaptador de pantalla de la propia placa base, bastará con insertar una tarjeta gráfica en la ranura AGP (o PCI) disponible y conectar el cable del monitor. Pero, si ya usamos una tarjeta gráfica AGP (o PCI) y la placa base ofrece un chip de vídeo integrado, bastará con extraer la tarjeta gráfica y cambiar temporalmente al puerto de vídeo de la placa.

¿Seguimos sin suerte? Abramos el PC y examinemos los módulos de memoria. Asegurémonos de que hemos insertado firmemente cada módulo de memoria. Para identificar los módulos defectuosos, insertamos cada módulo por separado y volvemos a intentar reiniciar el sistema. Si el sistema sólo tiene un módulo de memoria, probemos con un módulo nuevo. Si el sistema sigue pitando como un periquito enfadado, probemos con otra placa base.

Advertencia

Siempre debemos apagar y desenchufar el ordenador antes de abrir o realizar cualquier trabajo en su interior. Aunque el riesgo de electrocución es mínimo, la práctica indica que es mejor tener siempre seguridad. ¡Hay que ser inteligentes y tomar precauciones!

Nota

Quizás tengamos la tentación de jugar con las complejas (y a veces misteriosas) funciones de los submenús de la BIOS. Sin embargo, bastará un fallo en la configuración para que el sistema no pueda arrancar o para que funcione de forma inestable. Cuando suceda el desastre, sólo podremos recuperarnos de la configuración problemática si recordamos qué modificaciones hicieron que el sistema fallara. Por suerte, la mayoría de los sistemas ofrecen una configuración a prueba de fallos o segura (véase la figura 1.6), que puede restaurar automáticamente la configuración de los aspectos más importantes del sistema. También deberíamos cargar los valores predeterminados tras actualizar la versión de la BIOS.

Problemas de arranque con el USB

El problema: Mi CD de arranque funciona perfectamente con mi unidad CD-RW interna, pero ¿cómo consigo que funcione en mi nueva unidad DVD-/+RW USB?

La solución: Bueno, probablemente no se pueda. La mayoría de las unidades USB necesitan cargar un controlador de Windows para poder acceder a ellas. Sin embargo, espere un momento, porque cada vez más versiones y controladores de BIOS admiten USB de arranque. Busquemos actualizaciones antes de arrojar la toalla. Mientras tanto, si necesitamos las funciones de la nueva unidad DVD-/+RW, cambiemos la unidad externa por una versión ATAPI interna del mismo modelo.

Arrancar desde una unidad de CD

El problema: ¿Cómo puedo iniciar el sistema usando la pila de discos de recuperación que introdujo el fabricante en la caja? Cada vez que inserto un disco, el sistema carga el sistema operativo del disco duro.

La solución: Todos los ordenadores tienen un orden de arranque para sus unidades, lo que define el orden en el que el sistema busca archivos de arranque. En la mayoría de los casos, el orden de arranque comienza por el disco duro (la unidad C:), la disquetera (la unidad A:) y luego la unidad de CD (quizás la unidad D:). Sin embargo, el ordenador iniciará el sistema operativo desde la primera unidad con archivos de arranque en ese orden de arranque (aunque otras unidades contengan archivos de arranque).

Truco

Si no introducimos discos de arranque en la unidad de CD, la BIOS simplemente pasará al siguiente volumen en el orden de arranque. Iniciemos el PC de la forma habitual e insertemos el disco de arranque antes de intentar reiniciar el sistema.

La solución rápida: abrimos la utilidad de configuración del sistema (véase la figura 1.6) durante el arranque, seleccionamos la entrada Boot Sequence (o Boot Order) y nos aseguramos de que muestre en primer lugar la unidad de CD que tiene el disco de restauración. Debemos acordarnos de guardar los cambios cuando salgamos de la utilidad y reiniciemos.

El CD de arranque debería comenzar el proceso de restauración. Si no es así, asegurémonos de que el disco sea realmente de arranque. En algunos casos, tendremos que iniciar la restauración desde un disquete de arranque especial o incluso desde el sistema operativo.

Los cuelgues detienen el sistema operativo

El problema: Mi equipo comienza a arrancar, pero luego parece colgarse justo antes de que se cargue el sistema operativo.

La solución: Una vez que la BIOS termina la comprobación automática, intenta pasar el control a la unidad que tiene los archivos de arranque. Si la comprobación automática del inicio se ejecuta, pero el sistema no se carga, debemos revisar el disco duro.

Reiniciemos el sistema y revisemos la lista de hardware de la BIOS que aparece durante unos segundos tras el arranque. Los discos duros conectados correctamente y con energía deberían tener el número de parte del fabricante en la lista de hardware (como en la figura 1.7). Esto nos indicará que la unidad está activa. Si la unidad de arranque no aparece en la lista de hardware, apagamos el ordenador y fijamos los cables de alimentación y de señal del disco duro.

```
Diskette Drive A : 1.44M, 3.5 in.      Serial Port(s)    : 3F8 2F8
Diskette Drive B : None                Parallel Port(s)  : 3F8
Pri. Master  Disk : 100030MB, UDMA 5   DRAM DIMM 1 Type   : DDR
Pri. Slave   Disk : None               DRAM DIMM 2 Type   : None
Sec. Master  Disk : CD-ROM, UDMA 2     DRAM DIMM 3 Type   : None
Sec. Slave   Disk : None

PCI device listing.....
Bus No. Device No. Func No. Vendor ID   Device ID   Device Class          IRQ

     0        5         0      13F6       0111     Multimedia device       10
     0        6         0      105A       0030     Mass storage controller  5
     0       13         0      1317       0985     Network controller      11
     0       17         1      1106       0571     IDE Controller        14/15
     0       17         2      1106       3038     Serial bus controller    5
     0       17         3      1106       3038     Serial bus controller    5
     0       17         4      1106       3038     Serial bus controller    5
     1        0         0      100E       0202     Display controller      11
```

Figura 1.7. Revisemos la lista de hardware de la BIOS para comprobar que el hardware de la unidad está respondiendo a la comprobación automática.

Si la unidad de arranque sigue sin aparecer en la lista de hardware, abrimos la utilidad de configuración del sistema y revisamos las entradas para el disco duro que aparecen en el menú Standard CMOS Features (véase la figura 1.8). La mayoría de las BIOS admiten hasta cuatro discos duros (dos en el canal primario y dos en el canal secundario), aunque algunos equipos modernos ofrecen canales adicionales para dos unidades más.

```
                    Phoenix – AwardBIOS CMOS Setup Utility
                           Standard CMOS Features

   Date (mm: dd: yy)          Thu, Apr  3 2003            Item Help
   Time (hh: mm: ss)          13:  31:  30         _____

 ► IDE Channel 0 Master       [None]            Menu Level  ►
 ► IDE Channel 0 Slave        [None]
 ► IDE Channel 1 Master       [None]            Change the day, month, year
 ► IDE Channel 1 Slave        [None]            and century
 ► IDE Channel 2 Master       [None]
 ► IDE Channel 3 Master       [None]


   Drive A                    [1.44M, 3.5 in.]
   Drive B                    [None]

   Video                      [EGA/VGA]
   Halt On                    [All Errors]

   Based Memory               640K
   Extended Memory            64512K
   Total Memory               65536K

 ↑↓←→: Move  Enter: Select  +/-/PU/PD: Value  F10: Save  ESC: Exit  F1: General Help
          F5: Previous Values  F6: Fail-Safe Defaults  F7: Optimized Defaults
```

Figura 1.8. Debemos comprobar que cada disco duro (especialmente el disco de arranque) esté activado en la configuración del sistema.

Los equipos suelen detectar las unidades automáticamente, pero algunos necesitan una cierta configuración (como "Auto") en la entrada de cada disco duro. Una entrada incorrecta (como "None") puede hacer que la BIOS no detecte las unidades conectadas.

¿Qué ocurre cuando la unidad aparece en la lista de hardware de la BIOS y el sistema operativo sigue negándose a cargar? Esto podría indicar un problema con la partición de la unidad o archivos de arranque importantes, necesarios para iniciar el SO. Esto sucede a veces cuando el ordenador se ve afectado por un virus o un fallo inesperado del sistema. Windows XP nos permite reparar la instalación del SO utilizando el CD original. Si no es así, necesitaremos volver a crear la partición y volver a instalar Windows XP desde cero.

Reparar la luz fija de una unidad

El problema: He actualizado mi disco duro, pero ahora el maldito equipo no arranca y la luz de la unidad se queda continuamente encendida.

La solución: Parece un fallo de cableado. Cuando instalamos la nueva unidad y volvimos a conectar el cable de señales, probablemente conectamos un extremo del cable al revés. Esto desvía señales importantes y evita que el sistema arranque. También mantiene constantemente encendida la luz LED de actividad. Apagamos y desenchufamos el equipo. Revisamos los cables de señal y prestamos especial atención a la orientación del *pin* 1. El *pin* 1 tiene una franja roja (o azul) en su lado. Basta con volver a conectar correctamente el cable de señales y probar el sistema. Fácil ¿verdad?

Truco

Los cables planos de 40 pines ATAPI son especialmente proclives a ser conectados al revés, pero los tipos de cable más recientes, como Serial-ATA (SATA) tienen una forma que asegura que su orientación es la adecuada.

Más cosas en las que pensar: la mayoría de los ordenadores usan el LED para indicar la actividad habitual (como girar o el acceso normal), pero algunas unidades usan el LED para informar de fallos.

Por ejemplo, la unidad Seagate Cheetah 36LP proporciona información de su actividad y de los fallos, por lo que su LED simplemente está apagado hasta que la unidad o el adaptador del ordenador detectan un fallo.

Nota

Los cables planos de 40 pines que se usan en casi todas las unidades ATA/ATAPI pueden introducirse en más de una posición, por lo que casi nunca sabremos cómo orientar cada conector respecto al *pin* 1. Esto permite que, a menudo, se conecten al revés, lo que puede hacer que se cuelgue el sistema. Para evitarlo, debemos fijarnos en la orientación de cada conector antes de desconectar el cable. Por ejemplo, dibujar un diagrama rápido o poner pequeños trozos de cinta adhesiva en el cable, pueden ser medidas muy eficientes.

Quitar una contraseña CMOS olvidada

El problema: Puse una contraseña a mi ordenador usando la configuración de CMOS (en lugar de Windows) y ahora está completamente bloqueado.

La solución: Como la mayoría de las contraseñas, ésta tiene una puerta trasera. Los fabricantes de placas base incluyen un útil, aunque poco conocido, conector que eliminará la contraseña CMOS.

Truco

Los pasos para eliminar la contraseña CMOS o el contenido de la configuración pueden ser diferentes dependiendo del fabricante de la placa base. Siempre debemos seguir fielmente las instrucciones del manual de la placa.

Examinemos el manual de la placa hasta encontrar el apartado "Eliminar la contraseña CMOS mediante el conector" (suponiendo que la placa base tenga este conector). Si no tenemos el manual de la placa base a mano, podemos descargarlo de la página Web del fabricante.

No se moleste en mirar simplemente la placa base (podríamos quedarnos ciegos buscando ese pequeño conector oculto). Cuando encontremos al conector en cuestión, desenchufamos el equipo, movemos el conector a su posición "clear" y reiniciamos el equipo. Probablemente veamos un mensaje de la BIOS, indicando que se ha borrado la contraseña. Apaguemos el equipo, devolvemos el conector a su posición original y volvemos a iniciar el sistema de la forma habitual (o podemos probar otra contraseña, si nos gusta el castigo).

Quizás nuestra placa base tenga un conector para borrar la configuración CMOS, en lugar de un conector sólo para la contraseña. Éste borrará todo el contenido de la RAM de la CMOS, incluyendo la contraseña y el proceso será un poco diferente. Apagamos el equipo y quitamos cualquier cable de alimentación de la placa base. Esto incluye quitar el cable eléctrico ATX de 20 pines, junto con el más pequeño cable de alimentación adicional de 6 pines. Movemos el conector a la posición "clear" durante 10 segundos y después lo devolvemos a su posición original. Volvemos a conectar los cables de alimentación y reiniciamos el equipo.

En algunos casos, la BIOS volverá a cargar automáticamente los valores predeterminados. Si no es así, tendremos que entrar en la configuración del sistema y volver a cargar los valores predeterminados de CMOS.

Ocuparnos de los errores Invalid media type

El problema: Cada vez que arranca mi PC, veo un mensaje de error que dice "Invalid Media Type" y el sistema se detiene.

La solución: Este error aparece cuando el ordenador intenta arrancar desde un medio que no es de arranque, como un disquete. Algunas unidades de CD y DVD también muestran este error cuando insertamos discos que no son de arranque. Revisemos las unidades, extraigamos cualquier disco y volvamos a iniciar el equipo.

Si queremos mantener discos que no son de arranque en la unidad, pero queremos evitar este tipo de errores, podemos configurar un orden de arranque mediante la configuración del sistema (véase la figura 1.6). Por ejemplo, si desactivamos la opción Boot Up Floppy Seek, el sistema no mirará en la unidad A: durante el arranque. A continuación, configuramos la secuencia de arranque para que el sistema revise en primer lugar la unidad C:. Guardamos los cambios y reiniciamos el ordenador. El sistema debería mirar directamente en el disco duro maestro y comenzar a arrancar.

Nota

Las contraseñas se utilizan para evitar que los usuarios sin autorización usen el ordenador. Para crear una contraseña segura, debemos usar el máximo número de caracteres disponibles, emplear una mezcla de letras mayúsculas y minúsculas e incluir números y puntuación. Esto hará que la contraseña sea mucho más difícil de adivinar o piratear. Por ejemplo, una contraseña como "AlF&afA2" es mucho más difícil de adivinar que un nombre sencillo como "alfalfa". Debemos evitar las contraseñas obvias como el nombre de nuestra esposa o el cumpleaños de los niños.

Las cosas se vuelven más complicadas si este error procede de la unidad C: y las otras unidades están vacías. Un virus, un fallo del sistema o incluso un fallo de hardware pueden haber dañado los archivos de arranque del disco duro. Podemos intentar reparar Windows XP usando el CD de instalación original. Si no lo conseguimos, tendremos que formatear la partición del disco duro y reinstalar el SO y sus aplicaciones desde cero (o usar los CD de recuperación que venían con el ordenador). Si el problema no se soluciona y la unidad parece irrecuperable, por mucho que la maldigamos, quizás se haya estropeado y tengamos que cambiarla inmediatamente.

Nota

Si varios usuarios comparten un ordenador, el usuario principal debería establecerse como administrador del sistema y seleccionar una contraseña bastante segura. También deberíamos proteger mediante contraseña cada nueva aplicación, siempre que sea posible. Los niños tienen una notable habilidad para descubrir nuevas funciones del sistema. Si no usamos contraseñas, podría hacerlo nuestro hijo y fácilmente podríamos encontrarnos sin poder acceder a nuestro propio ordenador.

El sistema no se recupera de la suspensión

El problema: El equipo se pone en modo de suspensión y no consigo que despierte.

La solución: Normalmente, cualquier actividad con el teclado o con el ratón sacarán al equipo de su modo de ahorro de energía. Si ningún dispositivo de entrada lo hace, podemos pulsar brevemente el botón de encendido (si lo mantenemos pulsado durante demasiado tiempo, el sistema se apagará).

Un controlador de dispositivo que no sea completamente compatible con el modo de suspensión o de hibernación podría hacer que el PC se cuelgue. Resetear mediante el botón **Reset** normalmente resucitará al sistema, pero perderemos todos los datos que no hayamos guardado.

Truco

Las versiones más antiguas de la BIOS podrían no admitir completamente los modos de ahorro de energía. Preguntemos al fabricante de la placa base por la existencia de actualizaciones.

Para encontrar el dispositivo que da problemas, podemos actualizar los controladores o usar el método de ensayo y error, y confiar en descubrir el problema. Si no es así, bastará con desactivar los modos de ahorro de energía. Abrimos el Opciones de energía en el panel de control, hacemos clic en la pestaña Combinaciones de energía y asignamos a las opciones Pasar a inactividad y El sistema hiberna el valor Nunca (véase la figura 1.9).

Figura 1.9. Para evitar los molestos problemas con la administración de energía, basta con asignar Nunca a las opciones Pasar a inactividad y El sistema hiberna.

Nota

La gestión de energía ahorra energía (y reduce el desgaste) en un ordenador que no está trabajando. Incluso cuando desactivamos los modos de suspensión e hibernación, podemos apagar el monitor y los discos duros. Hay que tener en cuenta que los discos duros que no estaban trabajando pueden tardar varios segundos en volver a funcionar. Si dejamos que las unidades pasen frecuentemente a modo de inactividad, quizás no nos gusten los frecuentes retrasos para volver a trabajar. Para usar nuestro tiempo de la forma más eficiente, podemos seleccionar intervalos de tiempo más largos para pasar a modo de inactividad.

Problemas con la BIOS/CMOS

Terminología

El problema: Me gustaría que los fanáticos de la informática dejarais de confundirnos con tantos términos. Un libro me dice que vaya al menú Setup, otro que revise la BIOS o la CMOS. ¿Qué teclas mágicas me llevan a esos menús?

La solución: La industria de la informática suele usar estos términos indistintamente. Para dejarlo claro, la BIOS (Sistema de entrada/salida básico) es un chip de la placa base que almacena las instrucciones necesarias para iniciar el PC y transferir el control al sistema operativo. A esto a veces se le llama *firmware*, porque las instrucciones de la BIOS se guardan en el propio chip.

Sin embargo, las instrucciones de la BIOS deben ajustarse a varias configuraciones de hardware (como la velocidad de la memoria y la disponibilidad de entrada/salida). Parte de la BIOS incluye una rutina de configuración (Setup o System Setup) que nos permite definir determinados aspectos del hardware (veremos algunos ejemplos de menús Setup en las figuras 1.6 y 1.8). Una pequeña cantidad de memoria RAM CMOS (Semiconductor de óxido metálico complementario) almacena cada variable. De hecho, una pequeña pila de botón alimenta a la RAM CMOS cuando apagamos el PC.

Una vez que sabemos cómo, podemos entrar fácilmente en la rutina de configuración. La mayoría de las BIOS nos indicarán en pantalla qué tecla debemos pulsar durante el arranque. Por ejemplo, veremos un mensaje como "Press <F2> to enter Setup" ("Pulse <F2> para entrar en la configuración", véase la tabla 1.1). Sólo tendremos unos segundos para entrar en la rutina de configuración. Si esperamos demasiado, se cargará el sistema operativo.

Tabla 1.1. Teclas habituales para acceder a la rutina de configuración.

Fabricante de la BIOS	Tecla(s)
AMI BIOS (Sistemas generales)	**\<Supr\>**
Award BIOS	**\<Control\>+\<Alt\>+\<Esc\>**
PC Compaq	**\<F10\>**
DTK BIOS	**\<Esc\>**
Equipos en general	**\<F2\>**
Equipos en general	**\<F1\>**
IBM PS/2 System BIOS	**\<Control\>+\<Alt\>+\<Insert\>** tras pulsar **\<Control\>+\<Alt\>+\<Supr\>**

Fabricante de la BIOS	Tecla(s)
Phoenix BIOS	**<Control>**+**<Alt>**+**<Esc>** o **<Control>**+**<Alt>**+**<S>**
PC Sony	**<F3>** y luego **<F1>**

Pérdida de la pila CMOS a corto plazo

El problema: He cambiado la pila de apoyo de CMOS hace unos pocos meses, pero todavía veo algún error ocasional de pila CMOS. ¿Por qué se ha agotado esta pila tan rápidamente? Creí que duraban años.

La solución: Una pila de botón nueva debería mantener la RAM CMOS de un PC durante años. Por desgracia, las pilas se almacenan en las estanterías de las tiendas durante mucho tiempo y quizás la pila que compramos ya estaba caducada. Antes de instalar una pila nueva, debemos comprobar dos veces su fecha de caducidad.

Si se convierte en un problema crónico y las pilas no duran lo suficiente, quizás haya un problema con el diseño de la placa base. Por desgracia, para resolver realmente este tipo de molestia, tendremos que cambiar la placa base por un modelo nuevo.

Si el sistema es nuevo, pongámonos en contacto con el fabricante para ver si es un problema conocido. Un fabricante que conozca este problema debería cambiarnos la placa base gratuitamente.

Nota

Deberíamos cambiar la pila de ayuda a CMOS antes de que se agote y perdamos el contenido de la RAM CMOS. La RAM CMOS necesita tan poca corriente que muchas veces retiene los datos durante horas (a veces días) tras quitar la pila. Esto hace que sea fácil quitar la pila vieja e insertar una nueva, con pocas posibilidades de perder los datos de la RAM CMOS. Pero cuando la pila falle y el contenido de la CMOS desaparezca, tendremos que volver a cargar sus valores predeterminados (y posiblemente, tendremos que hacer otros cambios a mano).

Corregir errores en la configuración de sistema

El problema: He estado haciendo experimentos con la configuración de sistema y ahora mi PC actúa de forma extraña. Por desgracia, he olvidado qué configuración he cambiado. ¿Hay alguna forma de deshacer los cambios sin tener que borrarlo todo y volver a empezar?

La solución: Tío, tienes suerte. En los viejos tiempos, tenías que volver a introducirlo todo a mano. Las BIOS de hoy en día incluyen unos valores predeterminados, de modo que los usuarios pueden recuperarse de valores perdidos o incorrectos con sólo pulsar una tecla. Reiniciamos el equipo y entramos en la configuración del sistema siguiendo las instrucciones del fabricante (véase la tabla 1.1).

Observamos el menú Phoenix/Award Standard CMOS Features (véase la figura 1.8). El menú principal proporciona opciones para cargar los valores anteriores (<F5>), de la última vez que usamos la configuración, además de unos valores predeterminados seguros (<F6>) u optimizados (<F7>). Si nos es posible, podemos probar a utilizar los valores optimizados porque suelen producir el mejor rendimiento en el sistema. Sólo debemos usar la opción de modo seguro cuando sea absolutamente necesario. Tras cargar la configuración predeterminada, debemos acordarnos de guardar los cambios y reiniciar el equipo.

La comprobación de CMOS es preocupante

El problema: Mi sistema se detiene durante el arranque con un error de suma de comprobación de CMOS.

La solución: Una suma de comprobación valida los datos de la memoria y almacenados. Básicamente, un algoritmo busca una cierta cantidad de datos y calcula un número único basándose en esos datos. Cuando el sistema compruebe esos datos posteriormente, vuelve a calcular la suma de comprobación y lo compara con el número almacenado. Si los números coinciden, se supone que los datos son válidos.

Un error de suma de comprobación significa que el contenido de la RAM CMOS no es válido. Esto sucede cuando la pila de ayuda de la CMOS falla (y se pierde el contenido de la CMOS) o tras actualizar la BIOS (deberemos comprobar dos veces que hemos actualizado a la versión de la BIOS correcta).

La BIOS casi siempre nos permitirá aceptar la configuración predeterminada y continuar con el inicio normalmente.

Si el problema continua, basta con cambiar la pila de ayuda de la CMOS y volver a cargar los valores predeterminados.

Arreglar un reloj poco preciso

El problema: Mi PC sigue con la hora equivocada. Pierde casi 15 minutos cada día y constantemente me hace llegar tarde a las citas.

La solución: Aunque los ordenadores personales tienen una gran reputación como relojes de precisión (ejem), a menudo se atrasan (o incluso se adelantan) en cuestión de meses. La pila de la CMOS lleva la hora real (RTC). A medida que la pila se agota, empieza a perder tiempo y se vuelve peor justo antes de que la pila se agote. Cambiemos la pila de la CMOS y reiniciemos el reloj.

Windows XP ofrece una función de sincronización online. Hacemos clic con el botón derecho del ratón en el reloj, a la derecha de la barra de tareas y seleccionamos Ajustar fecha y hora. A continuación, hacemos clic en la pestaña Hora de Internet, marcamos la casilla Sincronizar automáticamente con un servidor horario de Internet y seleccionamos un servidor horario en el menú desplegable (véase la figura 1.10). Hacemos clic en el botón **Actualizar ahora** para actualizar el reloj inmediatamente o dejamos que el reloj se sincronice automáticamente.

Figura 1.10. Podemos sincronizar el reloj con un recurso de Internet que corrige los problemas de RTC.

Borrar la CMOS sin usar un jumper

El problema: He actualizado la BIOS y necesito borrar la RAM CMOS, pero mi placa base no tiene el conector adecuado.

La solución: La mayoría de las placas base incluyen un conector para borrar la RAM CMOS. Esta función es útil si tenemos que borrar una contraseña o hay que eliminar todo lo anterior tras actualizar la BIOS (ver "Quitar una contraseña

CMOS olvidada", en este capítulo). Pero no todas las placas base ofrecen esta función, de modo que tendremos que solucionar a la vieja usanza.

Apagamos y desconectamos el PC, abrimos la carcasa y desconectamos los cables de energía de la placa base. A continuación, buscamos la pila de la CMOS y, con cuidado, la sacamos de la placa base. Sin energía, la RAM CMOS terminará perdiendo su contenido (este proceso puede tardar horas, incluso días). Para acelerar el proceso, podemos acercarnos a nuestra tienda de electrónica local y comprar una resistencia de 10 Kohm. Colocamos la resistencia en las terminales de la pila botón durante un minuto. Esto extraerá con seguridad cualquier carga residual que pueda mantener la RAM CMOS.

Volvemos a instalar la pila CMOS, volvemos a conectar los cables de energía de la placa base e iniciamos el sistema. Si vemos un error "CMOS Checksum", cargamos la configuración predeterminada (ver el anterior problema "La comprobación de CMOS es preocupante").

Nota

Una pila botón de litio encaja en un pequeño contenedor de la placa base. Aunque este contenedor debería sujetar firmemente la pila, cambiar la pila de forma brusca puede doblar los terminales y hacer que la pila se afloje. El óxido y el polvo, con el tiempo, pueden hacer que el contacto de la pila deje de ser firme.

Recuperarnos de actualizaciones de la BIOS fallidas

El problema: He actualizado la BIOS, pero el idiota de mi hermano reinició el sistema en mitad del proceso y ahora el PC no arranca.

La solución: Nunca debemos interrumpir una actualización de la BIOS mientras se lleva a cabo. Esto dejará al sistema sin una BIOS funcional. Podemos recuperarnos de este problema de dos formas: mediante la recuperación del bloque de arranque o cambiando la BIOS.

El bloque de arranque protege de cualquier cambio a una pequeña zona de la BIOS. Si hacemos una copia de seguridad del archivo BIOS original antes de actualizarlo, quizá podamos volver a restaurar el sistema. Apagamos el sistema, colocamos el conector del bloque de arranque en la placa base, insertamos el disquete con el archivo ejecutable (.EXE), encargado de cargar el flash, y el archivo binario (.BIN) con la BIOS original y arrancamos. El código protegido debería usar el disquete e intentar cargar el archivo BIOS original. Probablemente escuchemos varios pitidos cuando termine la recuperación. Volvemos a apagar el ordenador, extraemos el disquete, devolvemos el conector del bloque de arranque a su sitio, reiniciamos el sistema hasta la configuración de sistema y volvemos a cargar los valores predeterminados de CMOS.

Sin la recuperación del bloque de arranque, las cosas se vuelven complicadas, porque tendremos que cambiar todo el chip de la BIOS. Por desgracia, tendremos que enviar la placa base (o todo el PC) al fabricante para que lo repare. Los fanáticos de la informática de buena fe encontrarán más sencillo cambiar directamente la placa.

Nota

En teoría, la pila de la CMOS puede mantener el contenido de la RAM CMOS durante años. Pero ¿cómo sabemos el tiempo que lleva funcionando esa pila? La próxima vez que cambiemos la pila botón, podemos anotar la fecha en un trozo de cinta aislante y pegarlo en la parte inferior de la carcasa del PC, por dentro.

Problemas con la memoria

Cambiar la RAM en una actualización

El problema: Quiero aumentar la memoria RAM de mi equipo (dos módulos DIMM de 256 MB) a 1 GB. Sé que el equipo aceptará la memoria adicional, pero sólo veo dos ranuras DIMM en la placa base.

La solución: Cuando un fabricante ocupa las dos únicas ranuras DIMM del ordenador, aprendes a vivir con la memoria RAM existente o cambias la vieja RAM por módulos nuevos. En nuestra situación, quitaremos los dos viejos módulos DIMM de 256 MB e instalaremos dos nuevos módulos de 512 MB para llegar a un total de 1 GB de RAM. Podemos usar los viejos módulos DIMM en otro equipo (quizás el ordenador de los niños) o vender la vieja RAM a los amigos o vecinos.

Nota

Hay pequeños cierres de plástico a cada lado del módulo de memoria que lo sujetan y lo mantienen en su sitio. Si estos cierres se aflojan, podemos encontrarnos con problemas de memoria. En algunos casos, el módulo podría llegar a salirse de su ranura.

Controlar la sincronización agresiva de la memoria

El problema: He actualizado la memoria de mi ordenador y ahora sólo se para y emite pitidos. Llamé a un técnico y me dijo que la nueva memoria es "demasiado agresiva" para mi equipo.

La solución: Este tipo de problema se produce con ciertas combinaciones de memoria y tipo de placa base. El propio módulo de memoria podría estar bien. Por ejemplo, los módulos Kingston KHX3200/256 y KHX3200/512 no funcionarán en PC con chips Intel i865PE, i865G y i875.

¿Qué podemos hacer? Quitar el nuevo módulo DIMM y volver a probar el sistema (ésto nos indicará si el resto del equipo funciona correctamente). Comparemos las características del módulo DIMM con los requisitos del sistema. Por ejemplo, una tecnología de memoria de alta densidad (por ejemplo, un moderno módulo SDRAM con chips de 512 MB) podría no funcionar en nuestra placa base, aunque el tamaño general del módulo encaje perfectamente. Sin problemas. Instalamos un módulo de memoria diferente (quizás de otro fabricante) y volvemos a probar el equipo. Además, buscamos una actualización de la BIOS que solucione esta pequeña molestia.

En algunos casos, una modificación en la configuración del sistema podría resolver el problema. Para esos fastidiosos módulos Kingston, cambiemos entonces el parámetro "RAS-to-CAS" a 3. Por supuesto, si nuestra BIOS no nos permite modificar los tiempos de memoria, cambiemos el módulo rebelde por una más compatible. Kingston dice que sus módulos KHX3200A/256 y KHX3200A/512 funcionan con placas base Intel i865 y i875.

Nota

Los módulos de memoria pueden dañarse muy fácilmente por descargas de electricidad estática. Debemos mantener los nuevos módulos de memoria en sus bolsas anti-estática hasta que los instalemos y siempre debemos tocar antes el chasis de metal del ordenador, para descargarnos.

Ninguna actualización de memoria queda sin castigo

El problema: He instalado una nueva memoria Rambus, pero el sistema no hace nada y emite pitidos como un idiota. El PC funciona bien con la RAM original y ya he comprobado y vuelto a instalar la memoria Rambus. También sé que mi placa base acepta módulos de 256M B. ¿En qué falló?

La solución: Antes de llevar los nuevos módulos al vendedor para que nos los cambie, veamos la densidad de los chips. Esto es el tamaño de los chips que se utilizan en el módulo (no el tamaño del módulo). Aunque el tamaño del módulo en general sea correcto, quizás el sistema no sea compatible con el tipo de chips de memoria. Así, por ejemplo, la placa D850EMV2 de Intel admite configuraciones de memoria desde 128 MB (mínimo) hasta 2 GB (máximo) utilizando módulos RIMM RDRAM de 128 o 256 Mbit, compatibles con la tecnología PC600 (y PC800).

Los componentes de la Rambus que no cumplan estas especificaciones causarán problemas. Esto sucede a menudo cuando probamos módulos de memoria muy modernos en placas base antiguas. En ese caso, tendremos que cambiar esos módulos por unos de baja densidad.

Advertencia

Siempre debemos pedir al fabricante de la placa base una lista de los dispositivos de memoria recomendados. Además, podemos buscar actualizaciones de la BIOS que puedan solucionar pequeñas incompatibilidades con la memoria.

Si todas las características de los módulos Rambus cumplen con las especificaciones, seguramente los módulos sean defectuosos. Devolvámoslos a la tienda para que nos los cambien.

Latencia y memoria

El problema: Las especificaciones de mi memoria RAM indican "CL2" pero me he dado cuenta de que la BIOS está configurada para "CL3" Si cambio este valor a "CL2", ¿podré causar problemas al equipo?

La solución: Antes de cambiar nada, conviene explicar un poco más la especificación "CL". La latencia CAS (CL) nos indica el número de ciclos de reloj que pasan entre el momento en el que la memoria recibe un comando de lectura y el momento en el que el sistema puede acceder a los datos (normalmente, la primera serie de datos). CL2 necesita dos ciclos de reloj para enviar el primer dato y CL3 necesita tres ciclos. Hasta aquí, bastante lógico, ¿verdad?

La latencia CAS se refiere sólo a la primera serie de datos de la memoria, de modo que el sistema leerá el resto de series de datos exactamente a la misma velocidad. En cualquier serie de datos leídos de la memoria, una parte CL2 nos ahorra (sorpresa) un solo ciclo de reloj.

La configuración de sistema suele establecer la latencia CAS en el menú Advanced Chipset Features (véase la figura 1.11). Si nuestro PC solamente tiene memoria CL2 instalada, podemos establecer una latencia CAS de 2, guardar los cambios y reiniciar el sistema. Si el equipo actúa de forma extraña, volvamos a asignar 3 a ese apartado inmediatamente. Por otro lado, si el PC tiene instalada memoria CL3, dejemos la latencia CAS en 3.

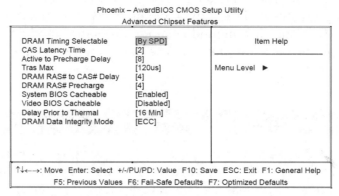

```
                    Phoenix – AwardBIOS CMOS Setup Utility
                          Advanced Chipset Features

   DRAM Timing Selectable       [By SPD]              Item Help
   CAS Latency Time             [2]
   Active to Precharge Delay    [8]
   Tras Max                     [120us]          Menu Level   ▶
   DRAM RAS# to CAS# Delay      [4]
   DRAM RAS# Precharge          [4]
   System BIOS Cacheable        [Enabled]
   Video BIOS Cacheable         [Disabled]
   Delay Prior to Thermal       [16 Min]
   DRAM Data Integrity Mode     [ECC]



 ↑↓←→: Move  Enter: Select  +/-/PU/PD: Value  F10: Save  ESC: Exit  F1: General Help
        F5: Previous Values  F6: Fail-Safe Defaults  F7: Optimized Defaults
```

Figura 1.11. Reducir la latencia CAS no afecta demasiado al rendimiento del equipo.

La BIOS reconoce menos RAM

El problema: Sé que mi equipo tiene 512 MB de RAM, pero sólo veo 448 MB en las propiedades del sistema.

La solución: Esto sucede cuando el chip de vídeo de la placa base toma parte de la memoria RAM del equipo. Normalmente, las tarjetas de vídeo AGP independientes proporcionan su propia memoria (quizás 32 MB, 64 MB, 128 MB o incluso 256 MB, en las tarjetas gráficas de gama alta).

Sin embargo, las placas base que tienen su propio adaptador de vídeo (con o sin una ranura AGP aparte) se limitan a ocupar una parte de la memoria RAM principal.

La configuración del sistema nos permite seleccionar una cierta cantidad de memoria RAM para el vídeo (llamado tamaño de la abertura AGP o bien AGP Aperture Size). Por ejemplo, la placa base Tyan Tomcat i845GL (S2098) incluye un chip Intel Extreme Graphics.

Por defecto, la configuración de la abertura AGP, situada en el menú Advanced Chipset Features (véase la figura 1.12) reserva 64 MB de la RAM principal, pero podemos optar por 4 MB, 8 MB, 16 MB, 32 MB, 64 MB, 128 MB o un abrumador 256 MB. A fin de cuentas, el tamaño de apertura AGP más la RAM que aparece en las propiedades del sistema debería ser igual a la cantidad de RAM instalada.

```
              Phoenix - AwardBIOS CMOS Setup Utility
                     Advanced Chipset Features

     DRAM Timing Selectable      [By SPD]              Item Help
     CAS Latency Time            [1.5]
     Active to Precharge Delay   [7]          Menu Level   ▶
     DRAM RAS# to CAS# Delay     [3]
     DRAM RAS# Precharge         [3]
     Memory Frequency For        [Auto]
     System BIOS Cacheable       [Enabled]
     Video  BIOS Cacheable       [Disabled]
     Memory Hole At 15M-16M      [Disabled]
     Delayed Transaction         [Enabled]
     Delay Prior to Thermal      [16 Min]
     AGP Aperture Size (MB)      [64]

     ** On-Chip VGA Setting **
     On-Chip VGA                 [Enabled]
     On-Chip Frame Buffer Size   [8MB]
     Boot Display                [Auto]


     ↑↓→←:Move  Enter:Select  +/-/PU/PD:Value  F10:Save  ESC:Exit  F1:General Help
     F5: Previous Values       F6: Fail-Safe Defaults    F7: Optimized Defaults
```

Figura 1.12. El tamaño de apertura AGP reserva memoria RAM principal para el sistema de vídeo de la placa.

Nueva memoria y rendimiento del sistema

El problema: He instalado 256 MB de RAM en mi equipo, para un total de 768 MB. Sin embargo, la memoria adicional no parece afectar al rendimiento del equipo.

La solución: Tranquilo, amigo. Aquí tenemos dos problemas diferentes: de detección y de rendimiento. En primer lugar, veamos la cuenta de memoria durante el arranque del sistema. Si la cuenta llega a los 768 MB, el sistema detecta la memoria. Si preferimos trabajar con Windows XP, abrimos Sistema, en el panel de control. El cuadro de diálogo Propiedades del sistema debería mostrar la memoria disponible, menos la memoria asignada para el chip de vídeo de la placa (véase el problema anterior, "La BIOS reconoce menos RAM").

Ya podemos centrarnos en el rendimiento. Más memoria RAM no nos garantiza por sí misma un mejor rendimiento. Habremos notado una respuesta más fluida porque disponer de más memoria RAM reduce la dependencia de la memoria virtual (un archivo de intercambio en el disco duro). También habremos notado otros progresos, como la mejora en los archivos de imagen grandes o en los complejos dibujos CAD. Pero para notar realmente un incremento en el rendimiento, debemos medir el rendimiento de la memoria con un programa de pruebas, como por ejemplo PCMark04 de Futuremark (http://www.futuremark.com/products/pcmark04/).

Las velocidades de la memoria no están sincronizadas

El problema: He intentado instalar nuevos módulos DIMM DDR333 junto con mis módulos DIMM DDR400, pero he tenido problemas. Creía que los módulos eran compatibles.

La solución: ¡Cuidado aquí! Los módulos de memoria pueden ser físicamente compatibles, pero la memoria de 333 MHz, más lenta, no se acelerará mágicamente hasta los 400 MHz.

En la mayoría de los casos, el sistema no arrancará. Algunas placas base modernas detectarán la memoria RAM más lenta y ralentizarán el bus frontal (FSB) y el multiplicador (normalmente usaremos la RAM más rápida a una velocidad inferior). En cualquier caso, la RAM más lenta afectará negativamente al rendimiento general del sistema.

Para obtener los mejores resultados, cambiemos la SDRAM DDR333 por una SDRAM DDR400 igual.

DDR: La próxima generación

El problema: Necesito el máximo rendimiento para jugar. ¿Puedo usar los nuevos módulos DDR2 en mi equipo o tengo que seguir con los módulos DDR habituales?

La solución: La memoria de Velocidad doble de datos (DDR) se ha convertido en el tipo de memoria más popular para el PC. La memoria DDR2, más rápida, se comercializó en 2004 y es compatible con los ordenadores de sobremesa, servidores, ordenadores portátiles y demás dispositivos de gama alta. Las primeras versiones de DDR2 usaban una frecuencia de reloj de 400/533MHz, pero se esperaba que DDR2 pudiera usar frecuencias de reloj de 667 MHz y 800 MHz e incluso más rápidos.

Sin embargo, los módulos DDR2 no funcionan con los sistemas DDR normales porque tienen diferente número de pines, otra tecnología de chips y además sus conectores son incompatibles. ¿Qué significa esto para nosotros, simples mortales? Necesitaríamos una nueva placa base con chips diseñados específicamente para la RAM DDR2.

Nota

Los módulos de memoria y las ranuras DIMM deberían ser del mismo metal (a menudo, oro o estaño). Mezclar metales puede provocar, a largo plazo, una oxidación que produzca problemas con las señales de contacto y un funcionamiento errático de la memoria. Cuando aparezcan problemas de memoria, apagamos el PC, quitamos los módulos DIMM y examinamos los contactos metálicos. Limpiamos los contactos con un bastoncillo de algodón y un poco de alcohol y volvemos a colocar los módulos con cuidado.

Controlar los errores de velocidad

El problema: Cuando intento iniciar mi ordenador, aparece el mensaje de error "Serial Presence Detect".

La solución: Los más viejos probablemente recuerden los interminables dolores de cabeza que conllevaba configurar un sistema para una nueva memoria RAM. Teníamos que entrar en la configuración del sistema e insertar exactamente el tamaño total de memoria y su velocidad.

Con el tiempo, los fabricantes de memoria se percataron de esto y colocaron toda la información sobre el tamaño de memoria y su velocidad en un pequeño chip de datos de serie (normalmente, un chip EEPROM) que se encuentra en el módulo de memoria. Éste recibe el nombre de chip de Detección de presencia serial (SPD). La BIOS simplemente lee los datos del SPD durante el arranque, se informa de todo lo que necesita saber de la RAM y configura la velocidad de memoria en función de eso.

Un error Serial Presence Detect suele significar que uno de los módulos de memoria ha fallado. Debemos extraer entonces los módulos (uno cada vez) y volver a probar el sistema. El módulo que hemos quitado cuando se soluciona el problema, es el defectuoso.

Problemas con el procesador

Identificar un procesador

El problema: Necesito auténtica velocidad de proceso para utilizar un programa de diseño. ¿Cómo puedo saber el fabricante y modelo de mi procesador antes de decidirme a actualizarlo?

La solución: Abrimos Sistema en el panel de control (véase la figura 1.13). Por ejemplo, mi ordenador usa un procesador AMD Athlon 1600+ a 1,4 GHz. Sin embargo, a veces las propiedades de sistema informan de cosas sin sentido como "Family 6 Stepping 5". Esto hace que sea casi imposible saber algo de nuestro procesador.

Por suerte, podemos descargar una utilidad diseñada para detectar hardware, como SiSoft SANDRA 2004 (`http://www.sisoftware.net`). Este software también identificará los detalles del procesador y mostrará los resultados de pruebas comparativas (véase la figura 1.14).

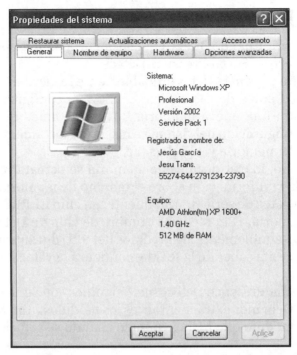

Figura 1.13. Propiedades del sistema suele mostrar la información del hardware, como el tipo de procesador y su velocidad.

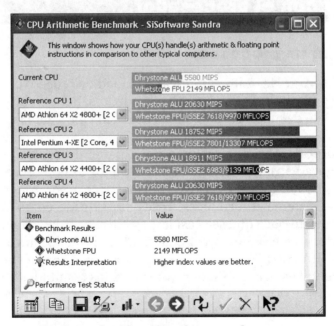

Figura 1.14. SiSoft Sandra identifica el procesador y otros componentes de hardware.

Nota

El disipador/ventilador se encuentra en la parte superior del procesador del equipo y extrae el calor del mismo. Si tenemos que trabajar en el interior del ordenador, debemos esperar 10-15 minutos para que el cuerpo de refrigeración se enfríe antes de tocar el interior. Si tocamos por error un cuerpo de refrigeración caliente, podría fácilmente dejarnos una fea quemadura.

Escoger un nuevo procesador

El problema: Mi nieto necesita realmente actualizar su procesador, pero no tengo ni idea de qué procesadores admitirá la placa base.

La solución: Ésta es una ocasión en la que el fabricante de la placa base (o del ordenador) serán nuestro principal recurso. Si tenemos a mano el manual de la placa base, podemos buscar una lista de procesadores compatibles en la introducción o en las páginas de especificaciones. Si no es así, busquemos las especificaciones de la placa base en la página Web del fabricante (incluso podríamos tener suerte y encontrar una tabla completa de procesadores compatibles). Empresas como Tyan ofrecen una amplia tabla de procesadores compatibles con sus placas base (véase la figura 1.15). Por ejemplo, si usamos una placa base Tyan Tomcat i7210 (S5112), examinamos las columnas para ver qué procesadores admite con velocidades de bus de 800 MHz, 533 MHz y 400 MHz. A 800 MHz, podemos utilizar procesadores de hasta 3,4GHz. A continuación, tendremos que decidir si merece la pena invertir en un nuevo procesador. Por ejemplo, veamos el Tyan Tomcat i7210. Si la unidad ya tiene un Pentium 4 a 2,4 GHz, el precio de un salto de velocidad de 1 GHz, hasta un Pentium 4 a 3,4GHz, sería asequible. Pero si el sistema tiene instalado un procesador a 3,0 GHZ, el precio de un procesador a 3,4 GHz podría ser excesivo para ganar 400 MHz.

Actualizar el procesador ofrece poca mejora

El problema: He cambiado mi CPU de 2,8 GHz por un modelo a 3,4 GHz, sin embargo el equipo parece ofrecer el mismo rendimiento.

La solución: Muchos factores afectan al rendimiento del ordenador, pero aquí mostramos algunos indicadores prácticos. En primer lugar, pasar de 2,8 GHz a 3,4 GHz añadirá 600 MHz de velocidad de proceso al equipo (un incremento de casi un 21% para los cálculos matemáticos). Por desgracia, aumentar la velocidad del procesador no siempre se convierte en un rendimiento mucho mayor.

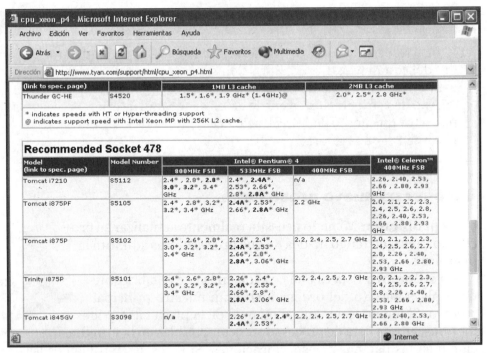

(link to spec. page)		1MB L3 cache		2MB L3 cache	
Thunder GC-HE	S4520	1.5*, 1.6*, 1.9 GHz* (1.4GHz)@		2.0*, 2.5*, 2.8 GHz*	

* indicates speeds with HT or Hyper-threading support
@ indicates support speed with Intel Xeon MP with 256K L2 cache.

Recommended Socket 478

Model (link to spec. page)	Model Number	Intel® Pentium® 4			Intel® Celeron™
		800MHz FSB	**533MHz FSB**	**400MHz FSB**	**400MHz FSB**
Tomcat i7210	S5112	2.4*, 2.8*, **2.8***, **3.0***, **3.2***, 3.4* GHz	2.4*, **2.4A***, 2.53*, 2.66*, 2.8*, **2.8A*** GHz	n/a	2.26, 2.40, 2.53, 2.66 , 2.80, 2.93 GHz
Tomcat i875PF	S5105	2.4*, 2.8*, 3.2*, 3.2*, 3.4* GHz	**2.4A***, 2.53*, 2.66*, **2.8A*** GHz	2.2 GHz	2.0, 2.1, 2.2, 2.3, 2.4, 2.5, 2.6, 2.8, 2.26, 2.40, 2.53, 2.66, 2.80, 2.93 GHz
Tomcat i875P	S5102	2.4*, 2.6*, 2.8*, 3.0*, 3.2*, 3.2*, 3.4* GHz	2.26*, 2.4*, **2.4A***, 2.53*, 2.66*, 2.8*, **2.8A***, 3.06* GHz	2.2, 2.4, 2.5, 2.7 GHz	2.0, 2.1, 2.2, 2.3, 2.4, 2.5, 2.6, 2.7, 2.8, 2.26 , 2.40, 2.53, 2.66 , 2.80, 2.93 GHz
Trinity i875P	S5101	2.4*, 2.6*, 2.8*, 3.0*, 3.2*, 3.2*, 3.4* GHz	2.26*, 2.4*, **2.4A***, 2.53*, 2.66*, 2.8*, **2.8A***, 3.06* GHz	2.2, 2.4, 2.5, 2.7 GHz	2.0, 2.1, 2.2, 2.3, 2.4, 2.5, 2.6, 2.7, 2.8, 2.26 , 2.40, 2.53, 2.66 , 2.80, 2.93 GHz
Tomcat i845GV	S3098	n/a	2.26*, 2.4*, **2.4***, **2.4A***, 2.53*,	2.2, 2.4, 2.5, 2.7 GHz	2.26, 2.40, 2.53, 2.66 , 2.80 GHz

Figura 1.15. Los fabricantes de placas base suelen proporcionar detallada información sobre la compatibilidad del procesador, para ayudarnos a configurar y actualizar el sistema.

¿No me cree? Entonces examine algunos resultados de pruebas realizados por SiSoft SANDRA (véase la figura 1.14). El procesador Pentium 4 a 2,4 GHz, modificado para funcionar a 2,8 GHz, llega a 8296 MIPS (millones de instrucciones por segundo). En comparación, un procesador Pentium 4 a 3,2 GHz realiza 9858 MIPS. El procesador a 3,2 GHz funciona mejor que el procesador modificado a 2,8GHz (como era de esperar), pero la mejora no es muy grande.

Las diferencias en la arquitectura, en el tamaño de matriz, en el tamaño de caché, en la memoria de la placa base y en los chips, son muy importantes para determinar la diferencia de rendimiento entre dos PC idénticos en todo lo demás. Para medir realmente las ventajas que tendrá una nueva CPU en nuestro equipo, debemos usar un programa de pruebas antes de y después de actualizarlo.

Truco

Si actualizamos el procesador y en las pruebas observamos que el rendimiento ha mejorado un 20 por ciento, no debemos creer que las aplicaciones o nuestros juegos favoritos se ejecutarán un 20 por ciento más rápido. En realidad, quizás no notemos ninguna mejora en ninguna aplicación.

Mantener separadas las familias de procesadores

El problema: Quiero actualizar mi procesador de un AMD Athlon XP a un Intel Pentium 4 sin comprar un nuevo equipo.

La solución: Intel y Advanced Micro Devices (AMD) son rivales acérrimos en el campo del desarrollo de procesadores para ordenadores de sobremesa y portátiles. Rápidamente diferenciaron sus productos usando un número de pines y chips incompatibles. Pentium 4 (los procesadores del tipo "Northwood" y "Prescott") de Intel usan zócalos de 478 pines, mientras que los procesadores AMD Athlon XP (hasta 3000+) usan zócalos de 462 pines, llamados Socket A (véase la figura 1.16). Las compañías también diseñan los conjuntos de chips de la placa base para cada familia de procesadores, de modo que un conjunto de chips para los procesadores Pentium 4 no admitirá Athlons y viceversa. Incluso utilizan un código de BIOS diferente.

Figura 1.16. Las diferencias entre el Socket A de 462 pines AMD (izquierda) y el socket de 478 pines del Pentium 4 (derecha) hacen que estas dos familias de procesadores sean incompatibles.

Esto básicamente ata a los usuarios de PC a un determinado procesador y su arquitectura. Si seleccionamos una placa base Pentium 4, debemos seguir usando procesadores Pentium 4. Si queremos cambiarnos a un AMD Athlon similar, tendremos que cambiar toda la placa base junto con el procesador (aunque podemos usar la memoria en la nueva placa base).

Una segunda CPU no siempre es mejor

El problema: Por fin he instalado una segunda CPU en mi ordenador, pero el ordenador funciona a la misma velocidad.

La solución: Necesitamos sistemas operativos y aplicaciones que puedan usar varios procesadores. Por ejemplo, entre los sistemas operativos que admiten varios procesadores se encuentran Windows 2000/XP Professional, Windows NT Server o Workstation y varios tipos de Unix y Linux. Sistemas operativos como Windows 95/98/Me y XP Home, en principio, no admiten varios procesadores. También necesitaremos aplicaciones que admitan varios procesadores, tales como programas de diseño gráfico, de animación y científicos (por ejemplo, Kinetix 3D Studio MAX, Soft Image de Microsoft, Photoshop de Adobe y Maya de Alias/Wavefront).

Abanicar el fuego de la CPU

El problema: Mi sistema sigue apagándose tras unos minutos. He mirado en su interior y he observado que el ventilador de la CPU se ha parado.

La solución: Comencemos examinando brevemente el cable del ventilador. Mientras los ventiladores viejos sólo usaban un conector de alimentación y funcionaban continuamente, los ventiladores más modernos usan una pequeña conexión con la placa base. En cualquier caso, debemos asegurarnos de que la conexión sea firme.

Muchas placas base modernas, como la Tyan Tomcat i7210, incluyen un control de velocidad (o turbo), que ajusta automáticamente la velocidad del ventilador dependiendo del calor de la CPU y que puede detener realmente el ventilador si el equipo y el procesador no están trabajando.

Si el ventilador vuelve a activarse tras unos minutos y aumenta su velocidad, puede estar acelerado (nada de lo que debamos preocuparnos). Para comprobar la configuración del ventilador, iniciamos la configuración del sistema y examinamos el menú PC Health Status (véase la figura 1.17).

Si CPU Fan Speed Control está configurado al 100%, el ventilador debería funcionar constantemente. Si no es así, quizás tengamos que cambiar el ventilador, junto con todos los componentes del cuerpo de refrigeración. Si la velocidad está configurada como Auto, el sistema debería ajustar la velocidad del ventilador según la temperatura de la CPU.

Buscar el pin 1

El problema: Quiero instalar mi nueva CPU, pero tiene cientos de pines. ¿Qué ocurre si la coloco mal y estropeo el equipo?

La solución: No lo hará. De hecho, la CPU sólo encaja de una forma. Observemos el zócalo de la placa base. Veremos que en una esquina faltan varios pines (véase la figura 1.16). A continuación, miramos el lado de los pines del nuevo procesador, encontramos esa esquina y lo colocamos en su sitio suavemente. Debemos asegurarnos de insertar completamente el procesador en el zócalo antes de cerrar la palanca de Fuerza de inserción nula (ZIF).

```
                    Phoenix – AwardBIOS CMOS Setup Utility
                              PC Health Status
┌─────────────────────────────────────────────────────────────────────────┐
│  CPU FAN Speed Control       [100% Speed]  │        Item Help             │
│  Current CPU    Temp.                      │                              │
│  Current VRM    Temp.                      │                              │
│  Current System Temp.                      │    Menu Level   ▶            │
│  Current CPU       Fan Speed               │                              │
│  Current Chassis Fan Speed                 │                              │
│  Current Chassis Fan Speed                 │                              │
│  Current Chassis Fan Speed                 │                              │
│  Current Chassis Fan Speed                 │                              │
│  Current Chassis Fan Speed                 │                              │
│  Current Chassis Fan Speed                 │                              │
│                                            │                              │
│  VCORE                                     │                              │
│  3VSB                                      │                              │
│  5 VSB                                     │                              │
│  +5V                                       │                              │
│  3.3V                                      │                              │
│  +12V                                      │                              │
│  DDRVTT                                    │                              │
│  2.6VDDR                                   │                              │
│                                            │                              │
├────────────────────────────────────────────────────────────────────────┤
│  ↑↓←→: Move  Enter: Select  +/-/PU/PD: Value  F10: Save  ESC: Exit  F1: General Help │
│       F5: Previous Values  F6: Fail-Safe Defaults  F7: Optimized Defaults │
└────────────────────────────────────────────────────────────────────────┘
```

Figura 1.17. La configuración automática ajustará la velocidad del ventilador de la CPU basándose en el calor, pero la velocidad al 100% hará que el ventilador de la CPU esté constantemente girando.

Se detectan dos CPU

El problema: Mi ordenador tiene una CPU pero el administrador de dispositivos detecta dos. ¿Tengo el doble de rendimiento?

La solución: Es debido a la tecnología de *hyper-threading* (o HT). El *hyper-threading* admite la multitarea, lo que permite a un procesador en más de una tarea simultáneamente. El sistema operativo (por ejemplo., Windows XP) interpreta un procesador con *hyper-threading* como dos procesadores e informa de cada uno de ellos en el administrador de dispositivos. Para probar el rendimiento real del procesador con *hyper-threading* utilizamos una utilidad de pruebas como PCMark04 (http://www.futuremark.com) o bien SiSoft SANDRA 2004 (http://www.sisoftware.net).

> **Nota**
>
> Los procesadores Intel Pentium 4 y AMD Athlon usar casi 500 pines de metal independientes. Los procesadores de última generación, como AMD Opteron usan más de 900 pines. Cada pin entra simultánea y completamente en su zócalo correspondiente. Para quitar un procesador de su zócalo, hay que levantar completamente la palanca ZIF. Extraemos el procesador del zócalo tirando uniformemente de sus cuatro lados. Debemos ser extremadamente cuidadosos. Si tiramos de un solo lado, podríamos doblar o romper los pines que todavía están en el zócalo y posiblemente estropear el procesador.

La CPU atascada en el zócalo

El problema: He comprado un nuevo procesador, pero no puedo sacar el viejo de su zócalo.

La solución: Dos descuidos habituales suelen estropear nuestro trabajar. En primer lugar, la palanca de fuerza de inserción nula mantiene sujetos los zócalos del procesador (véase la figura 1.16). Cuando está cerrada, esta palanca hace que sea casi imposible mover el procesador. Muchos novatos se olvidan de esta pequeña palanca. En teoría, el procesador saldrá sin ningún (o con muy poco) esfuerzo.

¿Seguimos atascados? Revisemos el cuerpo de refrigeración que hay montado sobre el procesador. Algunos cuerpos de refrigeración encajan sobre el procesador y en realidad están fijados al zócalo (no al procesador). A veces, esto mantendrá el procesador en su sitio, incluso cuando hemos alzado la palanca ZIF. En ese caso, tendremos que quitar antes el cuerpo de refrigeración y luego extraer el procesador. Debemos acordarnos de almacenar el procesador viejo en el paquete anti-estática del nuevo procesador.

En algunos casos, el mecanismo ZIF podría no liberarse completamente y dejar algo de tensión en los pines del procesador. Probemos sacudiendo ligeramente la palanca ZIF para aflojar lo más posible el mecanismo. Si no funciona, usemos una herramienta ancha y plana (como un destornillador) para, cuidadosamente, sacar del zócalo cada uno de los lados del procesador. No debemos sacar completamente uno de los lados. Así doblaremos los pines del lado contrario y probablemente estropeemos el procesador.

Truco

Si tenemos una carcasa de mini-torre o de torre, con una placa base montada verticalmente, pongamos la carcasa de lado antes de levantar la palanca ZIF. Si no lo hacemos, el procesador podría caerse del zócalo y dañar alguna tarjeta u otros componentes.

Informes erróneos de la velocidad de reloj

El problema: La entrada del reloj de la CPU en la configuración de sistema sólo alcanza un máximo de 132 MHz, aunque el sistema admite velocidades de reloj de hasta 233 MHz.

La solución: En casi todos los casos el problema reside en la CPU escogida. La BIOS identifica automáticamente el procesador instalado y configura el bus frontal (FSB) en consonancia. Algunos procesadores usan un bus frontal a 100 MHz (un procesador de 400 MHz) y esto limita el rango del reloj de la CPU a 100-132 MHz. Un procesador diseñado para un bus frontal a 133 MHz (un procesador de 133-165 MHz). Por último, un procesador diseñado para un bus frontal de 200 MHz (800 MHz) abre un rango para el reloj de la CPU entre 200-233MHz. Sin embargo, un procesador no podrá abrir todo el rango de frecuencias del bus frontal. Si necesitamos más velocidad de bus frontal (por ejemplo, para usar memoria SDRAM DDR400), tendremos que cambiar el procesador por un modelo que admita una velocidad más rápida en el bus frontal.

Nota

Una espesa pasta térmica ayuda a transferir el calor de la CPU al cuerpo de refrigeración (ayuda a mantener más frío el procesador). Cada vez que cambiemos un procesador o bien un cuerpo de refrigeración, debemos usar un poco de pasta térmica. Sin embargo, debemos asegurarnos de utilizar guantes de látex cuando manipulemos esta pasta extremadamente tóxica. Además, debemos tener cuidado con la ropa buena, porque mancha mucho. No diga que no lo advertimos. Podemos obtener pasta térmica en tiendas de electrónica.

Arreglar los pines de la CPU doblados

El problema: He tirado con fuerza del procesador y he doblado algunos pines. ¿He estropeado la CPU?

La solución: Esta vez tenemos un buen problema. Si intentamos enderezar un pin muy doblado, probablemente lo romperemos, ya que es muy frágil, y habremos estropeado el procesador. Normalmente podremos arreglar los pines ligeramente doblados (quizá menos de 20 grados, más o menos) con pequeños toques de unas pinzas de precisión. Debemos asegurarnos de descargar de electricidad estática nuestras manos y las pinzas, tocando el chasis de metal del ordenador, antes de intentar enderezar los pines del procesador. Si no lo hacemos, nos arriesgamos a dañar el procesador con una descarga electrostática.

Funcionamiento caótico debido al calor de la CPU

El problema: He cambiado la CPU y el sistema arranca perfectamente, pero al cabo de unos minutos de funcionamiento se detiene. Tengo que esperar cinco minutos antes de volver a reiniciarlo.

La solución: Ah, parece que el procesador se está sobrecalentando. Apagamos el equipo, lo desenchufamos y esperamos 10-15 minutos a que todo se enfríe.

A continuación, pasemos a lo más obvio. ¿Hemos colocado de nuevo el cuerpo de refrigeración/ventilador? A continuación, comprobamos el cable del cuerpo de refrigeración/ventilador. La mayoría de los ventiladores modernos usan un cable de tres hilos que se conecta al puerto de ventilador de la CPU, en la placa base. Esto permite a la placa base detectar el ventilador y a veces, incluso regular la velocidad del ventilador (véase "Abanicar el fuego de la CPU", en este capítulo). Debemos asegurarnos de conectar correctamente el cable (y comprobar que el ventilador gira cuando se arranca el sistema). Algunos ordenadores modernos incluyen una función *Processor Burn-Proof* que apaga el equipo automáticamente cuando falla la velocidad de la CPU, de modo que debemos asegurarnos de conectar el cable al puerto de ventilador correcto. Si el ventilador no gira, quizás necesitemos un nuevo cuerpo de refrigeración.

Advertencia

Si utilizamos un procesador sin el cuerpo de refrigeración adecuado (o mal colocado), podremos estropear el procesador.

Por último, debemos tener en cuenta los efectos del *overclocking*. Aumentar la velocidad del reloj o el multiplicador de la CPU a veces puede extraer algunos ciclos de reloj más del procesador, pero esa velocidad extra produce más calor. Los aficionados a esta práctica a menudo mejoran el cuerpo de refrigeración para deshacerse del calor extra. Devolvamos la velocidad del reloj a su estado original. Si el sistema se estabiliza, hemos descubierto el problema.

Overcloking a prueba de errores

El problema: Quiero forzar el reloj de mi PC, pero me da miedo que pueda estropear algo.

La solución: Listo para viajar por el lado oscuro ¿verdad? El *overclocking* aumenta el rendimiento del procesador aumentando la velocidad del bus frontal y del multiplicador por encima de los valores indicados para un determinado procesador. Muchas placas base admiten varias velocidades para el bus frontal (en incrementos de hasta solo 5 MHz), diseñadas específicamente para el *overclocking*. Por ejemplo, las placas base como la Tyan Tomcat i876PF proporcionan valores predeterminados de 100/133/166 MHz, pero nos permiten introducir un número decimal para la velocidad del FSB deseada. Para forzar el reloj de la mayoría de los procesadores, basta con modificar el valor de CPU Clock, en la configuración del sistema (véase la figura 1.18).

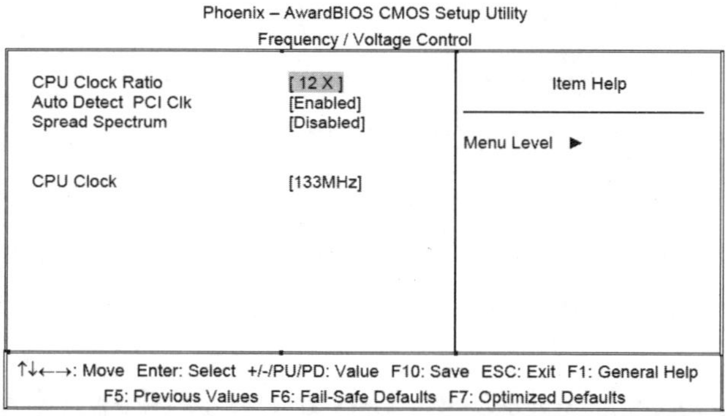

```
                    Phoenix – AwardBIOS CMOS Setup Utility
                          Frequency / Voltage Control

   CPU Clock Ratio           [ 12 X ]                    Item Help
   Auto Detect  PCI Clk      [Enabled]
   Spread Spectrum           [Disabled]
                                               Menu Level  ▶

   CPU Clock                 [133MHz]




   ↑↓←→: Move  Enter: Select  +/-/PU/PD: Value  F10: Save  ESC: Exit  F1: General Help
           F5: Previous Values  F6: Fail-Safe Defaults  F7: Optimized Defaults
```

Figura 1.18. Forzar el reloj de un procesador suele ser tan sencillo como modificar el valor de CPU Clock speed, aunque hay varios inconvenientes a tener en cuenta.

Sin embargo, el *overclocking* tiene algunas limitaciones e inconvenientes muy serios. En primer lugar, el *overclocking* obliga al procesador a trabajar a velocidades de reloj más rápidas. Dependiendo del diseño del procesador, quizás tengamos que modificar el voltaje del procesador para reforzar las señales, que ahora son más rápidas. Los procesadores más rápidos también generan más calor (véase el anterior problema "Funcionamiento caótico debido al calor de la CPU"), que debe ser eliminado por el cuerpo de refrigeración.

A menudo, necesitaremos un cuerpo de refrigeración más grande. Los aficionados al *overclocking* recurren a unidades de refrigeración por agua, e incluso por nitrógeno líquido (vaya). ¿Más posibles problemas? El *overclocking* también aumenta la frecuencia de la memoria. Acelerar el bus frontal de 133 MHz a 143 MHz acelerará la memoria SDRAM DDR266 a 286MHz. Las frecuencias más elevadas del procesador y la memoria pueden producir inestabilidad del sistema (cuelgues y reinicios inesperados). Por último, el calor añadido y el esfuerzo del *overclocking* podrían hacer que el procesador se estropee antes.

Advertencia

El *overclocking* puede llegar a dañar el hardware del equipo y anular la garantía.

Sin embargo, el *overclocking* sigue siendo un pasatiempo popular para muchos aficionados al PC y podemos encontrar muchas páginas Web dedicadas a él. Buscando en Yahoo o Google por "overclocking" encontraremos una gran cantidad de resultados, pero los siguientes sitios nos permitirán empezar:

❑ `http://www.overclockers.com/`

❑ `http://www.extremeoverclocking.com/`

❑ `http://www.sysopt.com/ocdatabase.html`

❑ `http://www.anandtech.com/`

❑ `http://www.helpoverclocking.com/english/`

❑ `http://www.overclockersclub.com/`

El overclocking agresivo produce problemas con el equipo

El problema: Acabo de forzar el reloj de mi PC. El maldito funciona bien durante un rato (incluso las pruebas ofrecen resultados más altos y todo eso), pero de vez en cuando se cuelga.

La solución: Normalmente encontraremos el origen de este problema en una configuración de *overclocking* demasiado agresiva. En otras palabras, hemos aumentado demasiado la frecuencia del reloj o no hemos conseguido modificar el voltaje de la CPU y el sistema de refrigeración. Afortunadamente, podemos solucionar el problema con un poco de paciencia y algo de trabajo detectivesco.

Abrimos la configuración del sistema y buscamos las entradas CPU Clock speed y CPU Clock Ratio (véase la figura 1.18).

Las anotamos como punto de partida. A continuación, devolvemos los valores predeterminados y dejamos que la BIOS detecte y configure automáticamente la CPU. Miramos de nuevo la velocidad del reloj y del multiplicador y las anotamos. Esto será nuestro rango de trabajo.

Aumentamos el bus frontal en pequeños incrementos y volvemos a probar el equipo. Debemos vigilar la temperatura de la CPU cada vez que aumentemos la velocidad del reloj.

Cuando el sistema vuelva a ser inestable, habremos encontrado la máxima velocidad de reloj para el voltaje de nuestra CPU y nuestro cuerpo refrigerador. Podemos probar con un disipador más grande para la CPU y observar si hay diferencias. Si no es así, aumentemos el voltaje de la CPU (pero no más de 0,1 o 0,2 voltios). Si el sistema sigue siendo inestable, devolvamos el voltaje de la CPU a su valor original y devolvamos al sistema la última velocidad de reloj estable. Por otro lado, si la combinación de mejor refrigeración y/o mayor voltaje estabiliza el equipo, podemos intentar volver a aumentar la frecuencia del reloj.

Problemas con tarjetas y puertos

Reconocer dispositivos de sistema desconocidos

El problema: Veo un elemento "desconocido" en el administrador de dispositivos, marcado con un signo de exclamación negro dentro de un círculo amarillo. ¿Cómo puedo librarme de él?

La solución: Windows simplemente muestra los dispositivos que no puede reconocer como "desconocido". Para resolver este problema, tenemos que identificar el dispositivo problemático y hacer que Windows lo reconozca.

Aquí tiene un truco rápido. Si acabamos de instalar un dispositivo y Windows no lo reconoce, ya hemos identificado el dispositivo problemático. Si no es así, hacemos clic con el botón derecho del ratón en el dispositivo desconocido y seleccionamos Desinstalar, reiniciamos el equipo y dejamos que Windows detecte de nuevo el dispositivo. Windows probablemente sólo identificará el tipo de dispositivo (como Dispositivo de audio de onda o Unidad USB).

A continuación, Windows debería iniciar el asistente para agregar hardware y solicitar un controlador. Si no es así, hacemos clic con el botón derecho del ratón en el dispositivo desconocido, seleccionamos Actualizar controlador (véase la figura 1.19) y seguimos las instrucciones. Volvemos a revisar el administrador de dispositivos para asegurarnos de que Windows ha identificado correctamente el dispositivo.

Los voltajes AGP

El problema: No puedo conectar la nueva tarjeta AGP al equipo, por mucho que lo intente. Creía que todas las tarjetas AGP eran iguales.

La solución: No. Solemos pensar en AGP como una sola tecnología, pero en realidad hay tres estándares AGP: AGP 1.0, AGP 2.0 y AGP 3.0. Cada estándar utiliza el mismo voltaje para funcionar, pero usa diferentes voltajes para las señales.

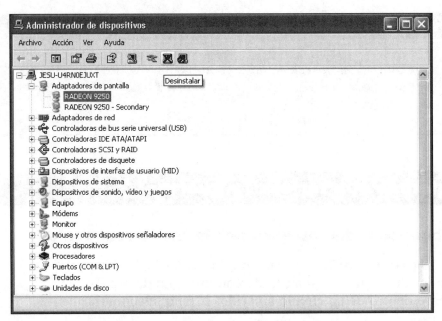

Figura 1.19. El administrador de dispositivos nos ayuda a identificar los diferentes dispositivos de un equipo y a resolver los problemas que puedan crearnos.

❑ AGP 1.0 usa señales de 3,3 voltios y a veces se denomina "AGP 3.3V". Las tarjetas que cumplen el estándar AGP 1.0, como ATI Rage 128 o ATI Rage Fury Max, funcionan con una velocidad de hasta AGP 2X y encajarán en las ranuras AGP 1.0, AGP 2.0 y "Universal AGP". Sin embargo, no podremos instalar tarjetas AGP 1.0 en placas base con la ranura AGP 2.0 configurada para funcionar a 1,5V (como por ejemplo los grupos de chips Intel i845, i850 o i860, diseñados para trabajar con AGP 4X).

❑ AGP 2.0 utiliza señales de 1,5 voltios y a veces se denomina "AGP 1.5V". Las tarjetas que cumplen el estándar AGP 2.0, como ATI Radeon 8500 o 9000, funcionan con las velocidades AGP 2X/4X y encajarán en las ranuras AGP 1.0, AGP 2.0 y Universal (2X/4X) AGP.

❑ AGP 3.0 utiliza señales de 0,8 voltios y funciona con las velocidades AGP 8X en las ranuras AGP 2.0 y Universal (4X/8X) AGP. Sin embargo, las tarjetas AGP 3.0, como por ejemplo ATI Radeon 9700 o 9800, no funcionarán con ranuras AGP 1.0 (2X).

En conclusión, las tarjetas AGP antiguas no encajarán en las nuevas placas base y las nuevas tarjetas AGP no encajarán en las placas base antiguas. Debemos examinar las especificaciones de la placa base y determinar la versión de la ranura AGP y asegurarnos de seleccionar una tarjeta gráfica AGP compatible.

El nuevo rendimiento AGP infrautilizado

El problema: He instalado una tarjeta AGP ATI Radeon 9800 en la placa base, pero ha mejorado muy poco el rendimiento de mi vieja tarjeta Radeon 8500. ¿Para qué molestarse en cambiar de tarjeta?

La solución: Tenemos que asegurarnos de utilizar todo el potencial de la nueva tarjeta. La Radeon 8500 es una tarjeta AGP 2.0 (velocidad de 2X/4X), pero la Radeon 9800 es una tarjeta AGP 3.0 (velocidad de 4X/8X). (¿Confundido? Lea el anterior problema.) La placa base probablemente admita AGP 4X, pero no AGP 8X. Como resultado, no veremos el tipo de mejora espectacular que esperábamos. Si queremos el máximo rendimiento de la nueva tarjeta Radeon, debemos actualizar la placa base a un modelo con una ranura para AGP 3.0.

Una utilidad como 3Dmark03 de Futuremark (`http://www.futuremark.com`) nos permite probar el rendimiento del sistema gráfico. Si realmente queremos saber cuánto va a mejorar el rendimiento gráfico con la nueva Radeon 9800, podemos instalar la nueva tarjeta y ejecutar el programa de pruebas, a continuación, instalamos la Radeon 8500 original y volvemos a realizar la prueba en el sistema. Observamos los números de rendimiento y los comparamos. Si posteriormente actualizamos la placa base, volvemos a realizar la prueba y veremos entonces cómo el AGP 8X mejora el sistema gráfico.

La historia interna de la coparticipación del IRQ

El problema: ¿Se colgará el sistema si dos dispositivos PCI comparten la misma línea IRQ?

La solución: Una técnica denominada Control IRQ (desarrollada a principios de los 90, junto con el bus PCI) permite al sistema PCI redefinir las interrupciones para cada dispositivo PCI según sea necesario. De esta forma, los dispositivos que se utilizan en Windows 98 o posteriores pueden compartir con efectividad un número limitado de señales de interrupción disponibles.

Sin embargo, el control IRQ tan sólo funciona con los dispositivos PCI, no con los módems ni con los puertos COM.

Mientras Windows identifique correctamente todos los dispositivos, el sistema probablemente no se colgará. En Windows XP, abrimos Sistema, en el panel de control, hacemos clic en la pestaña Hardware y hacemos clic en el botón **Administrador de dispositivos**. A continuación, buscamos cualquier dispositivo desconocido o que causen problemas. Si todo parece tranquilo (véase la figura 1.19) y el sistema es estable, el control IRQ funciona como es debido.

La vieja tarjeta AGP dañó a la placa base

El problema: He instalado una vieja tarjeta AGP en mi placa base pero el equipo se niega a arrancar (incluso después de volver a instalar la tarjeta original).

La solución: Comencemos por lo básico y comprobemos todo el cableado interno de alimentación. Además, debemos buscar cualquier tarjeta que pueda no estar correctamente insertada. Estos pequeños detalles pueden estropear una ampliación.

Lo más probable es que hayamos instalado una tarjeta AGP 1.0 en una placa base diseñada para AGP 2.0. Pero una tarjeta AGP 1.0 debería funcionar en una ranura AGP 2.0 (véase "Los voltajes AGP"), ¿verdad? Bueno, debería, pero toda regla tiene su excepción.

Por ejemplo, Intel diseñó los chips de las placas base i845, i850 e i860 exclusivamente para señales AGP 2.0 (1,5 voltios). Cuando instalamos una tarjeta AGP 1.0 (3,3 voltios), los voltajes de señales más elevados pueden dañar al conjunto de chips y quemar la placa base.

Por desgracia, tendremos que cambiar la placa base dañada por una compatible con nuestra tarjeta AGP. Para obtener los mejores gráficos, quizás queramos comprar una tarjeta AGP más moderna, a juego con la placa base.

Las tarjetas pueden salirse de las ranuras

El problema: Mi equipo funcionaba perfectamente hasta que, de repente, el vídeo dejó de funcionar.

La solución: Esta pequeña molestia se produce cuando una tarjeta AGP se sale de su ranura. Como las otras tarjetas de ampliación, una tarjeta AGP puede salirse debido a la vibración y a los efectos del calor. Los contactos eléctricos AGP, muy finos, pueden juntarse y apagar el sistema de vídeo sin avisar. Este problema aparece mucho más frecuentemente cuando no atornillamos una tarjeta AGP al chasis.

Esto casi nunca daña al equipo. Basta con apagar y desenchufar el PC, volver a colocar la tarjeta AGP (y las otras tarjetas de expansión). Deberíamos insertar la tarjeta en la ranura completa y simétricamente. Debemos asegurarnos de atornillar firmemente la abrazadera de metal de la tarjeta AGP al chasis del equipo y encender normalmente el ordenador.

Ahora las malas noticias: si el problema no se soluciona, la tarjeta AGP podría simplemente haberse estropeado. Apaguemos el equipo, desenchufémoslo y probemos luego con otra tarjeta AGP en la ranura (véase "La vieja tarjeta AGP dañó a la placa base").

Compatibilidad con PCI Express

El problema: ¿Puedo usar los dispositivos PCI que tengo en la ranura PCI Express de mi nueva placa base?

La solución: No. La interfaz PCI paralela convencional transfiere los datos en bloques de varios bites cada vez, a través de un bus a 33 MHz. En comparación, PCI Express usa una interfaz de serie y pasa un bit cada vez mediante una conexión de banda ancha muy rápida. Igual que la interfaz Serial ATA (SATA) se está imponiendo en los discos duros, la conexión PCI serial puede alcanzar velocidades nunca imaginadas para el PCI paralelo. PCI Express, con el tiempo, sustituirá a las ranuras PCI y AGP, proporcionando un mayor ancho de banda para las nuevas tarjetas gráficas, FireWire, USB, tarjetas de red y demás dispositivos. Por desgracia, los dispositivos PCI (incluyendo las viejas tarjetas gráficas basadas en PCI) no encajan en las ranuras PCI Express. Esta incompatibilidad puede parecer un auténtico fastidio, pero PCI Express ofrece importantes ventajas. Una ranura corta (1X) PCI Express (ideal para dispositivos generales, como adaptadores de red) puede aceptar velocidades de hasta 200 MB/seg. Una ranura completa (16X) PCI Express (diseñadas para tarjetas gráficas de última generación) puede aceptar velocidades de hasta 4 GB/seg.

En el futuro próximo, los fabricantes de placas base seguirán incluyendo ranuras PCI convencionales. Encontraremos más información sobre la tecnología PCI Express en `http://www.pcisig.com`.

No se reconoce el dispositivo USB

El problema: Ayúdeme. He conectado una impresora USB al ordenador, pero el equipo ni siquiera reconoce la unidad. ¿No se suponía que el puerto USB detectaba e instalaba automáticamente los dispositivos?

La solución: El puerto USB es muy inteligente y debería reconocer casi cualquier tipo de dispositivo. En primer lugar, debemos volver a comprobar el cable USB del PC y de la impresora. Debemos asegurarnos de usar el cable de corriente continua o el transformador de corriente que acompañaban a la impresora e insertar los dos extremos del cable en sus respectivos puertos.

¿Seguimos sin suerte? Algunos fabricantes quieren que instalemos los controladores antes de conectar el hardware. Revisemos las instrucciones de instalación y asegurémonos de seguir atentamente los pasos indicados.

Si la impresora sigue negándose a funcionar, quizás haya algún problema con el puerto USB o con la impresora. Probemos un ratón USB u otro dispositivo USB que sepamos que funciona y veamos si Windows lo reconoce. Si no lo reconoce, probemos en otro puerto USB o cambiemos la placa base sospechosa. Si detecta normalmente el dispositivo USB, probemos la impresora en otro PC. Si el problema "acompaña" a la impresora, cambiémosla por una nueva o solicitemos que nos devuelvan el dinero.

USB sólo proporciona energía limitada

El problema: ¿Por qué algunos dispositivos USB necesitan energía de un cable de corriente, mientras que otros dispositivos la extraen directamente del puerto USB, sin corriente?

La solución: El puerto USB fue diseñado originalmente como una interfaz de poca velocidad para periféricos sencillos, como teclados, ratones, mandos para juegos, cámaras Web y otros dispositivos ligeros. Por ejemplo, el puerto USB proporciona +5 voltios e inicia un dispositivo con sólo 100mA (miliamperios) usando solo 0,5 vatios de corriente. Si el dispositivo necesita más energía, puede solicitar al puerto USB hasta 500mA o 2,5 vatios de potencia (un tercio de la energía de una lámpara de mesilla). Varios dispositivos pueden fácilmente sobrecargar esta pequeña cantidad de energía, aunque algunos concentradores USB alimentados pueden ayudar, librando de parte de la carga a los puertos USB.

Las impresoras, escáneres, adaptadores de red y otros dispositivos de hardware necesitan mucho más de 2,5 vatios. Estos dispositivos de alta potencia deben extraer la energía de un cable de corriente o de un transformador, y no del puerto USB.

Identificar el puerto USB

El problema: He comprado un nuevo dispositivo USB 2.0 (una unidad DVD+/-RW) pero no recuerdo si mi PC tenía puertos USB 1.0, 1.1 o 2.0.

La solución: El veloz puerto USB 2.0 consigue transmitir datos hasta a 480 Mbps (como los dispositivos FireWire), por lo que realmente necesitaremos un puerto USB 2.0 para aprovechar al máximo los dispositivos USB 2.0. Los puertos USB 1.1 alcanzan los 12 Mbps, mientras que los puertos USB de baja velocidad (USB 1.0) sólo llegan a los 1,5 Mbps. El dispositivo seguirá funcionando en un puerto USB 1.1, pero aunque funcione no conseguiremos su máximo rendimiento. Si nuestro ordenador fue fabricado antes de marzo del 2002 y no usa como sistema operativo Windows XP, probablemente disponga de puerto USB 1.1. Para asegurarnos, bastará con reiniciar el sistema y revisar la lista de hardware de la BIOS, durante el arranque. Busquemos una entrada para el puerto USB, como USB 2.0. Si no aparece, entramos en la configuración del sistema, abrimos el menú Integrated Peripherals y revisamos las entradas de Onboard Device (véase la figura 1.20). Si vemos una entrada indicando que USB 2.0 Controller está habilitado, nuestros puertos serán USB 2.0. También podemos usar una herramienta de diagnóstico, como SiSoft SANDRA (http://www.sisoftware.net) para que detecte y nos informe de los tipos de puerto USB 1.0, 1.1 y 2.0.

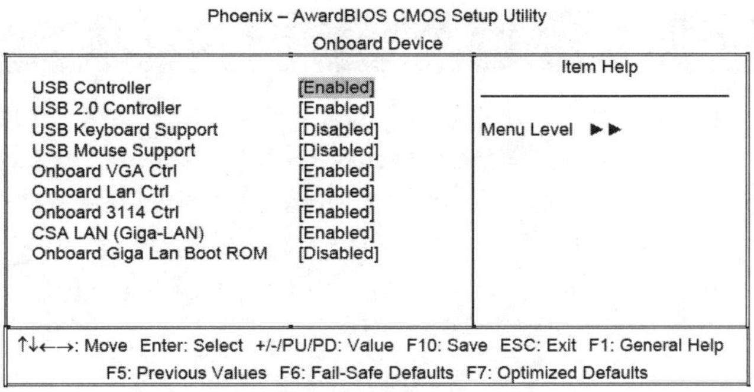

```
              Phoenix – AwardBIOS CMOS Setup Utility
                         Onboard Device
    ┌─────────────────────────────────┬─────────────────────────┐
    │                                 │        Item Help        │
    │  USB Controller      [Enabled]  │                         │
    │  USB 2.0 Controller  [Enabled]  │                         │
    │  USB Keyboard Support [Disabled]│  Menu Level  ► ►        │
    │  USB Mouse Support   [Disabled] │                         │
    │  Onboard VGA Ctrl    [Enabled]  │                         │
    │  Onboard Lan Ctrl    [Enabled]  │                         │
    │  Onboard 3114 Ctrl   [Enabled]  │                         │
    │  CSA LAN (Giga-LAN)  [Enabled]  │                         │
    │  Onboard Giga Lan Boot ROM [Disabled]│                    │
    │                                 │                         │
    ├─────────────────────────────────┴─────────────────────────┤
    │ ↑↓←→: Move  Enter: Select  +/-/PU/PD: Value  F10: Save  ESC: Exit  F1: General Help │
    │      F5: Previous Values  F6: Fail-Safe Defaults  F7: Optimized Defaults │
    └───────────────────────────────────────────────────────────┘
```

Figura 1.20. Revisemos el submenú Onboard Devices para detectar la presencia de puertos USB 2.0.

Si el equipo tan sólo admite USB 1.1 e instalamos una unidad DVD-/+RW USB 2.0, tardará bastante más tiempo en llevar los datos a la unidad. También notaremos más saltos y pérdidas de fotogramas durante la reproducción de DVD. Si realmente queremos la velocidad que ofrecen los puertos USB 2.0, podemos instalar un adaptador PCI USB 2.0, disponibles por poco dinero en tiendas de informática.

Truco

Aunque la placa base incluya puertos USB 2.0, Windows XP necesita el Service Pack 1A o posterior para utilizar los puertos USB 2.0 a su máxima velocidad. Encontraremos el Service Pack en `http://www.microsoft.com/windowsxp/pro/downloads/servicepacks/sp1/sp1lang.asp`.

Malditas unidades ZIP

El problema: He conectado una unidad Zip USB a mi equipo, pero ahora el equipo se cuelga.

La solución: Las unidades Zip tienen fama de ser inestables y las conexiones USB no parecen mejorar su temperamento. Siempre debemos conectar la unidad directamente al puerto USB y no a un concentrador.

Además, podemos buscar controladores actualizados en la página Web de Iomega (`http://www.iomega.com`), que podrían ayudar a mejorar la estabilidad del sistema.

Nota

El movimiento y los golpes accidentales pueden dañar a las unidades de disco duro y de CD/DVD externas. Cuando conectamos una unidad externa, debemos mantenerla lejos de los bordes de las mesas, ya que podría caerse. Además, debemos apartar los cables de las zonas transitadas. Alguien podría tropezar con el cable y enviar la unidad por los aires. Siempre debemos desmontar, desenchufar y desconectar una unidad externa antes de moverla.

Desconectar incorrectamente una unidad USB puede afectar a sus discos. Por ejemplo, si apagamos o desconectamos la unidad Zip mientras lee o escribe, podemos dañar los discos. No debemos apagar o desconectar la unidad hasta que se haya detenido completamente.

En muchos casos, habrá un icono en la bandeja del sistema (como Quitar hardware con seguridad), que podemos usar para desconectar correctamente la unidad antes de quitar el cable USB. Demos formato al disco Zip y volvamos a probar la unidad. Si el problema no se soluciona, la unidad Zip podría ser defectuosa. Probamos la unidad en otro PC.

Si el problema "acompaña" a la unidad, enviemos la unidad a Iomega para que la repare o cambiemos la unidad por otro modelo.

Los dispositivos USB administran la energía de forma diferente

El problema: Mi dispositivo USB no tiene una pestaña para la administración de energía.

La solución: No todos los dispositivos USB incluyen funciones de administración de energía (aparte de las opciones de energía que encontramos en el panel de control de Windows). Por ejemplo, un adaptador de red 100/10M PCI ofrece opciones de administración de energía (véase la figura 1.21), pero una unidad USB LiteOn DVD-/+RW no lo ofrece. Eh, nosotros no inventamos las reglas.

Revisemos la documentación que acompaña al dispositivo USB para ver si ofrece la función de administración de energía. Si debería aparecer una pestaña Administración de energía (o similar) en las propiedades del dispositivo, podemos buscar una actualización de los controladores en la página Web del fabricante. A veces será necesario actualizar la placa base.

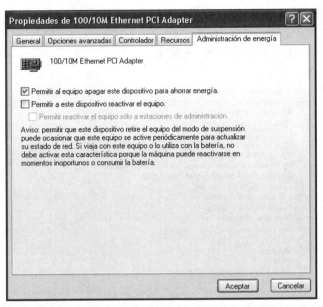

Figura 1.21. Algunos dispositivos muestran una pestaña para la administración de energía que nos permite seleccionar opciones de ahorro de energía para ese dispositivo.

Nota

Para probar rápidamente los puertos USB, conectamos un ratón USB a cada puerto USB por turnos. El sistema debería reconocer automáticamente el ratón y dejarnos controlar el cursor de Windows.

No funcionan todos los puertos USB

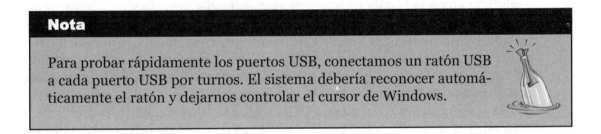

El problema: ¿Por qué mi dispositivo USB funciona en algunos puertos USB, pero no en otros?

La solución: Abrimos Sistema en el panel de control, hacemos clic en la pestaña Hardware, hacemos clic en el botón **Administrador de dispositivos** y después ampliamos la entrada Controladores de bus serie universal (USB) (véase la figura 1.22). Debería haber una entrada Concentrador raíz USB y una Controlador de host universal USB por cada dos puertos USB del sistema. Por ejemplo, tres concentradores raíz USB y tres controladores de *host* universal USB deberían admitir seis puertos USB.

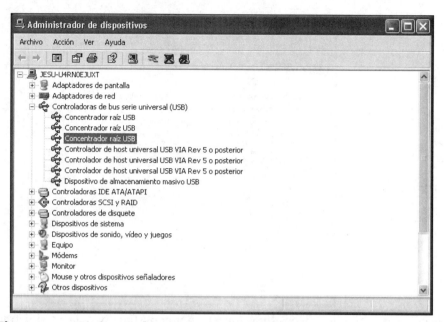

Figura 1.22. Revisemos los recursos USB disponibles, como concentradores y controladores de host.

Si falta alguna entrada (o hay entradas marcadas con un signo de exclamación), esos puertos no estarán disponibles en nuestro equipo (normalmente porque los controladores están dañados o se han instalado incorrectamente, o porque los recursos de ese puerto USB están dañados en la placa base). Hacemos clic con el botón derecho del ratón en cualquier entrada de un concentrador o de un controlador y seleccionamos Buscar cambios de hardware.

Si todos los recursos del puerto USB funcionan correctamente, el problema podría estar en el controlador del dispositivo USB que da problemas (como una unidad USB o una cámara Web).

Dejemos el administrador de dispositivos abierto y busquemos el dispositivo USB problemático. Si el dispositivo está marcado con un signo de exclamación, hacemos clic con el botón derecho del ratón en el dispositivo y seleccionamos Desinstalar. Aparecerá un mensaje advirtiéndonos "Advertencia: Se dispone a desinstalar este dispositivo del sistema". Hacemos clic en el botón **Aceptar** y cerramos el administrador de dispositivos.

A continuación, desconectamos el dispositivo USB, esperamos unos segundos y volvemos a conectarlo al mismo puerto USB. Esto debería hacer que apareciera el asistente para la instalación de nuevo hardware, que nos acompañará durante la instalación del dispositivo.

Si no se detecta el dispositivo, quizás el puerto esté dañado. En caso contrario, el dispositivo debería instalarse y funcionar correctamente.

Los dispositivos USB sólo funcionan un breve periodo de tiempo

El problema: Mis dispositivos USB solo funcionan durante unos minutos tras iniciar el equipo.

La solución: Windows XP desactiva los dispositivos USB que no están siendo usados para ahorrar energía. Cuando accedamos de nuevo al dispositivo, debería activarse en unos momentos. Sin embargo, algunas combinaciones de placa base, versión de controlador y dispositivo USB pueden hacer que tengamos que reiniciar el equipo. Podemos desactivar el control de energía de los concentradores USB de Windows XP para evitar que los dispositivos USB se apaguen. Abrimos Sistema, en el panel de control, luego hacemos clic en la pestaña Hardware, hacemos clic en el botón **Administrador de dispositivos** y ampliamos la entrada Controladores de bus serie universal (USB) (véase la figura 1.22). Debería hacer una entrada para el concentrador raíz USB y otra para el controlador de bus serie universal USB por cada dos puertos USB de nuestro equipo. Hacemos clic con el botón derecho del ratón en el primer concentrador raíz USB, seleccionamos Propiedades, hacemos clic en la pestaña Administración de energía y quitamos la marca de la casilla Permitir al equipo apagar este dispositivo para ahorrar energía. Quitamos la marca de esa casilla en todas las entradas de concentrador raíz USB. Hacemos clic en el botón **Aceptar** y salimos del administrador de dispositivos. Si es necesario, reiniciamos el sistema y volvemos a probar los dispositivos USB.

La unidad FireWire se desconecta repentinamente

El problema: Mi unidad FireWire parece desconectarse intermitentemente cuando intento copiar archivos.

La solución: En primer lugar, revisemos las conexiones de alimentación y de señales de la unidad. Como los puertos USB, un puerto FireWire proporciona una cantidad de energía limitada para dispositivos de bajo consumo, pero los dispositivos más exigentes, como unidades de CD/DVD externas, necesitarán sus propios transformadores de corriente. Debemos prestar especial atención a cualquier señal de daños en el cable de señal FireWire. Deberemos cambiar los cables cortados, retorcidos, aplastados o con cualquier otro tipo de daño.

Abrimos Sistema, en el panel de control, hacemos clic sobre la pestaña Hardware, hacemos clic en el botón **Administrador de dispositivos** y luego buscamos la unidad FireWire. Un dispositivo que no está correctamente identificado podría comportarse de forma extraña, lo que produciría problemas como bajo rendimiento, pérdida de datos y cuelgues del sistema. Tendremos que buscar actualizaciones o parches para el controlador.

Hardware. Problemas y soluciones

Por último, el problema podría encontrarse en el puerto FireWire. Probemos con otro puerto (los ordenadores suelen tener dos o tres puertos FireWire) o instalemos un adaptador FireWire PCI.

Fabricar o comprar

¿Es más barato comprar un PC ya montado o montárnoslo por nosotros mismos? Esta pregunta ha atormentado a los fanáticos de los ordenadores desde principios de 1980. La respuesta depende de nuestros conocimientos técnicos, confianza en nosotros mismos y presupuesto. Los usuarios habituales de PC, con necesidades básicas, harían bien en comprar un equipo ya montado a un gran fabricante. Sin embargo, los aficionados al PC quizás prefieran el desafío y satisfacción de montar su propio equipo. Seguramente les cueste más que comprar un equipo similar en una tienda, pero es más emocionante.

No todos los dispositivos externos tienen botón de encendido/apagado

El problema: Mi disco duro FireWire no tiene botón de encendido/apagado. ¿Cómo demonios lo apago?

La solución: Desde luego, podemos dejar las unidades externas FireWire (y USB) encendidas. Pero a los usuarios concienciados con el medio ambiente no les gustará dejar la unidad siempre encendida, incluso cuando no la están usando. Muchos usuarios optan por una solución sencilla y desconectan la unidad si no se utiliza en un cierto periodo de tiempo. En primer lugar, debemos desmontar la unidad de Windows. Por ejemplo, las unidades externas Seagate incluyen una pequeña flecha verde en la barra de herramientas para desmontar la unidad antes de desconectarla. A continuación, apagamos el ordenador y quitamos la corriente de la unidad. Las unidades de disco duro externas recogerán de forma automática los cabezales de lectura/escritura cuando no reciban energía.

Advertencia

Nunca debemos mover una unidad de disco duro mientras está girando. Los golpes accidentales pueden hacer que los cabezales de lectura/escritura se rompan y dañar datos importantes.

Problemas de mantenimiento

Recuperarse de un virus

El problema: Recibí un virus en un adjunto a un correo electrónico. Mi utilidad de antivirus lo encontró y se supone que lo borró, pero ahora mi sistema anda a trompicones y se cuelga por todos lados. ¿Tengo que borrar el disco duro y volver a instalar el sistema operativo desde el principio?

La solución: Aunque el antivirus consiga localizar y erradicar un virus, también puede dañar irreparablemente archivos muy importantes. Esto puede producir todo tipo de problemas en el sistema y obligarnos a volver a instalarlo todo. Pero antes de arrojar la toalla, realicemos una comprobación de último minuto.

Comencemos con el programa antivirus. Las definiciones de virus antiguas podrían no detectar o eliminar las amenazas más modernas, por lo que deberemos actualizarlas y volver a examinar el sistema (quizás tengamos suerte y podamos encontrar ese último virus oculto en alguna parte). Por otro lado, si el problema empezó en una fecha dada, podríamos confiar en la utilidad de recuperación del sistema, en Windows XP. Seleccionamos Inicio>Programas>Accesorios>Herramientas del sistema>Restaurar sistema, seleccionamos la opción Restaurar mi equipo a un estado anterior y seguimos las instrucciones del asistente (véase la figura 1.23). Si el problema comenzó tras instalar un nuevo programa, el asistente para agregar o quitar programas podrá eliminar los programas problemáticos. Podremos reparar la instalación de Windows XP si arrancamos desde el disco de Windows XP. Cuando aparezca la pantalla de instalación de Windows XP, pulsamos **R** para reparar la instalación utilizando la consola de recuperación. Si todo lo demás falla, tendremos que reinstalar el sistema operativo. Usamos un disquete de arranque para formatear el disco duro, insertamos el disco de instalación de Windows XP y reiniciamos el ordenador. Cuando se cargue el instalador de Windows XP, seleccionamos Instalar Windows XP y seguimos las instrucciones.

Nota

Los programas antivirus confían en archivos de definiciones para identificar fragmentos de código habituales en los virus conocidos. Los fabricantes de antivirus (como Symantec o bien McAfee) actualizan sus archivos de definiciones a medida que se identifican nuevos virus y sus variantes. La mayoría de los antivirus ofrecen actualizaciones gratuitas que se pueden descargar hasta un año después de la compra. Después de ese periodo, tendremos que renovar nuestra suscripción para seguir recibiendo actualizaciones.

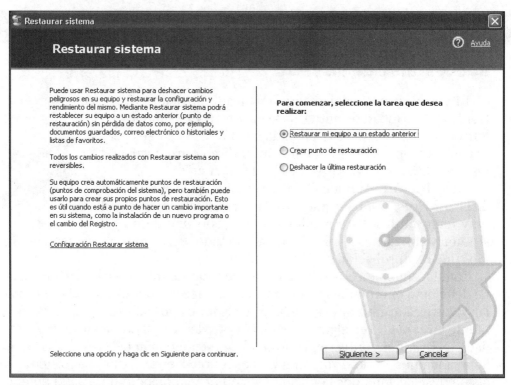

Figura 1.23. El asistente para restaurar el sistema a menudo consigue sobreponerse a programas dañinos o actualizaciones de software erróneas y arreglar un sistema inestable.

Mejorar las posibilidades de la actualización

El problema: Quiero probar algunas mejoras en el hardware, pero sólo pensar en estropear mi equipo me asusta muchísimo.

La solución: Para actualizar el ordenador con éxito, debemos preparar de antemano el equipo y estar listos para los posibles problemas antes de abrir la carcasa. Muchas personas se lanzan a actualizar y se meten en auténticos líos porque les falta un CD de Windows o un disco de arranque. Los siguientes trucos nos serán de ayuda:

LEEM (o Leer el... er... estupendo manual)

Sé que parece que una excusa para no hacer mi trabajo y la mayoría de los manuales son tan excitantes como una boca llena de Novocaína, pero al menos deberíamos leer las instrucciones del fabricante. ¿Hay que instalar el software o el hardware en primer lugar? ¿Hay incompatibilidades con el hardware o el software que ya tenemos en el equipo? El fabricante probablemente lo sepa. Repasemos los pasos de la instalación y asegurémonos de comprenderlos todos. Si no es así, solicitemos ayuda.

Revisar los requisitos del sistema

¿Cuántas veces hemos comprado un estupendo artefacto, hemos llegado a casa y hemos descubierto que no podíamos hacerlo funcionar? Para evitar esta molestia, comparemos los requisitos del sistema con un informe de sistema generado por una utilidad como SiSoft SANDRA (`http://www.sisoftware.net`). Si necesitamos 512 MB de RAM, un procesador a 1,5 GHz o superior o una ranura PCI 2.2 para esa nueva tarjeta capturadora, debemos asegurarnos de que nuestro equipo cumple o supera las especificaciones.

Conseguir software actualizado

La mayoría de los dispositivos de hardware incluyen los controladores y el software en un CD, pero el fabricante podría disponer de parches o actualizaciones en su página Web. Examinémosla brevemente antes de comenzar y grabemos los nuevos controladores en un CD-RW o en un disquete.

Reunir los medios necesarios

Muchas instalaciones necesitan medios adicionales (como el CD de instalación de Windows) que no se incluyen con el producto que queremos instalar. Mejor estar preparados y buscar el CD de Windows, el de la placa base y otros CD de controladores para nuestro sistema. Si el equipo incluye discos de recuperación, habrá que tenerlos a manos por si algo nos obliga a reiniciar el ordenador desde un CD o disquete.

Revisar el disco duro

Ejecutemos ScanDisk y el desfragmentador de disco para buscar daños en la unidad y reorganizar los archivos de la unidad. Reparemos cualquier problema con los archivos antes de actualizar el equipo.

Establecer un punto de restauración de sistema

El asistente para la restauración de sistema debería hacerlo automáticamente, pero creemos un punto de restauración de forma manual antes de actualizar (véase la figura 1.23). Si la actualización produce problemas en el sistema, podemos simplemente quitar el dispositivo molesto y usar el asistente para la restauración del sistema para recuperarnos. Realizamos copias de seguridad de los datos importantes. Guardemos lo más importante (como los archivos Dinero, Urgente y del programa de impuestos) por si tenemos que reinstalar el sistema operativo u otras aplicaciones.

Protegernos de la estática

Caminar rápidamente por la alfombra puede destruir nuestro caro artefacto electrónico con un golpe de electricidad estática en el momento en que lo toquemos (aunque podríamos no darnos ni cuenta). Debemos descargarnos con el chasis de metal del ordenador antes de manipular el procesador, la memoria o las tarjetas de expansión.

Un proyecto cada vez

Los encargados de los problemas saben que lo último que se cambió antes de que aparecieran los problemas, probablemente será el origen de los problemas. Si cambiamos varios elementos a la vez, será más difícil localizar al culpable.

Acabar con el ruido excesivo del ventilador

El problema: El ventilador de mi PC hace muchísimo ruido.

La solución: Con el tiempo, un ventilador comenzará a fallar. En la mayoría de los casos, la pequeña lengüeta de mala calidad que hay en el interior del ventilador comenzará a desgastarse y las entrañas del ventilador comenzarán a traquetear (si alguna vez ha perdido los rodamientos de las ruedas, ya sabe de qué estamos hablando). Voilá, ¡ruido!

Un PC de torre puede usar hasta seis ventiladores. Para encontrar el ventilador molesto, detengamos un ventilador cada vez, presionando el borrador de un lapicero contra el centro del ventilador (con cuidado, para que el ventilador no nos arranque el lápiz de las manos). Un poco de presión hará callar el ventilador al instante y hará que destaque el ventilador molesto. Cuando localicemos el ventilador ruidoso, revisemos sus tornillos y su montaje. Unos tornillos de montaje sueltos puede hacer que la carcasa del ventilador vibre y esto puede producir ruido, aunque el ventilador esté perfecto. Apretemos los tornillos sueltos y veamos si eso ayuda.

> ### Nota
>
> Un PC típico tiene tres ventiladores: en la fuente de alimentación, en la CPU y en la salida de aire. Sin embargo, algunos PC tienen hasta seis o siete ventiladores para refrigerar los componentes más calurosos. Un fallo de ventilador puede causar problemas de estabilidad del sistema e incluso daños. ¿Cómo identificamos un ventilador que falla? Si empieza a traquetear demasiado, cambiémoslo lo antes posible.

Si el problema no se soluciona, cambiemos el ventilador. Por suerte, las tiendas de informática disponen de ventiladores de diferentes velocidades y tipos de montaje. La mayoría de los ventiladores para PC usan 12 voltios y conectores de tres cables para conectarse a la placa base (para medir las RPM y el control de velocidad). Tras comprar un sustituto adecuado, desatornillamos y cambiamos el viejo ventilador, pero asegurándonos de que la dirección del flujo de aire sea la correcta. Por ejemplo, si el antiguo ventilador sacaba el aire de la carcasa, el nuevo ventilador debería hacer lo mismo.

Examinar el hardware del PC

El problema: Aparte de abrir la carcasa del PC, ¿cómo puedo saber si mi nuevo PC puede realizar todo lo que decía en la publicidad?

La solución: Los fabricantes de ordenadores suelen ser, err... "optimistas" a la hora de calificar las características de un nuevo equipo, pero el rendimiento no siempre parece ajustarse a las especificaciones. Basta con ejecutar un programa de pruebas como PCMark04 (`http://www.futuremark.com`) o SiSoft SANDRA (`http://www.sisoftware.net`) y comparar el rendimiento del equipo sospechoso con otros equipos o con las características indicadas por el fabricante del PC (véase la figura 1.24).

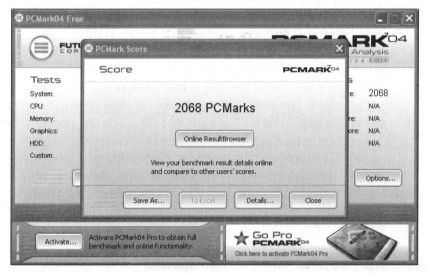

Figura 1.24. Programas de pruebas, como PCMark04 pueden mostrar las características y los resultados del rendimiento, que indican una auténtica estación de trabajo o un PC por debajo de la media.

Nota

Algunas personas usan las aspiradoras domésticas para quitar el polvo y demás suciedad del interior de los ordenadores. Sin embargo, las aspiradoras usan tubos y mangueras de plástico baratas y el flujo de aire, al pasar por estos materiales, puede producir electricidad estática. Más de un botarate ha quemado su tarjeta de vídeo o su placa base mientras aspiraba. Si insistimos en usar la aspiradora, debemos usar un modelo pequeño, que funcione a pilas y calificado como "sin estática".

También podemos revisar varios sitios de análisis de PC, como por ejemplo CNET (`http://www.cnet.com`) o PC World (`http://www.pcworld.com`). Estos amigos suelen revisar los nuevos sistemas usando programas de pruebas como PCMark o SANDRA.

No compre utensilios de limpieza innecesarios

El problema: ¿Necesito alguno de los trastos para limpiar el PC que venden las tiendas?

La solución: Podemos realizar toda la limpieza del equipo con un pequeño pincel, un bote de aire comprimido, una botella de limpiacristales y unas cuantas toallitas de papel. De vez en cuando, un poco de alcohol isopropilo (alcohol de limpiar corriente) en un bastoncillo servirá para limpiar los contactos.

Muchos de los limpiadores en aerosoles o comprimidos usan propulsores que dañan la capa de ozono. Si tenemos que comprar productos de limpieza, debemos seleccionar productos que no dañen la capa de ozono. Los monitores CRT se limpian bien con una toallita de papel seca. Podemos humedecer un poco la toallita para eliminar las marcas obstinadas (nunca debemos rociar directamente un monitor ni otros dispositivos electrónicos). Podemos aflojar el polvo con un pincel y limpiarlo con una toallita de papel húmeda. Para los monitores LCD, usemos un trapo seco y suave para limpiar el polvo y los pelos de la pantalla. Normalmente, podremos quitar las manchas con un poco de agua en una toalla, pero siempre debemos revisar las recomendaciones de limpieza del fabricante del LCD. Yo guardo el aire comprimido para limpiar el teclado y el ratón y algún chorrito ocasional en la fuente de alimentación y otras zonas de difícil acceso.

Problemas capturando el momento

El problema: Quiero capturar algunos vídeos de mis vacaciones y pasarlos al disco duro para crear un DVD con momentos familiares, pero la captura sigue finalizando en el mismo punto y aparece un mensaje de error.

La solución: En primer lugar, debemos asegurarnos de que el disco duro tiene suficiente espacio libre para capturar toda la película. La cantidad de espacio necesario dependerá del tamaño de la ventana de captura, la profundidad de bits (color), el número de fotogramas por segundo y de la compresión (como MPEG) que apliquemos durante el proceso de captura.

Por ejemplo, productos como Dazzle Digital Video Creator 80 recomiendas que reservemos, por defecto, 4 GB por cada 20 minutos de vídeo capturados (suponiendo una ventana de 320 x 240, a 30 fotogramas por segundo).

Ahora bien, si abarrotamos el disco duro con juegos, imágenes y archivos temporales y descargas de Internet, necesitaremos liberar espacio en la unidad. Afortunadamente, Windows proporciona un liberador de espacio en disco (véase la figura 1.25) que puede recuperar rápidamente una gran cantidad de espacio desperdiciado.

Seleccionamos Inicio>Todos los programas>Accesorios>Herramientas del sistema>Liberador de espacio en disco. Seleccionamos los elementos que queremos eliminar y hacemos clic en **Aceptar** para liberar espacio.

Si necesitamos más espacio, podemos añadir un segundo disco para capturas. Un disco duro entre 120 y 200 GB probablemente dispondrá de espacio de sobra, pero las particiones FAT32 limitan el tamaño de archivo a 4 GB (o unos 20 minutos de vídeo Dazzle, por ejemplo). En lugar de capturar un gran archivo, podemos intentar dividir las capturas en segmentos más pequeños (siempre podremos unir posteriormente los fragmentos con una herramienta de edición de vídeo). Si es imprescindible que capturemos todo el vídeo en un solo archivo, tendremos que convertir la partición FAT32 a NTFS. También podemos hacer la captura directamente en el DVD, si nuestro programa de captura y la unidad óptica lo permiten.

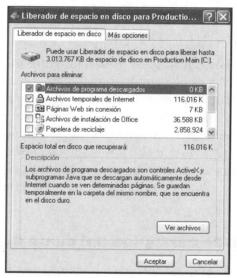

Figura 1.25. Con el liberador de espacio en disco obtenemos más espacio en el disco duro.

Truco

Si queremos reducir el tamaño del archivo de captura, aumentamos la compresión aplicada a los datos de vídeo durante el proceso de captura. Así ahorraremos espacio, pero reduciremos la calidad de la imagen. Probemos con diferentes configuraciones para determinar el nivel de calidad óptimo para nuestras necesidades.

Pasar el corte

El problema: Mi PC parece lento y aparecen mensajes de "sin espacio suficiente" cuando intento guardar archivos en el disco duro.

La solución: Las fotografías, archivos MP3, juegos, clips de vídeo, programas e incluso el correo electrónico, consumen el espacio en la unidad. Para liberar espacio, usamos el liberador de espacio en disco (véase el anterior problema "Problemas capturando el momento"). Podremos fácilmente recuperar cientos de megabytes en unos segundos.

Pero necesitaremos investigar más para limpiar realmente el sistema. Podemos usar el asistente para agregar o quitar programas para eliminar los programas que ya no usemos. Abrimos Agregar o quitar programas, en el panel de control. Recorremos la lista de aplicaciones, señalamos el elemento que queremos eliminar y hacemos clic en **Quitar**. Eliminar estas aplicaciones antiguas que no usamos nos permitirá recuperar varios gigabytes de espacio (y solucionar el desorden del escritorio, al mismo tiempo). También deberíamos eliminar los correos electrónicos antiguos o que ya no necesitamos.

¿Quiere más? Utilicemos la herramienta de búsqueda de Windows para buscar esos enormes archivos multimedia. Seleccionamos Inicio>Buscar>Imágenes, música o vídeo; marcamos las casillas Imágenes y fotos, Música y Vídeo; a continuación, hacemos clic en el botón **Búsqueda**. Tras unos minutos, veremos todos los archivos multimedia que se han encontrado en el sistema (véase la figura 1.26). Podemos seleccionar más lo que hemos encontrado o simplemente hacer clic con el botón derecho del ratón en los archivos que no necesitamos y seleccionar Eliminar. Si mantenemos pulsada la tecla **Mayús** cuando borramos un archivo, será eliminada directamente, en lugar de enviarse a la papelera de reciclaje. Podemos liberar decenas de gigabytes en unos minutos.

Reparar archivos corruptos del disco duro

El problema: Recibo terroríficos mensajes con la "pantalla azul de la muerte", indicando que existen errores en sectores de mi disco duro. ¿Cómo encuentro y reparo los problemas de sector?

La solución: Todos los discos duros terminan teniendo problemas de archivo. Los archivos vinculados en cruz se producen cuando dos o más archivos intentan utilizar el mismo clúster, un grupo de sectores asignado por el sistema de archivos. Las unidades que han perdido su asignación (el nombre profesional para los clústeres perdidos) pueden dividir un archivo y dejarlo inservible.

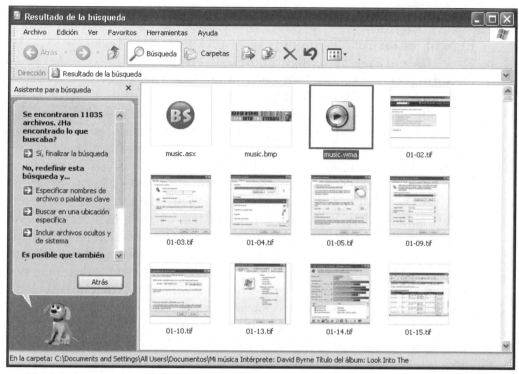

Figura 1.26. Usamos la herramienta de búsqueda para encontrar los archivos de imagen, música y vídeo de gran tamaño y eliminarlos.

En otros casos, los errores de disco (problemas con los platos de la unidad) pueden causar problemas de archivo. Afortunadamente, ScanDisk puede localizar y reparar algunos problemas de archivo de disco: hacemos clic con el botón derecho del ratón en la unidad de Mi PC, seleccionamos Propiedades y después hacemos clic en la pestaña Herramientas.

Debemos recordar que ScanDisk repara el disco, pero no los archivos, por lo que los archivos afectados no podrán ser utilizados. Por ejemplo, ScanDisk puede hacer que dos archivos no usen el mismo clúster, pero tendremos que volver a instalar uno de los dos archivos en conflicto.

Debemos estar preparados para restaurar cualquier archivo dañado desde una copia de seguridad, después de que ScanDisk repare el disco.

Por otro lado, el disco podría estar peligrosamente a punto de fallar. Si vemos más errores de archivo o aparecen frecuentemente nuevos errores tras reparar la unidad con ScanDisk, guardemos los archivos importantes y cambiemos el disco sospechoso antes de que se estropee por completo.

Reparar los datos de configuración perdidos

El problema: Cuando intento arrancar el ordenador, recibo un error "Invalid System Configuration Data error".

La solución: La zona de Datos de configuración del sistema extendidos (o ESCD) de la RAM CMOS almacena información sobre los dispositivos *Plug-and-Play* instalados en el ordenador. La BIOS (y el sistema operativo) necesitan conocer las IRQ, el espacio de memoria y los canales DMA que usa cada dispositivo *Plug-and-Play*. Cuando el sistema arranca, usa la información de la ESCD para asignar siempre los mismos recursos a los mismos dispositivos.

Este error se produce cuando los datos de la ESCD se han perdido o se han corrompido. Para solucionarlo, borramos la RAM CMOS y volvemos a cargar los valores predeterminados del sistema mediante la configuración del sistema. Esto permite a la BIOS volver a detectar y configurar los recursos para los dispositivos *Plug-and-Play* (véase "Quitar una contraseña CMOS olvidada", en este capítulo). Si el problema se produce tras instalar un nuevo dispositivo *Plug-and-Play*, suele significar que la BIOS no puede asignar los recursos necesarios para el nuevo dispositivo con la configuración actual. Posiblemente podamos solucionarlo si cambiamos de ranura las tarjetas de ampliación. Si no se soluciona, no podremos utilizar el nuevo dispositivo en dicho equipo.

Recuperar el control tras un fallo del sistema

El problema: Mi PC se queda completamente parado. ¿Cómo recupero el control del sistema?

La solución: Si el ratón responde, hacemos clic en la ventana actual para convertirla en la ventana activa y volvemos a intentar apagar el equipo correctamente. Si no es así, esperamos un minuto o dos y vemos si el ordenador se estabiliza solo (esto puede ahorrarnos mucho trabajo).

A continuación, cerramos los programas que causan problemas. Pulsamos **Control-Alt-Supr** para que aparezca el administrador de tareas (véase la figura 1.27). Seleccionamos los programas que no respondan y hacemos clic en el botón **Terminar proceso**. Cerrar los programas de esta forma hará que perdamos todo el trabajo que no hayamos guardado. Intentemos recuperar el control del escritorio. Si lo conseguimos, apaguemos el ordenador correctamente y reiniciemos el sistema.

Si el sistema se niega a responder, pulsamos el botón **Reset** que encontraremos en el panel frontal del PC. No debemos preocuparnos si Windows examina el disco tras arrancar.

En algunos casos extremos, el botón **Reset** no funcionará y tendremos que mantener pulsado el botón de encendido durante 5-10 segundos. Esto apagará la fuente de alimentación y el PC se apagará. Esperemos un minuto y volvamos a encenderlo.

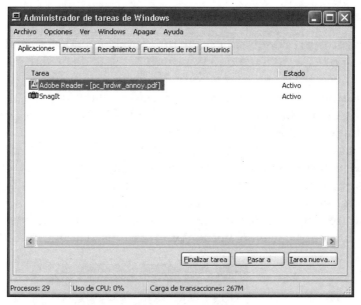

Figura 1.27. El administrador de tareas puede cerrar los programas rebeldes, lo que, a veces, nos devolverá el control del ordenador.

Crear un disco de recuperación de contraseña

El problema: He olvidado mi contraseña de inicio de sesión y ahora no puedo entrar en Windows XP.

La solución: Las contraseñas proporcionan seguridad para el ordenador y la red. Si olvidamos la contraseña, podemos ponernos en contacto con el administrador de sistema para que no ayude con nuestra cuenta. Por supuesto, si somos el administrador... bueno... estamos en un buen lío.

Sin embargo, podemos crear un disco de recuperación de contraseña, para proteger la nueva cuenta de los usuarios olvidadizos. Seleccionamos Inicio>Panel de control>Cuentas de usuario y luego hacemos clic en el nombre de la cuenta. Hacemos clic en Prevenir el olvido de contraseñas, en la zona de Tareas relacionadas, para iniciar un asistente que creará automáticamente un disco de recuperación de contraseñas. Ponemos un nombre al disquete y entonces lo guardamos para una emergencia.

Cuando nos recuperemos del coma, solamente tendremos que hacer clic en el icono con el nombre de usuario adecuado, en la pantalla de inicio de sesión, y seleccionar luego la pequeña flecha verde para continuar adelante sin introducir la contraseña. Esto hará que se nos pida el disco de recuperación de contraseña y nos dará acceso al sistema.

Eliminar el informe de errores de Windows XP

El problema: ¿Por qué Microsoft quiere saber cuándo se cuelga mi equipo? ¿Cómo hago que Windows XP deje de enviar informes?

La solución: Cada vez que una aplicación falla, Windows XP intenta enviar un informe de errores a los bienintencionados, aunque cotillas, chicos de Redmond. Aunque XP envía la mínima cantidad de información posible, esta función molesta a muchos usuarios. Para desactivar la función de informe de errores, hacemos clic con el botón derecho del ordenador en Mi PC, seleccionamos Propiedades, hacemos clic en la pestaña Opciones avanzadas y luego hacemos clic en el botón **Informe de errores**. Seleccionamos el botón de opción Deshabilitar el informe de errores y hacemos clic en el botón **Aceptar** (véase la figura 1.28).

Figura 1.28. Desactivemos el informe de errores para evitar que Windows XP cotillee de los fallos de nuestro software.

Habilitar las actualizaciones de Windows automáticas

El problema: Con todos los parches de seguridad y actualizaciones disponibles para Windows, sería de gran ayuda poder hacerlo de forma automática.

La solución: Las correcciones de fallos de programas, las mejoras en la compatibilidad con hardware y los parches de seguridad, necesitan ser actualizados periódicamente para que todo funcione correctamente. Podemos utilizar la función Windows Update cuando queramos actualizar vía Internet. Seleccionamos Inicio>Todos los programas>Windows Update. Sin embargo, podemos dejar que Windows XP se ocupe automáticamente de las actualizaciones.

1. Problemas con el ordenador de sobremesa

Abrimos Sistema en el panel de control, hacemos clic en la pestaña Actualizaciones automáticas y luego seleccionamos la opción Descargar actualizaciones por mí, pero permitirme elegir cuándo instalarlas (véase la figura 1.29).

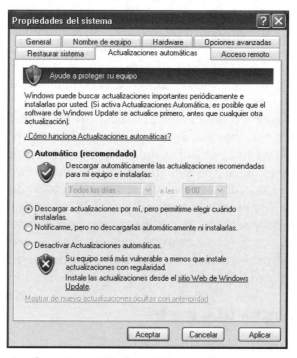

Figura 1.29. Configuramos Windows XP para descargar automáticamente actualizaciones y parches.

Evitar descargar el mismo parche varias veces

El problema: ¿Cómo puedo volver a instalar Windows XP sin estar tres días descargando todos los parches?

La solución: Windows XP almacena las actualizaciones en la carpeta Archivos de programa\Windows Update. Podemos copiar fácilmente esta enorme carpeta en un disco CD-R/RW o DVD, pero necesitaremos tiempo y paciencia para instalar cada parche y actualización individual a mano. En lugar de eso, podemos usar una herramienta como Symantec Ghost para clonar (o duplicar) nuestro equipo (o al menos, el sistema operativo) en un CD-R/RW o DVD. De esta forma, si necesitamos volver a comenzar desde cero, bastará con recuperar la copia de seguridad hecha con Ghost, que ya incluye los parches y las actualizaciones.

Desactivarlo o dejarlo activado

El problema: ¿Tengo que apagar el ordenador todas las noches o puedo dejarlo encendido continuamente?

La solución: Los veteranos del PC, como yo, probablemente recuerden los clásicos equipos i286 (sí, he dicho 286) con cientos de chips. Todos estos chips producían una gran cantidad de calor y el calor hacía que los componentes y las conexiones se dilatasen. Cuando se apagaba el ordenador, se enfriaba y los chips y conexiones se volvían a contraer. Con el tiempo, todas estas contracciones y dilataciones producían roturas por estrés térmico que, con el tiempo, producían problemas de estabilidad y fallos completos. Para eliminar la alternancia entre frío y calor, los gurús del PC dejaban el ordenador siempre encendido.

Desde entonces, los PC se han vuelto mucho más simples y un potente ordenador, con todos los extras, sólo usa unos pocos chips. Menos chips usan menos energía y así sucesivamente. Hoy en día, la mayoría de los PC se apagan poniéndose en los modos de hibernación y suspensión, que utilizan muy pocos vatios de potencia. La preocupación tradicional por el estrés térmico hace mucho que acompañó al dodo.

Así que, ¿apagarlo o dejarlo encendido? A fin de cuentas, podemos dejarlo encendido continuamente y simplemente que los modos de ahorro de energía se ocupen.

Corregir errores DLL caché

El problema: He ejecutado el System File Checker (SFC) de Windows XP y ha aparecido un mensaje indicando que tengo un error de DLL caché.

La solución: Probablemente una de nuestras aplicaciones haya cambiado la ruta predefinida, de C:\Windows a alguna otra ruta (como `C:\Windows\Options\Install`). Para reparar este error tendremos que modificar el archivo del registro.

Advertencia

Los cambios en el registro incorrectos pueden hacer que Windows no pueda iniciarse. Siempre debemos hacer una copia de seguridad de los archivos de registro antes de realizar cambios.

Seleccionamos Inicio>Ejecutar, escribimos `regedit` y hacemos clic en el botón **Aceptar** para abrir el editor del registro (regedit.exe). Buscamos la siguiente clave:

```
Mi PC\HKEY_LOCAL_MACHINE\Software\Microsoft\Windows\CurrentVersion\Setup
```

en la ventana principal, a la derecha, buscamos la clave SourcePath (véase la figura 1.30). Debería indicar `C:\Windows`. Si no es así, hacemos doble clic en la clave SourcePath, establecemos la ruta `C:\Windows` y hacemos clic en el botón **Aceptar**. Cerramos el editor del registro y reiniciamos el PC.

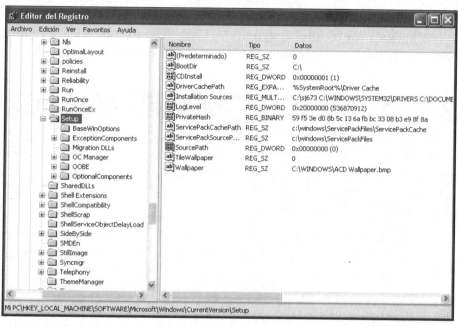

Figura 1.30. Podemos usar el editor del registro para modificar configuraciones erróneas, pero debemos tener cuidado porque un cambio equivocado puede hacer que Windows no consiga arrancar.

Evitar los dañinos apagones del PC

El problema: Mi PC se apaga repentinamente y veo la luz LED de la alimentación parpadeando.

La solución: Muchos ordenadores modernos se apagan automáticamente si la temperatura del ordenador supera un límite preestablecido, para evitar daños a componentes sensibles al calor, como el procesador.

En primer lugar, debemos asegurarnos de que la carcasa exterior está bien colocada. La sabiduría popular sugiere que podemos refrigerar mejor un PC si quitamos la carcasa. ¡Pssssss! Los fabricantes de PC diseñan cuidadosamente el chasis y el ventilador para conseguir la máxima refrigeración del procesador. Si quitamos la carcasa, modificará el flujo de aire y podemos impedir la correcta refrigeración.

Quitemos las cubiertas externas y asegurémonos de que funcionan todos los ventiladores. Los fallos de los ventiladores (como el ventilador de la CPU o el de la fuente de alimentación) pueden hacer que aumente el calor. Revisemos las conexiones de los ventiladores y cambiemos todos los ventiladores defectuosos (véase "Acabar con el ruido excesivo del ventilador", en este capítulo). Además, debemos quitar cualquier obstrucción de los conductos de ventilación. Unos conductos tapados pueden detener el flujo de aire, por muy rápido que giren los ventiladores. Debemos limpiar o quitar cualquier acumulación de polvo, pelos y demás suciedad que bloquee los conductos de ventilación. Por último, apaguemos el PC, dejemos que se enfríe durante 10-15 minutos y volvamos a comprobar el cuerpo de refrigeración/ventilador de la CPU.

Herramientas comerciales

Los aficionados a los ordenadores necesitan en su caja de herramientas buenos programas de pruebas/inspección y diagnóstico para el hardware. Las siguientes herramientas se merecen un lugar en la caja de herramientas de cualquier aficionado a montar su propio PC:

❑ **SiSoftware SANDRA** (`http://www.sisoftware.net`): Analiza la configuración más actual de hardware y software del equipo.

❑ **Futuremark PCMark 04 Pro** (`http://www.futeremark.com/products/pcmark04/`): Una extensa utilidad de pruebas para medir varios parámetros de rendimiento.

❑ **Futuremark 3DMark 03 Pro** (`http://www.futuremark.com/products/3dmark03/`): La utilidad de pruebas estándar de la industria gráfica, para todo tipo de sistemas de vídeo en PC.

❑ **Futuremark SysMark** (`http://www.futuremark.com/products/sysmark2004/`): La utilidad de pruebas estándar para la creación de productos de oficina y contenido de Internet, se usa para medir el rendimiento de cualquier PC destinado a la empresa.

2. Problemas con portátiles y dispositivos PDA

Mi viejo Toshiba 4600 vino con una pequeña pantalla VGA de 12 pulgadas. Casi me quedo ciego por todo el esfuerzo que tenía que hacer con la vista y casi me sale una hernia llevando ese armatoste por ahí. Aún pasarían muchos años antes de que los ordenadores portátiles irrumpieran con fuerza en el mercado, pero yo ya me había subido al carro.

Finalmente, el resto del mundo comprendió las ventajas de los ordenadores portátiles. Y aunque los ordenadores de sobremesa aún llevan la voz cantante, los ordenadores portátiles están cada día más cerca de alcanzarlos. Estudiantes, dependientes, analistas e incluso los locos de la informática se encaprichan por tener ordenadores portátiles, portátiles *subnotebook*, tabletas gráficas, dispositivos PDA y todo tipo de dispositivos inteligentes. Por supuesto, esta tendencia sólo puede seguir en aumento si las características de estos dispositivos mejoran y el acceso inalámbrico (una limitación para la verdadera movilidad) se expande por todos los hogares y por todos los lugares de trabajo.

Sin embargo, los ordenadores portátiles aún tienen algunos aspectos que han de mejorarse. Este capítulo incluye algunos de los problemas típicos de arranque y trata en profundidad algunos de los asuntos relacionados de manera directa con la duración de la batería, el rendimiento de pantalla y el mantenimiento.

Problemas de configuración y de arranque

Uso del eje de la unidad de CD o de DVD

El problema: Cuando coloco un CD en la unidad DVD-ROM de mi portátil, lo único que hace el CD es dar brincos en la unidad.

La solución: Mmm, vale. Ya sé que puede sonar un pelín básico, pero las unidades ópticas utilizadas en los ordenadores de sobremesa y en los ordenadores portátiles suelen tener diferentes ejes. En las unidades para los equipos de sobremesa, el usuario sólo ha de colocar el disco en la bandeja del dispositivo y cerrarla. Las unidades de los portátiles tienen un eje en la bandeja, por lo que tiene que empujar suavemente (he dicho suavemente) el disco en el eje hasta que se encaje en su sitio, antes de cerrar la bandeja de la unidad. Si se limita a colocar el disco sobre ese eje, el disco dará brincos y la unidad no lo leerá.

El ordenador portátil se queda bloqueado mientras está en modo hibernación

El problema: Cuando intento reiniciar mi ordenador desde el modo hibernación, me aparece un mensaje de error.

La solución: Esta solución requiere una pequeña explicación. Los ordenadores portátiles suelen tener dos modos de ahorro de energía: suspensión o hibernación. El modo suspensión lo único que hace es guardar en memoria el estado actual del sistema y suspende dispositivos como el monitor, el disco duro y las tarjetas PCMCIA. El modo hibernación ahorra más energía porque guarda el estado de todo el sistema (incluyendo aplicaciones, archivos de datos, los trabajos) en un archivo del disco y luego casi apaga por completo el equipo. Sin embargo, cualquier problema con el archivo "guardar en disco" (como la corrupción del archivo o un sector defectuoso en la unidad) pueden evitar que el sistema reanude su actividad correctamente.

Por fortuna, es posible saltarse todo este rollo. Una serie de fallos repetidos en el arranque suele provocar que el sistema ignore el archivo "guardar en disco" y se inicie directamente desde el sistema operativo. Por ejemplo, utilice el botón de encendido para apagar el portátil durante varios segundos y vuélvalo a encender durante varios segundos. Repita este proceso unas cinco veces, hasta que el error desaparezca y la unidad se inicie de manera normal desde el SO. Una vez que el sistema se recupere, utilice una herramienta de comprobación de unidades, como ScanDisk, para analizar la unidad y reparar cualquier problema de archivos.

Truco

Si ignora el archivo "guardar en disco", perderá todos los archivos de información que no se hayan guardado. Asegúrese de que guarda toda la información importante antes de utilizar los modos suspensión o hibernación. Además, consulte el manual del ordenador portátil y busque información relacionada con la resolución de problemas relacionados con la hibernación en su equipo.

El ordenador nunca activa el modo hibernación

El problema: Siempre espero a que se active el modo hibernación, pero nunca lo hace.

La solución: Hace falta que se produzca una combinación muy exquisita de compatibilidades entre el hardware del equipo, los controladores y el sistema operativo para que el modo suspensión se active (y se desactive sin errores).

En primer lugar, asegúrese de que en su equipo está activada la compatibilidad con el modo hibernación. Abra Opciones de energía en el panel de control, haga clic en la pestaña Hibernación (véase la figura 2.1) y marque la casilla Habilitar hibernación. Si no hay ninguna pestaña con la palabra "hibernación", su ordenador no es compatible con el modo hibernación.

Figura 2.1. Seleccione la pestaña Hibernación y asegúrese de que la hibernación está activada.

Nota

Los modos suspensión e hibernación de ahorro de energía pueden ahorrar una importante cantidad de electricidad, pero desactivar ambos modos puede tardar un poco. El modo suspensión suele desactivarse en menos de diez segundos. El modo hibernación suele tardar unos quince o veinte minutos en desactivarse, pero ahorra mucha más energía.

Medidas antirrobo llenas de sentido común

El problema: Parece que a los ordenadores portátiles de mi oficina les salen piernas y se van caminando. ¿Cómo puedo evitar que mi portátil se vaya?

La solución: La seguridad física es un verdadero dolor de cabeza para todos los tipos de dispositivos móviles. Disfrutar de la tecnología móvil (sin tener que llevarse el ordenador hasta el baño) es un gran problema. Afortunadamente, estos útiles trucos llenos de sentido común pueden ayudar a reducir los robos, a proteger su valioso trabajo y quizás pueda hasta recuperar dispositivos perdidos:

❏ **Utilizar un candado:** Los ladrones buscan las "presas fáciles". Utilice un candado para que no se lleven el ordenador de su mesa si tiene una reunión o hace una pausa para comer. Si está en el coche, cubra el equipo o manténgalo alejado de la vista y cierre su coche con llave. Si el ordenador ha de permanecer en su mesa, compre una cadena o cualquier otro dispositivo que disuada a los ladrones ocasionales. Empresas como Philadelphia Security Products tienen una gama de cables de seguridad (`http://www.flexguard.com/kit_notebook.html`). También puede encontrar una amplia gama de dispositivos de seguridad en tiendas de informática.

❏ **Hágale un seguro al ordenador:** Si utiliza su portátil, su dispositivo PDA o su teléfono móvil personales para trabajar, recuerde que su jefe no está obligado a reemplazar los dispositivos perdidos o robados. Si pierde alguno de sus dispositivos, ya la ha fastidiado. Consulte con su empresa aseguradora personal si alguno de sus seguros incluye una póliza que cubra el robo o la pérdida de sus dispositivos móviles o si tienen algún producto que cubra a este tipo de dispositivos. Las condiciones de la póliza y el coste de la cobertura dependen de la aseguradora, el lugar en el que se encuentra y la forma de la que desea utilizar su equipo.

❏ **Marque el ordenador:** A los ordenadores no les gusta que los pillen con objetos robados, de modo que no es mala idea marcar el dispositivo para frustrar las intenciones de los que tienen las manos grandes. Utilice una herramienta sencilla para grabar su nombre y sus datos de contacto en la parte inferior del ordenador. No grabe su dirección postal personal o su número de teléfono, aunque puede utilizar un apartado de correos y una dirección de correo electrónico.

❑ **Realice copias de seguridad de sus datos:** Aunque parezca mentira, la información suele ser mucho más valiosa que el equipo. En última instancia siempre puede usar otro ordenador portátil u otro dispositivo PDA, pero la información que ha ido recopilando y guardando durante semanas, meses o años puede ser irreemplazable. Haga copias de seguridad de sus documentos importantes, correos electrónicos, archivos relacionados con cuentas bancarias, recetas de cocina o cualquier otro tipo de información importante. Guarde estas copias de seguridad en un CD o en un DVD y guárdelas en un lugar seguro (mejor si es con candado y bajo llave).

❑ **Utilice contraseñas cifradas:** La mayoría de nosotros evita utilizar contraseñas en nuestros dispositivos, pero puede lamentar esa decisión cuando algún extraño rebusca en su cuenta corriente, la declaración de Hacienda del año anterior o en los diseños de un nuevo producto empresarial. Aprovéchese de las ventajas de las contraseñas e instale un producto de cifrado que codifique mensajes de correo electrónico, archivos y mensajes instantáneos; por ejemplo, PGP Personal Desktop (`http://www.pgp.com`). Así, su información privada sigue estando segura, aunque ésta sea robada o se pierda.

❑ **Utilice un sistema de recuperación:** Productos como por ejemplo Laptrack (`http://www.laptrack.com`) permiten instalar software que se comunica con un servicio de control a través de Internet. Laptrack utiliza el control de las contraseñas y de los procesos en segundo plano para enviar información sobre su ubicación al servicio de control. Cuando detecta un código incorrecto o algún tipo de actividad no autorizada, el servicio puede enviar información sobre las direcciones MAC e IP a una dirección física y facilitar esa información a la policía o a otras autoridades.

Poner el portátil a dieta

El problema: Viajo varios días a la semana y llevo encima de cinco a diez kilos, entre el portátil y los accesorios. ¿Cómo puedo llevar menos peso?

La solución: Anímese. Cuanto más peso lleve, menos tiempo tiene que pasar en el gimnasio.

Pero si le asusta la idea de trabajar su torso, utilice estos trucos para aligerar el peso:

❑ **Deshágase de los documentos:** El maletín de mi portátil está repleto con todas las carpetas y archivadores que meto dentro. Intente dejar en el coche o en la oficina los trastos que no son esenciales.

❑ **Renovarse o morir:** Trabajo de campo significa duración de la batería, de modo que es mejor que no se lleve consigo el cargador. Si pasa mucho tiempo en su coche, utilice un cargador para coche para tener la batería siempre cargada. Además, la palabra "fracasado" se refleja muy bien cuando alguien está buscando a tientas un enchufe en la oficina de sus clientes.

❑ **Olvídese de la batería:** Si viaja a algún lugar en el que va a trabajar durante un tiempo (como una biblioteca u otra oficina), olvídese de la batería y lleve el adaptador de corriente.

❑ **Minimice el gasto de energía:** Los dispositivos adicionales (por ejemplo, tarjetas de PC, y ratones USB) agregan peso y aumentan el gasto de energía, por lo que conviene dejar todos los dispositivos innecesarios en casa.

En última instancia puede elegir una herramienta adecuada para la tarea que realiza. Si necesita la movilidad y la elegancia de un dispositivo más pequeño y ligero, quizás debería pensar en... ya sabe, comprar un dispositivo más pequeño y ligero. Por ejemplo, un vendedor que se entrevista a menudo cara a cara con sus contactos probablemente se beneficiaría de un *tablet PC* con un cargador para el coche, más que de un portátil en sí con toda su parafernalia de accesorios.

Una manera más sencilla de intercambiar archivos

El problema: Siempre estoy pasando archivos del ordenador de sobremesa al portátil y viceversa con un disco CD-RW. Y ya estoy harto. ¿Hay alguna otra forma de hacerlo?

La solución: ¿Está cansado de tener tantos CD? Pruebe con una unidad de memoria flash USB. Estos dispositivos de memoria flash son del tamaño de una goma, pueden llevarse en el llavero y conectarse a una interfaz USB 1.1 o 2.0. Windows reconoce la unidad de memoria flash USB como si fuera un disco duro, un disquete u otro dispositivo de almacenamiento e incluso le asigna una letra de unidad. Las unidades de memoria flash tienen capacidad de 16 MB hasta 2 GB.

También puede usar un programa de intercambio de archivos como LapLink Gold 11.5 (`http://www.laplink.com`) o GoToMyPC (`http://www.gotomypc.com`), que permiten transferir archivos entre ordenadores. Sólo ha de conectar los ordenadores locales con un cable USB y conectar con los ordenadores remotos a través de una red de área local o de Internet.

¿Es demasiado tacaño como para comprar un programa para transferir archivos? Envíese a sí mismo un mensaje de correo electrónico desde uno de los ordenadores adjuntando el archivo o los archivos que desea transferir al otro ordenador. A continuación, diríjase al otro ordenador, revise su cuenta de correo electrónico y descargue el archivo o los archivos adjuntos. El maletín de Yahoo! u otros servicios basados en Web de almacenamiento de archivos también permiten almacenar archivos importantes para compartirlos entre múltiples equipos.

Cómo pasar de un panel táctil pesado y torpe

El problema: Las yemas de los dedos siempre rozan el panel táctil cuando escribo. Y eso me pone de los nervios.

La solución: La mayoría de usuarios de ordenadores portátiles tiene una relación amor-odio con los paneles táctiles de sus ordenadores. O adoran al panel táctil y lo utilizan siempre o lo odian a muerte y les gustaría arrancarlo del ordenador. La solución más sencilla consiste en utilizar un ratón USB externo. Los hay de todas las formas y tamaños, para poder ajustarse a sus necesidades específicas. Por ejemplo, LapWorks (`http://www.laptopdesk.net`) comercializa un mini ratón óptico USB con rueda de desplazamiento.

Si realmente odia el panel táctil y desea desactivarlo por completo, abra **Mouse** en el panel de control. Haga clic en el botón **Inhabilitar** y desactive el dispositivo (véase la figura 2.2).

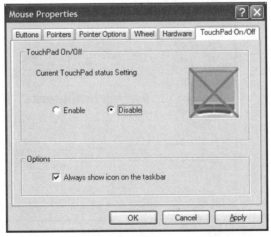

Figura 2.2. Desactive los paneles táctiles molestos mediante las Propiedades de Mouse.

El equipo se queda "pensando" cuando el disco duro está en "movimiento"

El problema: Mi ordenador se bloquea cada varios minutos. Entonces oigo un zumbido y el equipo vuelve a la normalidad después de un par de segundos.

La solución: Este problema es muy común entre los ordenadores portátiles. Para ahorrar energía, el disco duro se desactiva después de varios minutos de inactividad. Pueden pasar varios segundos hasta que la unidad vuelva a funcionar, es entonces cuando da la sensación de que el equipo se detiene o se congela.

Abra Opciones de energía en el panel de control y utilice el menú desplegable Apagar los discos duros para configurar el tiempo que va a tardar el ordenador en desactivar el disco duro (véase la figura 2.3). Indique un tiempo de espera mayor para que los discos duros estén activos y para evitar el problema que tiene ahora. Esta opción utiliza algo más de energía pero alarga la vida útil del disco duro. Puede ajustar diferentes tiempos de espera para averiguar cuál es mejor en su caso.

Truco

Ruidos inusuales o extremos como un clic repetitivo o algo parecido a una carraca pueden indicar un inminente fallo en el disco duro.

Figura 2.3. Modifique la configuración de los discos duros para que el equipo no se duerma en los laureles tan a menudo.

Iluminar la oscuridad de su teclado

El problema: Suelo volar temprano para ahorrar dinero y siempre me gusta trabajar durante el trayecto. Pero no puedo ver el teclado cuando las luces de la cabina se apagan.

La solución: ¿Ha probado a utilizar la pequeña luz que hay justo sobre su asiento? Es broma. Si necesita más luz o no quiere molestar a su vecino durmiente, pruebe una luz USB que comercializa LapWorks (http://www.laptopdesk.net). Se coloca sobre su pantalla LCD con un clip y su fuente de alimentación es uno de los puertos USB del portátil (véase la figura 2.4). La luz ilumina casi todo el teclado. De hecho, el ordenador IBM ThinkPad ya trae incluida de serie esta luz para teclado.

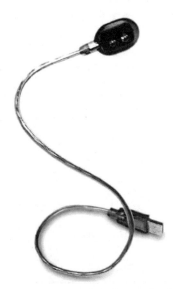

Figura 2.4. La luz USB de LapWorks emite luz sobre el teclado de su ordenador portátil.

Establecer conexiones inalámbricas

El problema: ¿Por qué mi nuevo ordenador portátil no puede establecer una conexión inalámbrica? No veo ningún punto de acceso.

La solución: ¿Su ordenador portátil es muy moderno? Los fabricantes como Toshiba suelen desactivar la tecnología inalámbrica de manera predeterminada en los nuevos ordenadores, con el propósito de ahorrar energía. Antes de que haga nada más, compruebe la configuración inalámbrica y asegúrese de que está activada. En algunas ocasiones tendrá que pulsar un interruptor físico (normalmente hay un indicador luminoso que indica el estado de la conexión inalámbrica, situado en la superficie del ordenador). Por ejemplo, el modelo Satellite P25 de Toshiba incluye un interruptor para apagar y encender la antena, ubicado en el lado izquierdo del equipo.

En otros casos, el control de las características inalámbricas se realiza mediante un icono ubicado en la barra de sistema. Todas las conexiones inalámbricas disponibles deberían aparecer en Mis sitios de red, una vez que active la opción para utilizar conexiones inalámbricas (por ejemplo la red inalámbrica "linksys" que se encuentra en la figura 2.5). Lo único que ha de hacer es seleccionar una red disponible y conectarse a ella.

Figura 2.5. Active la opción para conectarse a redes inalámbricas desde su ordenador portátil y seleccione una red inalámbrica disponible a la que conectarse.

Truco

Para ahorrar mucha más energía y aumentar la duración de la batería de su ordenador portátil, desactive la conexión inalámbrica y apague la radio.

Las características que no son estándar pueden acabar con las conexiones inalámbricas

El problema: ¿Por qué puedo conectarme a algunos dispositivos inalámbricos con mi portátil Dell pero con otros no, como con el enrutador inalámbrico de mi oficina?

La solución: Este irritante problema de compatibilidad surge cuando algunos fabricantes de dispositivos inalámbricos son poseídos por un ataque de creatividad y usan características que traspasan el protocolo IEEE 802. Por ejemplo, algunos fabricantes utilizan características relacionadas con la seguridad o para mejorar el rendimiento. Esas características pueden funcionar con algunos puntos de acceso, enrutadores u otros dispositivos inalámbricos (pero no con todos). Un conocido ejemplo de compatibilidad se produce entre las tarjetas inalámbricas de interfaz de red de Dell y los puntos de acceso LAN inalámbricos de 3Com. Asegúrese de que configura su punto de acceso o su enrutador para que funcione de conformidad al protocolo 802.11. En dispositivos como el punto de acceso inalámbrico de 3Com tendrá que abrir en su portátil la herramienta *Wireless Infrastructure Device Manager* de 3Com, seleccionar el dispositivo inalámbrico adecuado y, a continuación, configurar la unidad. En las opciones de seguridad ha de seleccionar la autentificación para abrir el sistema y desactivar la opción Dynamic Security Link de 128 bits. En la configuración de las opciones de radio, seleccionamos Long Preamble y desactivamos cualquier modo turbo. Es evidente que no todos los modelos de punto de acceso tienen las mismas características, pero puede buscar modelos que tengan estos elementos en común. Recuerde que ha de guardar los cambios y reiniciar el equipo en caso de ser necesario.

Truco

Si configura puntos de acceso inalámbricos de doble banda (como 802.11a y 802.11b) para utilizar el mismo SSID, la tarjeta inalámbrica de interfaz de red del portátil no funcionará correctamente.

Nota

Configure sus dispositivos inalámbricos (como su tarjeta inalámbrica de interfaz de red y el punto de acceso inalámbrico o el enrutador) para usar un SSID único. De lo contrario, puede que su vecino de al lado acceda a su router inalámbrico y navegue por Internet utilizando su conexión de alta velocidad. Además, las conexiones Bluetooth suelen realizarse y configurarse con poca (o ninguna) intervención directa del usuario.

La ubicación influye en el rendimiento de las conexiones inalámbricas

El problema: Trabajo en un minúsculo cubículo al fondo de la oficina y mi conexión inalámbrica es increíblemente lenta.

La solución: Mantenga la calma. Lo más probable es que la interferencia provenga del edificio o de alguna fuente cercana de radiofrecuencias. Los elementos que forman parte de la estructura de un edificio como paredes, puertas, vitrinas, hormigón, agua y otros obstáculos pueden debilitar las señales inalámbricas. Los dispositivos inalámbricos reducen sus velocidades de transferencia de datos para mantener la conexión. Lleve su ordenador a la habitación en la que se encuentra el punto de acceso y observe si la velocidad aumenta o no. Una pequeña prueba empírica puede mostrarle de manera sencilla cómo la ubicación que tenga en el edificio puede afectar a la velocidad de transferencia. Una posible solución consiste en añadir más puntos de acceso a su red.

Si hay dispositivos electrónicos cerca (por ejemplo, teléfonos inalámbricos y hornos microondas) también pueden causar interferencias. Estos dispositivos generan señales en la banda de 2,4 Ghz (la misma banda usada por los dispositivos 802.11b/g). Cuando su tarjeta inalámbrica comienza a competir con el teléfono inalámbrico de su vecino de al lado, las velocidades de transferencia disminuirán según sea el nivel de interferencia. Los fabricantes suelen aconsejar que coloque los dispositivos inalámbricos con 6 metros de distancia entre sí, como mínimo.

Truco

Asegúrese de que configura el punto de acceso para que ignore las conexiones que están por debajo de una velocidad de transferencia determinada. ¿Por qué? Si un usuario se conecta al punto de acceso con una velocidad de transferencia baja, obliga a todos los usuarios a que tengan la misma velocidad baja.

Nota

Los teléfonos inalámbricos normales funcionan en la banda de radiofrecuencia de 2,4 Ghz y suelen provocar interferencias con los dispositivos de red inalámbricos 802.11b/g. Una posible solución consiste en adquirir un teléfono inalámbrico de 5,8 Ghz. La banda de radiofrecuencia mayor debería eliminar cualquier interferencia y quizás aumente un poco más la velocidad de sus dispositivos inalámbricos cercanos.

La administración de energía se bloquea después de haber compartido la conexión a Internet

El problema: He configurado mi red doméstica para compartir una conexión a Internet a través de mi ordenador de sobremesa, pero ahora el ordenador no activa los modos suspensión o hibernación.

La solución: Si piensa un poco sobre ello, se dará cuenta de que tiene sentido que esto ocurra. Ha configurado su ordenador para que funcione como una pasarela para otros ordenadores en su red doméstica. Lo que significa que los otros ordenadores tienen que acceder a su equipo para conectarse a Internet. Si su ordenador se apaga, detiene el acceso a Internet del resto de ordenadores de su red. Para volver a activar los modos suspensión o hibernación, tiene que desactivar la conexión a Internet de su ordenador o desactivar la conexión compartida a Internet (ICS).

Sin embargo, puede instalar un enrutador para gestionar su conexión compartida y conectar cada ordenador al enrutador. Así le quita un peso de encima a su ordenador y puede desactivar la conexión compartida.

Desaparecen fotogramas de los DVD cuando se utiliza la batería

El problema: Me gusta ver películas DVD en mi portátil cuando viajo, pero la mayoría de las películas se ven entrecortadas. ¿Por qué ocurre esto? Se ven bien cuando enchufo el portátil al adaptador de corriente.

La solución: Muchos modelos de ordenadores portátiles reducen el consumo de energía para aumentar la duración de la batería. Como el procesador utiliza una gran cantidad de energía, los últimos modelos de ordenadores portátiles disminuyen de manera automática la velocidad del procesador. La velocidad reducida del procesador es lo que provoca que las películas en DVD se vean a trompicones. Ha de volver a configurar el procesador para que tenga un óptimo rendimiento (no una óptima vida de la batería).

El fabricante suele incluir en los equipos un subprograma de administración de energía que suele gestionar la administración de la energía. Por ejemplo, los portátiles Toshiba usan la utilidad Toshiba Power Management, a la que se accede mediante el Panel de control. Seleccionamos Inicio>Panel de control>Rendimiento y mantenimiento y hacemos doble clic en el icono de **Toshiba Power Management**. Cuando se abra el administrador, seleccionamos DVD Mode, hacemos clic en el botón **Aplicar** e iniciamos la película (véase la figura 2.6).

Para que la batería dure más, es recomendable volver al modo "Long life" cuando termine la película.

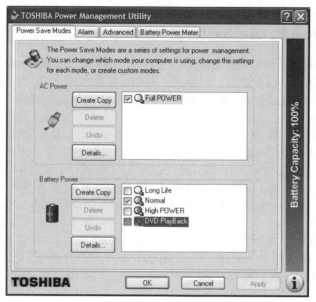

Figura 2.6. Usamos la utilidad de administración de energía que incluye el portátil para modificar el funcionamiento del procesador para mejorar el rendimiento o para alargar la vida de la batería.

Truco

Si ha configurado su ordenador para que tenga un mejor rendimiento, la batería se agotará antes. Si suele ver películas con frecuencia, lleve consigo una batería adicional ya cargada.

Problemas con la batería

Aumentar la duración de la batería

El problema: La batería de mi portátil dura apenas 10 minutos. ¿Cómo puedo extraerle más jugo vital?

La solución: Para que la batería dure más, pruebe estos populares trucos:

☐ Elimine los dispositivos que no son necesarios: Por ejemplo, las tarjetas *pc card* (los dispositivos PCMCIA) y los ratones ópticos con conexión USB utilizan energía adicional cuando están conectados al portátil. Si no necesita realmente esa tarjeta *pc card*, ese disco duro, esa tarjeta de interfaz de red o ese ratón, quítelos del equipo.

❏ **Oscurezca la pantalla:** Las pantallas LCD utilizan hasta el 40 por ciento del total de la energía del portátil. Reduzca la intensidad de la luz (normalmente esta acción se realiza mediante una serie de combinaciones de teclas definidas por el fabricante). Tener una intensidad de luz menor hará que la imagen de la pantalla sea un poco pálida, pero le regalará unos preciosos minutos más de batería.

❏ **Disminuya la velocidad del procesador:** Muchos procesadores importantes pueden reducir su velocidad (y por ello también su necesidad de energía) para aumentar la duración de la batería (véase el problema anterior, "Desaparecen fotogramas de los DVD cuando se utiliza la batería"). Está claro que quizás tenga que esperar hasta poder enchufar el ordenador a un adaptador de corriente para poder ejecutar aplicaciones que ocupan muchos recursos.

❏ **Configure las opciones de administración de energía:** Utilice el cuadro de diálogo Opciones de energía para configurar los tiempos de espera para el apagado de la pantalla LCD y del disco duro. Lo normal es que si configuramos las combinaciones de energía como Equipo portátil se establezca una configuración de pantalla y de disco duro mediante un valor predeterminado.

❏ **Utilice el modo suspensión:** Baje la tapa de la pantalla LCD y ciérrela cuando vaya a ausentarse. Así el portátil activa el modo suspensión.

❏ **Agote la batería con frecuencia:** Si suele recargar la batería después de poco de uso, puede que algunas veces el tiempo de carga sea más corto. Los veteranos de la informática suelen denominarlo el "efecto memoria". Deje el ordenador encendido hasta que el sistema se apague y a continuación recargue la batería completamente. Puede que sea necesario realizar este proceso de carga y descarga de la batería hasta acondicionarla adecuadamente.

❏ **Sustituya la batería:** Las baterías al final se desgastan. Si no puede utilizar en condiciones la batería, quizás ha llegado el momento de cambiarla por una nueva (que también tendrá que cargar y descargar varias veces antes de utilizarla).

❏ **Evite utilizar las unidades ópticas:** Las unidades de CD y de DVD consumen bastante energía, por lo que es mejor que copie primero sus archivos en el disco duro del portátil. Así se reduce el uso de las unidades ópticas.

Cargar la batería de manera creativa aumenta su duración

El problema: He conectado mi portátil a una toma de corriente alterna y he cargado la batería completamente, hasta el 100 por cien. Sin embargo, cuando después he ido a mirar el medidor de la batería, Windows indicaba que estaba cargada al 95 por ciento. ¿Cómo he podido perder energía?

La solución: Cuando la batería alcanza el 100 por cien, el cargador de la batería del portátil se desconecta del circuito de carga y la batería se descarga lentamente. Cuando la batería alcanza el 95 por ciento, se inicia una carga desde el cargador y se completa la batería lentamente. Este proceso empieza y acaba constantemente, pero las combinaciones de energía ayudan a proteger la batería y a aumentar su vida física.

Nota

Ha de desechar las baterías viejas de manera segura, ya que usan elementos químicos tóxicos. Consulte con el fabricante de su ordenador y pregunte si existe algún programa de reciclado. En caso contrario, consulte con las autoridades locales o estatales si existen instalaciones adecuadas para este tipo de desechos o si existen instalaciones donde se puedan reciclar.

Compruebe que la batería está colocada correctamente

El problema: He instalado una nueva batería, pero ahora el portátil no funciona.

La solución: En primer lugar, asegúrese de que ha colocado correctamente la nueva batería. Las baterías suelen deslizarse en su lugar y se bloquean (normalmente con un chasquido). Nunca introduzca a la fuerza una batería en un portátil ni en cualquier dispositivo que pueda bloquearse, ya que podría dañar las conexiones internas. ¿Conoce el término "taller de reparación"?

Por cierto, si no lo sabe, se lo digo: tiene que cargar la nueva batería antes de poder utilizarla. Lamentándolo mucho, esto no es como comprar un paquete de pilas alcalinas. Para cargar la batería por completo, conecte el adaptador de corriente y espere varias horas.

Si huele a quemado o a productos químicos o bien la batería no se carga, es probable que tenga una batería estropeada. Devuélvala a su lugar de compra para que se la cambien.

Truco

Para que su nueva batería dure más, quizás tenga que calibrarla (siguiendo las indicaciones de las instrucciones del fabricante) durante las primeras cargas. Sin embargo, esto no defería afectar a cómo carga la batería o al rendimiento del ordenador con adaptador de corriente.

Un adaptador de corriente equivocado hace que el ordenador emita sonidos

El problema: Siempre llevo un adaptador de corriente porque la batería de mi ThinkPad de IBM dura poco. Pero un día tuve que pedir prestado un adaptador y mi ordenador empezó a emitir sonidos mientras tenía el cargador.

La solución: Seguramente habrá utilizado un adaptador de corriente equivocado para su modelo ThinkPad. El adaptador de corriente tenía suficiente energía como para hacer funcionar el portátil (e incluso cargar la batería), pero las especificaciones ligeramente diferentes hicieron que el portátil se quejara. Pruebe con un adaptador de corriente de un colega que tenga el mismo modelo de ThinkPad. El sonido debería desaparecer.

Nota

Las baterías de los portátiles utilizadas con frecuentes ciclos de descarga y carga suelen durar un año (algunas incluso llegan a los dos años). Cuando compre una nueva batería, apunte la fecha en un trozo de cinta adhesiva protectora y péguela en la batería para saber cuánto dura.

Utilizar cargadores universales

El problema: Tengo que acabar una presentación y mi portátil ha muerto en el peor momento. Además de embalar un par de baterías extra, ¿puedo hacer algo más?

La solución: Puede comprar un adaptador de corriente continua o de corriente alterna para utilizarlo en el coche y en el avión, como el convertidor TravelPower de 75 vatios de APC (`http://www.apc.com`). El convertidor traduce el bajo

voltaje de corriente continua del avión o del coche en 120 voltios de corriente alterna para pequeños electrodomésticos (como el cargador de su portátil). Lo único que tiene que hacer es enchufar el adaptador a un enchufe de corriente de cualquier automóvil o avión y luego unir el cargador corriente alterna del portátil al convertidor.

Problemas con las pantallas LCD

Encontrar defectos de fábrica en los píxeles

El problema: He observado de cerca la pantalla LCD de mi nuevo portátil y he visto más de un píxel negro en mi despacho blanco.

La solución: Cada píxel de una pantalla LCD está formado por una serie de transistores microscópicos (hoy en día es normal encontrar pantallas LCD que tienen varios millones de transistores). Como es evidente, un fabricante quiere que todos y cada uno de esos transistores funcione de manera impecable, pero un transmisor estropeado puede crear un píxel con un color mezclado.

Los fabricantes de pantallas LCD permiten entre 9 y 10 píxeles defectuosos en la pantalla. Esto indica que normalmente puede varios ver píxeles extraños a color en su portátil.

Si se trata de brillo, es muy difícil de encontrar un píxel tostado en resoluciones de pantalla como 1024x868, 1280x1024 o superior. Aunque, si ve más de 9 ó 10 píxeles, el fabricante del portátil puede cambiar la pantalla LCD mientras que la unidad esté en garantía.

Iluminar una pantalla apagada

El problema: He restaurado el sistema de mi portátil. La restauración se realizó sin problemas, pero la calidad de imagen de la pantalla LCD parece peor que antes.

La solución: La calidad de la imagen de una pantalla LCD depende de varios aspectos de la configuración, como la resolución, la profundidad del color, frecuencia de actualización y la versión del controlador de vídeo. Cuando restauramos el sistema (presupongo que al estado "recién salido de fábrica"), eliminamos todas las actualizaciones y modificaciones del sistema. Podemos probar los siguientes trucos para mejorar lo que vemos:

Actualizar los controladores

Los controladores pueden influenciar enormemente la calidad de la imagen. Debemos descargar e instalar todas las actualizaciones de controladores, directamente de la página Web del fabricante. Quizás también queramos descargar e instalar la última versión de los controladores DirectX de Microsoft (disponibles en `http://www.microsoft.com/directx`).

Modificar la resolución y profundidad de color

Probablemente la restauración del sistema restableciese la presentación en pantalla a su profundidad de color y resolución predeterminados. Hagamos clic con el botón derecho en el escritorio, seleccionamos Propiedades y hacemos clic en la pestaña Configuración (véase la figura 2.7). Cambiamos los valores de Resolución de pantalla y Calidad del color por los que prefiramos. Esto mejorará enormemente la calidad de la imagen.

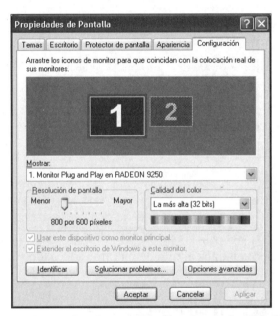

Figura 2.7. Configuramos la resolución en pantalla y la profundidad del color para obtener una imagen LCD nítida.

Comprobar la frecuencia de actualización

Una frecuencia de actualización inadecuada para una determinada resolución puede hacer que la imagen parezca algo apagada o desenfocada. Hagamos clic en el botón **Opciones avanzadas** y en la pestaña Monitor (véase la figura 2.8). Seleccionamos el perfil adecuado y probamos con una frecuencia de actualización ligeramente diferente. Tendremos que seleccionar la frecuencia de actualización que proporcione la imagen más nítida y que elimine cualquier parpadeo apreciable (los LCD con controladores específicos del controlador podrían no ofrecer frecuencias de actualización configurables. En ese caso, tendremos que optar por la resolución predeterminada para el LCD, como 1024x768.)

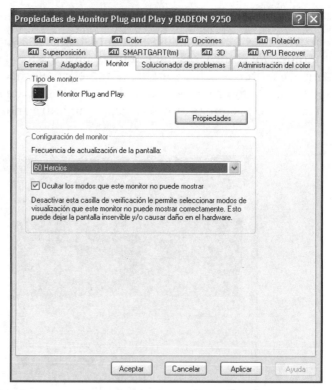

Figura 2.8. Seleccionamos el tipo de monitor adecuado y la frecuencia de actualización para nuestro monitor LCD.

La imagen del LCD se corta

El problema: De vez en cuando la mitad superior de la pantalla se vuelve negra. Si sacudo el panel LCD, la imagen vuelve.

La solución: Este tipo de fallo del monitor se produce con la edad (y algún que otro abuso). Por desgracia, tendremos que sustituir el panel LCD.

Una persona mañosa con un portátil al que le ha caducado la garantía podría intentar abrir la unidad y comprobar los conectores del LCD que atraviesan la bisagra del portátil. Los conectores deberían estar conectados completa y simétricamente. Una comprobación de seguridad antes de tirar dinero que tanto nos ha costado ganar en un nuevo LCD. En caso contrario, podemos ponernos en contacto con el fabricante del portátil y preguntar si podemos enviar la unidad a su servicio técnico.

Nota

La pantalla de los portátiles acumula polvo, pelo de animales y otros desechos. Generalmente, debemos usar un trapo suave, seco y no deshilachado para limpiar suavemente el polvo de la pantalla. Nunca debemos usar líquido para limpiar un monitor LCD.

Una vista más nítida de imágenes complejas

El problema: Odio recorrer todas las hojas de cálculo de Excel en la diminuta pantalla de mi portátil.

La solución: Hay dos trucos que pueden ayudarnos. En primer lugar, aumentar la resolución de pantalla del monitor. Hacemos clic con el botón derecho del ratón en el escritorio y seleccionamos Propiedades, hacemos clic en la pestaña Configuración y movemos hacia adelante el control deslizante (lo más hacia adelante que nos permita el adaptador de pantalla del portátil). Una resolución de pantalla superior mostrará más celdas de Excel.

Por supuesto, esto también hace que las celdas sean más pequeñas. Sin embargo, podemos usar el ampliador para hacer más grandes en pantalla las zonas que nos interesen. Basta con hacer clic en Inicio>Programas>Accesorios>Accesibilidad>Ampliador. El ampliador toma una pequeña parte de la pantalla para "ampliar" la zona en la que se encuentra el ratón. Podemos cambiar a nuestro gusto el tamaño de la zona del ampliador y usar el ampliador para ver más de cerca las diminutas celdas de Excel.

Si el portátil tiene un puerto de pantalla VGA separado, probablemente podamos conectar el portátil a un gran monitor CRT de 19-21" cuando lo usemos en el escritorio. Un gran monitor CRT hará que sea más fácil ver los pequeños detalles en resoluciones elevadas. Además, es más barato que un portátil con pantalla de 17 pulgadas.

Problemas con la tarjeta PC

Conectar tarjetas PC

El problema: Tengo una tarjeta PCMCIA de tipo III que quiero usar en mi portátil, pero parece que no encaja bien.

La solución: Cuidado aquí, amigo. Probablemente el portátil no tenga una ranura para tarjetas de tipo II. El estándar PCMCIA (`http://www.pcmcia.org`) define tres tipos de tarjetas PC.

Los tres tipos de tarjeta tienen la misma longitud y anchura (y el mismo conector para la tarjeta de 68 pines), pero tienen diferente grosor:

Tipo de tarjeta	Grosor
Tipo I	3.3 mm.
Tipo II	5.0 mm.
Tipo II	10.5 mm.

Normalmente usaremos las finas tarjetas de tipo I para dispositivos de memoria, como las tarjetas RAM, flash o SRAM. Las tarjetas de tipo II suelen para hardware con mucha E/S, como módems, tarjetas de red o adaptadores de puerto USB/FireWire. Las tarjetas de tipo III controlan los dispositivos de almacenamiento masivo con grandes componentes (como discos rotatorios). Como las tarjetas sólo se diferencian por el grosor, las tarjetas más finas pueden utilizarse en las ranuras más gruesas, pero no al revés.

Sin embargo, los portátiles modernos ofrecen dos ranuras de tipo II unidas, lo que nos permite tener dos dispositivos de tipo II o un dispositivo de tipo III (más grueso). Debemos revisar las ranuras para tarjetas y asegurarnos de que no haya protectores o tarjetas falsas que ocupen la ranura (algunos fabricantes cierran estas ranuras para protegerlas del polvo). Cuando hayamos eliminado los protectores, podremos usar la unidad de tipo III. Si no es así, quizás tengamos un portátil antiguo que tan sólo admite dispositivos de tipo I y II.

La unidad SCSI no detecta el adaptador del portátil

El problema: He instalado un adaptador SCSI PCMCIA, pero la unidad SCSI se niega a comunicarse con el portátil.

La solución: En primer lugar, abrimos el panel de control del sistema, hacemos clic en la pestaña Hardware y hacemos clic en el botón **Administrador de dispositivos**. A continuación, revisamos la entrada del adaptador SCSI, buscando conflictos o cualquier señal de problemas. Si aparece marcado con una X roja o un signo de exclamación amarillo, quizás tengamos que volver a configurar, reinstalar o sustituir el adaptador. La unidad nunca funcionará correctamente hasta que solucionemos el problema con el adaptador SCSI.

Si la tarjeta adaptadora SCSI responde correctamente, examinemos entonces la unidad SCSI. Comprobemos los aspectos básicos, como que la unidad reciba energía y los cables de las conexiones SCSI entre la unidad y el adaptador. Sí, ya sé que ya lo hemos hecho, pero hagámoslo de nuevo.

Ahora debemos revisar el extremo SCSI y la ID de la unidad (por defecto, el adaptador se vende configurado). Abrimos Mi PC, hacemos clic con el botón derecho en la unidad y seleccionamos Propiedades. A continuación, hacemos clic en la pestaña Hardware, seleccionamos la unidad SCSI y hacemos clic en el botón **Propiedades**. La pestaña General de la unidad debería indicar la ID del dispositivo SCSI. Si no es así, debemos revisar la disposición de los *jumpers* para la unidad (también podemos comprobar la configuración SCSI en la BIOS cuando se inicia el PC). Además, nos debemos asegurar de que la unidad use una ID SCSI válida. El adaptador suele usar por defecto la ID7, los discos duros usan ID0 o ID1 y las otras unidades SCSI (como unidades CD/DVD) utilizan ID5 o ID6. Generalmente establecemos la disposición y las ID mediante pequeños conmutadores en la unidad. La documentación que incluye el fabricante nos indicará la posición exacta y la función de cada tipo disposición.

Por último, volvemos a comprobar las instrucciones del fabricante una última vez y vemos si hemos olvidado instalar algún controlador o algún programa que habilite la unidad SCSI. Esto puede ser un paso muy importante para los usuarios de Windows 98 o Me. Por otra parte, Windows XP suele proporcionar estupendos controladores para una gran cantidad de dispositivos.

El portátil no consigue detectar la tarjeta LAN

El problema: He conectado una tarjeta PCMCIA LAN a mi portátil, pero el sistema no la reconoce.

La solución: Comencemos por lo obvio y veamos si la tarjeta LAN ya ha sido instalada anteriormente. Si hemos usado anteriormente el adaptador LAN, no veremos asistentes ni otros procedimientos de instalación. Se detectará el dispositivo automáticamente y este icono probablemente aparecerá en la barra de herramientas.

Truco

Debemos comprobar si nuestro portátil cumple con los requisitos mínimos del nuevo adaptador PCMCIA LAN. Si no cumple estos requisitos quizás no consiga detectar correctamente el adaptador.

Otro problema habitual se produce cuando Windows identifica incorrectamente el adaptador PCMCIA o lo muestra en Otros dispositivos en el Administrador de dispositivos. Abramos Sistema en el panel de control, hagamos clic en la pestaña Hardware y en el botón **Administrador de dispositivos**. A continuación, comprobamos en el listado los puertos y dispositivos PCMCIA, además de cualquier entrada que haya en Otros dispositivos.

Hacemos clic con el botón derecho en cualquier dispositivo PCMCIA mal identificado y seleccionamos Eliminar, después hacemos clic en el botón **Buscar cambios en el hardware** para volver a detectar e instalar el dispositivo.

Problemas con las PDA

Sustituir la punta gastada del puntero

El problema: He desgastado muchísimo el puntero. ¿Tengo que comprar uno nuevo y tirar el que tengo o puedo simplemente cambiar la punta?

La solución: Un puntero debería deslizarse suavemente sobre la pantalla de la PDA. Sin embargo, un pequeño desgaste, con el tiempo, erosiona la punta de plástico. Este desgaste puede afectar a los gestos que hacemos con el bolígrafo y al estilo de escritura, por lo que conviene conseguir una nueva punta (de la misma forma que un lapicero afilado produce una escritura más limpia). La mayoría de los fabricantes de PDA venden punteros baratos, pero algunos fabricantes de PDA y *tablet PC* usan punteros con puntas reemplazables. Por ejemplo, la serie de *Tablet PC* de Gateway incluye puntas de puntero sustituibles y una herramienta para realizar la sustitución. Usamos la herramienta para sujetar la antigua punta y extraerla. Insertamos una nueva punta y presionamos ligeramente para colocarla en su sitio.

Mejorar la sincronización de archivos defectuosa

El problema: Cuando sincronizo mi PDA y mi portátil, tengo una transferencia de archivos terriblemente lenta y a saltos.

La solución: Las PDA y los ordenadores portátiles/de sobremesa suelen sincronizarse usando conexiones por rayos infrarrojos. Sin embargo, estas conexiones necesitan que no haya obstáculos y que los aparatos estén muy próximos (a menos de 30 cm.). Una distancia excesiva o una ventana de infrarrojos sucia pueden impedir la comunicación y ralentizar la transferencia de datos. Si el problema persiste, podemos sincronizar los dispositivos mediante un cable USB o el puerto serie. Aunque es menos cómodo que una conexión por infrarrojos inalámbrica, una conexión por cable suele proporcionar velocidades mucho más altas.

También podemos configurar la velocidad mediante las propiedades del puerto de infrarrojos. Abrimos Sistema en el panel de control, hacemos clic en la pestaña Hardware y luego en el botón Administrador de dispositivos. A continuación, expandimos la entrada Dispositivos de infrarrojos, hacemos clic con el botón derecho en el puerto de infrarrojos y seleccionamos Propiedades. Hacemos clic en la pestaña Opciones avanzadas y configuramos el límite de velocidad con su valor óptimo.

El proceso puede parecer lento si realizamos muchas sincronizaciones. Por ejemplo, los programas innecesarios de la lista de HotSync pueden ralentizar el proceso. Podemos hacer clic con el botón derecho en el icono de HotSync y eliminar los programas que no sean necesarios, después podemos intentar volver a sincronizar la PDA. El proceso debería ser mucho más rápido.

Sincronizar el puntero con la tinta

El problema: ¿Cómo consigo que la tinta de la pantalla de la PDA aparezca debajo del puntero? Me molesta mucho cuando la tinta aparece a unos centímetros de la punta.

La solución: La introducción de datos mediante el puntero presenta algunos problemas para los diseñadores de dispositivos. Hay que digitalizar el contacto del puntero con la pantalla y luego la posición correspondiente debe coincidir exactamente con los píxeles de la pantalla. El truco es mantener la precisión entre el digitalizador y la pantalla. Si el digitalizador falla por poco, la PDA creerá que el puntero ha hecho contacto en otra parte de la pantalla. Las PDA y los *tablet PC* suelen ofrecer una función de calibrado que nos permite configurar el ordenador para uno o varios usuarios. Debemos calibrar la PDA o el *tablet PC* la primera vez que utilicemos la unidad, o cada vez que otra persona lo vuelva a calibrar para su uso (como un usuario zurdo para un usuario diestro).

Hay que sustituir el puntero perdido

El problema: He perdido el puntero. ¿Puedo usar un dedo o un bolígrafo para la navegación básica, hasta que consiga otro puntero?

La solución: Un golpecito con el dedo u otro puntero de otro dispositivo móvil no debería tener ningún efecto negativo en la pantalla de la PDA. Y un bolígrafo desde luego no es una buena solución, a menos que queramos garabatear (y probablemente estropear) nuestra cara pantalla. Siempre debemos usar el puntero incluido con la PDA o el *tablet PC*. Si no tenemos un sustituto adecuado a mano, podemos pedir otro al fabricante o visitar la tienda de informática local. Hágase un favor y pida un puntero extra para las emergencias.

La pantalla de la PDA se queda en blanco

El problema: Mi PDA se inicia con una pantalla en blanco y no puedo hacer nada.

La solución: Quizás falle la PDA. Los fabricante como Toshiba suelen recomendar que se extraiga todo el hardware

adicional de la unidad (incluyendo las tarjetas *compact flash* o *smart drive*) y luego se realice un reinicio completo de la unidad siguiendo las instrucciones del fabricante. Si el problema desaparece, volvemos a instalar el hardware extra, un dispositivo cada vez. Si el problema vuelve tras instalar un determinado dispositivo, habremos identificado al culpable. En caso contrario, tendremos que enviar nuestra PDA al servicio técnico más cercano para que la reparen.

Calibrar la PDA para nuestros gestos

El problema: He intentado iniciar una aplicación en mi PDA, pero cuando toco el icono, no sucede nada. Lo mismo sucede con los demás iconos.

La solución: Hemos olvidado calibrar la pantalla para el *pad* digitalizador (ver "Sincronizar el puntero con la tinta", anteriormente en este capítulo). Usemos la función de calibración de la PDA para ajustar el digitalizador. Por ejemplo, para el Toshiba Pocket PC e805, seleccionamos Settings>System>Screen>Align Screen para hacer los ajustes. Otras PDA usarán otra secuencia de comandos, por lo que tendremos que revisar las instrucciones para nuestra PDA o *tablet PC* en concreto. Tras alinear el digitalizador, tocamos dos veces el icono que queramos para iniciar esa aplicación. Si el recalibrado falla (o no produce cambios), la PDA podría estar estropeada o bloqueada. Reiniciamos la PDA. Si el problema persiste, la PDA necesitará acudir al servicio técnico.

Las aplicaciones de la PDA parecen ir despacio

El problema: Mi PDA parece muy lenta. ¿Cómo puedo leer el correo electrónico o buscar en mi agenda más rápido?

La solución: Quizás la PDA no tenga suficiente memoria para esas aplicaciones. Cierre todas las aplicaciones que no son esenciales y compruebe si mejora el rendimiento de la unidad. Si es así, añada más memoria a la PDA. En algunos casos, un fallo de un programa puede ralentizar la unidad. Cierre todas las aplicaciones y reinicie la PDA. Si esto funciona, debe buscar parches y actualizaciones de software para todas nuestras aplicaciones favoritas.

Los dispositivos USB fulminan la batería

El problema: Conecté un dispositivo USB a mi PDA, pero aparece un aviso sobre la batería y el dispositivo USB no funciona.

La solución: Los dispositivos USB suelen obtener su energía mediante el puerto USB. Esta energía, a su vez, procede de la batería de la PDA. Si la batería tiene poca carga, la PDA no habilitará el puerto USB y probablemente veamos un mensaje como "BATERÍA BAJA". Conecte un adaptador de corriente y cargue la batería.

Hacer conexiones inalámbricas con la PDA

El problema: He instalado una tarjeta y un controlador de red en mi PDA, pero sigo sin poder conectarme a la red inalámbrica.

La solución: Tenemos que establecer la conexión Ethernet. Pero antes de comenzar, debemos asegurarnos de que la red tiene un punto de acceso inalámbrico funcional.

El proceso de conexión real depende de la PDA. En una PDA popular, como la Dell Axim X5, utilizamos Start>Settings> Connections tab>Connections. Tocamos el icono Wireless Ethernet, seleccionamos la pestaña Wireless y tocamos New Settings. Introducimos el SSID del punto de acceso inalámbrico y establecemos el tipo de conexión de red. Tocamos la pestaña Authentication y luego configuramos el WEP (Privacidad equivalente al cableado) para que corresponda al punto de acceso inalámbrico. La PDA debería conectarse al punto de acceso inalámbrico y aparecerá un icono de estado de conexión en Redes inalámbricas.

Nuevas aplicaciones pueden necesitar nuevos medios

El problema: He actualizado a Outlook 2003 y ahora mi PDA no se sincroniza con Outlook.

La solución: Algunas PDA (por ejemplo los dispositivos PalmOne, como el que aparece en la figura 2.9) usan programas, llamado *conduits*, diseñados especialmente para sincronizar con las aplicaciones del ordenador de escritorio, como Outlook. Sin embargo, el programa *conduit* de la PDA debe ser compatible con las versiones de la aplicación del ordenador de escritorio. En caso contrario, perderemos la posibilidad de sincronizar con esa aplicación.

En nuestro caso, el *conduit* de la PDA probablemente no es compatible con Outlook 2003 ni con versiones posteriores. Para corregir este problema, podemos actualizar el programa *conduit*. Por ejemplo, PalmOne ofrece *conduits* actualizados para las PDA Tungsten T3 y E en http://www.palmone.com/us/support/downloads/ outlookupdate2k3.html.

Superar los cuelgues de la PDA

El problema: Mi PDA se cuelga cuando abro una aplicación. ¿Cómo puedo solucionar esta situación?

La solución: Los fallos en el programa y las incompatibilidades pueden afectar a las PDA igual que en los equipos de

sobremesa y en los portátiles. Los problemas de compatibilidad a menudo producen bajo rendimiento, bloqueos y cuelgues, imágenes de baja calidad o distorsionadas y el no poder acceder a funciones de la PDA.

En primer lugar, debemos identificar a la aplicación que produce los problemas. Simplemente cerramos o descargamos una aplicación cada vez y comprobamos cómo funciona la PDA sin ella. Si la unidad de repente se estabiliza tras cerrar una determinada aplicación, hemos encontrado al posible culpable. Podemos solicitar al fabricante de la PDA o al proveedor de software algún parche o actualización que nos ayude. Si no podemos parchear o actualizar la aplicación que nos da problemas, podemos desinstalarla y buscar una alternativa.

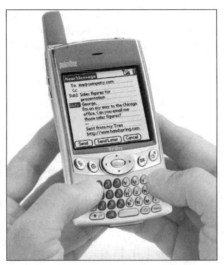

Figura 2.9. El PalmOne Treo 600 Smartphone puede enviar y recibir correos electrónicos por una red inalámbrica.

Ahorrar la energía de la PDA

El problema: Cuando viajo, me gusta llevar la PDA en un bolsillo o en la mochila, pero tiene la molesta manía de encenderse sola.

La solución: Muchas PDA, como por ejemplo las de la familia Tungsten, de PalmOne, incluyen la función de activación del bloqueo de teclas. Esto evita que la unidad se encienda accidentalmente. Para acceder a la función de activación del bloqueo de teclas, encendemos la unidad, abrimos Preferencias, seleccionamos Bloqueo de teclas (en la sección General) y seleccionamos Automático o Manual para activar esta función. Otros fabricantes y modelos de PDA incorporan funciones similares, pero tendremos que comprobar el manual del usuario para encontrar instrucciones precisas.

Cargar la PDA

El problema: Cuando coloco la PalmOne Zire en su soporte, no parece cargarse.

La solución: Debemos asegurarnos de que la PDA descansa correctamente en los contactos del soporte. Si dejamos la unidad mal colocada en el soporte, no se cargará. Las unidades como PalmOne Zire muestran un pequeño rayo en la barra de aplicaciones cuando la unidad se está cargando. Además, recuerde que el soporte también debe recibir energía (normalmente, de un transformador de corriente separado). Si seguimos con problemas, deberemos probar con otro soporte.

Controlar las transferencias de archivos grandes

El problema: Tardo siglos en sincronizar archivos grandes entre la PDA y el portátil.

La solución: La transferencia de archivos grandes es un auténtico dolor de cabeza para los usuarios de PDA. Podemos tardar mucho tiempo (en especial a través de los relativamente lentos puertos de infrarrojos) en transferir fragmentos de vídeo multimedia o enormes archivos MP3.

Algunos fabricantes de PDA ofrecen aplicaciones para reanimar a ciertos tipos de archivos. Por ejemplo, PalmOne Zire nos permite arrastrar archivos AVI, DV, MPEG y QuickTime al icono de Quick Install. Esto convierte el archivo al formato Kinoma Video, con lo que tarda menos en sincronizarse. Para los archivos de audio, usamos una aplicación como RealOne Player, en lugar de la función HotSync. RealOne usa transferencias de archivos directas, por lo que puede ser más rápido que usar HotSync.

Además, una conexión por el puerto serie o USB admite transferencias de archivos más rápidas que el puerto de infrarrojos (útil para los grandes archivos de vídeo o de música).

Por último, podemos intercambiar las tarjetas con los archivos, en vez de los archivos. Los usuarios de PC suelen usar disquetes o CD para transferir archivos entre equipos. ¿Por qué no hacer lo mismo con los ordenadores de escritorio y las PDA? Si el PC tiene un lector de tarjetas compatible con el tipo de tarjeta usado por la PDA, basta con escribir los archivos al soporte (como una tarjeta SD/MMC) e insertar la tarjeta en la PDA.

Problemas de mantenimiento

Aflojar un puerto duro

El problema: Realmente tengo que intentarlo mucho para conectar bien el portátil a su plataforma.

La solución: La mayoría de los portátiles y PDA tienen una conexión en la parte trasera que se ajusta a una plataforma de conexiones o a un extensor de puertos. El conector utiliza una gran cantidad de contactos muy pequeños y, con el tiempo, el polvo y aceites (como restos de cremas para la piel) pueden acumularse en estos contactos.

Los fabricantes de portátiles aconsejan limpiar los contactos con algodón mojado con alcohol isopropilo del 90% (o superior). El alcohol isopropilo (también llamado alcohol de limpiar) limpia bien y se seca rápidamente, sin dejar residuos. Debemos limpiar los contactos del portátil y de la plataforma de conexiones. Repetimos la limpieza dos o tres veces, dejamos que los contactos se sequen por completo y volvemos a conectarlo a la plataforma.

Seleccionar un PC reforzado

El problema: Trabajo con mi portátil en zonas en construcción y siempre golpeo el ordenador o derramo algo sobre él. ¿Hay alguna forma de protegerlo?

La solución: Realmente nos encontramos con un gran dilema para los portátiles. ¿Cómo se protege un dispositivo diseñado para el campo de los peligros y peculiaridades del mundo real? Caídas, golpes y derrames de líquidos son sólo algunos de los peligros que esperan a los ordenadores portátiles en los lugares de trabajo y en sitios alejados; y sí, la mayoría de los portátiles y PDA son muy frágiles.

Para aquellas personas de estilo legionario, Panasonic ofrece una línea de portátiles Toughbook resistente a los golpes, líquidos, vibraciones y polvo y que soportan la prueba MIL-STD-810F (los últimos y mejores estándares militares). Si sólo tiene que sobrevivir a una sala de juntas de empresa, podemos conseguir un Toughbook para aplicaciones en campos algo menos extremos. Encontraremos más información sobre la línea Toughbook de Panasonic en `http://www.panasonic.com/computer/toughbook/home.asp`.

Refrigerar un portátil caliente

El problema: Mi portátil se calienta tanto que podría freír un huevo en él. ¿Cómo puedo enfriarlo?

La solución: Un portátil puede calentarse, especialmente si tiene un procesador rápido, como un Pentium 4 funcionando a 3,2 o 3,4 GHz. Otras cosas que pueden hacer que se caliente más son ejecutar una aplicación que requiera mucha CPU (p. ej. juegos, diseño gráfico o programas de modelado de imagen), configurar el portátil para un rendimiento óptimo en lugar de para alargar la vida de la batería (ver "Desaparecen fotogramas de los DVD cuando se utiliza la batería", en este mismo capítulo) y cargar la batería. Los dispositivos opcionales, como las tarjetas PCMCIA y las unidades internas de CD/DVD con mucho trabajo también extraen más energía y ayudan al calentamiento.

Para refrigerar un portátil, aumentamos el flujo de aire que pasa por debajo de él. CoolPad (`http://www.roadtools.com`) eleva el portátil lo suficiente como para que pase el aire por debajo y se lleve el exceso de calor (para que el portátil no nos planche los pantalones). Es una solución poco tecnológica, pero útil.

Por supuesto, el calentamiento realmente excesivo puede indicar un problema más serio con el portátil. Si realmente nos estamos arriesgando a sufrir quemaduras, debemos ponernos inmediatamente en contacto con el fabricante del portátil y solicitar asistencia técnica.

Herramientas comerciales

Además de las utilidades y programas únicos que suelen acompañar al portátil o PDA, hay varias aplicaciones generales que podrían mejorar nuestra experiencia con el dispositivo portátil:

❑ **PGP Personal Desktop** (`http://www.pgp.com`): Codifica los archivos, carpetas, correo electrónico y demás datos del sistema para proteger nuestro trabajo de los curiosos.

❑ **Laptrack** (`http://www.laptrack.com`): Una utilidad para Internet diseñada para seguir la pista de un portátil robado y que puede mejorar las posibilidades de recuperarlo.

❑ **Laplink Gold 11.5** (`http://www.laplink.com`): Facilita la sincronización de archivos entre portátiles, PDA y ordenadores de sobremesa.

3. Problemas gráficos

Los procesadores pueden desempeñar un papel principal en cualquier PC, pero el subsistema gráfico le roba bastantes planos. Hace mucho tiempo que pasaron los días de las paletas de 16 colores y las resoluciones de 320 x 240 píxeles. Hoy en día, juegos increíblemente sofisticados, que hacen correr la adrenalina, como Far Cry y Doom 3 han redefinido el entretenimiento interactivo con sus realistas gráficos en tiempo real y su detalle visceral.

Pero los gráficos van más allá de los juegos para incluir tareas multimedia como aceleración del escritorio, vídeo por Internet, captura de vídeo y la reproducción de películas con calidad DVD.

Sin embargo, este increíble avance se ha cobrado un alto precio: problemas de compatibilidad y software que permanecerán mucho después de que hayamos instalado el hardware.

Este capítulo comienza con los problemas de configuración y de controladores. A continuación, examinaremos los importantes dolores de cabeza de las actualizaciones y los líos de escritorio con Windows XP. También veremos soluciones para los problemas con monitores CRT/LCD, problemas con 3D (específicos del dibujo) y los problemas de captura/reproducción. Por último, el capítulo estudia varios problemas con el reproductor de vídeo.

Problemas de configuración

Identificar tarjetas gráficas desconocidas

El problema: ¿Cómo puedo saber qué tarjeta gráfica está utilizando mi PC antes de gastarme el dinero en una nueva tarjeta?

La solución: La mayoría nos dirá que probemos con el administrador de dispositivos para identificar el sistema gráfico que tenemos, pero yo suelo recomendar la herramienta de diagnóstico de Windows DirectX (dxdiag.exe). Basta con seleccionar Inicio>Ejecutar, escribimos `dxdiag` en el cuadro Abrir y hacemos clic en el botón **Aceptar**.

Cuando dxdiag se inicie, hacemos clic en la pestaña Pantalla (véase la figura 3.1). Esto identificará el dispositivo de pantalla exacto (por ejemplo, Radeon 9800 Pro), medirá la memoria de vídeo disponible (por ejemplo, 128 MB) y nos indicará el nombre, versión y fecha del controlador instalado.

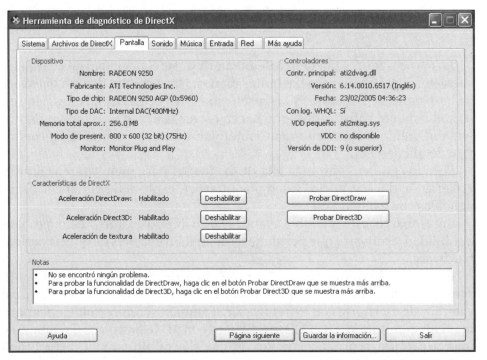

Figura 3.1. Usamos dxdiag para identificar el hardware gráfico instalado y la información del controlador.

Comprobar la RAM de vídeo

El problema: Mi nuevo juego necesita una tarjeta aceleradora 3D con 128 MB de RAM. ¿Cómo compruebo la RAM de vídeo y cómo añado RAM si es necesario?

La solución: En primer lugar, las buenas noticias. Hay muchas herramientas que nos informarán de las características de vídeo. Ejecutamos la herramienta dxdiag (véase "Identificar tarjetas gráficas desconocidas") y localizamos la entrada Memoria total aprox. en la pestaña Pantalla (véase la figura 3.1). Ahora las malas noticias: si nuestra tarjeta gráfica no alcanza los requisitos mínimos para el juego, deberemos actualizarla. No hay forma de añadir más RAM a la tarjeta gráfica.

Nota

Para ver cuánto podría ayudar una nueva tarjeta gráfica a nuestro sistema, usamos un programa de pruebas para gráficos, como Futuremark 3DMark03 Pro (http://www.futuremark.com), para medir el rendimiento gráfico antes y después de la actualización.

Una pequeña advertencia: los chips gráficos de la placa base reservan una parte de la memoria RAM del sistema para la memoria gráfica. A menudo podemos definir la cantidad de memoria (también conocida como apertura AGP) mediante la configuración del sistema (véase la figura 1.12). Las versiones más modernas de la BIOS nos permiten asignar hasta 256 MB de la RAM del sistema para vídeo. Por supuesto, esto reduce la cantidad de RAM disponible para el sistema operativo y aplicaciones.

Sin imagen con cables DVI

El problema: He conectado mi monitor LCD al puerto DVI de mi tarjeta gráfica pero no recibo imagen. ¿Cuál es el problema?

La solución: Necesitaremos tres elementos para usar señales DVI: una tarjeta de vídeo con un conector DVI, una pantalla (por ejemplo, un monitor LCD) con un conector DVI y un cable DVI de buena calidad para conectarlos (normalmente incluido con el monitor). Si realizamos una conexión DVI, pero no vemos la imagen, asegurémonos de que la pantalla está encendida y volvamos a comprobar los conectores DVI de la tarjeta y del monitor. Si el problema no se soluciona, probemos con otro cable DVI.

¿Qué es DVI? Las señales DVI (Interfaz de vídeo digital) se corresponden a las señales analógicas RGB (rojo, verde y azul) usadas en los monitores CRT tradicionales. El estándar DVI especifica un esquema con una sola clavija y un conector, que permite señales digitales y el legado de las señales analógicas en el mismo conector. DVI ofrece algunas ventajas frente a las señales solamente analógicas. Las señales digitales son más precisas que las señales analógicas, lo que se traduce en colores más veraces, que son más resistentes a las interferencias eléctricas. DVI también controla anchos de banda para la imagen de hasta 160 MHz, permitiendo imágenes de alta resolución como UXGA (Dispositivo gráfico ultraextendido) y HDTV.

Estabilizar un fotograma con VSYNC

El problema: El fabricante del monitor dice que debería activar la señal VSYNC para obtener la mejor calidad de imagen. Sin embargo, he probado el monitor con la señal activada y desactivada, y la imagen parece igual.

La solución: VSYNC describe cómo la tarjeta gráfica dibuja y envía una imagen al monitor (LCD o CRT). Cuando activamos VSYNC, la tarjeta de vídeo extrae un fotograma de una escena y espera a que el monitor la muestre para comenzar con el siguiente fotograma. Con VSYNC desactivado, la tarjeta extrae un fotograma e inmediatamente comienza con el siguiente fotograma.

De modo que, ¿qué diferencia marca realmente VSYNC en la imagen final? Bueno, muy pequeña. Un monitor sólo puede recibir imágenes a la velocidad permitida por su frecuencia de actualización. Si configuramos el monitor para una frecuencia de actualización de 72 Hz, obtendremos 72 imágenes de pantalla por segundo. De modo que un adaptador gráfico de alto rendimiento, enviando fotogramas a 90-100 fps estará trabajando en vano, ya que el monitor no puede seguir su ritmo. Por norma, activemos VSYNC. Esto mantendrá al monitor y a la tarjeta de vídeo sincronizados y suele producir una imagen más clara.

Truco

Hay que recordar que VSYNC no tiene nada que ver con la calidad de la imagen procedente de la tarjeta gráfica (como la resolución, la profundidad de color o el contraste), sólo afecta a la forma en la que el monitor obtiene la imagen.

Normalmente controlamos VSYNC mediante las propiedades avanzadas de la tarjeta gráfica. Hacemos clic con el botón derecho del ratón en el escritorio y seleccionamos Propiedades, hacemos clic en el botón Opciones avanzadas y hacemos clic en las pestañas OpenGL o Direct3D (véase la figura 3.2). Buscamos la entrada VSYNC o Esperar a sincronización vertical.

Figura 3.2. Para obtener la mejor calidad de imagen, configuramos la tarjeta gráfica para Esperar a sincronización vertical.

Cargar el turbo AGP

El problema: ¿Qué configuración puedo modificar para aprovechar al máximo mi tarjeta AGP?

La solución: Encontraremos configuraciones relacionadas con AGP en el menú Chipset Features de la configuración del sistema (algunos fabricantes de BIOS podrían no ofrecer estas funciones, o podrían no tener el mismo nombre).

AGP Turbo o AGP Bus Turbo Mode

Activar el modo AGP turbo para modificar la forma en la que el bus AGP controla la asignación de memoria de escritura. Las versiones de la BIOS más modernas ya no ofrecen esta delicada opción. No diga que no lo advertimos.

Primary Frame Buffer o VGA Frame Buffer

El *frame buffer* suele ser una zona de la RAM usada para almacenar la imagen completa que se envía al monitor. Sin embargo, sólo necesitaremos un *frame buffer* cuando usemos sistemas de vídeo basados en la placa base. Una tarjeta de vídeo AGP tendrá su propia RAM (y aporta su propio *frame buffer*). Si usamos una tarjeta AGP, podemos desactivar el *frame buffer* para liberar RAM para el resto del sistema.

AGP Mode

Esto puede aumentar realmente el rendimiento gráfico si la velocidad está configurada para ser más lenta de lo que pueden gestionar la tarjeta AGP y la placa base. Asegurémonos de configurar el modo AGP como Auto, o de seleccionar 1X, 2X, 4X o 8X, según sea nuestra tarjeta AGP. Por ejemplo, asignar 2X, cuando la tarjeta y la placa base admiten 4X, reducirá a la mitad el rendimiento gráfico.

Advertencia

Debemos tener cuidado cuando modificamos la configuración del sistema. Una configuración equivocada podría evitar que el ordenador arranque.

AGP Aperture o AGP Aperture Size

Esta entrada reserva una cierta cantidad de RAM para el sistema gráfico (no confundir con el *frame buffer*). Si queremos un mejor rendimiento de la tarjeta de la placa, aumentemos la RAM asignada. Si utilizamos una tarjeta AGP, desactivemos esta función. Las BIOS típicas nos permiten reservar hasta 256 MB de RAM del sistema para los gráficos.

Nota

Las tarjetas AGP 8X suelen usar un pequeño gancho para que los contactos de la tarjeta estén insertados simétricamente en la ranura. Esto también evita que la tarjeta se mueva en la ranura y cortocircuite las señales. En primer lugar, desatornillamos la tarjeta, la sacamos suavemente de la ranura, desde el lado del chasis, y desengarzamos el gancho de la tarjeta para extraerla completamente.

NetMeeting desactiva AGP

El problema: He comenzado a utilizar NetMeeting para las reuniones de empresa, pero desactiva mi sistema AGP.

La solución: Este problema afecta a los sistemas basados en Windows 2000 y que ejecutan NetMeeting 3.01. No debería ocurrir con otros sistemas operativos o con versiones de NetMeeting. La función de escritorio remoto compartido de NetMeeting desactiva Direct3D y AGP para reducir los problemas de compatibilidad con el rendimiento de vídeo. Sin embargo, podemos volver a activar Direct3D y AGP fácilmente.

En primer lugar, usamos el asistente para el escritorio remoto compartido, para poder compartir el escritorio. Hacemos clic con el botón derecho del ratón en el icono de escritorio remoto compartido (no en el icono de NetMeeting) de la barra de tareas y seleccionamos Salir. A continuación, volvemos a la configuración del escritorio remoto compartido y lo desactivamos. Por último, reiniciamos el ordenador. Este proceso debería restaurar Direct3D y AGP. Si la paleta de color del escritorio se reduce a 16 colores tras reiniciar, abrimos el cuadro de diálogo Propiedades de pantalla y hacemos clic en la pestaña Efectos. Quitamos la marca de la casilla Mostrar iconos usando todos los colores posibles, hacemos clic en el botón **Aplicar**, volvemos a marcar la casilla Mostrar iconos usando todos los colores posibles y volvemos ha hacer clic en el botón **Aplicar**. Esto debería arreglar la paleta de colores.

Problemas con los controladores

El reproductor de vídeo necesita códecs

El problema: Cuando intento reproducir un vídeo, el reproductor de vídeo me exige algún códec.

La solución: Los archivos multimedia siempre usan algún tipo de compresión para reducir su tamaño. Los archivos más pequeños se descargan más rápido de Internet y ocupan menos espacio en el disco duro. Algún medio de compresión es suave, con muy poca pérdida (si la hay) de calidad respecto a los datos originales, mientras que otras compresiones son muy agresivas, con una notable pérdida respecto a los datos originales. Un códec (abreviatura de compresor/descompresor) proporciona las instrucciones que necesita la aplicación (por ejemplo, Windows Media Player o un programa de captura de vídeo) para comprimir o descomprimir los datos de un formato de archivo determinado. Entre los códecs más populares se incluyen MPEG, Indeo y Cinepak.

En primer lugar, volvemos a instalar desde el principio la aplicación de reproducción de vídeo. Por regla general, los códecs adecuados se instalarán en nuestro ordenador junto con los controladores y el software de la aplicación. Por ejemplo, si instalamos un programa para crear películas en DVD, los códecs MPEG-2 (y otros) deberían instalarse con el software. Si el problema no desaparece, podemos buscar entradas duplicadas entre los códecs de audio o vídeo. Abrimos Sistema, en el panel de control, hacemos clic en la pestaña Hardware, hacemos clic en el botón **Administrador de dispositivos** y luego ampliamos la entrada Dispositivos de sonido, vídeo y juegos. Hacemos clic con el botón derecho del ratón en la entrada Códecs de audio (véase la figura 3.3) o Códecs de vídeo (véase la figura 3.4) y hacemos clic en Propiedades para ver los códecs. Hacemos clic con el botón derecho del ratón en cualquier entrada duplicada y seleccionamos Quitar.

Figura 3.3. Los códecs de audio incluyen herramientas para voz, telefonía, sonido y música.

Asegurarnos una versión mínima de DirectX

El problema: Mi juego se instala, pero dice que necesito DirectX 9 o superior. ¿Cómo lo soluciono?

La solución: Algunos juegos simplemente nos indican qué versión de DirectX necesitamos, sin comprobar antes nuestro sistema. Utilizamos la herramienta dxdiag (véase "Identificar tarjetas gráficas desconocidas", en este capítulo) para determinar la versión que estamos usando de DirectX. Si ya tenemos la última versión de DirectX, no hacemos caso de la advertencia e iniciamos el juego. Si no tenemos una versión adecuada de DirectX, quizás el juego no llegue a iniciarse. Si se inicia, quizás tengamos problemas con los colores, texturas, complejidad del escenario y con el sonido (avisos para que actualicemos DirectX).

Muchos juegos incluyen en el disco de juego la versión de DirectX necesaria, aunque podría no ser la versión más actual. Si es necesario, podemos descargar la última versión de DirectX, directamente de la página Web de Microsoft (`http://www.microsoft.com/directx`).

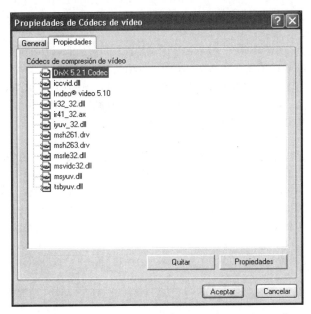

Figura 3.4. Los códecs de vídeo incluyen herramientas para la captura de vídeo y la reproducción de los formatos más populares.

Reparar un mensaje caducado de DirectX 8.1

El problema: Cada vez que inicio el sistema, aparece un mensaje en mi escritorio informándome de que DirectX 8.1 ha caducado.

La solución: Este muy poco frecuente error, aparece a veces en sistemas operativos y archivos obsoletos. Debemos asegurarnos de actualizar Internet Explorer (IE), DirectX y el sistema operativo con todos los Service Pack (incluyendo parches de seguridad críticos) disponibles.

Podemos obtener actualizaciones para Windows e IE usando simplemente la función de Windows Update. Obtenemos actualizaciones de DirectX en `http://www.microsoft.com/directx`.

Hardware. Problemas y soluciones

Los nuevos controladores producen errores de protección

El problema: He actualizado el controlador de vídeo y ahora recibo errores de protección de Windows cada vez que se inicia el sistema.

La solución: En teoría, los errores de protección se producen cuando una aplicación intenta usar una zona de memoria reservada por otro programa. Sin embargo, en la práctica, los errores de protección pueden deberse a problemas con la configuración del equipo.

Volvamos a comprobar el controlador de vídeo. Si hemos instalado un controlador antiguo o una versión equivocada (quizás destinada a una tarjeta de vídeo similar), podría causar graves problemas. Instalemos el último controlador de vídeo destinado al modelo y fabricante de nuestra tarjeta. Como alternativa, podemos deshacer la instalación del último controlador. Abrimos Sistema, en el panel de control, hacemos clic en la pestaña Hardware y luego en el botón **Administrador de dispositivos**. A continuación, ampliamos la entrada Adaptadores de pantalla, hacemos clic con el botón derecho del ratón en la tarjeta de vídeo y hacemos clic en Propiedades. Seleccionamos la pestaña Controlador, hacemos clic en el botón **Volver al controlador anterior** (véase la figura 3.5) y seguimos las instrucciones del asistente. Por último, podemos usar la función de restauración del sistema para devolver el sistema a un estado anterior. Seleccionamos Inicio>Todos los programas>Accesorios>Herramientas del sistema>Restaurar sistema y seguimos las instrucciones del asistente.

Figura 3.5. Deshagámonos de una actualización de controlador incorrecta o inadecuada para recuperar el funcionamiento del equipo.

Solicitemos los controladores de placa base más modernos al fabricante de la placa (o del equipo). Además, debemos buscar controladores específicos para la placa base (AGP Driver, AGP Miniport, AGP VXD Driver, Chipset Driver, GART Driver o VGART), usados para activar funciones AGP en la placa base.

Quizás también necesitemos desactivar la función Escribir Fast de la tarjeta AGP. En primer lugar, hacemos clic con el botón derecho del ratón en el escritorio y seleccionamos Propiedades.

Cuando aparezca el cuadro de diálogo Propiedades de pantalla, hacemos clic en la pestaña Configuración, hacemos clic en el botón **Opciones avanzadas** y seleccionamos la pestaña que incluya el controlador AGP (como la pestaña ATI SMARTGART de la figura 3.6). Desactivamos la función Escribir Fast, hacemos clic en el botón **Aplicar** y reiniciamos el equipo.

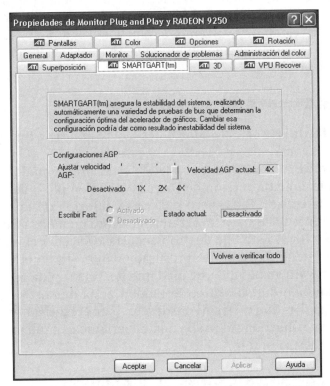

Figura 3.6. Desactivar la función Escribir Fast de la tarjeta AGP puede estabilizar un sistema inestable.

Si el problema no desaparece, preguntemos entonces al fabricante del equipo (o de la placa base) por la existencia de una actualización de la BIOS que pueda resolver el problema.

Buscar las pestañas de funciones perdidas

El problema: Faltan las pestañas 3D y nView del cuadro de diálogo Propiedades de mi tarjeta NVIDIA.

La solución: Tenemos que restaurar la aceleración por hardware para esta tarjeta de vídeo. En primer lugar, hacemos clic con el botón derecho del ratón en el escritorio y seleccionamos Propiedades. Cuando aparezca el cuadro de diálogo Propiedades de pantalla, seleccionamos la pestaña Configuración, hacemos clic en el botón **Opciones avanzadas** y hacemos clic en la pestaña Solucionador de problemas. Movemos el control deslizante de Aceleración de hardware hasta Ninguna, hacemos clic en el botón **Aplicar** y reiniciamos el ordenador. Cuando el ordenador se reinicie, volvemos a la pestaña Solucionador de problemas y movemos el control deslizante Aceleración de hardware hasta Completa. Guardamos los cambios y volvemos a reiniciar el equipo. Las pestañas perdidas deberían aparecer. Si no es así, podemos volver a instalar los controladores y el software auxiliar de la tarjeta.

Vencer al DirectX de un programa

El problema: He actualizado DirectX, pero ahora no funciona mi juego favorito.

La solución: Algunos juegos pueden estar programados para una determinada versión de DirectX. Por ejemplo, pueden buscar la versión 8.0a, pero si DirectX informa de una versión diferente a la 8.0a, el programa mostrará un mensaje de error y se detendrá. Este tipo de problema suele suceder cuando el programa ha sido programado apresuradamente, sin tener en consideración el software auxiliar. Afortunadamente, una rápida reprogramación puede solucionar este fallo del software, de modo que podemos buscar actualizaciones del software o parches que corrijan este descuido. Si el fabricante del programa parece no darse prisa en solucionar el problema, deberíamos simplemente devolver el programa y exigir nuestro dinero.

Los nuevos controladores no funcionan

El problema: He instalado los controladores de mi tarjeta de vídeo, pero sólo veo 16 colores a 640 x 480.

La solución: En primer lugar, debemos asegurarnos de haber descargado los controladores adecuados para nuestra tarjeta. Sí, ya sé que ya lo hemos hecho, pero hagámoslo otra vez. Un chupito de tequila de más y, bueno, todas las descargas comienzan a parecer la misma.

Sin embargo, hasta los controladores "correctos" podrían no funcionar. Por ejemplo, el controlador 29.80 publicado para la tarjeta NVIDIA Quadro es una auténtica basura.

Curiosamente, las versiones anteriores funcionaban, igual que las versiones posteriores, como la versión 30.82 del controlador. Veamos si existe un controlador más moderno para la tarjeta gráfica. Si no es así, probemos con un controlador reciente, un poco más antiguo. Podría sacarnos de apuros hasta que haya otra actualización del controlador disponible.

Los juegos andan a trompicones en modo OpenGL

El problema: Un juego se instala y funciona perfectamente en modo Direct3D, pero funciona a trompicones cuando intento jugar en modo OpenGL. ¿A qué se debe la diferencia?

La solución: Los juegos suelen admitir los lenguajes de programación Direct3D y OpenGL. OpenGL a veces ofrece un aspecto ligeramente diferente al juego y puede admitir varias resoluciones y funciones gráficas que no ofrece Direct3D.

Los problemas de rendimiento en modo OpenGL se producen cuando hay ciertas combinaciones de tarjeta de vídeo y versiones de controlador. Por ejemplo, este problema se produce en las tarjetas ATI Radeon 9500 y 9700, bajo Windows XP, cuando usan los controladores wxp-w2k-r9700-7-81-021213a-006924C.exe. ¿La solución? Descargar e instalar los últimos controladores y software de panel de control gráfico (como el software Catalyst 3.0 o superior, de ATI).

Buscar objetos 3D invisibles

El problema: Cuando juego, choco con objetos invisibles (por ejemplo, mesas y sillas). Sé que el objeto existe; pero no aparece en pantalla.

La solución: Esto sucede con tarjetas de vídeo antiguas, como las tarjetas RAGE II y RAGE II+. Además de perdernos parte del escenario y que haya objetos transparentes, otros elementos podrían aparecer con un solo color. Probemos el problema desactivando Direct3D por hardware en el juego (seleccionando en su lugar la emulación por software).

El rendimiento del juego se resentirá con la emulación por software, pero la calidad de la imagen debería mejorar. Si es así, actualicemos los controladores de vídeo a su última versión. Esto debería corregir el problema y permitirnos usar Direct3D por hardware y aceleración 3D por hardware completa.

Actualizar el controlador produce errores de Windows

El problema: He actualizado el controlador gráfico, pero ahora aparecen errores en Windows cuando intento ejecutar un juego.

La solución: Los nuevos controladores de Windows exigen unos requisitos mínimos al sistema (incluyendo una versión mínima de DirectX). Si usamos una versión DirectX antigua, un nuevo controlador de vídeo podría causar problemas (por ejemplo, errores o imágenes distorsionadas) cuando se inicia el juego. Tendremos que actualizar con la última versión de DirectX disponible en `http://www.microsoft.com/directx` y volver a instalar los controladores gráficos, si es necesario.

Los controladores nativos de Windows podrían escatimar en funciones

El problema: He dejado que Windows XP instale mi nueva tarjeta AGP. Se ha instalado correctamente, pero no veo el control para el *antialiasing*.

La solución: Windows XP incluye una amplia biblioteca de controladores de dispositivos, pero no siempre activan las funciones de alto rendimiento.

Por norma, confiamos en Windows XP para que aporte los controladores "de la casa" para la mayoría de los dispositivos, incluyendo unidades, dispositivos USB y FireWire, etc. Sin embargo, las tarjetas de vídeo suelen beneficiarse de los controladores específicos del fabricante. Si los controladores nativos de Windows XP funcionan, podemos dejarlos. Pero si en el futuro encontramos algún problema de compatibilidad con software o de rendimiento, tendremos que probar con los últimos controladores obtenidos del fabricante.

Problemas con la actualización

Problema extrayendo una vieja tarjeta AGP

El problema: Quiero cambiar mi tarjeta AGP por un modelo más moderno, pero no consigo sacar la vieja tarjeta de la ranura.

La solución: Las tarjetas de expansión están fijadas al chasis con un solo tornillo. Hemos quitado el tornillo, ¿verdad? Claro. Tras quitar el tornillo, extraiga de la ranura el borde conector de la tarjeta. Hay que recordar que algunas tarjetas AGP rápidas (como una tarjeta 8X) pueden incluir un broche de sujeción en la parte posterior de la ranura. Levantemos el borde frontal de la tarjeta hasta que el broche se abra y libere la tarjeta o podemos mover con cuidado el clip para poder extraer la tarjeta.

La nueva AGP interrumpe la reproducción del DVD

El problema: He instalado una nueva tarjeta AGP, pero ahora no puedo reproducir películas DVD.

La solución: Esto suele suceder cuando los nuevos controladores de vídeo interfieren con el software DVD existente (como PowerDVD o WinDVD). En primer lugar, usamos la utilidad para Agregar o quitar programas para desinstalar el software de reproducción de DVD. Reiniciamos el sistema. A continuación, usamos la herramienta de diagnóstico de DirectX (dxdiag.exe) para asegurarnos de que hemos instalado correctamente los controladores de vídeo. Seleccionamos Inicio>Ejecutar, escribimos **dxdiag** en la casilla Ejecutar y hacemos clic en el botón **Aceptar**.

Cuando dxdiag se inicie, hacemos clic en la pestaña Pantalla y comprobamos la versión y fecha del controlador (véase la figura 3.1). Por último, volvemos a instalar el software de reproducción DVD. El reproductor debería reconfigurarse automáticamente para el controlador de vídeo actualizado.

Sonidos extraños tras una nueva instalación de vídeo

El problema: He instalado una nueva tarjeta de vídeo y ahora oigo unos extraños chasquidos procedentes de mi tarjeta de sonido.

La solución: Esta pequeña molestia suele aparecer debido a fallos de los controladores o de los recursos del sistema. Tendremos que revisar lo siguiente:

Hacer callar a las entradas de audio que no usemos

Los ordenadores son famosos por sus interferencias en las señales eléctricas, y las señales no deseadas a veces pueden introducirse en las entradas de sonido que no usamos, y aparecer como chasquidos o crujidos amplificados. Por ejemplo, una tarjeta AGP muy ruidosa podría estar interfiriendo con el sistema de audio. Forzar el reloj de la tarjeta AGP suele hacer que produzca interferencias. Revisemos la configuración del reloj AGP en la configuración del sistema y reduzcamos la velocidad del bus AGP a 66 MHz (o al valor más próximo posible).

Además, podemos abrir la aplicación para el control del volumen de Windows y silenciar todas las entradas que no usemos. Por ejemplo, si no utilizamos la línea de entrada, marquemos su casilla Silenciar.

Evitar compartir una IRQ

Compartir las interrupciones (IRQ), especialmente entre el nuevo dispositivo de vídeo y el dispositivo de sonido, puede producir molestos problemas de sonido. Probemos moviendo la tarjeta de sonido a otra ranura PCI. Alternativamente, usamos las opciones Reset PnP o Reset NVRAM de la configuración del sistema para reiniciar la configuración del dispositivo *Plug-and-Play*.

Modificar la aceleración de la tarjeta de sonido

Abrimos Dispositivos de sonido y audio en el panel de control. Hacemos clic en la pestaña Audio, hacemos clic en el botón **Opciones avanzadas** hacemos clic en la pestaña Rendimiento (véase la figura 3.7). Para conseguir un sonido más limpio, movemos los controles deslizantes Aceleración de hardware y Calidad de conversión de la velocidad de muestreo. Hacemos clic en el botón **Aplicar** para guardar los cambios realizados.

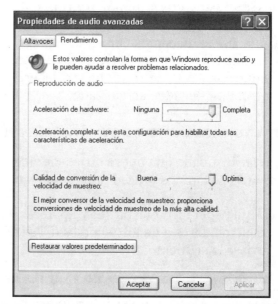

Figura 3.7. Modificamos la aceleración y la calidad de conversión para eliminar los ruidos no deseados.

Actualizar los controladores o la BIOS

Los controladores obsoletos de la tarjeta de sonido o de la placa base pueden entrar en conflicto con otros controladores del sistema. Actualicemos los controladores de sonido o de la placa base. Además, podemos actualizar los controladores de vídeo. Si el dispositivo de sonido está integrado en la placa base y los nuevos controladores de Windows no surten efecto, podemos preguntar al fabricante de la placa si existe alguna actualización de la BIOS.

Sobrepasar los límites del modo AGP

El problema: Mi tarjeta AGP 4X funciona a la limitada velocidad de 1X.

La solución: Este problema se produce en placas base antiguas con una compatibilidad prematura (e inadecuada) con las tarjetas AGP más rápidas. Intentemos que el fabricante nos proporcione versiones actualizadas de la BIOS y los controladores.

Si el problema no desaparece, tendremos que iniciar la configuración del sistema y modificar la configuración AGP Mode en el menú Advanced Chipset Setup. En la mayoría de los casos, podremos configurar el modo AGP como Auto. Si no es así, configurémoslo como 4X manualmente. ¿Seguimos atascados en el modo 1X? Actualicemos el controlador AGP (como AGP Miniport o AGP VXD Driver). En algunos casos, tendremos que volver a instalar Windows desde cero tras actualizar los controladores de la placa base.

La nueva tarjeta de vídeo produce cuelgues del sistema

El problema: He instalado una tarjeta de vídeo para sustituir al adaptador de vídeo de la placa, pero ahora el equipo se cuelga durante el arranque.

La solución: La mayoría de las placas base actuales puede detectar automáticamente las tarjetas de vídeo y desactivar el vídeo de la placa, pero algunos sistemas más antiguos fallan en este proceso. Como resultado, el sistema se paraliza durante el proceso de arranque. Por ejemplo, algunos modelos HP Pavilion y eMachine muestran este problema cuando instalamos tarjetas ATI Radeon 7000. Apaguemos el sistema y quitemos temporalmente la nueva tarjeta de vídeo.

En primer lugar, preguntemos al fabricante del equipo por la existencia de una actualización para la BIOS que corrija este problema. Actualicemos la BIOS de la placa base siguiendo precisamente las instrucciones del fabricante. Si no hay actualizaciones de la BIOS adecuadas, iniciamos la configuración del sistema y desactivamos manualmente la función On-Chip VGA mediante el menú Advanced Chipset Features (véase la figura 3.8). A continuación, reiniciamos y apagamos el PC, volvemos a instalar la nueva tarjeta de vídeo y probamos de nuevo el equipo.

Controladores de Windows XP dudosos

El problema: He instalado una tarjeta ATI All-In-Wonder Radeon en mi placa base i845G utilizando los controladores nativos de Windows XP, pero el sistema se cuelga inesperadamente.

La solución: Aunque los controladores de Windows XP pueden hacer funcionar perfectamente muchas tarjetas de vídeo, las placas base basadas en los chips Intel i845G no suelen responder bien a los controladores nativos de Windows XP para las tarjetas All-In-Wonder. Podemos evitar este problema si instalamos los controladores Enhanced Display Drivers del CD que acompaña a la nueva tarjeta de vídeo.

Los controladores de placa base (como AGP Miniport o AGP VXD Driver) también tienen un papel importante en la estabilidad del equipo. Por ejemplo, los controladores actualizados de la placa base debería ayudarnos a resolver los síntomas de las tarjetas All-In-Wonder.

Cuando actualicemos los controladores de la placa base quizás tengamos que volver a instalar Windows XP.

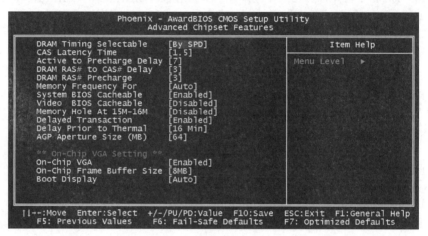

Figura 3.8. Si el sistema de vídeo de la placa base no se desactiva automáticamente, lo podemos hacer manualmente.

Problemas con el escritorio

Localizar la barra de tareas tímida

El problema: Mi barra de tareas simplemente se ha desvanecido. ¿A dónde a ido?

La solución: Esta pequeña molestia tiene una solución sencilla. La barra de tareas de Windows XP (a menudo una fina línea azul en la parte inferior del escritorio) puede estar oculta. Movamos el cursor del ratón por encima de la línea azul; cuando el cursor se convierta en una pequeña flecha vertical con dos puntas, hacemos clic en la línea y arrastramos hacia arriba la flecha. La barra de tareas debería aparecer.

Quizás la barra de tareas este configurada para ocultarse automáticamente. Movemos el cursor del ratón hasta la parte inferior del escritorio. La barra de tareas aparecerá y volverá a desaparecer cuando movamos el cursor. Adelante, probémoslo. Si aparece, hacemos clic con el botón derecho del ratón en la barra de tareas, seleccionamos Propiedades (véase la figura 3.9), deseleccionamos la casilla Ocultar automáticamente la barra de tareas y hacemos clic en el botón **Aplicar**. La barra de tareas debería estar ahora siempre en el escritorio.

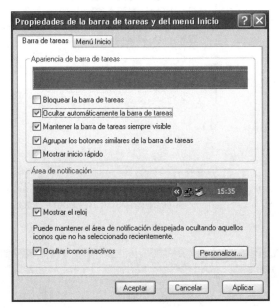

Figura 3.9. Asegurémonos de no ocultar la barra de tareas para se quede en el escritorio.

Mejorar el rendimiento del escritorio

El problema: Uso Windows XP en un ordenador antiguo. Todo parece bien, pero todas las pequeñas funciones decorativas tardan en realizarse. ¿Cómo puedo hacer que sea más rápido, sin volver a Windows 98?

La solución: Windows XP incluye muchos efectos de adorno que pueden ralentizar a los equipos menos potentes. Afortunadamente, podemos desactivar estas funciones y acelerar la respuesta del escritorio. Seleccionamos Inicio>Panel de control> Sistema>Opciones avanzadas, pulsamos el botón **Configuración** del apartado Rendimiento y, en la pestaña Efectos visuales, seleccionamos hacemos clic en Ajustar para el mejor rendimiento (véase la figura 3.10). Esto desactivará automáticamente la mayoría de las funciones decorativas del escritorio. Si queremos mantener algunas funciones y desactivar otras, usamos la opción Personalizar y seleccionamos las opciones que queramos. Hacemos clic en el botón **Aplicar** para guardar los cambios.

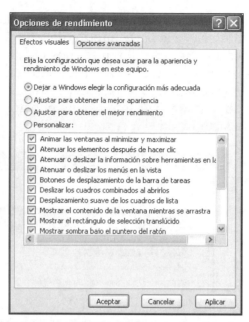

Figura 3.10. Deshabilitamos las funciones que no necesitamos para aumentar el rendimiento del escritorio.

Cuidado con los ojos

Demos un descanso a los ojos con estos trucos rápidos y sencillos:

☐ **Desactivar el papel tapiz:** Hacemos clic con el botón derecho del ratón en el escritorio, seleccionamos Propiedades, hacemos clic en la pestaña Escritorio y seleccionamos Ninguno en la lista de fondos.

☐ **Usar letras e iconos más grandes:** Hacemos clic en la pestaña Apariencia y seleccionamos un tipo de letra más grande en el menú desplegable Tamaño de fuente. Probemos Fuentes grandes al principio, pero cambiemos a Fuentes muy grandes si es necesario. Hacemos clic en el botón **Efectos** y marcamos la casilla Usar iconos grandes.

☐ **Activar los cursores del ratón más grandes:** Abrimos Mouse, en el panel de control y hacemos clic en la pestaña Punteros. A continuación, nos desplazamos por la lista que contiene los esquemas disponibles y seleccionamos un esquema de cursor grande (o enorme).

□ **Cambiar el esquema de color:** Abrimos Opciones de accesibilidad, en el panel de control, hacemos clic en la pestaña Pantalla, hacemos clic en el botón **Configuración** y seleccionamos un esquema de color en alto contraste (véase la figura 3.11).

□ **Usar un monitor más grande:** Un monitor de entre 19 y 21 pulgadas hace que sea mucho más sencillo apreciar los detalles, especialmente con resoluciones elevadas.

□ **Usar una frecuencia de actualización elevada:** Los monitores obtienen imágenes entre 60 y más de 80 veces por segundo. Esta repetida obtención recibe el nombre de parpadeo. Configurar el monitor para que use su frecuencia de actualización más elevada (como 72-75 Hz ó 82-85 Hz) reduce el parpadeo, lo que podría reducir los dolores de cabeza y la fatiga en los largos días frente al PC.

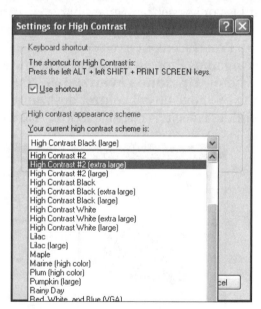

Figura 3.11. Usamos un esquema de color de alto contraste para ver mejor el escritorio.

Compartir un escritorio de Windows

El problema: Comparto un PC con mi padre, que no para de modificar la configuración del escritorio. Dice que tiene problemas para ver los pequeños iconos en mi alocado papel tapiz. ¿Hay alguna forma de que los dos estemos contentos?

La solución: Windows XP nos permite crear un perfil de usuario con nuestra propia configuración de escritorio. Como administradores de sistema, basta con abrir Cuentas de usuario, en el panel de control, hacemos clic en Crear una cuenta nueva y un asistente nos acompañará a lo largo del proceso de creación de una cuenta. Introducimos un nombre para la nueva cuenta y seleccionamos un tipo de cuenta Limitado. Cuando creemos la nueva cuenta, podemos protegerla mediante contraseña y realizar otros cambios. A partir de ese momento, podremos cambiar de cuenta simplemente haciendo clic en Inicio>Cerrar sesión>Cambiar de usuario y seleccionando el icono de nuestra cuenta. Cuando volvamos a nuestra propia cuenta, el escritorio estará exactamente como lo dejamos.

Iluminar una imagen oscura

El problema: He aumentado el brillo y el contraste del monitor, pero las imágenes siguen pareciendo un poco oscuras.

La solución: El problema puede deberse a una configuración de gamma equivocada en el escritorio de Windows. Los juegos suelen ofrecer la opción de configurar gamma y nos permiten iluminar las zonas oscuras. Sin embargo, la configuración de gamma también suele incluirse en las tarjetas gráficas, como la ATI Radeon 9800 Pro. Hacemos clic con el botón derecho del ratón en el escritorio, seleccionamos Propiedades, hacemos clic en la pestaña Configuración y hacemos clic en el botón **Opciones avanzadas**. Hacemos clic en la pestaña Color (véase la figura 3.12) y movemos el control deslizante Gamma para conseguir una imagen clara y definida. Hacemos clic en el botón **Aplicar** para guardar los cambios.

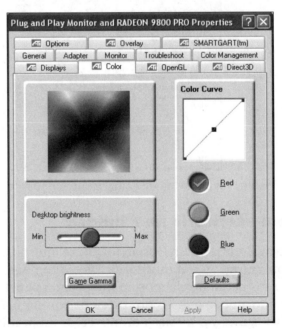

Figura 3.12. Ajustamos gamma para conseguir una imagen clara y definida.

Truco

Antes de configurar gamma, modifique el brillo del monitor al 80-90% y reduzcamos el contraste hasta que desaparezca la cuadrícula (la niebla gris que rodea la imagen en pantalla).

Problemas con el monitor

Superar el parpadeo del monitor

El problema: Mi pantalla parece parpadear mucho.

La solución: A menudo, podemos mejorar la calidad de la imagen aumentando la frecuencia de actualización. Hacemos clic con el botón derecho del ratón en el escritorio, seleccionamos Propiedades, hacemos clic en la pestaña Configuración y hacemos clic en el botón **Opciones avanzadas**. Encontraremos los controles de la frecuencia de actualización en la pestaña Monitor (véase la figura 3.13).

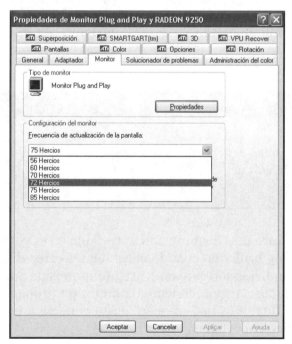

Figura 3.13. Una frecuencia de actualización más elevada a veces ayudará a estabilizar una imagen que parpadea.

Seleccionamos una frecuencia de actualización más elevada entre las opciones disponibles en el menú desplegable. Hacemos clic en el botón **Aplicar** para guardar los cambios.

Además, revisemos los altavoces cercanos. Producen vibraciones que pueden repercutir en el monitor. Por ejemplo, yo suelo utilizar Real Rhapsody para escuchar mis melodías favoritas. Cuando el volumen está alto, algunas veces veo las notas bajas fuertes aparecer como débiles líneas en mi monitor CRT de 21 pulgadas. Podemos alejar los altavoces del monitor o bajar el volumen.

Acabar con los brillos

El problema: La imagen de mi CRT brilla o parpadea ligeramente durante unos minutos. He probado el monitor en el PC de mi vecino y funciona perfectamente.

La solución: Quizás tengamos un problema de voltaje en casa. Los electrodomésticos grandes, como aires acondicionados, hornos microondas, neveras e incluso cafeteras, pueden usar cantidades increíbles de energía. Esto reduce el voltaje disponible para el circuito eléctrico. Si el monitor usa el mismo circuito , quizás no tenga suficiente energía. Podemos utilizar un medidor de corriente para medir el nivel de voltaje en la toma de corriente del monitor con todo apagado (y el monitor funcionando normalmente). Volvamos a probar el voltaje con otros aparatos encendidos para hacer que el monitor parpadee. Si observamos una disminución importante en el voltaje, tendremos que contratar a un electricista para que asigne la toma del PC a otro circuito eléctrico.

Nota

Si se siente más seguro, puede contratar un electricista para probar los niveles de voltaje.

Si no se produce una disminución apreciable en el voltaje de la toma y la imagen del monitor sigue brillando cuando encendemos otros dispositivos (como por ejemplo, un aire acondicionado cercano), asegurémonos de que las tomas de corriente están bien conectadas a tierra. Podemos comprar un probador de tomas de corriente en una ferretería. Hagamos que un electricista conecte a tierra las tomas de corriente que no estén bien conectadas.

Extraños colores en el monitor

El problema: Cuando mira a un escritorio blanco en mi monitor CRT, la parte inferior derecha del escritorio parece un poco roja y los colores del texto y de los iconos parecen desaparecer.

La solución: El monitor se ha magnetizado ligeramente. Coja una almohada y déjeme que le explique. Los monitores CRT aceleran los electrones procedentes de la parte trasera de la pantalla. Cuando los electrones acelerados chocan con el fósforo coloreado de la pantalla, liberan luz (roja, verde y azul). Unos electroimanes horizontales y verticales dirigen los rayos de electrones por el monitor. Sin embargo, los rayos de electrones a veces pueden golpear los píxeles cercanos y producir una coloración equivocada. Para mejorar la pureza del color, los fabricantes de monitores colocan una máscara delante del fósforo (los profesionales la llaman "máscara de sombra" o "rejilla de apertura"). Los agujeros de la máscara permiten que pasen los electrones para cada píxel correspondiente, pero evitan que los electrones golpeen los píxeles adyacentes.

Los campos magnéticos fuertes a veces pueden magnetizar parte de la máscara. Esto afecta lo suficiente a los rayos de electrones como para producir colores extraños en las zonas magnetizadas. Los monitores luchas contra esto enrollando una "bobina Degauss" alrededor de la campana del CRT. Cada vez que encendemos el monitor, la bobina Degauss envía una corriente magnética por todo el monitor, que sacude los pequeños campos magnéticos. ¿Sigue despierto? Si la bobina Degauss falla, o si exponemos el monitor a un campo magnético muy fuerte (quizás hayamos colocado el monitor sobre un aire acondicionado industrial), la máscara puede magnetizarse.

Para desmagnetizar la máscara apaguemos y encendamos el monitor varias veces. Por ejemplo, apagamos el monitor, esperamos 30 segundos, encendemos el monitor y esperamos cinco minutos. Repetimos este proceso diez veces. Encender varias veces el cable Degauss interno del monitor debería corregir este tipo de decoloración. Si no es así, tendremos que enviar el monitor a reparar. Un técnico profesional puede usar un desmagnetizador para limpiar la máscara y devolver la pureza del color.

Nota

Los monitores CRT usan simples aberturas debajo y encima de la unidad para evitar el sobrecalentamiento. El aire caliente del interior del monitor se expulsa por las aberturas superiores, mientras que las aberturas inferiores dejan entrar aire fresco. Cuando nuestro gato Fluffy se tumba encima del monitor, no deja salir el aire caliente, lo que posiblemente provoque problemas en la pantalla (e incluso un fallo prematuro). Debemos mantener las aberturas superiores libres de obstáculos.

Identificar líneas en el CRT

El problema: Acabo de heredar un monitor CRT de 21 pulgadas. Funciona perfectamente, excepto por dos finas líneas grises en las mitades superior e inferior de la imagen.

La solución: Las delgadas líneas en realidad son cables (llamados alambres damper) que estabilizan la máscara (véase "Extraños colores en el monitor") y lo mantienen en su sitio. Estos cables, que podremos ver ligeramente con un fondo blanco, son realmente necesarios.

Cambiemos el color del escritorio por un blanco-crema o un gris claro para ocultar las líneas. En primer lugar, hacemos clic con el botón derecho del ratón en el escritorio, seleccionamos Propiedades, hacemos clic en la pestaña Apariencia y hacemos clic en el botón **Opciones avanzadas**. Seleccionamos Escritorio en el menú desplegable Elemento y seleccionamos un nuevo colore en la paleta desplegable Color 1 (quizás un gris claro). Hacemos clic en el botón **Aceptar** y después en **Aplicar** para guardar los cambios.

Mi monitor llora como un niño

El problema: Mi monitor CRT funciona perfectamente, pero oigo un chillido agudo procedente de su parte posterior.

La solución: Todos los monitores CRT producen altas frecuencias en su trabajo cotidiano. Aunque estas frecuencias suelen estar fuera del rango audible para el ser humano, las frecuencias pueden crear vibraciones audibles en algunos de los componentes internos del monitor. Para acallarlo, podemos inclinar el monitor hacia arriba o abajo o girarlo sobre su base.

Si el problema no desaparece, quizás haya un problema con el circuito de alto voltaje del monitor. Los monitores usan voltajes muy elevados (entre 20.000 y 45.000 voltios) para crear los rayos de electrones que iluminan la pantalla.

El circuito de alto voltaje puede haberse roto, o bien puede que se escape algo de corriente por un aislante viejo y reseco. En cualquier caso, debería ocuparse del monitor un técnico especializado o podríamos cambiarlo por otro inmediatamente.

El sonido estropea los colores de la pantalla

El problema: He puesto un *subwoofer* encima del monitor y he colocado altavoces a ambos lados. Ahora, cuando reproduzco música, los colores de la pantalla parecen mezclarse.

La solución: Cuando los altavoces están cerca de una pantalla CRT, sus campos magnéticos pueden afectar a los haces de electrones del CRT.

Los altavoces de buena calidad protegen sus partes electromagnéticas para evitar este tipo de interferencias, pero la mayoría de los altavoces baratos no lo hacen. Podemos poner el *subwoofer* en el suelo y alejar un poco los altavoces del monitor o gastarnos un poco más de dinero y cambiar los altavoces por unos protegidos y de calidad.

Mantener la pureza del color

El problema: ¿Por qué veo bordes rojos y verdes alrededor de las letras y líneas? Hacen un efecto horrible.

La solución: Vale, es la hora de otra aburrida explicación. Los monitores en color usan haces de electrones separados para los colores rojo, verde y azul. El rayo golpea el fósforo de color correspondiente en el CRT, produciendo así los colores que vemos. Cada haz debe llegar a su respectivo agujero de la máscara (véase "Extraños colores en el monitor"); sin embargo, a veces se desalinean ligeramente (especialmente en los bordes de la pantalla) y golpean el fósforo equivocado, lo que produce impurezas de color (como la "sangría" roja o azul que ve en la pantalla).

Algunos monitores de color modernos incluyen un ajuste electrónico de convergencia como opción de menú, entre los controles del panel frontal del monitor. Aparecerá una rejilla u otro símbolo en la pantalla. Tendremos que configurar los haces rojo y verde para crear el color magenta y luego configurar el haz verde para formar el color blanco. Cuando toda la rejilla sea blanca (sin ninguna pérdida de color) habremos configurado correctamente los haces para que converjan.

Si el monitor no ofrece esta función en el panel frontal, podemos buscar opciones de autoconvergencia en el manual del monitor (quizás reiniciar el monitor afecte a la convergencia). En caso contrario, devolvamos el monitor a la tienda y dejemos que un técnico experimentado ajuste manualmente la convergencia.

La pantalla sólo muestra 16 colores

El problema: Mi monitor sólo muestra 16 colores, aunque he instalado el controlador correcto para el adaptador de vídeo.

La solución: Este problema puede deberse a un conflicto entre los controladores del vídeo y los del monitor. Por ejemplo, esto sucede en algunas raras ocasiones entre los controladores de vídeo NVIDIA y algunos controladores del fabricante para ciertos monitores. Seleccionamos un controlador alternativo para el monitor (como el controlador genérico para monitor PnP). Hacemos clic con el botón derecho del ratón en el escritorio, seleccionamos Propiedades, hacemos clic en la pestaña Configuración y luego hacemos clic en el botón **Opciones avanzadas**. A continuación, hacemos clic sobre la pestaña Monitor, hacemos clic en botón **Actualizar el controlador** y seguimos el asistente para instalar un controlador alternativo. También podemos optar por desinstalar el dispositivo monitor, reiniciar el equipo y seleccionar el monitor genérico PnP.

En algunos casos excepcionales, la negativa del sistema de vídeo a funcionar a más de 640 x 480 x 16 puede indicar una configuración equivocada en la configuración del sistema. Reiniciamos el ordenador para entrar en la configuración del sistema y probamos la siguiente configuración de la BIOS:

❑ `Plug and Play OS = NO`

❑ `Assign IRQ to VGA = ENABLED`

Salimos (guardando los cambios), reiniciamos normalmente el equipo y volvemos a configurar la resolución y la profundidad de color.

Acabar con el parpadeo en las pantallas LCD

El problema: ¿Por qué veo parpadeos y líneas horizontales cuando conecto mi monitor LCD al puerto DVI de la tarjeta gráfica?

La solución: DVI (Interfaz de vídeo digital) controla anchos de banda para la pantalla de hasta 160 MHz y admite resoluciones de pantalla tan altas como UXGA (Dispositivo gráfico ultraextendido) y HDTV. Los monitores LCD configurados para funcionar a resoluciones altas y frecuencias de actualización elevadas pueden mostrar líneas horizontales, parpadeos, fallos en pantalla y texturas curvadas.

Como solución temporal, reducimos la resolución de pantalla y las frecuencia de actualización (véase "Superar el parpadeo del monitor", en este capítulo). Si necesitamos una solución más permanente, tendremos que acudir al fabricante de la tarjeta, en busca de un controlador con una función de control de DVI, que reduzca automáticamente la frecuencia con altas resoluciones. Por ejemplo, los controladores de la tarjeta Radeon 9800 Pro ofrecen esta función. Si encontramos los controladores, hacemos clic con el botón derecho del ratón en el escritorio, seleccionamos Propiedades, hacemos clic en la pestaña Configuración, hacemos clic en el botón Opciones avanzadas y hacemos clic en la pestaña **Opciones** (véase la figura 3.14). A continuación, marcamos la opción Reduzca la frecuencia DVI en pantallas de alta resolución y hacemos clic en el botón **Aplicar** para guardar los cambios.

Mantener la gama de exploración adecuada

El problema: Cuando cambié la resolución de pantalla del monitor, apareció un mensaje que decía "out of scan range".

La solución: El monitor sólo admite una gama limitada de frecuencias de entrada (aunque la tarjeta de vídeo pueda llegar a una resolución o una frecuencia de actualización increíbles). Si superamos la capacidad del monitor, la pantalla podría aparecer distorsionada, quedarse en negro o mostrar un mensaje como "out of scan range". Windows normalmente deshará a los 15 segundos los modos de vídeo que no se pueden mostrar y devolverá la pantalla a su configuración original. Si no lo hace, podemos reiniciar en modo seguro y seleccionar un modo de pantalla aceptable.

Advertencia

Si hacemos funcionar a un monitor por encima de su gama de exploración, con el tiempo podríamos llegar a causar un daño permanente al monitor.

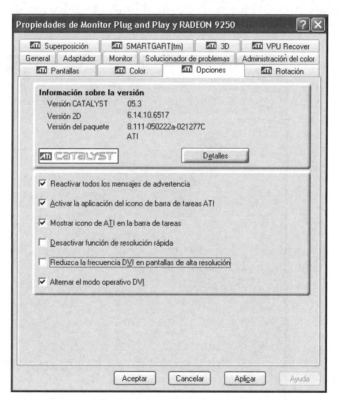

Figura 3.14. Reducimos la frecuencia DVI en pantallas de alta resolución.

No aparece la imagen del DVD en un monitor externo

El problema: He conectado mi portátil, con Windows XP, a un monitor externo para ver una película en DVD, pero sólo aparece un cuadro negro.

La solución: Tenemos que configurar el modo de superposición correctamente para que funcione con un monitor externo. Normalmente, este problema se produce porque configuramos un monitor "clon", en lugar de un auténtico monitor secundario (como el de un escritorio extendido). Debemos configurar el monitor secundario como si fuera un duplicado exacto del monitor original (por ejemplo, la pantalla LCD del portátil). Vamos a configurar la superposición para la tarjeta de vídeo. Por ejemplo, hacemos clic con el botón derecho del ratón en el escritorio y seleccionamos Propiedades, hacemos clic en la pestaña Configuración, hacemos clic en el botón **Opciones avanzadas** y hacemos clic en la pestaña Superposición (véase la figura 3.15). Hacemos clic en el botón **Opciones de modo teatro** y seleccionamos Igual en las dos.

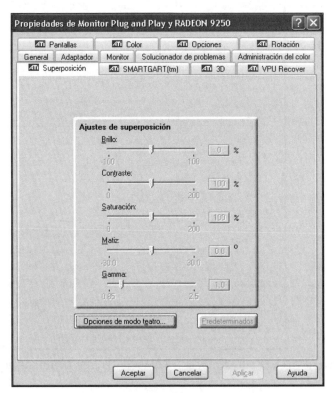

Figura 3.15. Configuramos monitores secundarios para que las opciones de superposición de vídeo sean iguales en todos los monitores.

La imagen del monitor se distorsiona en modo de suspensión

El problema: Mi monitor distorsiona completamente la imagen de la pantalla cuando el equipo entra en modo de suspensión.

La solución: Prácticamente todos los monitores que se fabrican hoy en día admiten, al menos, un modo de ahorro de energía. Sin embargo, el modo de ahorro de energía debería ser adecuado para el monitor. Por ejemplo, el Sistema de mantenimiento eléctrico del ordenador (DPMS) apaga un monitor compatible desactivando una combinación de señales de sincronización vertical y horizontal de la tarjeta de vídeo.

Si el monitor no es compatible con DPMS, la pérdida de las señales de sincronización de la tarjeta de vídeo podría distorsionar completamente la imagen.

Si el monitor no es compatible con los modos de ahorro de energía (y somos demasiado tacaños como para comprar un monitor que sí los admita), desactivemos la función de ahorro de energía del monitor. Abrimos Opciones de energía, en el panel de control, localizamos la entrada Apagar monitor y seleccionamos Nunca en la lista desplegable (véase la figura 3.16).

Figura 3.16. Configuramos la inactividad del ordenador como Nunca para evitar que la conservación de energía lo apague.

Problemas 3D

Arreglar una baja frecuencia de fotogramas

El problema: Cuando ejecuto juegos, mi tarjeta de vídeo va a saltos y la frecuencia de fotogramas sube y baja.

La solución: Por muy rápidas y potentes que sean nuestras tarjetas gráficas, la frecuencia de fotogramas siempre parece poca. Por desgracia, muchos factores afectan al rendimiento del juego. Aquí mostramos una lista de elementos que podemos investigar:

Revisar los requisitos gráficos del juego

La tarjeta de vídeo debería usar los chips y la cantidad memoria recomendada en el juego. Las tarjetas de vídeo con poca potencia pueden ser fatales para la frecuencia de fotogramas (si funciona el juego).

Revisar los otros requisitos del juego

El PC debería disponer de la CPU y RAM recomendadas. Si no es así, el juego podría no funcionar a su máximo rendimiento.

Cerrar otras aplicaciones

Los sistemas operativos pueden ejecutar varias aplicaciones al mismo tiempo, pero varias aplicaciones consumen muchos de los recursos (por ejemplo, tiempo de procesador y memoria) destinados al juego. Cerremos todas las aplicaciones y reiniciemos el equipo si fuese necesario. Pulsamos **Control-Alt-Supr** y utilizamos el administrador de tareas para comprobar que se han cerrado las demás aplicaciones (véase la figura 3.17).

Tener en cuenta el juego

La mayoría de los juegos modernos ofrecen una gran cantidad de funciones para los gráficos 3D, incluyendo varias fuentes de luz, sombras en tiempo real, vistas a gran distancia así como otras opciones que exigen mucho del procesador. Si activamos estas opciones, podríamos entonces ralentizar el ordenador y reducir la frecuencia de fotogramas.

Instala los controladores de vídeo más actuales

Los controladores de vídeo obsoletos pueden tener fallos o bien una programación ineficaz que reduzca el rendimiento de algunos gráficos. Pongámonos en contacto con el fabricante de la tarjeta de vídeo e instalemos luego los controladores de vídeo más actuales.

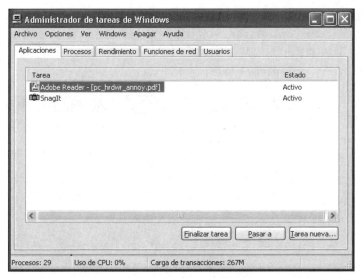

Figura 3.17. Usamos el administrador de tareas para ver y cerrar todas las aplicaciones no deseadas que se ejecutan en segundo plano.

Desactivar Shadowing de vídeo de la BIOS

A menudo se tarda más en acceder a la BIOS de vídeo que a la RAM. La mayoría de las placas base colocan una copia de la BIOS de vídeo en la RAM, a la que se puede acceder más rápido. Sin embargo, esta técnica no es adecuada para todos los ordenadores. Reiniciamos, entramos en la configuración del sistema y desactivamos la opción Video BIOS Shadowing (normalmente en el menú Advanced Chipset Features).

Configurar las propiedades de la tarjeta de vídeo

Los controladores de vídeo suelen incluir una gran cantidad de opciones 3D en las pestañas Direct3D y OpenGL. Entre esas opciones se encuentran el *antialiasing*, el filtrado anisótropo, la calidad de las texturas, etc. Para modificar la configuración, hacemos clic con el botón derecho del ratón en el escritorio, seleccionamos Propiedades, hacemos clic en la pestaña Configuración, y después en el botón **Opciones avanzadas** y hacemos clic en la pestaña Direct3D (véase la figura 3.18). Reducimos las opciones 3D para reducir la calidad de la imagen, lo que aumentará el rendimiento gráfico.

La tarjeta 3D funciona lentamente

El problema: Mi tarjeta gráfica 3D tiene potencia y RAM de sobra, pero ofrece un rendimiento extremadamente lento y decepcionante.

La solución: Para medir el rendimiento gráfico, utilizamos una herramienta de pruebas, como 3DMarkPro 2005 de Futuremark (`http://www.futuremark.com`).

Al ejecutar las pruebas obtendremos algunos números que indicarán el rendimiento real y podremos comparar esos números con informes publicados en páginas Web conocidas, como por ejemplo CNET (`http://www.cnet.com`) o Tom's Hardware (`http://www.tomshardware.com`).

Figura 3.18. Reduzcamos las opciones 3D para mejorar el rendimiento gráfico.

Si la tarjeta de vídeo rinde bien en las pruebas, pero parece lenta cuando la usamos con aplicaciones reales (como FarCry), quizás hayamos configurado unas opciones gráficas (iluminación, sombras, calidad de las texturas, *antialiasing*, rango de visión, etc.) demasiado altas para el juego.

Por otro lado, si la tarjeta de vídeo tiene un rendimiento pobre en las pruebas, quizás tengamos un problema con el equipo. Por ejemplo, los antiguos controladores AGP de la placa base podrían no ser completamente compatibles con la tarjeta de vídeo o podrían restringir la velocidad AGP (como limitar al funcionamiento a 2X, en lugar de 4X o 8X).

Pongámonos en contacto con el fabricante de la placa base para conseguir los controladores más actuales. Además, asegurémonos de usar los controladores más modernos para nuestra tarjeta de vídeo.

La imagen parece partirse o romperse

El problema: ¿Cómo puedo hacer que la imagen deje de partirse cuando uso software 3D? Parece que la mitad inferior de cada fotograma se queda pegado a la pantalla.

La solución: Una frecuencia de actualización equivocada o una mala configuración de VSYNC (véase la figura 3.2) suele hacer que la imagen se parta. Activamos VSYNC para mostrar las imágenes completas en sincronía con la frecuencia de actualización del monitor (véase "Estabilizar un fotograma con VSYNC", en este capítulo). Si el monitor lo admite, podemos bajar la frecuencia de actualización a 75 Hz o 72 Hz.

A veces el cambio de imagen puede ser el culpable. Los juegos usan un antiguo truco de la animación. La tarjeta gráfica extrae una imagen del área de memoria (llamado *image buffer*) y lo cambia por lo que hay en pantalla mientras extrae la siguiente imagen. Esta técnica de cambiar constantemente en la pantalla las imágenes completadas crea la ilusión óptica de un suave movimiento. Normalmente seleccionaremos el modo de intercambio de imágenes en el menú de opciones de vídeo de la aplicación. Los programadores utilizan varias técnicas para intercambiar las imágenes, pero el "modo de transferencia de bloque" produce menos roturas de la imagen que otras.

Colores y texturas 3D erróneos

El problema: Mi juego en 3D funciona correctamente, pero algunos colores de las paredes y los objetos parecen estar mal.

La solución: Las incompatibilidades entre DirectX y nuestra versión del controlador de vídeo pueden producir algunos problemas con la paleta de colores. Por ejemplo, muchos jugadores impacientes actualizan el controlador de su tarjeta de vídeo, pero no DirectX (o viceversa). Los dos programas deben trabajar conjuntamente para obtener la mejor calidad de imagen, por lo que debemos asegurarnos de descargar e instalar la última versión de DirectX (`http://www.microsoft.com/directx`) y conseguir el controlador de la tarjeta de vídeo más actual para nuestro modelo.

Desbloquear funciones ocultas de la tarjeta 3D

El problema: He oído que los programadores ocultan las funciones gráficas más potentes. ¿Cómo puedo acceder a las funciones gráficas ocultas y modificar mi tarjeta para que funcione más rápido?

La solución: El comportamiento de la tarjeta de vídeo suele definirse mediante varias entradas en el registro de Windows, definidas en el momento de instalar la tarjeta de vídeo y sus controladores (el registro gestiona la configuración del hardware). Los controladores suelen proporcionar muchos controles mediante software, como gamma, VSYNC, *antialiasing* y muchos más (véase la figura 3.18). Sin embargo, los programadores, intencionadamente, no permiten el acceso a algunas determinadas funciones. Esto permite que las opciones superiores (como la preferencia de texturas o el filtrado anisótropo) o incluso el mismo programa, puedan realizar selecciones detalladas.

Podemos conseguir algunas utilidades que nos ayuden a exprimir hasta el último fotograma de la tarjeta de vídeo. Por ejemplo, RivaTuner, para tarjetas de vídeo basadas en los chips NVIDIA GeForce y ATI Radeon (véase la figura 3.19) nos permite acceder a funciones no documentadas de los controladores NVIDIA Detonator (ahora llamado ForceWare) y ATI Catalyst. La utilidad nVHardPage modifica todas las tarjetas NVIDIA TNT y GeForce FX, como la GeForce 4 MX440/Ti 4200 y la GeForce FX 5200/5600 Ultra. Podemos conseguir estas dos herramientas mediante la página Web Guru3D (`http://www.guru3d.com`). En realidad, una utilidad de modificación puede ayudarnos a exprimir algunos fotogramas para nuestro juego favorito, o resolver algunos pequeños problemas de compatibilidad del hardware.

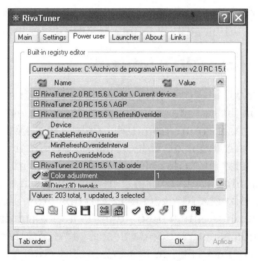

Figura 3.19. RivaTuner es una utilidad de configuración de vídeo para tarjetas de vídeo basadas en chips NVIDIA y ATI.

Advertencia

Cuando se usan incorrectamente, las herramientas de configuración también pueden producir problemas de rendimiento o estabilidad. ¡Úselas bajo su propia responsabilidad!

Modernizar el rendimiento gráfico

El problema: Mi juego parece ejecutarse más despacio en mi equipo que en otros PC. ¿El problema es de la tarjeta gráfica o del equipo?

La solución: Antes de despreciar un nuevo juego, podemos utilizar una herramienta de diagnóstico, como SiSoft SANDRA (`http://www.sisoftware.net`) para identificar el hardware de nuestro equipo y de los demás PC. Comparemos los resultados uno a uno y veamos por qué nuestro equipo se queda corto. Por ejemplo, no podemos esperar que un equipo con una vieja tarjeta de vídeo GeForce produzca los mismos fotogramas que otro con una nueva ATI Radeon X800. Cuando aparecen grandes diferencias en el hardware, quizás tengamos que actualizarlo para aumentar la frecuencia de fotogramas.

También deberíamos tener en cuenta las opciones de configuración. Los controladores de tarjeta de vídeo acceden a una gran cantidad de configuraciones que afectan al rendimiento (véase la figura 3.18). Cuando aumentamos la complejidad o calidad de la imagen, la frecuencia de fotogramas suele descender debido a la mayor carga de trabajo necesaria. Por ejemplo, el excelente *antialiasing* creará imágenes superiores, pero los cálculos añadidos reducirán la frecuencia de actualización. Cuando usamos tarjetas de vídeo de la misma marca, podemos comparar la configuración de ambas tarjetas.

Por último, el propio juego podría estar configurado de una manera diferente en varios equipos. Los juegos suelen ofrecer una gran variedad de opciones de vídeo, como efectos de partículas, alcance de la vista, sombras en tiempo real, densidad de objetos (por ejemplo, mostrar más árboles o césped) y calidad de la textura (véase la figura 3.20). Aumentar la calidad de vídeo afectará a la frecuencia de los fotogramas.

Figura 3.20. Los juegos de hoy en día ofrecen una amplia variedad de opciones de vídeo, destinadas a ofrecer un equilibrio entre la frecuencia de fotogramas y la calidad de la imagen.

Windows muestra dos sistemas de vídeo

El problema: He instalado una nueva tarjeta gráfica con un solo puerto de vídeo, pero cuando configuro el escritorio en Windows, veo dos monitores.

La solución: ¿No le encanta cuando obtiene más de lo que ha pagado? Hacemos clic con el botón derecho del ratón en el escritorio, seleccionamos Propiedades y hacemos clic en la pestaña Configuración. Probablemente veremos dos monitores marcados con "1" y "2" (véase la figura 3.21).

Esto se debe a que los fabricantes de tarjetas de vídeo suelen diseñar las tarjetas con dos circuitos de vídeo disponibles, pero con un solo puerto de vídeo (conector). De esta forma, pueden vender tarjetas de vídeo con uno y con dos puertos, usando el mismo diseño de tarjeta básico. Muy hábil, ¿verdad? Por desgracia, Windows detecta el segundo puerto de la tarjeta de vídeo, aunque no haya un conector físico para un segundo monitor. Independientemente del número de conectores, esto podría crear un conflicto cuando compremos una segunda tarjeta de vídeo (PCI) para ampliar el escritorio o para jugar a juegos que admitan varios monitores. Una segunda tarjeta de vídeo empezará con "3" y continuará a partir de ahí. Solamente debemos acordarnos de deshabilitar el monitor "2", y podremos configurar el resto de puertos según nuestras necesidades.

Figura 3.21. Windows detectará la presencia de un segundo adaptador de vídeo, aunque sólo tengamos conexión para un monitor.

Problemas con la captura/reproducción de vídeo

Eliminar la pérdida de fotogramas durante las capturas

El problema: En la boda de mi primo, hice algunas tomas muy buenas que quiero editar y grabar en DVD. Pero no puedo capturar el vídeo sin perder fotogramas por todas partes. La captura tiene un aspecto horrible, aunque lo he instalado todo bien.

La solución: Los ordenadores sobrecargados, los controladores anticuados o incompatibles y una configuración equivocada de captura pueden producir pérdida de fotogramas y una reproducción a saltos. Esta pequeña lista práctica nos ayudará a evitar la catástrofe:

Usar una herramienta de captura actual

Si tenemos una antigua tarjeta Intel SVR II, cambiémosla por una herramienta más actual (por ejemplo, un dispositivo de captura USB externo Dazzle 80, una nueva tarjeta de captura PCI o incluso una tarjeta de vídeo integrada, como la ATI All-In-Wonder AGP). Los dispositivo de captura más modernos usan chips mucho más eficiente y suelen aplicar compresión al vuelo para realizar capturas más suaves que ocupen menos espacio.

Revisar los requisitos del sistema

Incluso con hardware de captura moderno, el ordenador necesitará un procesador adecuado y suficiente memoria RAM, además de casi 1 GB de espacio en disco por cada 20 minutos de vídeo capturado. Los ordenadores antiguos o con poca potencia no permiten capturar vídeo correctamente.

Buscar conflictos entre los dispositivos

Los conflictos entre los recursos del sistema (por ejemplo, de IRQ o de espacio de memoria) pueden hacer que el dispositivo de memoria salte o funcione a trompicones (en realidad, no es un gran problema para los dispositivos de captura USB o FireWire). Usamos el administrador de dispositivos para buscar conflictos entre los dispositivos. Tendremos que configurar o desactivar los dispositivos conflictivos. A menudo, podremos cambiar los dispositivos de captura internos por uno externo USB o FireWire.

Revisar la configuración de la captura

Las frecuencias de fotogramas elevadas, las ventanas de captura grandes y la mayor profundidad de color, todas hacen que el PC tenga que procesar y almacenar más datos de vídeo. Probemos con menor profundidad de color y ventanas de captura más pequeñas para reducir el volumen de datos capturados. Podemos establecer estas opciones (y algunas otras) mediante el programa de captura de vídeo.

Desfragmentar el disco duro

Un disco duro muy fragmentado puede reducir el rendimiento de la captura porque se pierden datos mientras la unidad se coloca para escribir. Seleccionamos Inicio>Todos los programas>Accesorios>Herramientas del sistema>Desfragmentador de disco (véase la figura 3.22).

Figura 3.22. La fragmentación de archivos puede entorpecer la captura de vídeo y hacer que se pierdan fotogramas.

Actualizar los controladores y el software de captura

Los controladores de captura obsoletos o con fallos pueden causar estragos en un dispositivo de captura. Debemos descargar e instalar los controladores y el software de captura más actualizados, directamente desde la página Web del fabricante del dispositivo.

Desactivar la vista previa

La mayoría de los programas de captura intentarán mostrar en tiempo real la señal del vídeo capturado. Sin embargo, este trabajo adicional resta acceso al procesador al proceso de captura. Desactivemos la función de vista previa mediante el programa de captura (por ejemplo, marcando No preview while capturing, tal y como muestra la figura 3.23).

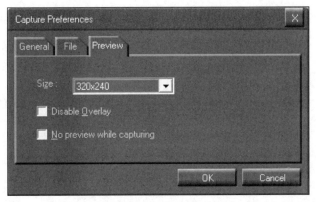

Figura 3.23. Desactivamos la función de vista previa para conservar la máxima capacidad de proceso para la captura.

Probar con una unidad más rápida

Las unidades más antiguas, con interfaces más lentas (como UDMA/66) podrían no ser lo suficientemente rápidas como para capturar fluidamente los datos de vídeo. Si vamos a manipular mucho una gran cantidad de vídeo, podemos instalar una nueva tarjeta controladora de unidad (compatible con UDMA/133 o SCSI) y una unidad de disco duro rápida para guardar las capturas.

La vista previa no está disponible

El problema: Quiero capturar vídeo, pero no aparece ninguna imagen en la ventana de vista previa.

La solución: Para ver vídeo en la ventana de vista previa, debemos tener una fuente en tiempo real. Volvamos a comprobar las conexiones de audio/vídeo, encendamos la cámara y quitemos el protector de la lente. Si usamos un reproductor vídeo doméstico como fuente, volvamos a comprobar las conexiones de audio/vídeo, introducimos la cinta y pulsamos **Play**. Cuando tengamos una señal de vídeo activa, debería aparecer en la ventana de vista previa. Además, debemos asegurarnos de activar la función de vista previa en el programa de captura (véase la figura 3.23).

Hay que recordar que las imágenes de vista previa deben ir desde el origen del vídeo, atravesar el dispositivo de captura y salir a la memoria, antes de llegar al subsistema gráfico. Una incompatibilidad de software en cualquier punto del proceso podría hacer que la función de vista previa no funcionase. Por ejemplo, una versión obsoleta de DirectX podría impedir la ventana de superposición (y no siempre haría que apareciese un mensaje de error).

Podemos ponernos en contacto con el fabricante del dispositivo de captura para que nos informe de posibles incompatibilidades de con los controladores de la tarjeta de vídeo, con versiones de DirectX y con versiones de programas/controladores de dispositivos de captura.

Salida de televisión no disponible

El problema: Quiero conectar mi vídeo a una televisión, pero el botón de salida de televisión no está disponible en la aplicación para la gestión del escritorio de mi tarjeta de vídeo.

La solución: Por lo general, una función que no está disponible indica un fallo del controlador, que evita su funcionamiento normal. Este particular problema se produce por culpa de gráficos antiguos u obsoletos. Por ejemplo, las tarjetas GeForce3 deben usar los controladores NVIDIA 21.83 (o posteriores) para admitir la función de salida de televisión. Las tarjetas GeForce4 deben usar los controladores NVIDIA actuales, disponibles directamente en la página Web del fabricante o en la de NVIDIA (`http://www.nvidia.com`). Otras tarjetas de vídeo con salida de televisión podrían padecer problemas similares con controladores antiguos o con fallos.

Truco

Quizás tengamos que actualizar DirectX para poder actualizar el controlador de vídeo.

Transferir vídeo a la televisión

El problema: Quiero llevar la señal de mi monitor a un televisor para una presentación en PowerPoint. Sin embargo, mi tarjeta de vídeo no tiene salida de televisión. ¿Qué puedo hacer?

La solución: En primer lugar, una señal de televisión (en formato NTSC o PAL) no es compatible por defecto con la señal RGB de un monitor. Debido a los diferentes muestreos y frecuencias de actualización, necesitaremos algún tipo de adaptador para conectar un cable RGB a la televisión. En muchos casos, podremos comprar una tarjeta de vídeo con un conector de vídeo adicional S-Video o RCA ("compuesto") integrado. En ese caso, podremos conectar la tarjeta de vídeo y el televisor mediante un cable S-Video o RCA (no todas las televisiones tienen conectores S-Video), activar la salida de televisión y seleccionar una resolución y profundidad de color que pueda aceptar el segundo monitor (la televisión), mediante la pestaña

Opciones del escritorio (véase la figura 3.21). Si tenemos una tarjeta de vídeo convencional, con un conector RGB para el monitor, podemos conseguir un dispositivo independiente que controle la conversión. Por ejemplo, S-Video.com (`http://www.svideo.com`) vende PC-to-TV VGA Scan Converter (149 dólares), además del moderno ScanMaster (695 dólares) para las conversiones de alta resolución. Si preferimos algo más comercial, en tiendas de informática podemos encontrar la aplicación Pinnacle ShowCenter (270 euros), que nos permite ver cualquier archivo multimedia digital en el televisor. Si queremos evitar la molestia de los cables entonces, Grandtec (`http://www.grandtec.com`) ofrece parejas de Wireless Transmitter/Receiver (52 dólares), junto con el conversor Ultimate Wireless VGA (150 euros).

Nota

Los cables de vídeo largos, la protección de poca calidad (o inexistente) y los cables cortados o dañados pueden producir una imagen de baja calidad en el televisor (aunque la imagen del monitor se vea perfectamente). Los cables compuestos y S-Video deben tener menos de 1,8 metros y debemos usar cables de buena calidad, protegidos y con conectores chapados en oro. Además, debemos comprobar la existencia de fuentes de interferencias electromagnéticas, como cargadores de pilas, ventiladores, motores y otros dispositivos de gran consumo.

No hay imagen en el televisor

El problema: He conectado un cable desde la tarjeta de vídeo a la salida de señal de televisión, pero no aparece ninguna imagen en el televisor.

La solución: Debemos encender y conectar el televisor antes de iniciar el ordenador. La tarjeta de vídeo sólo activará la salida para el monitor secundario si detecta la televisión durante el arranque. Bastará con reiniciar el ordenador y dejar que la tarjeta de vídeo vuelva a detectar el televisor conectado y habilite la salida para el monitor secundario.

¿Todavía nada? Como las señales de vídeo proceden de una fuente externa, en lugar del sintonizador habitual, debemos asegurarnos de usar la entrada auxiliar en el televisor (como Line In, Aux In o el nombre que pueda tener). En algunos casos, la entrada auxiliar podría ser, por defecto, los canales 2 o 3. Si el televisor tiene más de una entrada auxiliar (algunos televisores grandes pueden ofrecer una serie de entradas en la parte frontal y otro conjunto de entradas mayor en la parte posterior), debemos asegurarnos de seleccionar la fuente de entrada correcta (como Line In 1 o Line In 2).

La protección anticopia estropea la reproducción del DVD

El problema: Cuando inserto una película DVD en el ordenador e intento verla en el televisor, la pantalla se oscurece, luego se ilumina, se oscurece de nuevo y así sucesivamente.

La solución: Parece que volvemos a encontrarnos con nuestro viejo amigo Macrovision (una forma de protección anticopia que se suele usar en cintas de vídeo y DVD). Apuesto a que tenemos un reproductor de vídeo entre la tarjeta de vídeo y el televisor. Aunque no vayamos a grabar el DVD (oh, no, claro que no), la tarjeta de vídeo probablemente haya activado la protección anticopia de Macrovision cuando comenzó la película. El reproductor de vídeo (u otro dispositivo de grabación, como un grabador de DVD) intenta compensar la señal codificada de Macrovision y hace que la imagen del televisor se oscurezca e ilumine alternativamente. ¿La solución? Conectar la salida de la tarjeta de vídeo directamente al televisor.

La imagen del televisor parece desordenada

El problema: La imagen de la pantalla de mi televisor parece desordenada.

La solución: Apuesto a que ha intentado usar el controlador nativo de Windows XP (o un controlador del fabricante, más antiguo) para la tarjeta de vídeo/televisión. La imagen del televisor parece la de un canal pornográfico codificado, pero el resto de funciones actúan correctamente. ¿La solución? Descargar e instalar los controladores de vídeo más actuales de la página Web del fabricante.

El nuevo DirectX acaba con el sintonizador del televisor

El problema: Un amigo inglés a actualizado a DirectX 9.0b, pero ahora su ATI TV Player no sintoniza ningún canal.

La solución: Windows 2000, XP y Server 2003 tienen un problema con su compatibilidad con el formato PAL y con el hardware japonés ATI All-In-Wonder NTSC, con DirectX 9.0b. Algunos de los parches de seguridad de la versión 9.0b hacen que los dispositivos de sintonización/captura de televisión que usan formatos de vídeo no americanos (como NTSC-J, PAL o SECAM) no se inicien correctamente en Windows. En algunos casos, si actualizamos a DirectX 9.0b, podrá desactivar el sintonizador y otros programas (tales como Ulead Video Studio o Pinnacle Studio). En otros casos, TV Initialization Wizard, de ATI, no mostrará información en el selector de región de la televisión. Afortunadamente, podemos descargar un parche para DirectX 9.0b mediante el artículo 825116 de la Knowledge Base de Microsoft, (disponible en `http://support.microsoft.com/default.aspx?scid=fh;ENUS;KBJUMP`).

La pantalla secundaria apaga la ventana de la televisión

El problema: La ventana de la televisión se apaga cuando activo el segundo monitor.

La solución: Algunos reproductores de televisión funcionan incorrectamente (aunque podremos escuchar el audio normalmente) si activamos un segundo monitor. Por ejemplo, ATI Multimedia Center 7.2 o 7.6 tiene este problema con Windows XP. ATI sugiere que actualicemos a Multimedia Center 7.7 o posterior, pero podemos ponernos en contacto con el fabricante del hardware para conocer sus novedades de software.

Falta el audio en las capturas

El problema: Quiero crear un vídeo con el primer año de mi hijo, pero cuando intento capturar el vídeo con el PC, no escucho ningún sonido. Sé que la cinta tiene sonido. ¿Qué hago mal?

La solución: Olvidarnos de conectar o configurar algo suele provocar estos problemas. Además del cable S-Video y de vídeo compuesto (conectores amarillos RCA), debemos acordarnos de conectar las señales de audio izquierda y derecha (conectores RCA rojo y blanco) desde la fuente del vídeo (como la videocámara) al dispositivo de captura.

Tras conectar las señales de audio, debemos asegurarnos de subir el volumen de cada canal (véase la figura 3.24).

El software viejo o incompatible también puede ser el culpable. Debemos asegurarnos de descargar e instalar el software de reproducción de televisión y el controlador de pantalla más actuales.

No puedo ajustar el volumen de grabación

El problema: Quiero capturar mi concurso favorito, pero no consigo ajustar el volumen de grabación.

La solución: En primer lugar, revisamos los niveles de grabación en el mezclador de sonidos del sistema. Seleccionamos Inicio>Todos los programas>Accesorios>Entretenimiento>Control de volumen. A continuación, seleccionamos Opciones>Propiedades, seleccionamos el mezclador de sonidos, la opción Grabación y hacemos clic en el botón **Aceptar**. El control de volumen se convertirá en un panel de control de grabación (véase la figura 3.25). Debemos asegurarnos de subir todos los niveles de volumen. Cerramos la ventana para guardar los cambios y volvemos a intentar la captura.

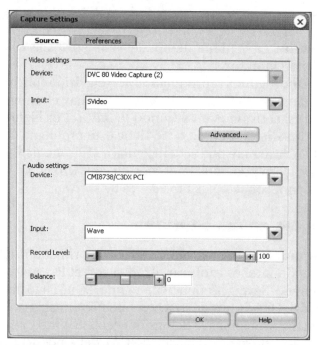

Figura 3.24. Antes de grabar, debemos asegurarnos de configurar correctamente el origen del audio, el nivel de grabación y el balance.

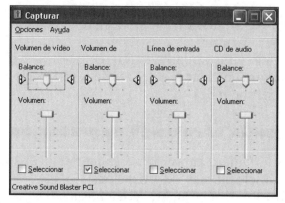

Figura 3.25. Debemos asegurarnos de que los controles de grabación básicos estén disponibles y se puedan modificar.

Si no podemos configurar el volumen de grabación en el control de grabación o con el programa de captura (véase la figura 3.24), quizás haya un problema con los controladores de sonido. Debemos descargar e instalar la última versión de los controladores de sonido disponibles en la página Web del fabricante y reiniciar el equipo si es necesario. En algunos casos, quizás tengamos que desinstalar antes los dispositivos de sonido, reiniciar el ordenador y dejar que Windows vuelva a detectar e instalar todos los elementos de sonido, usando los controladores más actuales.

Abrimos Sistema, en el panel de control, hacemos clic en la pestaña Hardware y hacemos clic en el botón **Administrador de dispositivos**. A continuación, ampliamos la entrada Dispositivos de sonido, vídeo y juegos, hacemos clic con el botón derecho en cada elemento relacionado con el sonido y seleccionamos Desinstalar (para algunos elementos tendremos que seleccionar Propiedades, hacemos clic en la pestaña Propiedades y hacemos clic sobre el botón **Desinstalar**). Reiniciamos Windows. Cuando se detecte el nuevo hardware, nos aseguramos de utilizar los controladores de sonido más actuales. A continuación, volvemos a revisar el control de grabación o bien el software de captura para comprobar que dispone de un control de volumen de grabación.

No se detecta el dispositivo de captura

El problema: He instalado un dispositivo de captura compatible, pero mi software de captura se niega a detectarlo.

La solución: Si el dispositivo de captura incluye su propia utilidad de diagnóstico o de prueba, podemos usarla para comprobar que el dispositivo responde normalmente. Si no es así, el dispositivo de captura podría ser defectuoso o podría entrar en conflicto con otro elemento de hardware del PC (los dispositivos de captura externos podrían necesitar la energía mediante un transformador de corriente). Reinstalemos el dispositivo de captura usando los controladores más actuales del fabricante, o cambiemos directamente el dispositivo.

Los programas de captura más antiguos podrían tener problemas de compatibilidad con otros programas. Por ejemplo, algunos programas de captura antiguos pueden capturar vídeo utilizando el API Microsoft Video for Windows (VfW), aunque los programas de captura actuales usan el API Microsoft DirectShow. Las aplicaciones de captura diseñadas para usarse con el API VfW podrían no funcionar correctamente (o no funcionar) mediante DirectShow.

Pongámonos en contacto con el creador de la aplicación de captura para obtener una versión actualizada del software, que sea compatible con DirectShow. Si no lo hacemos, podemos desinstalar el viejo programa de captura e instalar una aplicación compatible con DirectShow.

Truco

Si el dispositivo de captura no incluye ningún tipo de utilidad de diagnóstico, podemos probar con un programa de captura de vídeo alternativo, como Roxio Easy Media Creator, MGI VideoWave o incluso Windows Movie Maker. Si otro programa detecta el dispositivo de captura, podemos confiar en que el hardware de captura funciona.

Grabar capturas de más de 2 GB

El problema: Sólo puedo capturar archivos de vídeo de hasta 2 GB. Este tamaño son sólo unos minutos de grabación. ¿Qué puedo hacer con mis dos horas de vídeo?

La solución: Las limitaciones del tamaño de archivo para nuestro sistema operativo determinan el tamaño de las capturas de vídeo. Las viejas particiones FAT16 sólo podían gestionar tamaños de archivo de hasta 2 GB, los sistemas de archivos FAT32 pueden admitir archivos de hasta 4 GB y los discos NTFS pueden gestionar archivos de hasta 2 TB (terabytes). Si nuestras capturas tan sólo llegan a los 2 GB, podemos echarle la culpa a la partición FAT16.

Como mínimo, formateemos y creemos una partición FAT32 en el disco duro. Esto significa que tendremos que volver a instalar desde cero el SO, las aplicaciones y los archivos de datos. Si tenemos un disco duro pequeño, tendremos que complementarlo con un segundo disco, más grande y con formato FAT32, para guardar nuestras capturas.

Truco

Podemos utilizar una utilidad como Symantec Ghost para realizar una copia de todo nuestro sistema y después restaurar la imagen del sistema en la nueva unidad con el formato FAT32. Para evitar perder datos accidentalmente, antes de comenzar a hacer la copia de seguridad, debemos asegurarnos de leer atentamente las instrucciones del fabricante.

Sin embargo, incluso los archivos de 4 GB admitidos por FAT32 pueden ser demasiado pequeños para las capturas de larga duración. Para grabar programas de televisión, películas o clips de vídeo largos, tendremos que actualizarnos a un sistema operativo como Windows XP y hacer particiones NTFS en el disco duro para disponer de archivos de un tamaño prácticamente ilimitado.

Resolución de captura limitada

El problema: ¿Por qué la resolución de captura de vídeo está limitada a solo 640 x 240?

La solución: Pongámonos en contacto con el fabricante del programa de captura de vídeo para que nos proporcione parches o actualizaciones que permiten resoluciones de captura más elevadas. Si las actualizaciones no sirven de ayuda,

podemos probar con otra aplicación de captura. Por ejemplo, Multimedia Center 7.1, de ATI, sólo admite resoluciones de hasta 620 x 240.

También puede deberse a una limitación del hardware. Para capturar vídeo en resoluciones más elevadas necesitaremos hardware de captura con una capacidad de proceso mucho más elevada. Por ejemplo, un dispositivo de captura USB Dazzle 80 sólo captura a resoluciones de 320 x 240, aunque los programas Roxio Capture y MGI VideoWave 4 admiten ventanas de vista previa de hasta 352 x 288 (véase la figura 3.26). Para acceder a resoluciones más elevadas, podemos actualizar al USB 2.0 Dazzle Digital Video Creator 150, que captura a resoluciones de hasta 740 x 480.

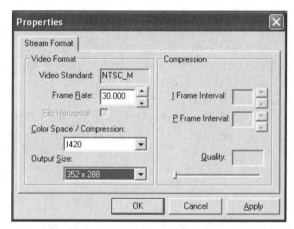

Figura 3.26. Establecer un tamaño de imagen resultante no siempre significa una captura más grande (solo una ventana de vista previa más grande).

Vídeo y audio desacompasados

El problema: ¿Por qué pierdo la sincronización del audio cuando capturo vídeo en el modo de máxima calidad? Al cabo de cierto tiempo la captura empieza a parecer una película extranjera o un *spaghetti western* de Sergio Leone.

La solución: Cuando capturamos vídeo y audio simultáneamente, obligamos al programa de captura a entrelazar el audio y los fotogramas de vídeo. Esto requiere más tiempo y potencia de proceso. Si las exigencias de la captura superan las posibilidades del ordenador, la sincronización del audio con el vídeo puede comenzar a cambiar y a perderse ligeramente (normalmente empeorando a medida que avanza la captura del vídeo).

¿Qué podemos hacer? Reducir la calidad de la captura y probar de nuevo. Quizás con una ventana de captura más pequeña, seleccionando una compresión durante la captura o reduciendo el ancho de banda para la captura (dependiendo de cómo defina la calidad el programa de captura). Una calidad inferior generalmente mantendrá la sincronía audio/vídeo. Para tener una solución a largo plazo, actualicemos los recursos de procesamiento del ordenador y la memoria RAM (o pasemos el trabajo de captura a un ordenador completamente nuevo).

El dispositivo de grabación interrumpe la salida de televisión

El problema: Si coloco un reproductor de vídeo doméstico entre la tarjeta de vídeo y el televisor, pierdo completamente el sonido y el vídeo.

La solución: Insertar una cinta en el reproductor de vídeo y pulsar **Play**. Si la cinta aparece en el televisor, sabremos que la conexión vídeo-televisor está bien. Debemos recordar que los reproductores de vídeo tienen su propio sintonizador interno, además de una o más entradas auxiliares, por lo que tendremos que cambiar el modo del reproductor hasta que seleccionemos la entrada adecuada (como "L1" o "L2", y no un canal). En algunos casos, el interruptor para la entrada se encontrará en el panel frontal del reproductor de vídeo. En otros casos, tendremos que usar el control remoto del reproductor de vídeo para cambiar el modo de entrada. En algunos raros casos, el reproductor de vídeo necesitará estar grabando para aceptar una entrada de una fuente auxiliar (si sucede esto, tendremos que usar otro reproductor de vídeo).

La televisión cambia las frecuencias del monitor

El problema: Cuando activo la salida de televisión mediante la aplicación de escritorio de mi tarjeta de vídeo, el monitor pierde la sincronización. La señal de televisión se ve perfectamente, pero el monitor parpadea.

La solución: Las frecuencias que usa un monitor común son diferentes de las usadas por las señales de televisión. Cuando activamos la salida de televisión, algunas tarjetas de vídeo cambian las frecuencias horizontales de la tarjeta. Si el monitor no se adapta a las nuevas frecuencias, puede sufrir todo tipo de convulsiones. Por ejemplo, algunos monitores se apagan y muestran el mensaje de error "Frequency Out Of Range", pero otros se iluminarán intensamente, parpadearán mucho o alternarán entre diferentes tamaños de pantalla (todo ello, muy perjudicial para el monitor). La mayoría de los monitores *multisync* ofrecen una amplia variedad de frecuencias de trabajo y frecuencias de muestreo más altas, debido a que admiten una resolución mayor.

Este problema tiene varias soluciones sencillas. Podemos desconectar el monitor mientras utilizamos la función de salida de televisión, desactivar la función de salida de televisión o usar un monitor *multisync* que admita varias frecuencias horizontales. También podríamos instalar una tarjeta de vídeo/televisión con una señal independiente de salida de televisión, que no modifique la frecuencia del televisor.

Aclarar el texto borroso de la televisión

El problema: ¿Por qué el texto del monitor parece borroso en un televisor?

La solución: Los modernos estándares de difusión (como NTSC y PAL) limitan el ancho de banda del vídeo a 6-10MHz. Un ancho de banda más elevado permite un mayor detalle en la imagen (una resolución mayor). El ancho de banda también limita la intensidad y los cambios de color de la imagen. Los monitores de ordenador ofrecen un ancho de banda muy superior al de las televisiones; por ejemplo, un simple monitor VGA (640 x 480) funciona a 30 MHz y los monitores de alta resolución superan lo 100 MHz. Las imágenes de ordenador que se muestran en la pantalla de un televisor siempre parecerán un poco borrosas porque el televisor no puede responder a las altas frecuencias que forman la imagen del ordenador.

Como información adicional, los píxeles del tubo de un televisor son mucho más grandes que los píxeles de un monitor, y esto también contribuye a la pérdida de detalle de la imagen.

Algunos trucos nos pueden ayudar a mejorar la imagen del televisor. En primer lugar, utilizar una conexión S-Video, en lugar del conector compuesto RCA (S-Video mantiene las señales de color separadas, en lugar de combinarlas en una señal compuesta). A continuación, aumentar el tamaño de las fuentes y las letras hasta 18 puntos o superior. Los temas de color intenso o con mucho contraste pueden influir en la imagen del televisor, de modo que debemos seleccionar un esquema de color más complementario y más suave. Por último, modificar el brillo, el contraste y la definición del televisor.

Los colores de la película DVD están apagados

El problema: Mis películas DVD se reproducen correctamente, pero los colores parecen apagados. Lo que quiero decir es que Barney debería ser morado, no rosa.

La solución: Para modificar la imagen del DVD, cambiamos la saturación, gamma, brillo, contraste y tono mediante Propiedades de pantalla. Hacemos clic con el botón derecho del ratón en el escritorio, seleccionamos Propiedades, hacemos clic en la pestaña Configuración, hacemos clic en el botón **Opciones avanzadas** y seleccionamos la pestaña Color.

La pestaña exacta (y las funciones que ofrezca) dependerán de nuestra tarjeta de vídeo, pero podemos buscar nombres tales como Vídeo, S3 Gamma o S3 Gamma Plus, GeForce2Go u otros nombres parecidos.

Problemas con los programas de reproducción

Los controles de reproducción no están disponibles

El problema: He abierto Windows Media Player para reproducir un vídeo, pero descubro que muchos de los controles (e incluso algunas películas) no están disponibles.

La solución: Ah, esto parece un problema de caché. Windows Media Player (WMP, para abreviar) almacena la información básica de cada película que reproducimos (como la duración de la película). WMP usa esta información de caché para optimizar el rendimiento de la reproducción la próxima vez que reproduzcamos la película. Es un sistema ingenioso cuando funciona, pero cuando cambiamos o sustituimos la película (quizás por una versión más moderna), WMP continúa usando la información de caché obsoleta. Esto puede desordenar los controles del reproductor o no permitir la reproducción de la película.

Para solucionar este problema, demos a cada nueva versión del archivo un nombre único, o movamos el archivo editado/modificado a una carpeta diferente. Sin embargo, quizás también tengamos que vaciar periódicamente el archivo caché de WMP. Seleccionamos Inicio>Buscar>Todos los archivos y carpetas. En Todo o parte del nombre del archivo, escribimos **wmplibrary*.db**. En Buscar en, luego seleccionamos Discos duros locales (C:) y hacemos clic en el botón **Búsqueda**. Cuando la búsqueda localice los archivos, hacemos clic con el botón derecho del ratón en cada archivo y seleccionamos Eliminar.

Truco

Para obtener los mejores resultados, mientras ajustamos el color y gamma, veamos la película DVD en modo de ventana. De esta forma los controles no oscurecerán la imagen de la película.

WMP pide reducir la aceleración de vídeo

El problema: Windows Media Player me pide que reduzca la aceleración de vídeo cuando intento reproducir un vídeo desde Internet.

La solución: Con Windows Media Player en funcionamiento, seleccionamos Herramientas>Opciones y hacemos clic en la pestaña Rendimiento (véase la figura 3.27).

Movemos el control deslizante Aceleración de vídeo, que está en la parte inferior, hacia la izquierda, hacemos clic en el botón **Aplicar** para guardar los cambios y volvemos a probar el vídeo de Internet. Esto no afectará a la aceleración de otras aplicaciones, como los juegos.

Figura 3.27. Reducir la aceleración de vídeo local en Windows Media Player.

Truco

Algunas veces podremos librarnos de este problema actualizando los controladores de la tarjeta de vídeo y DirectX. Reduzcamos la aceleración como solución temporal, pero debemos buscar actualizaciones de DirectX y de controladores de vídeo. Cuando instalemos los controladores actualizados, podemos volver a aumentar la aceleración y comprobar que el problema ha desaparecido. También podemos usar otro reproductor de vídeo, como QuickTime.

Vigilar el control paterno

El problema: Windows Media Player se niega a reproducir algunas partes de mi DVD.

La solución: ¿Aparece un mensaje como "No se puede reproducir esta parte del DVD"? Bueno, ¡quitemos el porno de la unidad! Windows Media Player (WMP) incluye una función

de control paterno que se negará a reproducir discos no recomendados para ciertas edades. Con WMP en ejecución, seleccionamos Herramientas>Opciones y hacemos clic en la pestaña DVD (véase la figura 3.28). Para activar el control paterno, marcamos la casilla Control parental y seleccionamos la calificación máxima cuya reproducción está permitida.

Para desactivar el control paterno, bastará con quitar la marca de la casilla. Para modificar la calificación permitida, seleccionamos otra calificación en el menú desplegable.

Debemos acordarnos de hacer clic en el botón **Aplicar** para guardar los cambios (algunos discos DVD no se reproducirán si la calificación es superior a la permitida, pero otros solo impedirán ver partes de la película).

Truco

Sólo los administradores de sistema pueden cambiar la configuración del control paterno, de modo que tendremos que asignar a nuestros hijos su propia cuenta de usuario, sin privilegios de administración.

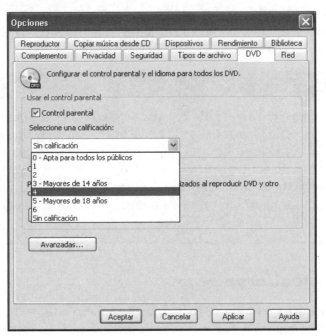

Figura 3.28. Activar el control paterno o configurar la calificación máxima cuya reproducción está permitida.

No se reproduce en modo de pantalla completa

El problema: Windows Media Player no me deja usar la pantalla completa para reproducir vídeos.

La solución: La reproducción a pantalla completa depende muchísimo de la aceleración de vídeo por hardware. Si hemos reducido la aceleración por hardware, debido a problemas de rendimiento del vídeo, Windows Media Player (y otros reproductores) podría restringir la reproducción a pantalla completa.

Hacemos clic con el botón derecho del ratón en el escritorio, seleccionamos Propiedades, hacemos clic en la pestaña Configuración y hacemos clic en el botón **Opciones avanzadas**. A continuación, hacemos clic en la pestaña Solucionador de problemas y movemos el control deslizante de aceleración hasta la posición Completa. ¿Ya estaba en posición Completa? Quizás necesitemos una tarjeta de vídeo más potente para reproducir vídeo.

Si la tarjeta de vídeo muestra una aceleración inferior a Completa, esto suele ser un indicador de que existe algún problema de rendimiento en el equipo. Por ejemplo, quizás hayamos reducido la aceleración por otro problema, como cuelgues esporádicos. Si es así, al volver a subir el control deslizante, volveremos a tener el viejo problema. Si nos quedamos en esta situación intermedia, olvidemos la reproducción a pantalla completa (y dejar la aceleración reducida) o bien resolvamos antes el problema que nos obligaba a reducir la aceleración de vídeo.

El cortafuegos evita la reproducción de vídeo de Internet

El problema: He instalado un cortafuegos y ahora no se reproducen las películas QuickTime.

La solución: QuickTime usa un Protocolo de transferencia en tiempo real (RTSP) para enviar vídeo y audio a través de Internet. Sin embargo, algunos cortafuegos (especialmente los cortafuegos profesionales) pueden restringir RTSP y evitar que se reproduzcan los archivos QuickTime. Una solución sencilla es volver a configurar QuickTime para que use HTTP (un protocolo de página Web) en lugar de RTSP. Los cortafuegos suelen permitir las conexiones HTTP para que los navegadores puedan ponerse en contacto con la red.

Truco

Según Apple, el rendimiento de la reproducción puede verse reducido si usamos el protocolo HTTP en lugar del RTSP.

Iniciamos el reproductor QuickTime y seleccionamos Edición>Preferencias>Preferencias QuickTime. En el menú desplegable, seleccionamos la opción Transporte de secuencias, seleccionamos la opción Usar HTTP: puerto (véase la figura 3.29). El puerto 80 es el predeterminado para HTTP, pero podemos introducir un número de puerto diferente si es necesario. Cerramos el cuadro de diálogo y probamos a ver alguna película QuickTime desde Internet. Como método alternativo, podemos utilizar el botón **Automático** para que QuickTime seleccione automáticamente un protocolo de transporte y un puerto.

Figura 3.29. Para configurar QuickTime, de modo que atraviese el cortafuegos, seleccionamos otro tipo de transporte y otro puerto.

Si usamos Windows Media Player (WMP) u otro reproductor, tendremos que cambiar la configuración del cortafuegos o usar un protocolo de transporte permitido por el cortafuegos. Para WMP, seleccionamos Herramientas>Opciones y hacemos clic en la pestaña Red (véase la figura 3.30). Utilizamos las casillas de verificación para seleccionar los protocolos de transporte que acepte WMP, como multidifusión, TCP, UDP y HTTP.

Figura 3.30. Para configurar WMP, de modo que atraviese el cortafuegos, seleccionamos otro tipo de transporte.

El tráfico afecta a la reproducción en Internet

El problema: ¿Por qué la radio de RealPlayer suena mejor durante el día que por la noche?

La solución: El tráfico suele ser menor durante el día porque la gente está trabajando. Tras cenar, el tráfico sube porque todos intentan conectarse. El enorme volumen de tráfico puede ralentizar las transferencias de archivo y reducir la calidad de la reproducción.

RealPlayer puede ayudarnos a determinar la calidad de nuestra conexión. Por ejemplo, El icono de reproducción de RealPlayer cambia de color dependiendo del tráfico.

El color verde indica una buena conexión de Internet, naranja indica cierta pérdida de datos y el color rojo indica una importante pérdida de datos. Además, un medidor de ancho de banda nos informará del rendimiento en Kbps (como 135 Kbps para una buena conexión de Internet de alta velocidad). Si el medidor de ancho de banda parpadea mientras el icono de reproducción se vuelve naranja (o rojo), podemos echarle la culpa al exceso de tráfico en Internet.

Las descargas de música hacen que falle la conexión

El problema: Aparecen errores "Cannot connect" cuando intento descargar música de mi servicio de música.

La solución: ¿Podemos acceder a las páginas Web o al correo electrónico? Si no podemos, el problema puede estar en la conexión a Internet o en el proveedor de servicios de Internet (no en el servicio de música).

Si podemos realizar otras actividades de Internet, el problema se encuentra en el servidor remoto. Revisemos las páginas de ayuda del servicio de música para obtener más información sobre el estado del servidor. Quizás el servidor esté sobrecargado por el tráfico de Internet o quizás esté fuera de servicio temporalmente, para actualizarlo o para realizar tareas de mantenimiento.

Por último, podemos revisar el programa reproductor. Por ejemplo, RealPlayer comprueba automáticamente el estado de la línea, pero una detección incorrecta puede hacer que el reproductor funcione en modo "sin conexión". Las conexiones permanentes (por ejemplo, cable o ADSL) no deberían necesitar ser detectadas. Por ejemplo, en RealPlayer seleccionamos Herramientas>Preferencias y en el apartado Categoría, seleccionamos Conexión, marcamos la opción Suponer que estoy en línea, hacemos clic en el botón **Aceptar** y reiniciamos el reproductor.

Truco

Podemos revisar el ancho de banda de Internet utilizando medidores de velocidad como Bandwidth Meter de CNET (está disponible en `http://reviews.cnet.com/7004-7254_7-0.html`).

Errores inesperados en RealPlayer

El problema: Cuando uso RealPlayer, recibo un mensaje que dice que se ha producido un error inesperado.

La solución: Por desgracia, un error inesperado no suele tener una explicación detallada, pero normalmente podremos encontrar la causa en problemas con el archivo multimedia o con el estado del reproductor. En primer lugar, probemos reproduciendo otros archivos multimedia (como películas o archivos de audio). La mayoría de los reproductores incluyen archivos de ejemplo. Si funcionan otros archivos, sabemos que el error inesperado lo causaron algunos archivos dañados.

Por otro lado, si los archivos de muestra (u otros archivos) no se reproducen normalmente, probablemente tengamos un problema con el programa reproductor. Por ejemplo, un virus o un archivo mal vinculado pueden haber dañado uno de los componentes del reproductor. Desinstalemos el reproductor, desfragmentamos el disco duro y volvemos a instalar el reproductor desde cero.

Truco

Los cortafuegos pueden restringir el acceso a Internet de ciertos recursos. Debemos asegurarnos de que permiten el acceso del software de música (por ejemplo, RealPlayer), o podemos cambiar la configuración del reproductor para que use un protocolo de transporte distinto, al que el cortafuegos permita el acceso.

Herramientas comerciales

Los dispositivos gráficos suelen incluir todos los controladores y complementos de software necesarios, pero conviene tener estas herramientas a mano, por si acaso:

- ❏ **3DMark03 Pro de Futuremark** (`http://www.futuremark.com`): Usamos esta versátil herramienta de pruebas para medir el rendimiento gráfico antes y después de actualizar el equipo.

- ❏ **SiSoft SANDRA** (`http://www.sisoftware.net`): Esta utilidad identificará el hardware y la configuración del equipo.

- ❏ **CNET Bandwidth Meter** (`http://reviews.cnet.com/7004-7254_7-0.html`): Prueba, en tiempo real, el ancho de banda de nuestra conexión de Internet.

- ❏ **ZoneAlarm de Zone Lab** (`http://www.zonelabs.com`): Zone Labs ofrece una versión gratuita de su potente cortafuegos para PC.

4. Problemas de sonido

Parece que fue ayer cuando mi viejo Intel 286 emitía sonidos metálicos y robotizados en su altavoz interno. Era como si una multitud de gaviotas enfermas estuvieran dentro de la carcasa o quizás es que no tengo oído para apreciar la buena música. Actualmente, el hardware de sonido supera a las bandas sonoras orquestales de alta calidad y los sonidos envolventes de los juegos populares.

¿Con qué frecuencia pone su CD de música favorito y las ventanas comienzan a vibrar con el sonido suave y delicado de Metallica? ¿Disfrutaría de su película favorita en DVD sin los emocionantes sonidos de los disparos o el clamor del océano? El sonido también tiene su lugar en los negocios, permitiendo, por ejemplo, escuchar y hablar a través de Internet en tiempo real, reconocimiento de voz y llamadas telefónicas de VoIP.

El sonido ha disfrutado de una evolución rápida, pero no sin sus problemas de crecimiento. Este capítulo abarca problemas que van desde la configuración, los controladores o bien la instalación hasta los dolores de cabeza producidos por el volumen, el micrófono y los altavoces.

También abarca los problemas más desconcertantes relacionados con los CD de audio y los problemas de los reproductores.

Problemas de configuración

Averiguar qué tarjeta de sonido tiene el ordenador

El problema: Quiero tener el mejor sonido para mi nuevo juego. ¿Cómo averiguo qué tarjeta de sonido tiene mi equipo antes de malgastar el dinero en una nueva?

La solución: En primer lugar, averigüe si el ordenador tiene una tarjeta de sonido integrada en la placa o una tarjeta de sonido PCI. Mire detrás del ordenador y siga el cable del altavoz hasta la toma de salida. Si el cable se conecta a una toma en la parte posterior de E/S del ordenador (el grupo de puertos de serie, paralelo, USB, Ethernet y otros puertos comunes que se encuentran bajo la fuente de alimentación), el ordenador tiene una tarjeta de sonido integrada en la placa base.

Ahora vamos a averiguar qué hardware de sonido utiliza exactamente mediante el diagnóstico de DirectX (dxdiag.exe). Seleccione Inicio>Ejecutar, escriba dxdiag en el cuadro Ejecutar y haga clic en el botón **Aceptar.** Cuando aparezca el cuadro de diálogo, haga clic en la pestaña Sonido si desea conocer todos los detalles acerca del dispositivo de sonido y la información de su controlador (véase la figura 4.1). No deje que la denominación PCI le tire para atrás, incluso un chip de placa base puede utilizar una arquitectura PCI dentro del equipo (no está limitado a una tarjeta en una ranura).

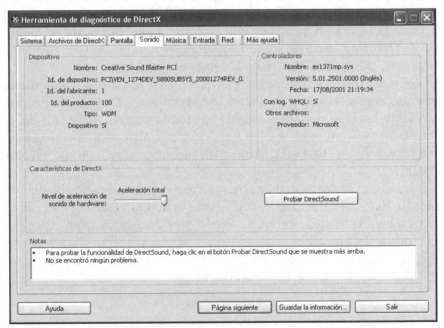

Figura 4.1. Utilice dxdiag.exe para averiguar cuál es el hardware de sonido que tiene el ordenador y para conocer información acerca de los controladores.

Si desea añadir una tarjeta de sonido, debería desactivarse de manera automática cualquier dispositivo de sonido que se encuentre en la placa base. Sin embargo, esto no siempre se realiza correctamente. Después de instalar una nueva tarjeta de sonido, compruebe la BIOS del sistema y verifique que el dispositivo de sonido integrado está desactivado (véase la entrada "Sonido AC97" en la figura 4.2). En caso contrario, desactive el dispositivo de sonido y guarde los cambios. Recuerde que ha de volver a conectar el cable de los altavoces (junto con los cables de micrófonos y de entrada) en la nueva tarjeta de sonido.

Figura 4.2. Cuando instala una tarjeta de sonido PCI, asegúrese de que cualquier dispositivo de sonido integrado en placa está desactivado.

Confusión del puerto de audio

El problema: He conectado los altavoces del ordenador en la toma que tiene una nota musical encima, pero no oigo ningún sonido.

La solución: Granuja, es otra clavija. La pequeña nota musical sirve a veces para indicar la conexión de entrada. La conexión de salida para altavoces suele ser de color verde limón y suele utilizar un símbolo como "((o))->", que recuerda a las ondas de sonido con una flecha que sale. La toma contraria (entrada) suele ser de color azul y está marcada con el símbolo contrario, "((o))<-" (las mismas ondas de sonido con una flecha que entra). Vuelva a comprobar las conexiones de sus altavoces y conéctelos a una toma diferente.

Nota

Si oye interferencias en los altavoces, especialmente cuando los mueve de sitio, compruebe las conexiones con la tarjeta de sonido y vuelva a conectar la toma del altavoz en caso de que sea necesario. Si oye interferencias cuando mueve el cable de sonido, quizás tenga que cambiar el conjunto de altavoces por uno de mejor calidad.

Obtener el máximo rendimiento del sonido posicional

El problema: ¿Qué es el sonido A3D-I y cómo puedo activarlo en mi dispositivo de sonido?

La solución: La tecnología del sonido interactivo aureal (A3D-I) está basada en la audición humana. Gracias al "sonido posicional", en la vida diaria puede decir de dónde proviene un sonido (de frente, de lado o por detrás) debido a ligeros retrasos y cambios de volumen en el sonido cuando llega a sus oídos. La tecnología A3D intenta duplicar esos efectos a través de una tarjeta de sonido y dos únicos altavoces (en lugar de los cinco altavoces o más utilizados por los equipos de sonido envolvente). El sonido posicional utiliza ligeras diferencias en el ritmo del sonido y en el volumen para "negar" al oyente y hacerle pensar que está escuchando un sonido cercano al lugar en el que se encuentra. Por ejemplo, un oyente puede escuchar disparos por la izquierda, pisadas que se acercan por detrás o cualquier tipo de efectos interactivos.

A3D se basa en un adaptable dispositivo de sonido (y sus controladores), un conjunto de altavoces estéreo y un juego u otras aplicaciones que puedan emitir efectos de sonido en 3D. Las especificaciones de su sistema de sonido suelen indicar si el sonido en 3D está disponible. Para su juego, lo único que ha de hacer es comprobar la pestaña Sonido o el submenú del menú de configuración del juego. (Consulte el manual del juego si desea obtener más información.)

Truco

Para crear sonido posicional, coloque un altavoz a cada lado de su pantalla en un ángulo externo de entre 30 y 45 grados.

Activar el joystick estándar

El problema: Mi joystick no funciona cuando lo conecto al puerto de 15 clavijas de la tarjeta de sonido.

La solución: Comience por lo básico y compruebe la conexión del joystick al puerto de 15 clavijas. Además, asegúrese de que el puerto de 15 clavijas es realmente un puerto de joystick (lo contrario a alguna otra característica registrada y consúltelo también con el fabricante). Es posible que tenga que ajustar el pequeño puente situado en la tarjeta de sonido y ponerlo en modo joystick, en lugar de modo MIDI.

A continuación, abra el panel de control del sistema, luego haga clic en la pestaña Hardware y haga clic en el botón **Administrador de dispositivos**. Expanda la entrada Dispositivos de audio, vídeo y juegos y busque una entrada que indique Puerto de juegos estándar (véase la figura 4.3). Si no existe esa entrada, descargue e instale la última versión de los controladores para su tarjeta de sonido. Una exclamación o una interrogación de color amarillo junto a la entrada indica que hay un conflicto de hardware. Apague el ordenador y quite cualquier otro dispositivo de puerto de juegos que se encuentre en el sistema (busque dispositivos de expansión con puertos de 15 clavijas parecidos).

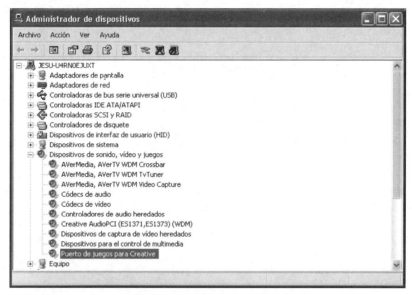

Figura 4.3. Compruebe en el Administrador de dispositivos que el puerto de juegos estándar está disponible para el joystick.

Si el puerto de juegos no tiene errores, asegúrese de que ha configurado el juego para utilizar el joystick. Recuerde que los juegos permiten seleccionar entre el teclado, el ratón y el joystick como dispositivos de entrada. Si el problema persiste, inténtelo con otro joystick.

Disfrutar del sonido envolvente

El problema: Los altavoces están conectados, pero ¿cómo se activa el sonido envolvente cuando estoy viendo una película en DVD?

La solución: Tiene que configurar tanto Windows XP como su reproductor de DVD y activar el sonido 5.1 (6 altavoces). Para realizar la configuración de los altavoces en Windows, abra el panel de control de Dispositivos de sonido y audio, haga clic en el botón **Opciones avanzadas**, que se encuentra en Configuración del altavoz y seleccione Altavoces con sonido envolvente 5.1 en el menú desplegable Configuración del altavoz (véase la figura 4.4). Haga clic en el botón **Aplicar** para guardar los cambios. Ahora inicie una aplicación que reproduzca DVD, por ejemplo WinDVD o Windows Media Player (WMP) y configure las opciones de audio con sonido de 6 canales (5.1). Para hacerlo en WMP, haga clic en Herramientas>Opciones, haga clic en la pestaña DVD y luego haga clic en el botón **Avanzadas.** En Interfaz de audio, seleccione utilizar 6 altavoces y haga clic en el botón **Aplicar**. El sonido envolvente debería funcionar correctamente. Disfrute de la película.

Figura 4.4. Configure Windows XP con sonido envolvente.

Ruido y zumbidos

Ya sea en una tarjeta de sonido o bien un conjunto de altavoces, los circuitos amplificadores producen algunos zumbidos. Debido a que las señales de audio son amplificadas en varias fases antes de llegar hasta sus oídos, un exceso de amplificación puede producir ruido no deseado (como los zumbidos) y arruinar la reproducción de sonido. Como norma, aumente el volumen en fases anteriores, como en el control de volumen de Windows y mantenga el volumen del altavoz lo más bajo posible. Si sigue el mecanismo contrario (mantener el control de volumen de Windows bajo y forzar a los altavoces a que amplifiquen el sonido), escuchará mucho ruido en la señal.

Utilizar el sonido EAX

El problema: ¿Cómo puedo hacer funcionar los efectos de sonido EAX?

La solución: Los efectos de sonido ambiental (EAX) aportan una amplia gama de efectos de sonido a la reproducción de sonido de un ordenador. Incluye reverberación, sonido envolvente en 3D, escalado en tiempo (para acelerar o ralentizar la reproducción) y muchos más. EAX puede simular ambientes de sonido como teatros o dormitorios y realizar otras tareas en archivos de sonido. Por desgracia, sólo determinados dispositivos de sonido son compatibles con EAX.

Ahora que los controladores de EAX 4.0 están disponibles, asegúrese de que utiliza los controladores más recientes para los dispositivos de sonido, publicados por el fabricante de su tarjeta de sonido, y también la última versión de DirectX de Microsoft (`http://www.microsoft.com/directx`). Si las opciones de EAX en casi todos los juegos menos en uno, compruebe que el juego no tiene problemas (antes que la compatibilidad de EAX con la tarjeta de sonido). Asegúrese de que activa EAX en el menú de opciones de sonido del juego (véase la figura 4.5). Además, compruebe si hay algún parche o alguna actualización del juego que permita utilizar EAX en el problemático juego. Si en el software del juego no hay ningún tipo de compatibilidad con EAX, no podrá acceder a las opciones de EAX mientras juega.

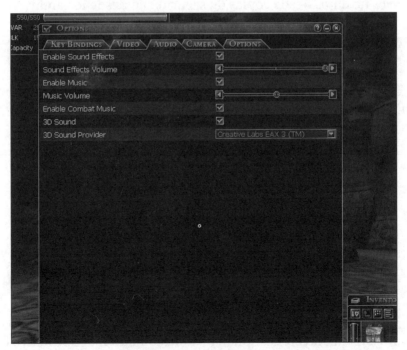

Figura 4.5. Asegúrese de que la compatibilidad con EAX está activada en el juego.

Dispositivos que desaparecen después de actualizar la BIOS

El problema: Mi dispositivo de sonido ha desaparecido después de actualizar la BIOS del sistema. ¿Cómo lo pongo en su sitio de nuevo?

La solución: Las actualizaciones de la BIOS tienen la mala costumbre de reestablecer opciones de la placa base a su configuración predeterminada. Si utiliza una tarjeta de sonido integrada en la placa base, actualizar la BIOS puede desactivar el sonido. Windows no detectará entonces el dispositivo de sonido en la placa. Cuando finalice una actualización de la BIOS, asegúrese de que selecciona la opción Load BIOS Defaults (Utilizar la configuración predeterminada de la BIOS) y reinicie el equipo. Si el problema persiste, reinicie el sistema, acceda a la BIOS y entre en el menú Integrated Peripherals (Periféricos integrados). Localice el dispositivo de audio integrado en la placa (se le suele llamar algo así como "AC'97 Audio") y asegúrese de que el dispositivo está activado.

Si el problema sigue incordiándole, descargue y vuelva a instalar los últimos controladores de la placa base (incluyendo los controladores de sonido) para restaurar el sistema de sonido. Sin embargo, algunas actualizaciones de los controladores de la placa base pueden requerir volver a instalar Windows por completo. Si tiene que reinstalar Windows, hágalo antes de instalar los nuevos controladores de la placa base. Finalmente, vuelva a restaurar los controladores del resto de dispositivos, aplicaciones y archivos de datos desde copias de seguridad o desde los archivos originales.

Truco

Realice siempre una copia completa de seguridad antes de llevar a cabo una actualización de la BIOS o antes de volver a instalar Windows desde cero.

El reproductor multimedia pide un códec

El problema: Cuando intento reproducir un archivo de sonido, el reproductor se detiene y solicita un códec. ¿Qué diablos es un códec y cómo puedo conseguir el o los que necesito para mi equipo?

La solución: Los códecs comprimen y descomprimen datos multimedia y aportan las instrucciones necesarias para que los reproductores multimedia (por ejemplo, InterVideo WinDVD o Windows Media Player) gestionen un determinado tipo de archivo como MPG, MP3, QuickTime y muchos otros.

Hoy en día, los códecs más comunes están instalados ya en el sistema operativo y los códecs adicionales se instalan con sus aplicaciones correspondientes. Por ejemplo, si instala un reproductor de música, es muy probable que se instalen los códecs para MP3. Para conocer los códecs que tiene instalados, haga clic en el icono Sistema del panel de control, seleccione la pestaña Hardware, haga clic en el botón **Administrador de dispositivos** y expanda la entrada Dispositivos de audio, vídeo y juegos. Haga clic con el botón derecho en la entrada Códecs de audio y elija Propiedades para ver qué códecs hay instalados.

Si falta algún códec, es muy probable que la aplicación o sus códecs hayan sido dañados (o que la aplicación nunca se haya instalado de manera adecuada). Desinstale la aplicación y reinstálela de nuevo desde cero. Si el problema continúa, compruebe que no hay entradas duplicadas de los códecs de audio y de vídeo. Algunas veces un códec puede instalarse dos veces si se instalan programas parecidos o dispositivos de hardware varias veces y los conflictos entre las entradas duplicadas pueden hacer que un códec no se utilice. Haga clic con el botón derecho en cualquier códec duplicado y elija **Quitar.**

Los auriculares desactivan los altavoces internos

El problema: He desconectado un par de auriculares de mi portátil y ahora los altavoces internos no funcionan.

La solución: Aunque este problema puede parecer un mal funcionamiento del hardware, en realidad es un problema del controlador. Por ejemplo, el controlador de audio reconoce los auriculares y desactiva los altavoces internos, pero no vuelve a activar los altavoces internos cuando se desconectan los auriculares. Reinicie el ordenador portátil con los altavoces desconectados para restaurar los altavoces internos de forma normal. También puede ponerse en contacto con el fabricante de su portátil e instalar los controladores de audio más recientes.

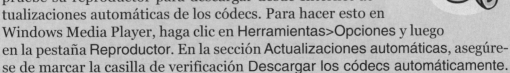

El códec completo

Normalmente, los códecs se instalan con los programas de reproducción de archivos multimedia (como, RealPlayer o QuickTime). Sin embargo, en algunas ocasiones los ingenieros de software actualizan los códecs para mantenerlos al día con los parches y las mejoras de compresión. Compruebe su reproductor para descargar desde Internet actualizaciones automáticas de los códecs. Para hacer esto en Windows Media Player, haga clic en Herramientas>Opciones y luego en la pestaña Reproductor. En la sección Actualizaciones automáticas, asegúrese de marcar la casilla de verificación Descargar los códecs automáticamente.

Problemas de configuración

No se puede utilizar el sonido AC-3

El problema: ¿Cómo puedo utilizar la salida de audio AC-3 de Dolby Digital al reproducir discos DVD?

La solución: Si su tarjeta de sonido es compatible con el sonido AC-3 de Dolby Digital, la tarjeta tendrá una toma de salida S/PDIF (parece un compuesto o un conector RCA). El audio S/PDIF necesitará una caja amplificadora de AC-3 de Dolby Digital (sonido envolvente) para procesar las señales digitales y alimentar los altavoces del equipo de cine en casa. Si no tiene un amplificador adecuado, use los altavoces del ordenador y no active la opción S/PDIF. Si no tiene el amplificador de AC-3 de Dolby Digital, simplemente conecte entonces la toma S/PDIF entre la tarjeta de sonido y el amplificador y enchufe los altavoces de sonido envolvente al amplificador.

Después de configurar el hardware, active la opción S/PDIF en el reproductor de películas. La configuración actual es distinta para cada reproductor. En Windows Media Player, inicie el reproductor, seleccione Herramientas>Opciones, haga clic en la pestaña DVD y luego haga clic en el botón **Avanzadas** (véase la figura 4.6). Elija Utilizar S/PDIF en el menú desplegable de la Interfaz de audio, haga clic en el botón **Aplicar** y a continuación haga clic en el botón **Aceptar**. Sólo le queda ver la película y disfrutar del sonido envolvente.

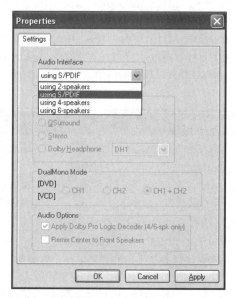

Figura 4.6. Habilite la opción S/PDIF para recrear una auténtica sensación de sonido envolvente como en el cine a través del PC.

El audio del DVD no es compatible con S/PDIF y el audio del ordenador al mismo tiempo. Si activa la opción S/PDIF, ha de conectar un amplificador de AC-3 de Dolby Digital para poder escuchar el sonido de las películas. Debe desactivar la opción S/PDIF para utilizar la tarjeta de sonido del ordenador para el audio del DVD.

Escuchar sonido con la salida de televisión

El problema: No escucho ningún sonido cuando conecto la salida de televisión desde mi tarjeta de vídeo a una televisión.

La solución: Tiene que reproducir el sonido de la televisión mediante los altavoces de su ordenador o bien conectar las conexiones de salida de línea o de salida de altavoces a las entradas de audio de su televisión (o VCR si está grabando el sonido). Sin embargo, algunos dispositivos especializados, como la tarjeta PCTV de Pinnacle, le permiten conectar el audio de la televisión al puerto de entrada de línea de la tarjeta de sonido utilizando un corto cable puente.

Truco

Utilice un cable con una única clavija mini estéreo de 1/8 pulgadas en un extremo y dos clavijas de tipo RCA en el otro. Estos cables se encuentran en tiendas de productos electrónicos como Radio Shack.

Moderar los efectos excesivos

El problema: ¿Por qué obtengo efectos excesivos cuando el ordenador reproduce un archivo de sonido?

La solución: Las tarjetas de sonido avanzadas suelen ser compatibles con EAX, tecnología que puede aplicar una amplia gama de efectos de sonido (véase el problema anterior "Utilizar el sonido EAX"). Sin embargo, los controles EAX no son lo suficientemente inteligentes como para saber cuando un efecto (o su intensidad) es apropiado para un determinado archivo de sonido. Esto quiere decir que EAX puede mejorar en gran medida un sonido o arruinarlo por completo. Si su archivo de sonido no suena bien con los efectos seleccionados, utilice el programa de control de la tarjeta de sonido para reducir o desactivar los efectos

EAX. Por ejemplo, la consola EAX para las tarjetas de sonido Creative Labs Sound Blaster Audigy 2 ZS Pro (véase la figura 4.7) le permiten preseleccionar ambientes como catedrales o baños y también puede aplicar efectos personalizados. Puede modificar el efecto, reducir la cantidad (porcentaje) del efecto o desactivar los efectos EAX completamente mediante el panel de control del software.

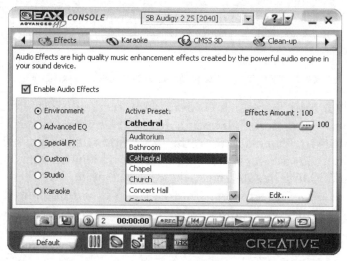

Figura 4.7. Ajuste o desactive los efectos EAX cuando no mejoran la reproducción del sonido.

Los altavoces de sonido envolvente no funcionan

El problema: Los altavoces traseros no reproducen ningún sonido con una configuración de 4 ó 6 altavoces.

La solución: Los modos de altavoces múltiples suelen utilizar una serie de tomas de salida de la tarjeta de sonido. Es decir, no se sacan 4 ó 6 altavoces de una sola toma estéreo. En primer lugar, compruebe las conexiones de los altavoces. A continuación, pruebe los problemáticos altavoces en otra toma (que funcione). Si los altavoces no funcionan en otras tomas activas, cambie los altavoces defectuosos.

Ahora ha de comprobar el modo de los altavoces en el sistema operativo (véase "Disfrutar del sonido envolvente" en páginas anteriores de este capítulo). Finalmente, asegúrese de que su aplicación es compatible con el modo de 4 altavoces o 5.1. En un reproductor de DVD, compruebe las propiedades de audio (véase "No se puede utilizar el sonido AC-3"). En un juego, compruebe el menú de opciones de audio y seleccione el modo de altavoces apropiado. Si la aplicación no es compatible con sus altavoces, no escuchará el sonido tal y como espera.

Ayudar a las personas que tienen problemas de audición

El problema: Mi padre es duro de oído. ¿Puedo ajustar los sonidos de Windows para que pueda escucharlos sin tener que subir el volumen?

La solución: Una de las maneras más sencillas de hacerlo consiste en activar la característica SoundSentry en Windows XP. Abra el panel de control Opciones de accesibilidad, haga clic en la pestaña Sonido y después marque la casilla Utilizar SoundSentry (véase la figura 4.8). Seleccione una advertencia visual que se mostrará cuando el sistema emita un sonido y haga clic en el botón **Aplicar**. SoundSentry desactiva los sonidos en favor de las colas visuales. Por ejemplo, cuando Windows emite un sonido, la barra de título se activa, la ventana se activa o el escritorio al completo parpadea. Ahora su padre puede trabajar sin tener que subir el volumen.

Figura 4.8. Utilice SoundSentry para generar colas visuales para las personas con problemas de audición.

Eliminar la distorsión del sonido

El problema: Quiero escuchar música con el volumen más alto posible, pero los altavoces emiten un sonido distorsionado.

La solución: ¡Apague ese aparato ya! La distorsión se produce cuando la señal sobrepasa al circuito del amplificador o a los altavoces. La señal excesiva provoca la distorsión.

Primero, compruebe las señales de la caja de mezclas. Vaya a Inicio>Programas>Accesorios>Entretenimiento>Control de volumen (véase la figura 4.9) y ajuste cada una de las entradas de la caja de mezclas principal un 75 por ciento y la señal de salida mixta entre un 75 y un 100 por cien. Debería silenciar las entradas que no se utilizan. Si ciertas entradas parecen más propensas a crear distorsión (como clip de voz grabados con el micrófono), apague la entrada hasta que la distorsión desparezca.

Otro descuido muy común es la configuración del volumen del altavoz. Como norma, un conjunto de altavoces sencillos no debería superar un 25 o un 30 por ciento de su volumen. Si ha conectado los altavoces, disminuya el nivel del volumen hasta que el sonido sea más claro. Si aún tiene la necesidad de poner música para todo el edificio, cómprese un conjunto de altavoces Harman Karden o Bose de buena calidad, diseñados para ofrecer una gran potencia de sonido.

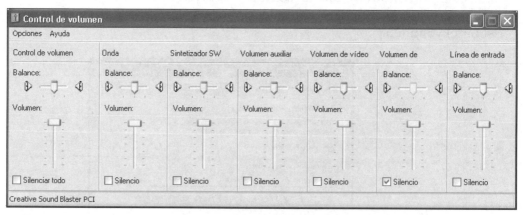

Figura 4.9. Ajuste las entradas que son excesivamente altas y silencie las entradas que no se utilizan.

Nota

En la mayoría de casos, su televisor o su vídeo utilizan conexiones diferenciadas con colores que hacen juego con las clavijas. Recuerde que el conector rojo de tipo RCA es el canal derecho y el conector blanco de tipo RCA es el canal izquierdo.

Sacar el ruido estático

El problema: He ajustado el volumen para reproducir un archivo de QuickTime, pero ahora oigo ruido estático.

La solución: Si disminuye demasiado el volumen y sube el volumen del altavoz amplificado para compensar la señal,

es muy probable que oiga ruido estático en el sonido. En este caso, baje el volumen del altavoz; luego abra el control de volumen de Windows (véase la figura 4.9) y ajuste los niveles de volumen hasta encontrar una señal aceptable. Si ha reducido el volumen de QuickTime demasiado (por debajo de un 20 por ciento), suba el volumen de QuickTime de nuevo y ajuste la opción de onda en el control de volumen de Windows.

Algunas plataformas de hardware (como los ordenadores portátiles) pueden producir ruido estático cuando se ajuste el volumen del reproductor mediante el teclado. Este ruido estático persiste aún cuando haya terminado de ajustar el volumen del reproductor. Finalice la aplicación QuickTime (o el reproductor que utilice) y vuelva a iniciar la aplicación para eliminar el ruido estático. En el futuro, detenga el archivo de QuickTime antes de hacer cualquier modificación del volumen y, cuando finalice, continúe con la reproducción.

> **Truco**
>
> Reduzca el ruido estático mediante el control de volumen de Windows y silenciando las entradas de audio que no se utilizan.

Reducir la sensibilidad del micrófono

El problema: Mi micrófono es muy sensible al ruido de fondo como, por ejemplo, mis hijos jugando en la habitación de al lado. ¿Cómo puedo reducir su sensibilidad?

La solución: Antes de que se haga un lío con los controles de volumen, asegúrese de que utiliza el micrófono adecuado para la actividad que realiza. Se puede grabar con dos tipos de micrófonos: Los micrófonos omnidireccionales y los unidireccionales. La mayoría de micrófonos corrientes son onmidireccionales, lo que indica que recogen sonido desde todas las partes del micrófono. Un micrófono unidireccional sólo recoge sonido desde la parte superior del micrófono. Si necesita reducir el ruido de fondo, debería usar un micrófono unidireccional o taparle la boca a sus hijos para que se callen (opción no recomendada).

Si forzosamente ha de utilizar un micrófono onmidireccional, intente acercar la fuente del sonido al micrófono. Además, utilice una de esas esponjas que sirven de barrera contra el viento (o filtro para interferencias) y colóquela sobre el micrófono para aliviar los sonidos molestos.

Si el problema continúa, disminuya el volumen de grabación. Abra el panel de control Dispositivos de sonido y de audio, haga clic en la pestaña Audio y haga clic en el botón **Volumen** en la zona de Grabación de sonido (véase la figura 4.10) para abrir una mesa de mezclas de control de grabación en la que puede disminuir el volumen del micrófono. Intente disminuir el volumen en pequeños incrementos y luego vuelva a grabar hasta que desaparezca el ruido de fondo.

Figura 4.10. Reduzca el volumen de grabación del micrófono para disminuir el desagradable ruido de fondo.

El fantasma

Para crear señales de audio se puede amplificar y grabar. Los micrófonos necesitan una fuente de alimentación. Existen tres tipos básicos de micrófonos: los condensadores, los dinámicos y los electret. Los micrófonos dinámicos y electrets producen sus propias señales de voltaje internas y ofrecen una buena calidad de la señal. Los micrófonos condensadores son más baratos y necesitan una fuente de alimentación desde la tarjeta de sonido (denominada alimentación fantasma).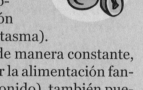
Si su tarjeta de sonido ofrece una alimentación fantasma de manera constante, debería utilizar un micrófono condensador. Si puede apagar la alimentación fantasma (normalmente mediante un puente en la tarjeta de sonido), también puede utilizar micrófonos dinámicos o electrets.

Arreglar un micrófono problemático

El problema: Quiero grabar algunas notas de investigación personales como mensajes de voz en mi ordenador, pero parece que mi micrófono no funciona.

La solución: Comience por lo más obvio, como la conexión del micrófono. Si el micrófono tiene un interruptor de apagado y encendido, asegúrese que está en la posición de encendido. También compruebe el tipo de micrófono y encienda o apague la alimentación fantasma según sea necesario (véase la barra lateral "El fantasma"). Por ejemplo, debería apagar la alimentación fantasma cuando utiliza un micrófono dinámico y debería encenderla cuando use un micrófono condensador. Ahora asegúrese de que selecciona la fuente de grabación adecuada y que ajusta el volumen de grabación a un nivel apropiado en Windows (véase el problema anterior "Reducir la sensibilidad del micrófono").

Inténtelo en una aplicación de grabación sencilla, como la grabadora de sonidos de Windows. Vaya a Inicio>Progamas>Accesorios>Entretenimiento>Grabadora de sonidos (véase la figura 4.11). Haga clic en el botón **Grabar**, hable al micrófono y después haga clic en **Detener**. Ahora haga clic en **Reproducir** para escuchar lo que se ha grabado. Ajuste los controles de grabación del micrófono y de reproducción de onda para obtener el sonido más claro. Como alternativa, utilice el asistente para prueba de hardware de sonido para analizar su configuración de grabación y de reproducción (véase el siguiente problema "Aclarar una voz ininteligible").

Figura 4.11. Utilice la frabadora de sonidos de Windows para comprobar la configuración del micrófono.

Aclarar una voz ininteligible

El problema: Mis grabaciones suenan bien, pero la voz es un poco ininteligible.

La solución: Mucha gente se acerca demasiado al micrófono y habla demasiado alto. Esta práctica sobrecarga al micrófono y provoca horribles distorsiones durante la reproducción. Intente realizar la grabación un poco más alejado del micrófono y utilice una de esas esponjas que sirven de barrera contra el viento (o filtro para interferencias) para ayudar a suavizar los sonidos fricativos del discurso. Además, asegúrese de que configura la alimentación fantasma para que se ajuste al micrófono (véase la barra lateral "El fantasma").

Otro posible problema que puede darse son las propiedades incorrectas de audio. Abra el panel de control Dispositivos de sonido y de audio, haga clic en la pestaña Voz y seleccione el dispositivo de grabación adecuado desde el menú desplegable Dispositivo predeterminado. Ahora haga clic en el botón **Prueba de hardware** para iniciar el asistente para prueba de hardware de sonido y siga las instrucciones del asistente para probar su configuración de grabación y de reproducción (véase la figura 4.12).

Figura 4.12. Utilice el asistente para prueba de hardware de sonido para probar su configuración de grabación y de reproducción.

Problemas con los altavoces

Controlar el zumbido de los altavoces

El problema: ¿Por qué mis altavoces zumban y hacen tanto ruido?

La solución: Síntomas como zumbidos y ruidos indican un problema con la base de la alimentación, pero comience con lo básico (por ejemplo, comprobar que las conexiones de los altavoces están ajustadas). Recuerde que los volúmenes altos en los altavoces amplificados pueden producir ruidos no deseados, de modo que es mejor que aumente las señales de la mesa de mezclas del control de volumen de Windows y disminuya el volumen del altavoz al menor nivel aceptable (véase "Eliminar la distorsión del sonido" en páginas anteriores de este capítulo). Este pequeño ajuste suele ser suficiente para limpiar una señal ruidosa. Pero también puede estar dañado el circuito del amplificador de los altavoces, así que es mejor que pruebe con otro conjunto de altavoces.

Además, compruebe el ruido de baja frecuencia en la línea de alimentación de la corriente alterna. Por ejemplo, los dispositivos que consumen mucha energía como el aire acondicionado, los motores, las cafeteras e incluso las fuentes de alimentación de ordenadores de baja calidad pueden, a veces, añadir ruido al circuito de corriente alterna. Apague cualquier dispositivo que consuma mucha energía en la casa o enchufe los altavoces en un circuito distinto.

Otro problema común relacionado con los zumbidos se produce cuando intenta conectar la salida de los altavoces de su ordenador a la entrada auxiliar de su equipo de música. Cuando se conectan dos equipos separados de esta manera, suele producirse una curva en la toma de tierra debida a los diferentes voltajes en ambos extremos del cable de la toma de tierra. Utilice un aislante de tierra, como la unidad que cuesta 29,95 dólares en Xitel Pty. Ltd. (`http://www.xiteldirect.com`) para aislar la salida de los altavoces del ordenador de la entrada auxiliar del equipo de música y desacoplar la conexión eléctrica entre los dos dispositivos.

Truco

Utilice un analizador del conector de corriente alterna (en cualquier ferretería o tienda de aparatos eléctricos) para comprobar que la toma de tierra es correcta. Es probable que tenga que contratar a un electricista profesional para que arregle las tomas de corriente incorrectas. Si las tomas de corriente superan la prueba, inténtelo con otro adaptador de corriente alterna.

Una toma errónea afecta a la calidad de sonido

El problema: He conectado mis altavoces a la salida de los auriculares y ahora el sonido parece distorsionado.

La solución: Debido a que los auriculares no suele incluir un amplificador en placa, los diseñadores amplifican las salidas de auriculares. Si conecta los altavoces encendidos a una salida de auriculares activada, el nivel de sonido puede verse fácilmente sobrecargado o distorsionado. La solución más sencilla consiste en volver a conectar la salida del altavoz a la toma de salida de altavoces. Si debe conectar los altavoces encendidos a la salida de auriculares, disminuya el volumen de los altavoces y reduzca el control deslizante de los auriculares (si existe) en el control de volumen de Windows hasta que desaparezca la distorsión (véase la figura 4.9).

Reducir las interferencias no deseadas

El problema: Mis altavoces parecen a veces una emisora de radio, aunque el ordenador no tiene ningún sintonizador.

La solución: Es probable que una de sus entradas de audio reciba interferencias involuntarias de una fuente de radiofrecuencia cercana, que está amplificada y es captada por sus altavoces. En primer lugar, utilice el control de volumen de Windows para silenciar cada canal por turnos para averiguar qué entrada es la que recibe la señal no deseada (véase la figura 4.9). Cuando haya identificado la entrada, coloque el cable de manera diferente (por ejemplo, cúbralo o hágalo lo más corto posible). Si el problema continúa, compre una rosquilla con núcleo de ferrita en una tienda de electrónica (como Radio Shack) y pase varios envoltorios del cable de entrada a través del núcleo. Esta solución modificará la inducción de ese cable de señal y eliminará la señal no deseada.

Truco

Los cables de alimentación pueden producir zumbidos y otras señales de interferencia. Debería separar los cables de audio y de alimentación. Si se cruzan, deberían hacerlo en un ángulo de 90 grados.

Zumbidos mediante USB

Un problema de la toma tierra entre los altavoces y el ordenador, o cualquier otra interferencia, puede provocar zumbidos. Muchas tarjetas de sonido tienen muy poca protección contra las interferencias radiofónicas y los zumbidos provocados por la fuente de alimentación de su ordenador. Es probable que tenga que utilizar una interfaz de audio USB. Esta interfaz lleva la señal de audio fuera del ordenador para convertirla de digital en analógica. Si no puede conseguir una interfaz de audio USB, ponga entonces la tarjeta de sonido lo más lejos que pueda de la fuente de alimentación del ordenador. Además, asegúrese de haber enchufado los altavoces y el ordenador en la misma regleta o en la misma toma de corriente alterna.

El subprograma de los altavoces interrumpe otros programas

El problema: El subprograma de mis altavoces USB aparece e interrumpe otras aplicaciones.

La solución: Este problema que parece sencillo, realmente tiene una solución sencilla: desactive el modo de ventana emergente en la zona de administración del subprograma de los altavoces. Por ejemplo, los altavoces Altec Lansing incluyen un programa de gestión de los altavoces que aparece en forma de ventana emergente en el escritorio si se configura alguno de los controles en los altavoces (véase la figura 4.13). Aunque la ventana emergente desaparecerá si no realiza ningún ajuste en tres segundos, sigue siendo un incordio. Para desactivarla, lo único que tiene que hacer es deseleccionar la casilla de verificación de ventana emergente en el menú Ver del programa.

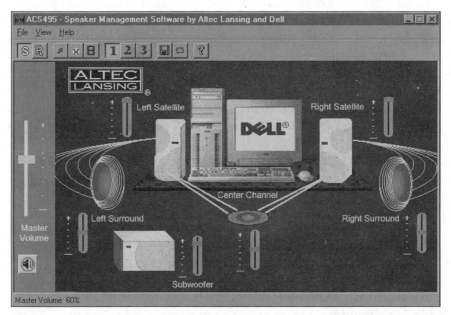

Figura 4.13. Utilice el menú Ver para detener la aparición de ventanas emergentes con el software de gestión de Altec Lansing.

Truco

Si el software de sus altavoces no tiene una opción para controlar las ventanas emergentes, solicítele al fabricante de los altavoces los controlares actualizados o el software de control que incluya una opción para bloquear las ventanas emergentes.

Sonido únicamente en los canales frontales

El problema: He conectado la salida digital de mi tarjeta de sonido SoundBlaster en la entrada digital de un receptor multicanal de home cinema, pero sólo escucho sonido en los canales frontales.

La solución: Los receptores de home cinema suelen utilizar conexiones coaxiales. Cuando recibe datos de audio comprimidos (por ejemplo, audio AC3 o DVD) de una salida digital de una tarjeta de sonido, descodifica el audio y maneja los altavoces adecuados para producir sonido envolvente. Sin embargo, los conectores coaxiales no son compatibles con el audio multicanal en la parte analógica de la tarjeta de sonido. Si le transmite señales analógicas al receptor, sólo funcionarán los canales frontales (como si reprodujera el sonido mediante sus altavoces estéreo). Compruebe las especificaciones técnicas de su tarjeta de sonido para asegurarse de que puede producir audio digital multicanal (no todas pueden). A continuación, active el audio digital multicanal mediante la configuración de la tarjeta de sonido o el subprograma de funcionamiento (normalmente se puede ver en la bandeja de sistema). Además, consulte el manual de la tarjeta de sonido para averiguar cuáles son los esquemas de conexión adecuados.

Finalmente, recuerde que no todas las fuentes producen audio multicanal. Por ejemplo, las películas DVD o los archivos AC3 independientes ofrecen compatibilidad para multicanal, pero los archivos MP3 y los juegos en modo estéreo tan sólo producirán sonido estéreo. En otras palabras, las fuentes estéreo comunes no producen sonido ambiental.

El altavoz central no produce sonido

El problema: Utilizo una tarjeta de sonido SoundBlaster Audigy, pero el altavoz central de la configuración 5.1 no funciona.

La solución: ¿Su fuente de sonido incluye el canal central? Para responder a esta pregunta, compruebe las características de la fuente de audio en sí. Por ejemplo, las películas en DVD utilizan sonido 5.1 (con canal central), pero es probable que un vídeo grabado por usted en DVD no. En otras palabras, si la fuente de audio no tiene un canal central, el altavoz central no producirá ninguna señal.

Sin embargo, los productos de Creative Labs tienen una característica denominada Creative Multi-Speaker System (Sistema de altavoces múltiples de Creative), que activa el altavoz central cuando el canal central no está activado. En primer lugar, active CMSS en el Creative Play Center (Centro de reproducción de Creative). Por ejemplo, haga clic en Inicio>Programas>Creative>Creative Play Center, haga clic en el botón **CMSS** y seleccione el modo Movie (película). Ahora abra Creative Surround Mixer

(Mesa de mezclas de sonido ambiental de Creative) y luego seleccione los altavoces 5.1 (5.1 speakers). En este caso, haga clic en Inicio>Programas>Creative>SoundBlaster Audigy>Surround Mixer y elija los altavoces 5.1 (5.1 speakers) (véase la figura 4.14). Ahora debería funcionar el altavoz central.

Está claro que no todos los conjuntos de altavoces producirán sonido en el canal central desde el conector digital. Por ejemplo, el conjunto de altavoces DTT2500 de Creative Labs no hará funcionar el altavoz central cuando esté conectado al conector digital de SoundBlaster Audigy. Por otro lado, los altavoces DTT2500 con compatibles con el sonido multicanal 5.1 mediante el conector digital. ¡Quién lo iba a decir! Para asegurarse de que el conjunto de altavoces es compatible con la salida digital, compruebe las especificaciones o visite la página Web del fabricante.

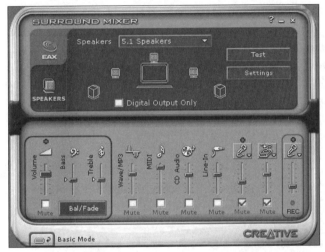

Figura 4.14. Con el SoundBlaster Audigy, active CMSS para simular un canal central en la reproducción de sonido envolvente.

Los altavoces digitales no funcionan a altas velocidades de muestreo

El problema: Acabo de instalar altavoces digitales a mi tarjeta de sonido Creative Labs Audigy, pero no se oye nada a altas velocidades de muestreo.

La solución: No todos los altavoces digitales reproducen sonido en todas las velocidades de muestreo posibles de la tarjeta de sonido. Si sus altavoces no funcionan a altas velocidades de muestreo (como 96 Khz), vuelva a configurar la tarjeta de sonido y asígnele una velocidad de muestreo menor (como 44,1 Khz o 48 Khz). En una tarjeta de sonido Audigy, abra el panel de control Creative Labs Audio HQ, haga clic en Device controls (Controles de dispositivo), luego haga clic en la pestaña Sampling Rate (velocidad de muestreo) y elija una velocidad de muestreo menor.

Problemas con los CD de audio

Hacer que funcione el CD de música

El problema: Puedo oír bien los juegos, pero no los CD de música. ¿Qué puedo hacer?

La solución: Seleccione Inicio>Programas>Accesorios>Entretenimiento>Control de volumen y asegúrese de que el canal del reproductor de CD está activado y no está silenciado (véase la figura 4.9). A continuación, compruebe el software del reproductor de música (como Windows Media Player) y aumente el volumen de reproducción (véase la figura 4.10). Además, asegúrese de que el disco está reproduciéndose actualmente (el control temporal deslizante avanza de izquierda a derecha).

¿Aún no se oye nada? Apague el ordenador y ábralo. Busque un fino cable de 4 hilos entre la unidad de CD y la tarjeta de sonido. Vuelva a conectar los extremos que estén sueltos o, si no hay ninguno, instale un nuevo cable de audio de CD (disponible en cualquier tienda de informática, como CompUSA). Si tiene más de una unidad óptica en el equipo, busque un cable de audio de CD entre otras unidades y la tarjeta de sonido.

Por ejemplo, el fabricante del equipo puede haberle pillado desprevenido y haber conectado el cable de audio de CD a la unidad DVD-ROM en lugar de hacerlo a la unidad CD-RW.

Configurar unidades para audio digital

El problema: No tengo un cable de audio entre la unidad de CD y la tarjeta de sonido. ¿Aún puedo reproducir el CD de música?

La solución: Los programas de reproducción como Windows Media Player pueden reproducir sonido de manera digital. Pasa las especificaciones del Libro Rojo a través del cable de señal de la unidad (en lugar de por el cable analógico de 4 hilos). ¿No me cree? Desconecte el cable de audio analógico de 4 hilos y coloque un CD en la unidad. El reproductor debería iniciarse y, ¡tachán! música.

Si aún tiene dudas, haga clic en Inicio>Programas>Accesorios>Entretenimiento>Control de volumen y luego ajuste el volumen del canal del reproductor de CD (véase la figura 4.9). ¿Todavía no ha tenido suerte? Ahora ajuste el volumen del canal WAV. Este canal funciona ya que Windows Media Player toma la música del disco de manera digital.

Reproducir música tolerando los errores

El problema: ¿Puedo reproducir un CD de música aunque tenga errores ocasionales en la grabación?

La solución: Generalmente, los programas de reproducción seguirán reproduciendo cortes de sonido con el estándar del Libro Rojo aunque haya errores, pero puede notar saltos, ruido ambiental u otras anomalías audibles. Los reproductores como Windows Media Player (WMP) tienen una característica de corrección de errores para ocultar pequeños errores en los datos. Teniendo abierto WMP, seleccione Herramientas>Opciones, haga clic en la pestaña Dispositivos, elija la unidad de CD-ROM y haga clic en el botón **Propiedades**. A continuación, haga clic en la pestaña Audio y marque la casilla de verificación Usar corrección de errores, que se encuentra en la zona de reproducción (véase la figura 4.15).

Truco

Aunque la corrección de errores puede evitar que pequeños errores en los datos de sonido se conviertan en detestables anomalías de sonido, esta opción puede provocar pequeños saltos en el disco.

Figura 4.15. Utilice la corrección de errores para disminuir las ligeras anomalías de audio en sus discos de música.

Problemas con la reproducción de música

No se pueden instalar múltiples reproductores de música

El problema: ¿Por qué tengo problemas al instalar más de un reproductor de música en el ordenador?

La solución: Muy sencillo: incompatibilidades de software. Por ejemplo, si instala Musicmatch (`http://www.musicmatch.com`) después de Liquid Audio Player 6.01 (`http://www.liquidaudio.com`) en Windows XP, una conocida compatibilidad de la unidad de CD puede causar estragos. ¿Qué se puede hacer? Compruebe si hay actualizaciones en los fabricantes de los programas de reproducción. A veces, un parche rápido puede solucionar problemas de compatibilidad. Sin embargo, en algunos casos puede ser necesario desinstalar todas las aplicaciones de reproducción y volver a instalar sólo una. También compruebe si el fabricante de la unidad de CD tiene una actualización del *firmware* de la unidad de CD. Por ejemplo, los propietarios de unidades CD-R de Plextor pueden descargar un parche ejecutable directamente desde la página Web de Plextor (`http://www.plextor.com`) para resolver el conflicto entre Musicmatch y Liquid Audio Player.

La venganza de los códecs

El problema: Cuando intento reproducir archivos MP3 normales, me aparece un error que dice que Windows Media Player no puede reproducir ese tipo de archivos.

La solución: ¿Recuerda la importancia de los códecs para las aplicaciones multimedia? (Véase "El reproductor multimedia pide un códec" en las páginas anteriores de este capítulo). Si intenta reproducir un archivo MP3 y el programa de reproducción se detiene y le indica que no puede reproducir ese tipo de archivos, el archivo no fue creado como un verdadero MP3.

De hecho, seguramente fue ripeado con un códec que no es el estándar o que es incompatible y que hace que el archivo no pueda leerse en otras aplicaciones de reproducción estándares.

Truco

Los servicios de descarga de música basados en suscripción tales como Rhapsody (`http://www.listen.com`) suelen distribuir tipos de archivo que no son estándar y que sólo se pueden escuchar en su propio software de reproducción. Estos no son verdaderos archivos MP3.

> Los verdaderos archivos MP3 pueden reproducirse en cualquier reproductor multimedia que sea compatible con el códec MP3 original Fraunhoffer.

Intente reproducir el archivo en otros reproductores (como por ejemplo iTunes para Windows). Si el archivo puede reproducirse en una aplicación pero no en otras, seguramente el archivo está intacto pero lo más probable es que el archivo de música no sea un estándar. Descargue (o vuelva a ripear) una versión en MP3 de verdad de la pista musical. Sin embargo, si el archivo no se escucha en ningún reproductor (y está seguro de que es un archivo en MP3 de verdad), quizás el archivo esté dañado o no hay ningún códec para MP3 en su sistema. Compruebe si el fabricante tiene actualizaciones del software o de códecs o desinstale y vuelva a instalar desde cero el reproductor de música.

El ordenador no reconoce el reproductor de MP3

El problema: He conectado mi reproductor de MP3 Nomad Jukebox a mi ordenador mediante el dispositivo USB, pero veo una gran exclamación de color amarillo al lado suyo en el administrador de dispositivos.

La solución: Abra el panel de control Sistema, haga clic en la pestaña Hardware y, a continuación, haga clic en el botón **Administrador de dispositivos**. Asegúrese de que ninguna exclamación de color amarillo aparece junto a la entrada Concentrador raíz USB y su correspondiente entrada Controlador de host universal USB. Se ha de resolver cualquier problema con los puertos USB para que los dispositivos USB funcionen correctamente.

Si sólo el reproductor de MP3 tiene una exclamación de color amarillo, vuelva a instalar los controladores. Haga doble clic en el controlador para abrir su cuadro de diálogo Propiedades, haga clic en la pestaña Controlador y haga clic en el botón **Actualizar controlador** para iniciar el asistente para encontrar nuevo hardware. Elija la opción Instalar el software automáticamente (recomendado) y utilice el CD con los controladores que acompaña al reproductor. Cuando haya sido instalado por completo, el sistema debería reconocer el reproductor.

El reproductor de MP3 no ve todos los archivos de música

El problema: El software Creative Labs PlayCenter sólo ve algunos de los temas que hay en mi reproductor de MP3. ¿Me está queriendo decir que tengo mal gusto musical?

La solución: En primer lugar, limpie el caché del software del reproductor de MP3 de su ordenador.

Mediante el PlayCenter de Creative en Windows XP, borre el archivo .NUB de la siguiente carpeta:

```
C:\Documents and Settings\All Users\Application Data\Creative\PlayCenter2\Cache
```

Cuando haya limpiado la carpeta caché, busque la unidad y borre cualquier tipo de archivo .NUB.

Truco

Cuando haya eliminado el archivo caché, el Playcenter de Creative puede tardar varios minutos en crear una nueva lista de canciones disponibles.

Un conflicto de software entre PlayCenter y cualquier otro software de audio instalado en su ordenador también puede provocar este problema. Desinstale PlayCenter y cualquier otro reproductor de audio instalado en su equipo, como RealPlayer, WinAmp, Musicmatch y otros. Reinicie el ordenador y después vuelva a instalar PlayCenter únicamente.

No se puede buscar en grandes colecciones de música

El problema: No puedo buscar archivos en grades colecciones de archivos de música ni navegar por ellos utilizando mi reproductor de MP3 Nomad Muvo.

La solución: Este problema afecta a MuVo, pero puede encontrar problemas similares con otros reproductores de MP3. Parece que las versiones del *firmware* antiguas (la BIOS del dispositivo) dificultan la navegación por archivos MP3, WAV y WMA. Para poder corregir el problema, descargue una actualización del *firmware* (la versión 1.40.12 o superior) para el reproductor MuVo en http://www.nomadworld.com/downloads/firmware/.

A continuación, conecte el reproductor MuVo en modo "recuperación" (pulse y mantenga pulsado el botón **Play** durante 10 segundos mientras coloca la unidad en un puerto USB). A continuación, haga doble clic en el archivo de actualización del *firmware* para iniciar el instalador y siga las instrucciones. Cuando finalice, cierre el instalador y quite el reproductor MuVo del puerto USB. Consulte las instrucciones específicas para su dispositivo cuando vaya a actualizar el *firmware* de su reproductor de música.

Truco

Las actualizaciones del *firmware* limpian la memoria flash, de modo que asegúrese de guardar sus canciones.

El reproductor de MP3 no aparece en mi pc

El problema: Mi reproductor Nomad MuVo aparece en el administrador de dispositivos, pero no en Mi PC.

La solución: Los reproductores como MuVo aparecen como discos extraíbles o como dispositivo de almacenamiento masivo USB en el Explorador de Windows o en Mi PC. Si Windows XP no le asigna al dispositivo USB una letra de unidad adecuada, tendrá que hacerlo usted de manera manual. Este problema se produce en el reproductor MuVo y en otros dispositivos de unidad flash USB. En primer lugar, conecte el reproductor a un puerto USB disponible y cierre cualquier conexión de red. A continuación, reinicie el sistema y asegúrese de que inicia sesión como administrador (o cualquier otra cuenta de usuario con privilegios de administrador). El reproductor MuVo debería aparecer como disco extraíble en Mi PC. En caso contrario, conecte la unidad a otro puerto USB. Cuando vea el disco extraíble en Mi PC, abra el panel de control Herramientas administrativas, haga doble clic en el icono Administración de equipos. Haga clic en Almacenamiento> Administración de discos, haga clic con el botón derecho en la letra de unidad de MuVo y luego elija Cambiar la letra y rutas de acceso de unidad (véase la figura 4.16). Seleccione la letra de unidad de MuVo, haga clic en el botón **Cambiar** y cambie la letra por una que no se esté utilizando en el equipo (por ejemplo, cambie E por H). A continuación, reinicie el ordenador y abra la red en caso de que sea necesario. El reproductor MuVo debería aparecer como disco extraíble con la nueva letra en Mi PC.

El ordenador no detecta el reproductor de MP3

El problema: He conectado mi reproductor de MP3 Nomad MuVo al puerto USB de mi ordenador, pero el ordenador no lo reconoce.

La solución: En primer lugar, conecte un ratón USB al puerto. Si el ratón funciona, entonces el puerto USB está activo. En caso contrario, el problema está en el puerto, no en el reproductor de MP3. También asegúrese de que ha instalado los últimos controladores de su reproductor. Windows XP no necesita controladores adicionales porque trata a los reproductores como el MuVo como dispositivos

Hardware. Problemas y soluciones

de almacenamiento de disco extraíble (como una unidad de disco normal); sin embargo, las versiones antiguas de Windows necesitan controladores compatibles.

Si el sistema se sigue negando a reconocer el reproductor de MP3, Creative Labs sugiere que formatee la unidad. Conecte el reproductor MuVo en un puerto USB, seleccione Inicio>Programas>Creative>Nomad MuVo>Format y haga clic en el botón **Start** para comenzar el proceso de formateo. Después de formatear, el dispositivo debería detectarse de manera normal. Si el problema continúa, vuelva a formatear la unidad usando el formateador de Creative Labs con la opción Recover (recuperar).

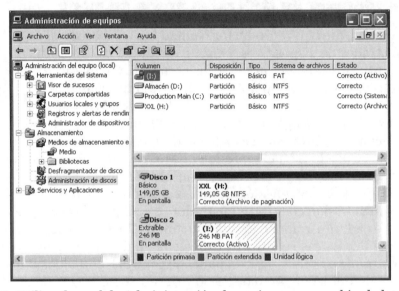

Figura 4.16. Utilice el panel de Administración de equipos para cambiar la letra de unidad de su dispositivo de almacenamiento extraíble.

Truco

Si usa el formateador normal de Windows en su reproductor de MP3, el reproductor se formateará como unidad de disco, haciéndolo inservible como reproductor de MP3.

La transferencia de archivos se ralentiza después de formatear el reproductor de MP3

El problema: He formateado mi reproductor de MP3 Nomad Muvo, sin embargo ahora los archivos se transfieren muy lentamente.

La solución: Seguramente utilizó el formateador normal de Windows para formatear el reproductor MP3, en lugar de utilizar el formateador incluido en el software de Creative Labs. El reproductor sigue funcionando perfectamente como unidad de almacenamiento, pero no funciona como reproductor de MP3. En este caso, tiene que recuperar la unidad.

Para el reproductor MuVo, pulse y mantenga pulsada el botón **Play** mientras conecta el reproductor a un puerto USB. Mantenga pulsado el botón **Play** durante otros 10 segundos más o menos para que se active el modo de recuperación. Ahora haga clic en Inicio>Programas>Creative>Nomad MuVo>Format.

El formateador detectará la unidad en modo de recuperación y una advertencia le indica que ha de esperar hasta que el indicador luminoso del dispositivo se encienda de color rojo. Vuelva a abrir el formateador, haga clic en la pestaña Media Recovery y haga clic en el botón **Start** (véase la figura 4.17). Cuando la recuperación finaliza, haga clic en la pestaña Media format y en el botón **Start** para formatear la unidad.

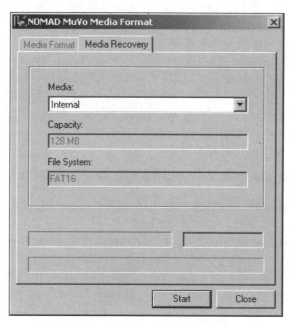

Figura 4.17. Utilice la utilidad Media Recovery para restaurar un reproductor Nomad MuVo formateado de manera incorrecta.

Truco

Si su software no tiene un modo de recuperación multimedia de emergencia, desinstale los últimos controladores y vuelva a instalar los originales (los antiguos).

Formatear un reproductor de MP3

Los reproductores de MP3 son básicamente un bloque de memoria flash con *firmware* utilizado para hacer funcionar los controles, gestionar los archivos de música y manejar la reproducción de archivos MP3. Windows trata a los reproductores de MP3 como MuVo de Creative Labs y otros dispositivos de almacenamiento flash mediante USB como discos extraíbles. Las unidades han de formatearse antes de que el sistema operativo acceda a los archivos del dispositivo. Sin embargo, es probable que los reproductores como el MuVo no acepten el proceso de formateo normal en Windows, porque formatear un dispositivo en Windows puede sobrescribir el *firmware* (grabado también en la memoria flash) y desactivar la capacidad del dispositivo para reproducir música. En efecto, un formateo de Windows puede convertir al reproductor en una simple unidad flash, obligándole a recuperar el *firmware* para restaurar la función de reproducción. Intente siempre usar la opción de formateo del reproductor que se incluye en el programa de la aplicación. Tenga en cuenta que las últimas versiones del *firmware* de MuVo son compatibles con el formateador de Windows (FAT16/FAT32, no NTFS). Compruebe qué versión del *firmware* tiene actualmente el fabricante del reproductor y asegúrese de que es compatible con el formateo de Windows antes de instalarlo.

Cómo aumentar la duración de las baterías

El problema: Mi reproductor de música suena bien, pero tengo que cambiar las pilas constantemente.

La solución: Un reproductor normal ofrece unas 4 ó 6 horas de música con un par de pilas (algo menos si vuelve a cargar la unidad o sube el volumen). Sin embargo, un reproductor de memoria flash sólo usa energía cuando reproduce música. En este caso, compruebe los archivos de música. Por ejemplo, los archivos WMA producen una excelente calidad de sonido, pero gastan las pilas más rápido. Observe si las pilas duran más con versiones MP3 de las mismas canciones.

Truco

Una actualización del *firmware* de su reproductor de música puede solucionar el problema de la batería. Póngase en contacto con el fabricante del reproductor para obtener actualizaciones del *firmware* y una lista de las correcciones.

Exclamaciones en los archivos de iPod

El problema: Cuando enciendo mi reproductor iPod, veo una carpeta con una exclamación.

La solución: Si utiliza un iPod de Apple en un ordenador con Windows, asegúrese de haber instalado la última versión del software de iPod de su modelo específico para Windows. De lo contrario, Windows no reconocerá el iPod. Por ejemplo, un iPod de 10 GB puede utilizar el software hasta la versión 1.3, mientras que un iPod posterior de 10 GB con un conector para la base dock sólo puede usar las versiones 2.1 y superiores. Si no está seguro acerca del modelo exacto de iPod que tiene, utilice el programa actualizador de iPod de Apple para instalar el último software para su modelo de iPod (disponible en `http://www.apple.com/es/ipod/download/`).

Es probable que la unidad también tenga falta de energía. Es posible que un iPod descargado no se identifique a sí mismo en el ordenador anfitrión. Cargue el iPod o conecte el adaptador de corriente externo. Finalmente, el disco duro interno del iPod puede haberse formateado de manera inadecuada. Como norma, nunca debería formatear el iPod. Si lo hace, utilice el actualizador de iPod para recuperar la unidad. Si el problema continúa, lleve la unidad al servicio técnico de Apple.

Herramientas comerciales

La mayoría de utilidades de sonido están ya instaladas en Windows o incluidas en su dispositivo de sonido. Aun así, varios servicios pueden ser de interés para cualquier amante del sonido:

- ❏ **Musicmatch Jukebos 8.2** (`http://www.musicmatch.com`): Un servicio de descarga de primera clase para entusiastas de la música.

- ❏ **RealOne Rhapsody** (`http://www.rhapsody.com`): Otro servicio de descarga de primera clase para entusiastas de la música.

- ❏ **Medidor de ancho de banda de CNET** (`http://www.reviews.cnet.com/7004-7254_7-0.html`): Le permite medir el rendimiento de su conexión a Internet para obtener el máximo rendimiento de la transmisión de archivos multimedia.

5. Problemas con el disco duro

Me encantan los dispositivos llamativos de audio y sonido como al loco de los ordenadores más obsesionado, pero la tecnología de los discos duros siempre me ha impresionado. Esas pequeñas maravillas electromecánicas que pueden hacer girar delgados discos de acero a miles de revoluciones por minuto, mientras que las delicadas cabezas de lectura y de escritura rozan la superficie en un microscópico colchón de aire. Estas unidades guardan cientos de gigabytes de datos sin errores, acceden a esos datos en cuestión de momentos y (al menos en teoría) duran hasta 30 años sin romperse.

Pero como el resto de los componentes de un ordenador, los discos duros pueden ser quisquillosos y debido a que hoy en día los ordenadores dependen por completo del funcionamiento adecuado del disco duro, cualquier problema puede provocar problemas de rendimiento y pérdida de archivos, echando abajo días e incluso semanas de duro trabajo. Este capítulo abarca una multitud de problemas relacionados con el disco duro. Comienza con un grupo de problemas de configuración (los que suelen aparecer cuando se añade o se cambia un disco duro) y luego aporta ideas para mejorar el rendimiento del disco. También incluye una serie de reparaciones de mantenimiento que harán que su unidad no tenga errores y, por último, analiza un conjunto de problemas de copias de seguridad y de restauración para proteger sus trabajos importantes.

Problemas de configuración

El disco duro desaparece

El problema: No puedo acceder a mi disco duro interno y ya no aparece en la lista de dispositivos de hardware detectados por la BIOS cuando el equipo arranca.

La solución: Apague el ordenador y ábralo. Asegúrese de que el conector de alimentación de 4 clavijas está conectado al disco duro. También, asegure la cinta o el cable de datos de serie en ambos extremos (el extremo del disco duro y el extremo de la placa base).

Si el sistema no detecta que se ha instalado un disco duro, compruebe los puentes de identificación del disco. Los discos de tipo ATA utilizan las designaciones "maestro" y "esclavo" (e "identificación por cable" o, lo que es lo mismo "cable select") para asignar la identificación de la unidad de disco. Un único disco duro debería configurarse siempre como "maestro". Un disco duro secundario debería ser "esclavo". Consulte la documentación del disco (o las indicaciones en el disco en sí) para conocer las ubicaciones específicas de los puentes. Los discos SCSI son ligeramente diferentes. Estos discos duros suelen utilizar la identificación ID0 para la unidad de arranque, pero las unidades siguientes pueden utilizar identificadores mayores, como ID1, ID2 y siguientes.

Disminución del espacio en disco

El problema: ¿Por qué mi sistema sólo detecta 137 GB en un disco de 200 GB? Aparte de eso, el disco duro parece estar formateado y funciona perfectamente.

La solución: Esta barrera con la capacidad se produce en los discos duros grandes. Idealmente, la BIOS del sistema debería solicitar y configurar la unidad de disco y permitirle utilizar toda la unidad. En caso contrario, en efecto, la BIOS o el sistema operativo cortan la capacidad de la unidad que no se ha reconocido. Por suerte, este problema tiene varios remedios posibles:

❑ **Actualice la BIOS, especialmente si la placa base tiene más de dos años:** Debido a que la mayoría de limitaciones de la capacidad de los discos duros se deben a problemas en la BIOS, una actualización de la BIOS de la placa base suele resolver el problema. Sin embargo, compruebe siempre los archivos LÉAME asociados con cualquier BIOS nueva. Si la actualización no indica nada relacionado con limitaciones de capacidad, no se moleste en actualizar la BIOS.

❑ **Actualice el sistema operativo:** Los sistemas operativos antiguos (como Windows 98) tienen problemas para crear y manejar particiones grandes. Los fabricantes de discos duros, como Maxtor (`http://www.maxtor.com`), recomiendan que los sistemas operativos antiguos se actualicen a Windows 2000 con Service Pack 3 (o superior) o Windows XP con Service Pack 1 (o superior). Cuando el sistema operativo ya esté actualizado, es posible que necesite un parche específico del fabricante del disco duro. Por ejemplo, el programa Big Drive Enabler de Maxtor (que tiene un complicado nombre de archivo: big_drive_enabler.exe) actualiza de manera automática el registro de Windows para permitir la compatibilidad con discos duros grandes.

❑ **Utilice un nuevo controlador para el disco duro:** Considere comprar una nueva tarjeta PCI controladora del disco duro con compatibilidad para el direccionamiento de bloques lógicos de 48 bits. Por ejemplo, tanto la tarjeta PCI Ultra ATA/133 de Maxtor como la tarjeta PCI Ultra133 TX2 de Promise Technology (`http://www.promise.com`) son compatibles con discos duros grandes. Omiten la BIOS del sistema y los controladores del SO y ofrecen su propio *firmware* y controladores en placa.

Asignar una identificación a un disco duro

El problema: Tengo que volver a particionar y formatear el ordenador que he heredado (y seguramente tenga que volver a instalar el programa correcto de organización de unidades). ¿Cómo averiguo la marca del disco duro y el fabricante?

La solución: Localice el identificador del disco duro en la lista de hardware de la BIOS en el momento de arrancar el equipo. La BIOS le pregunta al disco duro y muestra el modelo (como en la figura 1.7 del capítulo 1). Sin embargo, tiene que ser rápido porque la lista de hardware aparece solo durante unos segundos antes de que el sistema operativo comience a cargarse.

También puede abrir el panel de control Sistema, hacer luego clic en la pestaña Hardware, hacer clic en el botón **Administrador de dispositivos** y expandir la entrada Unidades de disco (véase la figura 5.1). Los modelos de unidades de disco de Western Digital (`http://www.wdc.com`) usan el prefijo "WD" (por ejemplo disco duro WD1000BB), los discos duros de Seagate (`http://www.seagate.com`) utilizan el prefijo "ST" y los discos duros Maxtor (`http://www.maxtor.com`) utilizan designaciones alfanuméricas (por ejemplo 6Y120L0). Es evidente que para estar completamente seguro lo mejor es abrir el ordenador y localizar la etiqueta en la unidad de disco que indica el fabricante y el número de serie. A continuación, consulte la página Web del fabricante y descargue el programa adecuado de organización de unidades (como MaxBlast o Data Lifeguard Tools).

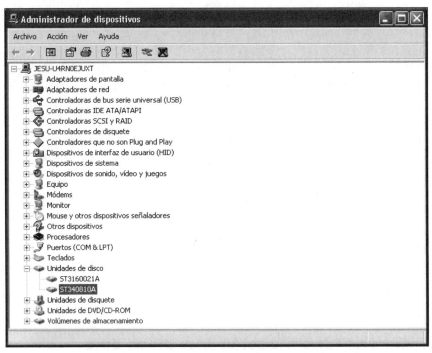

Figura 5.1. El Administrador de dispositivos suele ser una buena fuente para obtener información acerca del fabricante y el modelo del disco duro.

Truco

Si abre el ordenador y el disco duro no tiene ninguna etiqueta (a veces ocurre), utilice el número identificador de la FCC (Comisión federal de comunicaciones), ya que cada dispositivo electrónico tiene un número, visite la página Web de la FCC (`http://www.fcc.gov/oet/fccid`), introduzca el código y luego localice el modelo del producto y el fabricante.

Nota

La mayoría de discos duros vienen con software de organización de unidades (o Dynamic Drive Overlay), que viene a aumentar la BIOS del sistema y permite que el sistema operativo reduzca algunas limitaciones de espacio. Es evidente que sólo se debería utilizar el software DDO como último recurso, ya que añade otro problema potencial a la unidad en caso de que el software DDO esté dañado.

El nuevo disco duro hace que el equipo se bloquee

El problema: He instalado un nuevo disco duro UDMA para reemplazar al viajo, pero ahora el equipo se bloquea.

La solución: Cuando dos o más dispositivos de un cable comparten la misma configuración de puente, pueden producirse serios problemas de estabilidad. Por ejemplo, dos dispositivos maestros (unidades HDD, CD-RW o DVD) en el mismo cable ATA o dos o más dispositivos SCSI que usan el mismo identificador SCSI pueden provocar conflictos. Asegúrese de que cada dispositivo utiliza una configuración de puente única. Los límites de capacidad de disco también pueden ocasionar bloqueos en el sistema. Compruebe si hay actualizaciones disponibles para la BIOS de la placa base que estén creadas específicamente para disminuir los límites de tamaño de disco. Por lo demás, quizás necesite un nuevo controlador de disco que sea compatible con discos mayores.

Si su disco duro incluye un puente de limitación del cilindro (o de capacidad), active la clavija CLJ (puente de limitación del cilindro) en el disco duro y reinicie el sistema. Si la BIOS detecta ahora el disco de manera automática sin que el equipo se bloquee, siga particionando y formateando la unidad utilizando el software de organización del fabricante (por ejemplo, MaxBlast Plus II para los discos duros Maxtor). Si el sistema se sigue bloqueando, apague el equipo y coloque el CLJ en su posición original. En algunos casos, la BIOS puede no ser capaz de detectar la unidad automáticamente. Si el problema continúa, quizás tenga que volver a configurar los parámetros de la unidad de manera manual. Apague el ordenador y quite el nuevo dispositivo. Ahora vuelva a iniciar el sistema en modo de configuración de sistema y localice las entradas de configuración de la unidad (configure la unidad de manera manual en lugar de forma automática). Seleccione un tipo de unidad definible por el usuario con 1.024 cilindros, cabezas y 63 sectores. Configure la opción LBA a normal o estándar y ajuste las entradas Escribir precompensación (WpCom) y Zona de ubicación (LZ) a cero. Guarde los cambios, apague el equipo y vuelva a conectar la unidad, entonces inicie el sistema.

40 contra 80

Los primeros discos duros usaban cables de 40 clavijas y 40 hilos, pero hoy en día, dependen de cables de 40 clavijas y de 80 hilos. Los 40 hilos adicionales ayudan a eliminar ruido eléctrico no deseado que puede afectar a las señales de datos que salen y entran en las unidades de alta velocidad UDMA/66, UDMA/100 y UDMA/133. Cuando utilice un disco duro UDMA/66 o de velocidad superior, use cables de cinta de 40 clavijas y 80 hilos de alta calidad. De lo contrario, la interfaz de la unidad de disco se ralentizará y su rendimiento será menor que el de una UDMA/33.

Fdisk informa de una cantidad de espacio en disco incorrecta

El problema: Estoy resucitando un antiguo ordenador y estoy instalando una unidad de disco duro ya utilizada de 100 GB para tener más espacio, pero Fdisk sólo reconoce 36 GB de la unidad cuando se hace la partición.

La solución: Este problema se produce con versiones antiguas de Fdisk (disponible en Windows 95 y Windows 98/SE). Las versiones antiguas sólo reconocen las particiones de disco duro de hasta 64 GB. Cuando Fdisk encuentra una unidad mayor, sustrae 64 GB del tamaño total. Por ejemplo, un disco duro de 80 GB será reconocido como una unidad de 16 GB y un disco duro de 100 GB se reconocerá como unidad de 36 GB. Una solución consiste en actualizar Windows e instalar una nueva versión, como por ejemplo Windows XP. Sin embargo, puede descargar un parche desde Microsoft para corregir este problema preciso de Windows 95 y 98/SE. Busque el artículo 263044 en la Knowledge Base (`http://support.microsoft.com/default.aspx?scid=fh;EN-US;KBJUMP`).

Trasteando con Fdisk

Fdisk es una utilidad de partición basada en DOS (disponible en Windows 95, 98 y Me). Puede utilizarla para preparar (particionar) un nuevo disco duro para formatearlo y también para borrar y comprobar las particiones presentes en un disco. Hoy en día, utilidades más avanzadas para gestionar las particiones, tales como Partition Magic de Symantec (`http://www.partitionmagic.com/partitionmagic/`) ofrecen funciones adicionales y una mejor interfaz para el usuario. Recuerde tener mucho cuidado cuando trabaje con particiones de disco o podría hacer que los datos resulten inaccesibles. Antes de comenzar, realice una copia de seguridad de sus trabajos importantes.

El disco muestra menos espacio en el sistema

El problema: He instalado un disco duro de 200 GB, pero el Explorador de Windows muestra ligeramente menos espacio que el que aparece en la caja. ¿Me han estafado?

La solución: La industria informática utiliza dos criterios ligeramente diferentes para medir el espacio en disco: el criterio decimal y el binario. Los fabricantes de discos duros comercializan sus productos siguiendo el criterio de la capacidad decimal. En la notación decimal, un megabyte (MB) es igual a 1.000.000 bytes y un gigabyte (GB) es igual a 1.000.000.000 bytes. Sin embargo, los programas como Fdisk, la BIOS del sistema y Windows (véase el cuadro de diálogo Propiedades de Disco local en la figura 5.2) utilizan el sistema de numeración binario (o base 2).

En el sistema de numeración binario, un megabyte es igual a 1.048.576 bytes y un gigabyte es igual a 1.073.741.824 bytes. Como resultado, los programas anteriormente mencionados calculan el espacio de almacenamiento como si fuera un poco menor. Por ejemplo, una herramienta como Fdisk indicará 186,26 GB (200.000.000.000/ 1.073.742.824) en lugar de los 200 GB que indica el fabricante. Ninguna medida está equivocada, pero la diferencia entre las dos puede despistar.

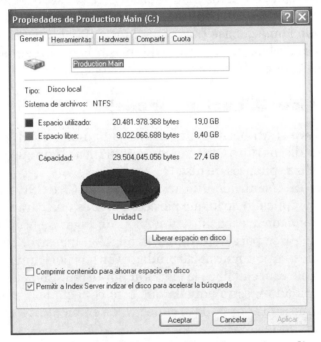

Figura 5.2. Casi todos los programas indican el espacio en disco siguiendo el criterio binario (o base 2).

Las unidades de disco duro no se llevan bien

El problema: He instalado un segundo disco duro pero no se lleva bien con el primero. He invertido las unidades, pero siguen peleándose.

La solución: Las unidades que se adhieren estrictamente a los estándares ATA deberían funcionar juntas en el mismo cable (canal) sin interferir las unas con las otras. Por desgracia, no todos los modelos de unidad o lote implantan los estándares ATA a la perfección, por lo que algunas unidades no funcionan bien juntas.

Si invierte la relación primario/secundario (o maestro/esclavo) de los discos duros, suele disminuir el problema. Pero si dos unidades no funcionan bien independientemente de su relación primaria/secundaria, separe las unidades y colóquelas en diferentes canales ATA. Por ejemplo, deje la unidad principal como el dispositivo maestro en el primer canal y coloque el nuevo disco duro en el canal secundario (quizás mantenga la unidad como dispositivo esclavo junto con una unidad maestro CD-RW o DVD ya existente). ¿No hay espacio en el canal secundario? Instale una tarjeta controladora PCI UDMA, como la tarjeta PCI Ultra ATA/133 de Maxtor o la tarjeta PCI Ultra 133 TX2 de Promise Technology y conecte el nuevo disco a la tarjeta PCI. Añadir un controlador de unidad de disco basado en PCI no debería interferir con los controladores de dispositivos ya instalados en su placa base, normalmente puede acceder a las unidades desde ambos controladores, pero puede ser más sencillo si desactiva el controlador de la placa base (mediante la BIOS) y utilice el controlador de la tarjeta PCI de manera exclusiva. Asegúrese de revisar la documentación del nuevo controlador de la tarjeta por si hubiera alguna advertencia.

Utilizar la identificación por cable

El problema: Mi hermano utiliza algo llamado CSEL para distinguir sus discos duros de manera automática. ¿Por qué yo tengo que utilizar puentes de disco?

La solución: Usar la identificación por cable (CS o CSEL) es algo más complicado de lo que parece. CSEL es una característica opcional de la especificación ATA. En lugar de utilizar los puentes de disco para determinar la relación maestro/esclavo de sus unidades, se configuran las unidades en sus posiciones de puente CSEL y un cable especial hace la elección por usted. En la práctica, siempre se considera como unidad maestra aquella que está conectada al final del cable y la unidad esclava es la que está conectada al conector de en medio. Necesita tres elementos para poder utilizar CSEL:

❏ Unidades con opciones de puente CSEL.

❏ Un cable de cinta adaptable CSEL.

❏ Un controlador de disco compatible con CSEL.

Truco

Compruebe siempre dos veces los puertos de la unidad y asegúrese de que cada unidad utiliza una designación única. No utilice la identificación por cable a menos que utilice un cable especialmente diseñado para ese propósito.

CSEL puede parecer algo senc... ero se necesita un cable especializado y más caro que el cable típico de 40 clavijas y ... los. Incluso los fabricantes de discos duros como Maxtor recomiendan que no abandone su configuración tradicional de maestro/esclavo, a menos que su ordenador ya tenga los cables preparados para CSEL. Pero si insiste en experimentar con la identificación por cable, puede comprar cables para CSEL en tiendas como Stonewall Cable (`http://www.stonewallcable.com`).

El informe de modo PIO es falso

El problema: Sé que mi disco duro está en modo UDMA, pero ¿por qué Windows 2000 lo reconoce como modo PIO? ¿Significa eso que el disco duro tiene bajo rendimiento?

La solución: Sin Service Pack 2 (o superior), todos los dispositivos UDMA son predeterminados como modo UDMA/66 o PIO en Windows 2000. Sólo ha de usar el asistente de actualización de Windows o visitar la página de asistencia de Microsoft (`http://support.microsoft.com`) y busque "service packs". Puede descargar el Service Pack 4 desde `http://www.microsoft.com/downloads/`.

Rendimiento ATA

La venerable interfaz IDE (ATA) cada vez es más rápida. Cada generación de interfaces tiene un nivel de rendimiento máximo (ráfaga):

Interfaz	Velocidad máxima (en MB/s)
PIO 0	3,3
PIO 1	5,2
PIO 2	8,3
PIO 3	11,1
PIO 4	16,6
UDMA/33 (Modo 3)	33
UDMA/66 (Modo 4)	66
UDMA/100 (Modo 5)	100
UDMA/133 (Modo 6)	133
SATA/15	150

Las interfaces de serie ATA (SATA) tienen un rendimiento más rápido incluso con ráfagas de transferencia de datos de hasta 150 MB/s. Las interfaces de serie en el futuro alcanzarán las ráfagas de 300 MB/s y más.

Silenciar la alarma que indica que hay poco espacio en disco

El problema: ¿Cómo puedo desactivar la molesta advertencia que indica que hay poco espacio en disco que aparece en la pantalla?

La solución: De manera automática Windows le aconseja ejecutar la utilidad para limpiar discos cuando el disco duro se está quedando sin espacio libre. Aunque esta opción protege al equipo de accidentes y pérdidas de datos inesperados, es algo molesto para mucha gente. Si no puede soportar que Windows le indique lo que ha de hacer, puede modificar el Registro para desactivar la advertencia de poco espacio en disco. Seleccione Inicio>Ejecutar, escriba regedit y haga clic en el botón **Aceptar**. Cuando se abra el Editor del Registro, busque esta clave (véase la figura 5.3):

HKEY_CURRENT_USER\Software\Microsoft\Windows\CurrentVersion\Policies\Explorer

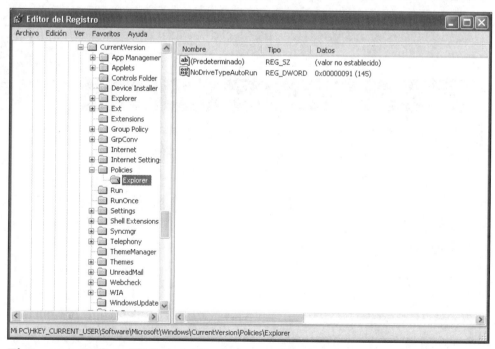

Figura 5.3. Utilice el Editor del Registro para detener esas molestas advertencias de que hay poco espacio en disco, pero hágalo bajo su responsabilidad.

Cuando haya localizado esta clave, cree un nuevo valor DWORD y luego denomínelo NoLowDiskSpaceChecks. (Utilice la ayuda del Editor del Registro si no está seguro sobre cómo crear un nuevo valor DWORD). Haga doble clic en este nuevo elemento, escriba el valor 1, haga clic en el botón **Aceptar** y salga del Editor del Registro.

Advertencia

Tenga mucho cuidado cuando modifique el Registro, ya que cambios incorrectos pueden hacer que el sistema se vuelva inestable y pueden hacer que Windows no se inicie. Asegúrese de que realiza copias de seguridad de la información importante y haga, también, una copia de seguridad del Registro antes de modificarlo.

¿Es demasiado tímido para tocar el Registro? Puede recurrir a una utilidad de notificación de poco espacio en disco, por ejemplo la utilidad Space Patrol de Jd Design (http://www.jddesign.co.uk). Apropiada para cualquier versión de Windows. Space Patrol permite modificar el nivel de los límites (véase la figura 5.4) y activar o desactivar de manera sencilla la notificación en cualquiera de sus discos duros. Por supuesto que también puede actualizar el disco duro a un modelo de más capacidad o añadir un disco duro secundario para guardar sus archivos y sus aplicaciones.

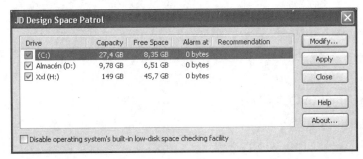

Figura 5.4. Las herramientas de otros fabricantes como Space Patrol hacen que el control de las advertencias de poco espacio en disco de su equipo se haga de manera automática.

Añadir discos duros ATA de serie

El problema: ¿Puedo añadir un disco duro ATA de serie a mi ordenador sin tener que quitar los discos duros UDMA que ya tengo instalados?

La solución: Puede utilizar discos duros ATA de serie y discos duros UDMA normales en el mismo ordenador, pero ha de usar controladores de dispositivo distintos. Por ejemplo, añada únicamente una tarjeta adaptadora PCI ATA de serie (o SATA), como la SATA150 TX4 de Promise Technology (`http://www.promise.com`). En esta situación, el equipo seguirá reiniciándose desde la unidad o las unidades UDMA originales conectadas al controlador de la placa base. Las unidades SATA le ofrecerán espacio de almacenamiento adicional para los programas y archivos multimedia. Sin embargo, algunas placas base (como Tyan Thunder 8KW) ofrecen tanto la interfaz SATA como la UDMA, lo que elimina la necesidad de instalar una tarjeta adicional. Antes de que compre ninguna placa base, revise atentamente las especificaciones para averiguar cuáles son las interfaces disponibles en placa.

Rendimiento SCSI

Los discos duros SCSI siguen siendo una opción popular utilizada por servidores de archivos y por otras plataformas de rendimiento. Como con ATA, las velocidades de SCSI han evolucionado para seguir a la par con los avances de la tecnología. El rendimiento de los estándares SCSI más populares puede dividirse en la siguiente tabla:

Estándar SCSI	Velocidad (en MB/s)
SCSI-1	5
Fast SCSI (SCSI-2)	10
Wide SCSI (SCSI-2/3)	20
UltraSCSI (SCSI-3)	20
UltraWide SCSI (SCSI-3)	40
Ultra2 SCSI (SCSI-4)	40
Ultra2 Wide SCSI (SCSI-4)	80
Ultra3 SCSI (Ultra 160)	80
Ultra3 Wide SCSI (Ultra 60)	160
Ultra4 SCSI (Ultra 320)	160
Ultra4 Wide SCSI (Ultra 120)	320

Reconocer unidades de disco SCSI

El problema: Mi equipo no reconoce una nueva unidad SCSI.

La solución: Los dispositivos SCSI necesitan un adaptador SCSI (llamado adaptador de bus huésped), como el adaptador SCSI Adaptec 39320A Ultra 320 (`http://www.adaptec.com`). Abra el panel de control Sistema, haga clic en la pestaña Hardware, haga clic en el botón **Administrador de dispositivos** y busque la entrada dedicada a controladores SCSI y RAID. Si no ve su controlador SCSI, revise su documentación sobre el adaptador SCSI, elimine (o desactive) el adaptador SCSI e instale un modelo de una marca diferente.

Si su equipo no detecta el adaptador, compruebe el cableado SCSI y la terminación entre el adaptador y la unidad de disco. De manera predeterminada, el adaptador SCSI se termina. Asegúrese de que termina el último dispositivo SCSI en el cable de cinta (a menudo mediante la configuración de un puente en la unidad SCSI según las instrucciones del fabricante). Cuando instala una nueva unidad SCSI, es posible que tenga que volver a ordenar las unidades en su cable de cinta SCSI. (Recuerde que sólo el último dispositivo debe ser terminado).

Los dispositivos SCSI también emplean un identificador único (de 0 a 6). Los discos duros utilizan ID0 e ID1, las unidades de CD y DVD y los escáneres utilizan desde ID2 hasta ID6 y al controlador SCSI se le asigna ID7. Compruebe el identificador SCSI de la unidad y asegúrese de que no entra en conflicto con cualquier otro dispositivo del cable de cinta.

Problemas de rendimiento

Obtener el máximo rendimiento

El problema: Parece que mi disco duro es más lento que el caballo del malo. ¿Qué puedo hacer para obtener el máximo rendimiento de mi disco duro?

La solución: Antes de darse por vencido, utilice un punto de referencia, por ejemplo PCMark04 Pro de Futuremark (`http://www.futuremark.com`) para medir el rendimiento de su disco duro antes y después de realizar algunos cambios. Cuando compare las cifras, sabrá en lo que han mejorado las cosas, en lugar de decir "sí, ahora va más rápido". A continuación se muestran varias tácticas para mejorar el rendimiento de su disco duro:

❏ **Limpiar el disco duro:** Utilice el Liberador de espacio en disco para vaciar su Papelera de reciclaje, borrar las *cookies*, eliminar archivos temporales y borrar cualquier otro elemento inservible de su unidad. Seleccione Inicio>Panel de control>Rendimiento y mantenimiento>Liberador de espacio en disco. Seleccione las categorías que desea limpiar y luego haga clic en el botón **Aceptar** (véase la figura 5.5). Se sorprenderá al averiguar cómo puede mejorar un equipo tras una limpieza de caché.

Figura 5.5. Elimine los archivos innecesarios.

❑ **Defragmente el disco duro:** Los archivos pueden fragmentarse y colocarse de manera aleatoria en su disco duro, obligando a que éste busque todas las partes del archivo cuando lo abre y guarda. Este trabajo adicional reduce el rendimiento y puede acortar la vida útil del disco duro. Al defragmentar la unidad se vuelven a ordenar los archivos de modo que cada parte de un archivo sea contigua. Para hacer que los programas se ejecuten más rápido, seleccione Inicio>Panel de control> Rendimiento y mantenimiento>Defragmentador de disco. Analice primero el disco y a continuación defragmente el volumen (véase la figura 5.6).

❑ **Compruebe el modo de transferencia de datos:** Los datos se transfieren utilizando el modo PIO o el modo UDMA (como UDMA/100 o UDMA/133). Obtendrá el mejor rendimiento utilizando la interfaz más rápida posible que sea compatible con la unidad de disco y su controlador. Por ejemplo, si tiene una unidad de disco y un controlador UDMA/133 en el equipo, asegúrese de que Windows funciona en modo UDMA/133. Abra el panel de control Sistema, haga clic en la pestaña Hardware y haga clic en el botón **Administrador de dispositivos**. Expanda la entrada Controladoras IDE ATA/ATAPI, haga clic con el botón derecho en Canal IDE principal, seleccione Propiedades y haga clic en la pestaña Configuración avanzada (véase la figura 5.7).

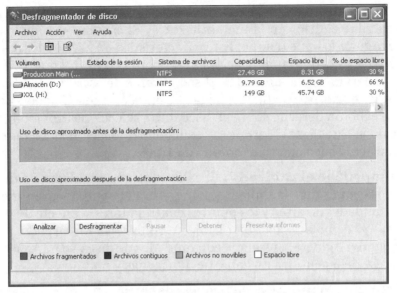

Figura 5.6. Defragmente la unidad para volver a colocar y organizar grupos esparcidos de archivos.

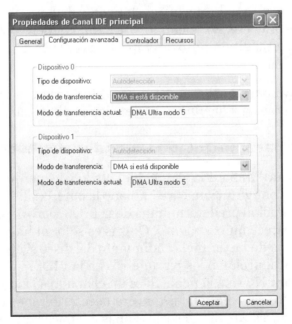

Figura 5.7. Utilice el modo de transferencia de datos óptimo para los discos duros y sus controladores.

Asegúrese de que configura el modo de transferencia a DMA si está disponible. Los modos PIO son muy antiguos y lentos para poder utilizar las ventajas de los discos duros de hoy en día. Repita esos pasos en el canal IDE secundario.

❏ **Active la caché de escritura:** La caché de escritura coloca los datos que se van a escribir el disco en la memoria RAM. El sistema escribe los datos en el disco duro cuando tiene tiempo. Esta característica no hará que el disco sea más rápido, pero permite que las aplicaciones recuperen el control más rápidamente (en lugar de esperar a que la unidad de disco termine de escribir). Teniendo el administrador de dispositivos abierto, haga clic en la entrada Unidades de disco, haga clic con el botón derecho sobre el disco duro, seleccione Propiedades y haga clic en la pestaña Directivas. Marque la casilla de verificación Habilitar caché de escritura en disco y haga clic en el botón **Aceptar.**

❏ **Compruebe el cableado:** El cableado de las unidades de disco suele provocar en ocasiones un rendimiento pobre. Abra el equipo y examine el cableado entre las unidades de disco y los puertos controladores. Conecte de manera segura cada cable y reemplace cualquier cable de cinta cortado, raspado, pelado o dañado de cualquier manera. Si trabaja con unidades de disco UDMA/66 a UDMA/133, asegúrese de que utiliza un cable de 40 clavijas y 80 hilos.

❏ **Actualice Windows:** Un paquete de servicio puede mejorar la velocidad de almacenamiento. Compruebe la característica de las actualizaciones automáticas para descargar cualquier Service Pack o parche que mejore el sistema operativo. Además, asegúrese de que instala los controladores correctos de la placa base que ofrece el fabricante. Por ejemplo, Via e Intel tienen controladores IDE específicos para configurar el conjunto de chips de la placa base para un funcionamiento IDE de alto rendimiento.

Cuando haya puesto en marcha todos estos procedimientos, recuerde ejecutar la utilidad de referencia y medir las diferencias en el rendimiento.

Recuperar parámetros de unidades de disco

El problema: Mi batería CMOS ha fallado y he perdido los parámetros de configuración. He cambiado la batería y he activado la configuración predeterminada de la BIOS, pero ahora el disco duro parece un poco lento. Quizás es sólo mi imaginación, pero ¿puedo mejorar el rendimiento del disco si ajusto el modo de traducción o los parámetros en la BIOS?

La solución: No vale la pena. Si es un chapado a la antigua como yo, recuerde los días en los que era necesario especificar los cilindros, los sectores, las cabezas y las zonas de ubicación y escribir los parámetros de compensación de manera manual (según la documentación del fabricante del disco duro). Hoy en día, los discos duros son lo suficientemente inteligentes como para informar de manera automática a la BIOS de sus parámetros y capacidades.

Sin embargo, debería tener en cuenta el tipo de configuración predeterminada que utiliza. La mayoría de BIOS ofrecen una configuración predeterminada básica (que se denomina a prueba de errores o de incompatibilidades) y una configuración mejorada orientada a obtener un mejor rendimiento (óptima). Aunque ambas configuraciones inciden muy poco de manera directa en el rendimiento del disco duro, utilizar la configuración a prueba de errores puede ralentizar otros aspectos del equipo (como la temporización de la memoria). Utilice la configuración óptima y observe si nota alguna diferencia. Por lo demás, aplique los trucos que se explican en "Obtener el máximo rendimiento" en páginas anteriores de este capítulo).

La unidad de disco no aparece en Windows

El problema: He instalado un disco duro secundario en mi equipo con Windows XP. La BIOS reconoce la unidad, pero no aparece ni en Mi PC ni en el Explorador de Windows.

La solución: Ha olvidado particionar y formatear la nueva unidad. Por fortuna, Windows XP hace que preparar un disco duro secundario sea algo muy sencillo. Abra el panel de control Herramientas administrativas, haga doble clic en el icono Administración de equipos y haga clic en la entrada Administración de discos (véase la figura 5.8).

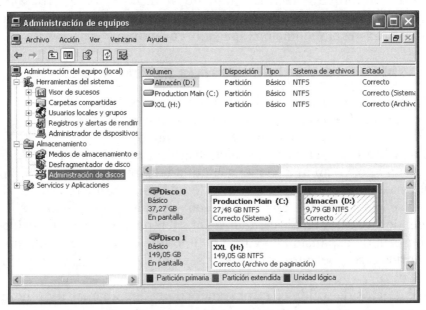

Figura 5.8. Utilice el panel de administración de equipos para particionar y formatear nuevas unidades de disco.

Debería iniciarse el asistente para iniciar y convertir discos. Una vez iniciada, la unidad aparecerá con la designación "sin ubicar" en el panel de administración de discos. Haga clic con el botón derecho en "sin ubicar" y seleccione la opción Nueva partición o Crear partición en el menú desplegable. Hay tres pasos para crear una partición. En primer lugar, seleccione un tipo (como el tipo primario), seleccione un tamaño (normalmente el volumen completo), asígnele una letra de unidad y elija un formato (como NTFS o FAT32). En segundo lugar, haga clic en el botón **Finalizar** para completar la partición. En tercer lugar, vuelva a la unidad y seleccione la opción Formatear para preparar el volumen de la unidad.

Una solución para discos duros lentos

El problema: Mi disco duro UDMA de Maxtor parece tener una velocidad de escritura muy lenta.

La solución: Si el cableado y los modos de transferencia de datos son correctos (véase el problema "Obtener el máximo rendimiento" en las páginas anteriores de este capítulo), el problema puede radicar en el modo de "Verificación de escritura" de la unidad. Cuando se transporta un disco duro nuevo, algunas partículas del dispositivo pueden moverse y provocar problemas de fiabilidad.

Maxtor incluye una opción para verificar la escritura que vuelve a leer cuidadosamente los datos que se escriben en un nuevo disco duro. Este trabajo adicional ralentiza el rendimiento de la unidad, pero esta característica debería desactivarse después de diez ciclos de alimentación (apagado/encendido).

Un cableado ordenado provoca problemas

El problema: Después de haber intentado ordenar el lío de cables que había en el interior de mi ordenador, he empezado a tener errores en el disco duro. ¿Qué he hecho mal?

La solución: Cuando las señales electrónicas pasan a través de un hilo, crean una pequeña cantidad de interferencias en forma de ondas electromagnéticas (es el mismo principio en el que se basa la radio). Las rápidas señales que se utilizan en los ordenadores de hoy en día crean más interferencias gracias a los cables y las tarjetas de expansión. Seguramente lo que ha hecho ha sido juntar los cables y colocarlos cerca, permitiendo que las señales de un hilo conecten sin problemas con las de otro.

Los efectos del ruido electromagnético pueden abarcar un rendimiento lento del sistema, problemas de detección de dispositivos y códigos o mensajes de errores inesperados. Por desgracia, tiene que volver a abrir su ordenador y separar su cableado ordenado. Siempre puede utilizar la carcasa para esconder el desorden, ¿no?

Desmonte las unidades externas primero

El problema: ¿Por qué pierdo archivos cuando desconecto mi disco duro externo del puerto USB?

La solución: Las unidades de disco duro externas o las grabadoras de CD y de DVD aportan una gran movilidad a los usuarios de los ordenadores, pero conllevan algunas reglas relacionadas con la desconexión. Un puerto USB detecta y acepta de manera automática una unidad externa. Sin embargo, debería desmontar la unidad antes de desconectarla del puerto USB. Por supuesto que puede arrancar el cable, pero se arriesga a perder información que no haya guardado. Desmontar la unidad le asegura que todos los archivos abiertos son guardados y cerrados y que el sistema está listo para desconectar la unidad cuando esté lista.

Haga clic en el icono Quitar hardware con seguridad que aparece en la bandeja del sistema. Aparecerá una lista de posibles dispositivos. Haga clic en el dispositivo que desea desmontar. Cuando el sistema le indique que el dispositivo ya está listo para ser desconectado, quite el cable USB y apague la unidad.

Las unidades rápidas externas parecen ralentizarse

El problema: He conectado mi disco duro externo a un puerto USB 2.2, pero sigue pareciendo lento.

La solución: Incluso una placa base nueva y su puerto USB 2.2 no podrá funcionar a la velocidad máxima si se encuentra en las primeras versiones de Windows 2000 y XP. Windows 2000 tiene un parche que es compatible con USB 2.0, pero sería mejor que actualizara con el Service Pack 4. Windows XP requiere el Service Pack 1 o superior para que el puerto USB 2.0 funcione correctamente. Puede obtener los Service Packs mediante la utilidad para las actualizaciones automáticas o visitando la página Web de Microsoft (`http://support.microsoft.com`).

Truco

Windows 98/SE y Me no incluyen compatibilidad original para USB 2.0, por lo que ha de asegurarse de que instala los controladores que acompañan a su dispositivo USB 2.0.

Rendimiento pobre de las unidades de disco internas

El problema: He instalado y conectado un disco duro interno ATA/133, pero su rendimiento es nefasto. También aparecen errores de disco constantemente.

La solución: Cada vez que utiliza un disco duro UDMA/66 o superior, debe utilizar un cable de cinta de 40 clavijas y 80 hilos corto y de alta calidad. Si intenta utilizar un antiguo cable de 40 clavijas (o un cable que su perro utiliza como juguete), la unidad no funcionará. Un cable ATA rápido debería medir 45 centímetros o menos (preferiblemente 30).

Truco

Verifique siempre que la unidad de disco y el controlador son compatibles con altas velocidades. Por ejemplo, utilizar una unidad UDMA/133 con un controlador de puerto UDMA/100 limitará la unidad a niveles de rendimiento de UDMA/100.

A continuación, compruebe con el fabricante de la placa base si hay alguna actualización de la BIOS que haya sido creada para estabilizar las unidades ATA rápidas o para problemas de rendimiento. Algunos sistemas no controlan la velocidad óptima de la misma manera en ambos canales ATA. Por ejemplo, el canal primario puede ser compatible con ATA/133, pero quizás el canal secundario es sólo compatible con UDMA/100 (o peor, con UDMA/66). En este caso, pruebe el disco duro en el completo canal adaptable UDMA/133. Como en el caso anterior, a veces una actualización de la BIOS puede corregir una diferencia en la compatibilidad de velocidad.

Mezclar velocidades también puede ser problemático. Por ejemplo, si utiliza un dispositivo UDMA/133 y uno UDMA/66 en el mismo canal, se supone que el controlador tiene que cambiar velocidades para adaptarse a los distintos dispositivos, pero no siempre funciona bien eso. Pruebe únicamente el dispositivo UDMA/133 en el canal del controlador UDMA/133. Es posible que tenga que relegar el dispositivo más lento al canal del controlador secundario.

Truco

Algunos controladores se fabrican con una velocidad de rendimiento menor y necesitan una utilidad de "cambio de modo" para desbloquear el modo de rendimiento más rápido. Compruebe las instrucciones de instalación del fabricante y observe si necesita ejecutar una utilidad de cambio de modo para activar el funcionamiento UDMA/133.

Problemas de mantenimiento

Rendimiento del disco duro y de la memoria virtual

El problema: ¿Puedo reducir o desactivar la memoria virtual para minimizar el acceso al disco duro y aumentar el rendimiento del sistema?

La solución: Está entrando en un terreno peliagudo. El sistema operativo separa el espacio del disco duro y lo trata como si fuera RAM. Esta memoria virtual (VM) evita que su ordenador se colapse cuando es necesaria la memoria real. La desventaja es que la VM es más lenta que la RAM real.

Si elimina la VM, puede evitar que el sistema operativo utilice el espacio del disco duro como RAM y mejorar el rendimiento del equipo. Pero no ha de sobrecargar el sistema. Por ejemplo, es posible que sólo gane una media de 5 segundos por minuto, el tiempo que le lleva a su equipo acceder a la VM. Sin la VM, también tendrá que instalar suficiente memoria RAM física para acomodar las aplicaciones y sus archivos de datos. Como normal, no desactive la VM sin tener un mínimo de 1 GB de memoria RAM en el sistema.

Windows XP le permite controlar la cantidad de espacio en disco asignada a la VM. Seleccione Inicio>Panel de control>Rendimiento y mantenimiento>Ver información básica sobre su ordenador. Haga clic en la pestaña Avanzadas y haga clic en el botón **Configuración** en la zona de Rendimiento. En el cuadro de diálogo Opciones de rendimiento, haga clic en la pestaña Avanzadas. Tenga en cuenta la cantidad de espacio que se separa de la memoria virtual (768 MB). Para desactivar la VM, elija Sin archivo de paginación y haga clic en el botón **Aplicar**. Por lo demás, haga clic en el botón **Cambiar** y escriba un tamaño personalizado o deje que Windows gestione el tamaño de la VM de manera automática (véase la figura 5.9).

Eliminar el ruido molesto de los discos duros

El problema: Mi disco duro hace mucho ruido.

La solución: ¿Está seguro de que es el disco duro? Los ventiladores suelen hacer mucho más ruido que los discos duros. Si el disco duro es el culpable, compruebe que los cuatro tornillos que mantienen al disco duro en su sitio están bien atornillados. Si alguno falta, es probable que la unidad esté vibrando en la caja (y haga un jaleo considerable).

También ha de recordar que todos los discos duros hacen algún tipo de ruido. Los discos duros más rápidos, de 7.200 a 10.000 RPM suelen ser más ruidosos que los discos de 5.400 RPM. Las unidades de disco de algunos fabricantes pueden ser más ruidosas que unidades similares de otros fabricantes.

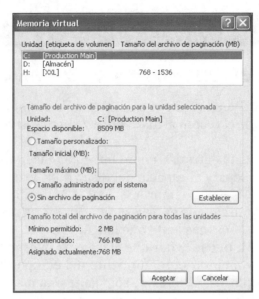

Figura 5.9. Utilice el cuadro de diálogo de la memoria virtual para desactivar la VM o ajustarla a sus necesidades específicas.

Truco

Algunos discos duros tienen un "modo silenciosos" que puede ajustarse con una utilidad del fabricante. Aunque el "modo silencioso" puede reducir el ruido del disco, también puede reducir el rendimiento general.

Comprobar y corregir archivos corruptos

El problema: Noto que cada vez aumenta más la cantidad de archivos dañados (no se abren o me dan errores cuando los abro), lo que me hace pensar que hay algún problema con el disco duro. ¿Cómo averiguo lo que está pasando?

La solución: ScanDisk analiza su disco duro en búsqueda de problemas con archivos o con medios (y le permite corregir muchos de los errores). Seleccione Inicio>Mi PC, haga clic con el botón derecho sobre la unidad de disco y elija Propiedades. Haga clic en la pestaña Herramientas y haga clic en el botón **Comprobar ahora** en la zona de comprobación de errores. Cuando aparezca el cuadro de diálogo Comprobar Disco local (véase la figura 5.10), haga clic en el botón **Iniciar** para realizar la prueba sin activar ninguna opción. Si ScanDisk muestra errores, vuelva a realizar la prueba, pero esta vez con las dos opciones de disco seleccionadas.

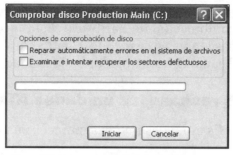

Figura 5.10. Utilice ScanDisk para analizar el disco y corregir cualquier error de archivos o de medios.

Truco

Si ScanDisk muestra errores, asegúrese de hacer copias de seguridad de los archivos con información importante antes de corregir dichos errores.

Asegúrese de que vuelve a analizar la unidad cada dos o tres días en busca de nuevos errores. Si la unidad sigue sin errores, probablemente funcione bien. Sin embargo, si encuentra nuevos errores y la frecuencia va en aumento, la unidad está destinada a fallar. Realice una copia de seguridad y cambie el disco duro lo antes posible.

Otras dos herramientas de otros reconocidos fabricantes que están dirigidas a realizar diagnósticos detallados, reparación de archivos o recuperación son el Disk Doctor de Symantec (http://www.symantec.com) y SpinRite 6.0 de Gibson Research (http://grc.com/spinrite).

Una nueva instalación hace que desaparezca la unidad

El problema: He instalado un nuevo disco duro, pero ahora mi unidad CD-ROM ha desaparecido.

La solución: Recuerde que cada dispositivo en un cable de cinta requiere una designación única (véase "La unidad se pierde"). Las unidades ATA utilizan una relación maestro/esclavo, mientras que las unidades SCSI utilizan ID0 hasta ID6 (ID7 está reservado para el controlador de SCSI). Cuando más de un dispositivo utiliza la misma designación provoca un conflicto que evita que una o la dos unidades no funcionen.

También puede deberse a una cuestión de temporización. Los discos duros rápidos (como UDMA/133) no siempre se encuentran a gusto con dispositivos más lentos (como las unidades de CD o de DVD) en el mismo canal. La interfaz de hoy en día de

UDMA debería ajustar su velocidad para los dispositivos más lentos, pero no siempre admite cualquier combinación de hardware. Esta incompatibilidad puede provocar que las unidades más lentas no se reconozcan. La mejor solución consiste en ubicar la unidad óptica en el canal del controlador de la unidad secundaria.

La nueva BIOS rechaza las unidades ATA

El problema: Mis unidades IDE desaparecen cuando actualizo la BIOS.

La solución: Ha olvidado limpiar la RAM de CMOS y volver a ajustar la configuración predeterminada de la BIOS. Lo único que ha de hacer es ajustar el puente de limpieza CMOS de su placa base (consulte el manual de la placa base para conocer su ubicación exacta), cambie la alimentación al ordenador en caso necesario (apáguelo, vuélvalo a encender, no se limite a pulsar el botón Reset) y coloque el puente de limpieza CMOS en su posición original. A continuación, reinicie el ordenador y acceda a la BIOS, active la configuración predeterminada "óptima" y asegúrese de que configura todas las entradas de la unidad a Auto. Guarde los cambios y reinicie normalmente. La BIOS debería identificar de nuevo de manera automática sus discos duros e iniciar el sistema operativo.

Detener la reproducción automática de la unidad USB

El problema: La reproducción automática aparece cada vez que conecto mi disco duro externo USB.

La solución: Cuando conecta un nuevo medio o inserta un nuevo disco en una unidad externa USB de CD o DVD, Windows XP le suele preguntar cómo quiere utilizar el medio que acaba de detectar. Para desactivar esta opción, seleccione Inicio>Mi PC, haga clic con el botón derecho en la unidad externa, elija Propiedades y haga clic en la pestaña Reproducción automática (véase la figura 5.11). Elija Seleccionar la acción que desea ejecutar y luego seleccione la opción No realizar ninguna acción.

El volumen de XP es muy grande

El problema: Estoy instalando Windows XP en una nueva unidad, pero un error de formato me dice que el volumen es demasiado grande.

La solución: Este pequeño y molesto problema de configuración en Windows XP evita que formatee una partición mayor de 32 GB en el sistema de archivos FAT32. Ahora no me malinterprete: Windows puede montar y ser compatible de verdad con volúmenes superiores a los 32 GB. Pero no se puede formatear un volumen mayor de 32 GB durante la configuración de Windows XP. Si necesita formatear una partición superior a los 32 GB, utilice el sistema de archivos NTFS. Microsoft explica este problema en el artículo Q314463 de la Knowledge Base (`http://support. microsoft.com/default.aspx?scid=fh;EN-US;KBJUMP`).

Figura 5.11. Indíquele a Windows XP que no realice ninguna acción cuando detecte un disco duro externo.

Herramientas mejores que defrag

El problema: ¿Puedo utilizar la utilidad Desfragmentador de disco para desfragmentar archivos importantes del sistema?

La solución: El Desfragmentador de disco (conocido cariñosamente como defrag) no desfragmentará o recolocará archivos importantes del sistema como la tabla de archivo maestro o el archivo swap (utilizado para la memoria virtual). Necesita una herramienta de potencia industrial como Diskeeper 8.0 de Executive Software International (`http://consumer.execsoft.com`), que gestiona rápidamente tareas de desfragmentación y también desfragmenta archivos importantes del sistema como la MFT o el archivo de intercambio (véase la figura 5.12).

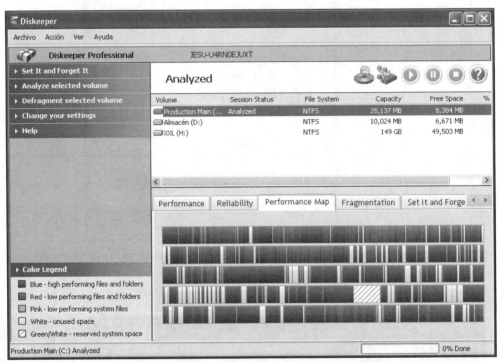

Figura 5.12. Las herramientas de otros fabricantes como Diskeeper 8.0 son mucho mejores que las utilidades estándar de Windows como el Desfragmentador de disco.

Defrag comienza de manera inesperada

El problema: ¿Por qué el Desfragmentador de disco informa de sus actividades y se reinicia?

La solución: ¿Hay alguna otra aplicación ejecutándose en segundo plano? Cualquier actividad de lectura o de escritura puede provocar fragmentación. Debido a que Defrag debe

guardar registro de los grupos de archivos que mueve, cualquier actividad puede crear una diferencia entre la forma en la que Defrag ve los grupos y la disposición real de los grupos en la unidad. Es obvio (o no tan obvio) que esta discrepancia puede presentar algunos problemas serios de archivos. Para evitar este tipo de errores, Defrag se reinicia cuando otra aplicación crea actividad en el disco duro. Antes de ejecutar Defrag, asegúrese de cerrar todas las aplicaciones (como los antivirus y las herramientas de diagnóstico del sistema), salga de la red y apague los sistemas de gestión de la energía y los protectores de pantalla.

Truco

Ejecute Defrag por la noche o durante otros períodos de inactividad como durante el fin de semana. El sistema de tareas programadas de Windows es una herramienta ideal para configurar las desfragmentaciones automáticas.

Unidades enteras que no se desfragmentan

El problema: Quiero desfragmentar una partición de mi disco duro, pero el volumen se niega a fragmentarse por completo.

La solución: Las herramientas de desfragmentación como Defrag o Diskeeper necesitan algo de espacio libre (normalmente hasta un 15 por ciento de la capacidad de la unidad) para separar y reorganizar los grupos de archivos. Los volúmenes de unidades que están muy llenos pueden quedarse sin espacio y es probable que los archivos (especialmente los archivos grandes) no se desfragmenten correctamente. Mueva algunos archivos grandes a un segundo disco duro (o dispositivo de CD o DVD) y vuelva a desfragmentar la unidad.

Algunos privilegios de acceso inadecuado también pueden afectar al proceso de desfragmentación. Las herramientas como Diskeeper se han de utilizar con una cuenta de administrador. De lo contrario, la utilidad se detendrá cuando encuentre un archivo al que no pueda acceder por razones de seguridad.

Los archivos vaciados pueden ser irrecuperables

El problema: Hace varias semanas que he eliminado un grupo de archivos de mi ordenador y vacié la Papelera de reciclaje. Ahora necesito esos archivos de nuevo. He comprado una utilidad que dice que recupera esos archivos "vaciados", pero no ha encontrado nada.

La solución: Lo más probable es que no se pueda hacer nada. Cuando se "elimina" un archivo y se envía a la Papelera de Reciclaje, el archivo aún existe en el disco duro (Windows lo coloca en una carpeta distinta). Si necesita el archivo más tarde, lo único que ha de hacer es mover el archivo desde la carpeta de la Papelera de Reciclaje a su ubicación original. Sencillo, ¿no?

Pero cuando "vacía" la Papelera de reciclaje está dejando dichas agrupaciones de archivos disponibles para nuevos archivos creados o modificados (aunque los datos del archivo se quedan en los discos de la unidad). En otras palabras, cuando "borra" un archivo y marca sus grupos como libres, aún puede usar una utilidad como Norton Disk Doctor de Symantec (`http://www.symantec.com`) para localizar y volver a conectar los grupos que utilizaba el archivo.

Sin embargo, con el tiempo los archivos que se han creado de nuevo o aquellos que han sido modificados utilizarán las agrupaciones libres y sobrescribirán los datos antiguos. A estas alturas, ya no puede recuperar (al menos no completamente) los datos antiguos. Como ha vaciado su Papelera de reciclaje hace unas semanas, no es muy probable que pueda recuperar todos los archivos. En su lugar, restaure los archivos que faltan desde una copia de seguridad reciente. (Tiene una copia de seguridad, ¿verdad?)

Problemas con las copias de seguridad y la restauración

Las herramientas que realizan copias de seguridad debería ampliar los discos

El problema: ¿Por qué sólo es necesario un CD en blanco para hacer una copia de seguridad del sistema?

La solución: Esta pequeña trampa nos ocurre siempre en el peor de los casos (cuando más la necesitamos). No todas las utilidades que realizan copias de seguridad pueden recuperar sus datos mediante múltiples discos (denominado ampliación). Como la mayoría de las copias de seguridad de hoy en día abarcan sin problemas unos 10 ó 20 GB, asegúrese de que compra una herramienta que realice copias de seguridad que sea compatible con la ampliación (como Ghost de Symantec o DriveImage 7.0).

Idealmente, la herramienta que realiza la copia de seguridad debería ser también capaz de crear un medio como disco de arranque que pueda utilizarse para recuperar el sistema (e iniciar el proceso de recuperación) en caso de que se produjera un desastre en la unidad de disco.

Asegúrese de que guarda su medio con copia de seguridad en un lugar seguro junto con el resto de documentación importante sobre la instalación y el sistema. Recuerde marcar fácilmente los discos con copias de seguridad.

Recuperarse de nuevos controladores

El problema: He actualizado un controlador de dispositivo y ahora mi juego favorito no funciona. ¿Puedo eliminar el nuevo controlador y comenzar de nuevo?

La solución: Puede reinstalar la versión antigua del controlador para su dispositivo específico. Sin embargo, encontrar el controlador antiguo en el CD de instalación original (o en la página Web del fabricante) puede ser un verdadero suplicio. Por suerte, la utilidad Restaurar sistema de Windows XP puede hacer que el equipo vuelva a un estado en el que todo funcionaba bien. Seleccione Inicio>Programas>Accesorios>Herramientas del sistema>Restaurar sistema y elija la opción Restaurar mi equipo a un estado anterior.

Haga clic en el botón **Siguiente** y luego siga las instrucciones del asistente para seleccionar una fecha reciente, anterior a la instalación del controlador (véase la figura 5.13). Tendrá que reiniciar su ordenador cuando se haya restaurado el punto seleccionado.

Los discos CD-R almacenan 700 MB y los discos DVD-R guardan 4,7 GB. Divida la cantidad de datos de los que tiene que hacer copia de seguridad por la capacidad de sus medios (y redondee hacia arriba) para determinar el número de discos que necesita para hacer la copia de seguridad. Por ejemplo, si va a hacer una copia de seguridad de 10 GB utilizando discos CD-R, necesitará (10 GB/0,684 GB) 14,61 (o 15) discos.

Si opta por hacer copias de seguridad en DVD, estime (10 GB/4,7 GB) 2,12 (o 3) discos. Los programas que realizan copias de seguridad suelen indicar cuántos discos le hacen falta después de haber seleccionado los archivos y las carpetas que desea guardar.

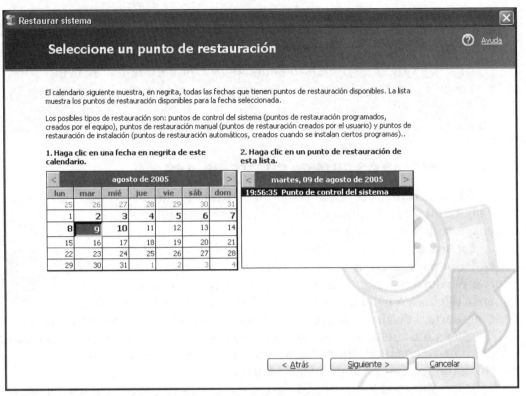

Figura 5.13. Utilice el asistente Restaurar sistema para recuperarse de una errónea actualización de controladores o cualquier otro problema de software.

Desactivar la restauración del sistema

El problema: Me aparecen muchos mensajes de la restauración del sistema. ¿Cómo puedo acabar con este problema?

La solución: Si la restauración del sistema le lleva de cabeza (o desea tener el máximo espacio disponible en su unidad de disco, abra el panel de control Sistema y haga clic en la pestaña Restaurar sistema (véase la figura 5.14).

Si lo que le interesa es tener mucho espacio en disco, arrastre hacia la izquierda el control deslizante que aparece en Uso de espacio en disco. Puede aprovechar unos cuantos gigabytes si ajusta el control deslizante un 50 por ciento, más o menos.

Pero si la restauración del sistema no le interesa, marque la casilla de verificación Desactivar restaurar sistema, haga clic en el botón **Aplicar** y a continuación en el botón **Aceptar**.

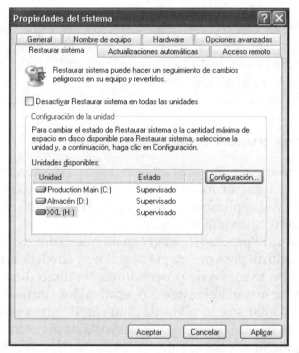

Figura 5.14. Ahorre espacio en disco y deje de ver esos mensajes tan molestos, desactivando la opción de restaurar sistema.

Cambiar un mal punto de restauración

El problema: La herramienta de restauración del sistema de Windows XP ha configurado el ordenador en un mal punto de restauración. ¿Puedo deshacer la restauración?

La solución: Por supuesto que sí. La opción de restaurar sistema le permite deshacer una restauración si selecciona un mal punto. Realmente, sólo ha de seleccionar un nuevo punto de restauración. Seleccione Inicio>Programas>Accesorios> Herramientas del sistema>Restaurar sistema y elija la opción Restaurar mi equipo a un estado anterior. Haga clic sobre el botón **Siguiente** y siga las instrucciones del asistente para seleccionar un punto de restauración anterior.

Nota

La función de restauración del sistema suele crear un punto de restauración cada día que el sistema se ejecuta correctamente o cuando se instala nuevo hardware y software. Sin embargo, siempre se pueden crear puntos de restauración manualmente, antes de hacer cambios importantes en el equipo. Después de todo, ¿por qué confiar en Windows para que haga un punto de restauración por usted? Abra el asistente para restaurar sistema y elija la opción Crear punto de restauración y, a continuación, siga las instrucciones del asistente.

Migrar a una nueva unidad de disco

El problema: Necesito más espacio, así que voy a cambiar mi disco duro por uno de más capacidad. ¿Tengo que volver a instalar el SO y cada aplicación desde cero? ¿Hay alguna manera de transferir cosas a la nueva unidad?

La solución: El proceso de migrar a un nuevo disco duro siempre ha tenido un poco de "magia negra" a su alrededor. Para la mayoría de los usuarios de ordenadores, un disco duro nuevo significa volver a instalar el sistema operativo, los controladores y las aplicaciones y copiar sus archivos de datos desde otros medios. Es un error muy común y malgasta mucho tiempo. En la mayoría de los casos, el sistema nunca es igual que al principio. Sin embargo, utilidades como Ghost de Symantec permiten "hacer una imagen" de la unidad original en la unidad nueva y lo único que ha de hacer es cambiar de sitio la unidad nueva por la antigua.

Por ejemplo, instale la nueva unidad como disco duro secundario (o esclavo) junto con su actual disco duro de arranque (o maestro). (Si ya tiene un disco duro secundario instalado, puede quitarlo de manera temporal). Instale Ghost y utilice la aplicación para copiar todos los contenidos de su primer disco duro, byte a byte, al segundo disco duro. Ahora quite la unidad antigua y vuelva a puentear la nueva unidad como el primer dispositivo (maestro). Cuando inicie el equipo, la nueva unidad debería parecer y funcionar de la misma manera que la que cambio, con todos sus datos y sus configuraciones de sistema en su sitio.

Truco

Algunos expertos en ordenadores evitan las "verdaderas" utilidades de creación de imágenes de disco porque transmiten a la nueva unidad todos los defectos de configuración, *spyware*, virus y otros elementos no deseados. Si no se siente cómodo con las imágenes, pruebe una herramienta de migración, por ejemplo AlohaBob PC-Relocator (`http://www.eisenworld.com/PCRelocator.asp?sub=1`).

Con poco espacio en disco se suspende la restauración del sistema

El problema: Me aparece un mensaje que dice que la restauración del sistema se ha suspendido. ¿Cómo la reanudo?

La solución: La utilidad de restauración del sistema necesita al menos 200 MB de espacio libre en la partición de arranque (la letra de unidad que guarda su sistema operativo). Cuando hay poco espacio en disco, se suspende la restauración del sistema y puede ver el estado de cada disco duro en la zona de estado de la pestaña Restaurar sistema (véase la figura 5.14). Para volver a activar la restauración del sistema, libere al menos 200 MB en el disco duro. Use la limpieza de disco para borrar archivos innecesarios o los archivos temporales o utilice el panel de control Agregar o quitar programas para desinstalar los programas que no se utilizan. También si borra imágenes antiguas o archivos en MP3 (o guárdelos en un disco CD o DVD) puede liberar bastante espacio de manera muy rápida.

Ghost no realiza imágenes de unidades USB

El problema: ¿Por qué Ghost de Symantec no puede guardar o crear una imagen de mi disco duro USB?

La solución: ¿Qué tal un chequeo? Intente leer y escribir archivos en la unidad a través de Mi PC. Si la unidad responde de manera normal, sabe que la unidad (y su puerto USB) funcionan perfectamente.

A continuación, compruebe la marca y el modelo de la unidad en la información sobre compatibilidades del último controlador de Symantec (`http://www.symantec.com/techsupp`). Si su unidad no está en la lista de dispositivos compatibles, consulte directamente con el servicio técnico de Symantec. También es posible que el problema sea con el software en sí. Es probable que tenga que actualizar las versiones del software anteriores a Ghost 8.0 de Symantec o Ghost 2003 de Norton. Compruebe la página Web de Symantec para descargar los últimos parches y actualizaciones de Ghost.

Truco

Como norma, no conecte una unidad USB a través de un concentrador o de una conexión en serie a través de otro dispositivo. Conecte siempre la unidad USB directamente a un puerto USB del ordenador. Los puertos USB 1.1 deberían utilizar los controladores USB 1.1 con Ghost.

Ghost es quisquilloso con los medios CD-RW

El problema: Estoy intentando hacer una imagen de mi disco duro en mi unidad CD-RW, pero siempre obtengo errores y el proceso finaliza. ¿Cómo puedo hacerlo?

La solución: Ghost escribe únicamente en discos CD-RW sin formato. Un disco CD-RW formateado producirá errores. Puede utilizar una utilidad CD-RW (como la opción para borrar en Drag-to-Disk de Roxio) para limpiar un disco formateado (incluyendo el archivo de sistema) y pruebe Ghost de nuevo.

Éste es otro caso en el que la compatibilidad entre el hardware de la unidad y las versiones de software pueden causar estragos en la escritura normal de CD-RW. Comience siempre comprobando la presencia de la marca y el modelo de la unidad en la última información sobre compatibilidad de unidades de Symantec (`http://www.symantec.com/techsupp`).

Si su unidad no está en la lista de dispositivos compatibles, consulte directamente con el servicio técnico de Symantec.

Compruebe también las versiones de su software. Necesita Ghost 7.0 de Symantec (o superior) o Ghost 2001 de Norton (o superior) para guardar archivos de imagen compatibles con unidades CD-RW.

Compruebe la página Web de Symantec para descargar los últimos parches y actualizaciones de Ghost.

La fragmentación detiene a Ghost

El problema: Estoy utilizando Ghost de Symantec para hacer una copia de seguridad de mi disco duro, pero el programa se detiene cada vez que intento copiar la MFT.

La solución: La fragmentación de archivos en la tabla de archivo maestro es la que produce este extraño problema. Antes de iniciar Ghost, desfragmente la unidad utilizando una herramienta que gestione la MFT y el archivo swap, como por ejemplo Diskeeper 8.0 de Executive Software Internacional (`http://consumer.execsoft.com`).

Herramientas comerciales

La compatibilidad con el disco duro y el mantenimiento son tareas muy importantes para cualquier manitas de los ordenadores. Las siguientes utilidades obligatorias se merecen un lugar en su caja de herramientas:

❑ **Space Patrol** (`http://www.jddesign.co.uk`): Ajusta o desajusta las advertencias de que hay poco espacio disponible en disco en Windows.

❑ **PCMark04 Pro** (`http://www.futuremark.com`): Pone como referencia el rendimiento de su ordenador (incluyendo el rendimiento del disco duro y del sistema).

❑ **Symantec Ghost** (`http://www.symantec.com`): Puede hacer una imagen de un disco duro a otro o hacer copias de seguridad del disco en otro medio, como discos CD o DVD.

❑ **SpinRite 6.0** (`http://www.grc.com`): Diagnóstica y corrige una amplia variedad de enfermedades del disco duro.

❑ **Diskeeper 8.0** (`http://consumer.execsoft.com/diskeeper`): Defragmenta sus discos duros rápidamente y de manera eficaz, incluyendo la MFT y el archivo swap.

6. Problemas con la unidad de CD/DVD

Lo multimedia ha llegado realmente a la mayoría de edad. Las viejas y lentas unidades de CD-ROM que reproducían música y conseguían instalar el nuevo software han sido sustituidas hace mucho por rápidas unidades grabadoras de CD (CD-R/RW). Las unidades actuales pueden grabar álbumes de fotografías, grabar nuestras canciones favoritas y hacer una copia de seguridad del sistema sorprendentemente rápido. Las unidades de DVD también han encontrado su sitio en los ordenadores actuales. No sólo podemos disfrutar de las películas de Hollywood, con todas sus funciones, en nuestro ordenador, sino que, mediante la nueva generación de unidades grabadoras de DVD, podemos crear nuestras propias películas de larga duración y guardar enormes cantidades de datos.

Mientras las unidades ópticas tienen un papel mayor en nuestros ordenadores, los usuarios habituales se enfrentan a problemas corrientes con la compatibilidad y el rendimiento del hardware y el software de grabación/regrabación. Este capítulo comienza con los problemas de configuración del CD/DVD y luego estudia una serie de problemas de rendimiento.

También examina una gran variedad de problemas con la reproducción, grabación y regrabación. Por último, veremos algunas de mis soluciones favoritas para los problemas con el software de grabación/regrabación de DVD.

Problemas de configuración

Identificar discos desconocidos

El problema: He heredado todo tipo de discos grabables sin etiqueta y me estoy volviendo loco. Por ejemplo, ¿cómo sé si es un disco 8X CD-RW o un disco 16X CD-R?

La solución: Descargamos e instalamos Nero InfoTool 3.01 de Erik Deppe (`http://www.cdspeed2000.com`). Esta potente utilidad revelará una amplia cantidad de información sobre las unidades ópticas y los discos. Basta con insertar el disco vacío en la unidad, iniciar el programa y hacer clic en la pestaña Disc para leer todo lo que necesitamos saber sobre el disco (véase la figura 6.1). La utilidad también nos ayuda a conocer información sobre el hardware y el software de la unidad óptica.

Figura 6.1. Herramientas como Nero InfoTool 3.01 pueden revelar una gran cantidad de información sobre los discos ópticos.

Dominar el código de región del DVD

El problema: Me encantan las películas raras y encargo DVD de todo el mundo. El problema es que a veces tengo que modificar el código de región del DVD antes de poder sentarme con una bolsa de palomitas. ¿Hay alguna forma de dominar estos estúpidos códigos?

La solución: La industria cinematográfica (es decir, Hollywood) publica películas en diferentes partes del mundo, en fechas diferentes. Por ejemplo, Warner Bros. publicó Matrix en Estados Unidos en septiembre de 1999. En Gran Bretaña se publicó dos meses después. Para controlar la fecha de aparición de las películas y evitar que reproduzcamos un disco de, por ejemplo, los Estados Unidos, en Europa, codifican el DVD con un código regional. Esto significa que un DVD de una región generalmente sólo se reproducirá en un reproductor de la misma región. Las seis regiones principales son:

1. Norteamérica.

2. Japón, Europa, Oriente Medio, Sudáfrica.

3. Sureste asiático (y Hong Kong).

4. Australia, Nueva Zelanda, América central y del sur.

5. Noroeste asiático, Norte de África.

6. China.

El código regional del reproductor DVD se establece cuando reproducimos un DVD por primera vez. De modo que, cuando un usuario de Norteamérica coloca un disco en la unidad, se establece que es de la región 1. Podemos determinar fácilmente el código de región simplemente mirando las propiedades de la unidad. Abrimos Sistema, en el panel de control, hacemos clic en la pestaña Hardware y después hacemos clic en el botón **Administrador de dispositivos**.

Ampliamos la entrada Unidades de DVD/CD-ROM, hacemos clic con el botón derecho del ratón en la unidad DVD, seleccionamos Propiedades y hacemos clic en la pestaña Región DVD (véase la figura 6.2).

Podremos cambiar el código regional en la mayoría de las unidades de DVD. Basta con introducir un disco DVD de otra región y seleccionar la región correspondiente en la pestaña Región DVD y hacer clic en el botón **Aceptar**. Sin embargo, sólo podremos cambiar el código regional un determinado número de veces. Tras llegar al límite, la unidad permanecerá siempre con el último código regional seleccionado.

Nota

El fabricante de la unidad DVD normalmente no restablecerá el código regional una vez que lleguemos al límite de cambios.

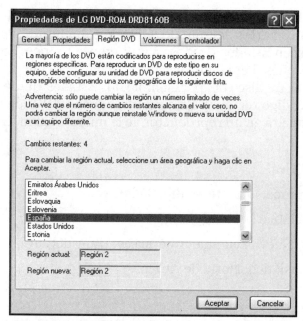

Figura 6.2. Revisamos el cuadro de diálogo de propiedades de la unidad DVD
para determinar el código de región actual.

LED de preparado o LED de ocupado

El problema: Los indicadores LED de mi unidad siempre
están encendidos. La unidad funciona perfectamente, pero esas
luces me molestan realmente.

La solución: La mayoría de las unidades ópticas usan un
LED para mostrar la condición de "ocupado" (o trabajando)
mientras la unidad lee o graba discos. Sin embargo, la luz LED
debería apagarse cuando la unidad no está trabajando. A veces, un
indicador LED funciona como luz de "preparado", que se ilumina cada
vez que ponemos un disco en la unidad (independientemente de si accedemos al disco). Así podemos mirar la luz para saber si tenemos un disco en la unidad. A menudo
podremos cambiar la configuración de este LED mediante un *jumper* en el mecanismo de la unidad.

Falló la actualización del firmware de la unidad

El problema: He intentado actualizar el *firmware* de mi unidad Plextor CD-RW SCSI, pero sólo obtengo errores del programa de actualización. Por suerte, la unidad todavía funciona.

La solución: El problema está en los controladores de la
Interfaz avanzada para programar (ASPI), que permiten a los

dispositivos SCSI comunicarse con los adaptadores del ordenador. La capa del controlador ASPI debe estar completa para que funcione la utilidad de actualización de Plextor. Si no es así, la unidad puede funcionar, sin embargo la utilidad de actualización no funcionará. Probemos descargando ASPI Driver For Windows 4.71 de Adaptec (`http://www.adaptec.com/worldwide/support/driverdetail.jsp?cat=%2fProduct%2fASPI-4.70&filekey=aspi_v471.exe&sess=no`).

Este parche debería actualizar la capa ASPI con los últimos controladores para Windows 2000/XP. También incluye la utilidad ASPICHK.EXE, que comprobará la integridad de la capa ASPI. Ejecutamos ASPICHK. Si indica problemas con la capa ASPI, ejecutamos ASPIINST.EXE para volver a instalar todo el conjunto de controladores ASPI. A continuación, reiniciamos el equipo y volvemos a ejecutar ASPICHK para verificar los controladores ASPI. Si nos indica que todo está bien, probemos a actualizar de nuevo.

Nota

Si la comprobación de la capa ASPI no muestra errores, pero la utilidad de actualización no funciona, tendremos que ponernos en contacto con el servicio técnico del fabricante.

El nuevo Firmware mejora el rendimiento

El problema: Mi ordenador tiene una unidad Plextor PX-712A DVD+/-R/RW. La unidad funciona perfectamente, pero parece increíblemente lenta.

La solución: Bueno, no podemos esperar una velocidad sorprendente de una unidad grabadora de DVD. Por ejemplo, la Plextor PX-712A sólo alcanza una velocidad de grabación de 4X grabación/4X regrabación. Eso son sólo 600 KB/s, de modo que para grabar 1 GB tardaremos 1.667 segundos (o 27,8 minutos). ¿Entendido?

Para probar la unidad, podemos ejecutar un programa de pruebas, como DVD Speed (`http://www.cdspeed2000.com`). Si la velocidad de grabación está por debajo de lo esperado, quizás sea hora de actualizar el *firmware*.

Por ejemplo, Plextor publicó la versión 1.01 del *firmware* para la familia PX-712 el 24 de mayo del 2004. La actualización mejora específicamente el rendimiento de la grabación en todo tipo de discos. Para determinar si hay alguna mejora en el rendimiento, basta con descargar e instalar la actualización del *firmware* y ejecutar de nuevo el programa de pruebas.

El nuevo firmware anula la unidad

El problema: Acabo de actualizar el *firmware* de mi unidad óptica. El proceso pareció realizarse correctamente, pero ahora la unidad se niega a grabar.

La solución: A menudo encontraremos el origen de este problema en el registro de Windows. En algunos casos, al cambiar el *firmware* de la unidad, se modifica la forma en la que el sistema identifica a la unidad. La grabadora ya no se corresponde con su entrada en el registro, lo que hace que Windows no detecte a la unidad (aunque no hayamos cambiado el hardware). Abrimos Sistema, en el panel de control, hacemos clic en la pestaña Hardware y hacemos clic en el botón **Administrador de dispositivos**. Ampliamos la entrada Unidades de DVD/CD-ROM, hacemos clic con el botón derecho del ratón en la unidad sospechosa y hacemos clic en el botón **Desinstalar**. A continuación, reiniciamos el equipo y dejamos que Windows vuelva a detectar la unidad.

Advertencia

Si instalamos el *firmware* equivocado o interrumpimos el proceso de actualización (por ejemplo, por un corte de corriente), podemos inutilizar la unidad óptica. Si esto sucede, probablemente tengamos que devolver la unidad al fabricante para que nos la cambie.

Acabar con el robo de discos

El problema: En más de una ocasión han desaparecido mis CD de la oficina. ¿Es posible cerrar mi unidad de CD para evitar que los gorrones se lleven mis CD?

La solución: Es una pregunta interesante desde varios ángulos. En primer lugar, no queremos que nadie se lleve nuestro caro CD de Microsoft Office XP y desde luego, no queremos que un empleado descontento se lleve el CD con la copia de seguridad de la base de datos de la empresa. Una forma de proteger el disco físico es "bloquear" la bandeja de la unidad deshabilitando el botón de expulsión. Algunas unidades ópticas, como la unidad de CD-ROM CRD-8240B, de LG Electronics, incluyen programas de bloqueo/desbloqueo junto a los controladores.

Sin embargo, también podríamos considerar una utilidad de "CD virtual". Un CD virtual crea en el disco duro una imagen completa de un disco y por tanto, hace que el disco esté disponible directamente desde el disco duro.

Se reserva espacio en el disco duro para emular a una unidad de CD/DVD. Una vez realizada la imagen del CD original en el disco duro, podemos extraer y guardar (en un cajón o bien en el maletín) el CD. Por ejemplo, Virtual CD v6, de H+H Software, GmbH (`http://www.virtualcd-online.com`) tiene ediciones personales, de red y de servidor de su programa de CD virtual.

Por supuesto, una rápida búsqueda en Internet mostrará otros emuladores de CD virtual, de Linksys (`http://www.linksys.com`) y otros fabricantes.

Pasarse a lo vertical

Generalmente montamos las unidades de CD/DVD horizontalmente (de izquierda a derecha, a lo largo, tipo listo). De esta forma, basta con insertar el disco en la unidad, cerrar la bandeja y listo. Sin embargo, algunas carcasas de PC nos permiten montar la unidad CD/DVD verticalmente. Aunque la unidad debería funcionar perfectamente en forma vertical, tendremos que hacer algo con la bandeja del disco (un disco en vertical vibrará en la bandeja como un pez epiléptico lleno de cafeína). Si queremos montar la unidad óptica verticalmente, debemos asegurarnos de que la bandeja incluya unas pequeñas abrazaderas, que podemos colocar para asegurar el disco.

No se reconoce la nueva unidad

El problema: He instalado una nueva unidad CD/DVD, pero no aparece en el explorador de Windows ni en Mi PC. ¿A dónde a ido?

La solución: Revisemos de nuevo la instalación y asegurémonos de haber conectado firmemente los cables de alimentación y de señal. Además, comprobemos dos veces el *jumper* de la unidad y asegurémonos de que otros dispositivos del mismo canal no duplican la identidad de la unidad. Por ejemplo, no queremos dos unidades "maestras" en el mismo cable ATA (o dos unidades con ID4 en el mismo cable SCSI).

Si hemos instalado una unidad SCSI, debemos asegurarnos de que sólo terminamos el último dispositivo del cable SCSI. Si el problema persiste, probemos la unidad en otro PC para asegurarnos de que la unidad funciona (si no es así, cambiemos la unidad defectuosa).

La reproducción automática es lenta

El problema: ¿Por qué mi unidad óptica tarda tanto en reproducir automáticamente un CD?

La solución: Por lo general, se supone que un disco que acabamos de introducir se "reproduce automáticamente" en unos segundos, pero algunas unidades necesitan unos segundos para alcanzar la velocidad de lectura óptima para un determinado disco. Las unidades Plextor básicamente comparan la TOC (tabla de contenido) de un disco con la última pista del disco y comprueban la integridad de los datos en la parte externa del disco. A continuación, la unidad establecerá una velocidad de lectura basándose en la prueba (lo que suele conseguir un mejor rendimiento de lectura). Sin embargo, el proceso retrasa el arranque del disco y la reproducción automática. No podemos evitar este comportamiento, a menos que cambiemos la unidad por un modelo de otro fabricante.

Desactivar la reproducción automática

El problema: Odio que los discos se reproduzcan automáticamente. ¿Cómo puedo desactivar la molesta función de reproducción automática?

La solución: Abrimos Mi PC, hacemos clic con el botón derecho del ratón en la unidad óptica, seleccionamos Propiedades y hacemos clic en la pestaña Reproducción automática (véase la figura 6.3). Usamos el menú desplegable para seleccionar el tipo de disco en el que queremos desactivar la reproducción automática, seleccionamos la opción Seleccionar la acción que desea ejecutar y marcamos No realizar ninguna acción. Repetimos el proceso para los diferentes tipos de disco y hacemos clic en el botón **Aplicar** para guardar los cambios.

La unidad USB no ve el disco

El problema: Puedo ver la letra de unidad de mi CD-RW USB, pero siguen apareciendo errores que dicen que no hay disco en la unidad.

La solución: Cada vez que introducimos un disco, probablemente veamos un mensaje de error como "La unidad no tiene disco". Este error aparece cuando la unidad usa los controladores predeterminados del SO (anteriores a XP), en lugar de los controladores del fabricante. Por ejemplo, este problema asola la unidad Archos MiniCDRW (usada normalmente con ordenadores portátiles, como WinBook). En ese caso, debemos utilizar los controladores ISD (el fabricante) en lugar de los de Microsoft. Abrimos Sistema, en el panel de control, hacemos clic en la pestaña Hardware y hacemos clic en el botón **Administrador de dispositivos**. Ampliamos la entrada USB, hacemos doble clic en la unidad de almacenamiento y hacemos clic en la pestaña Controlador. Si aparece Microsoft como fabricante del controlador, hacemos clic en el botón **Actualizar controlador** y utilizamos los controladores del fabricante que estaban en la caja del producto. Reiniciamos el equipo y probamos a introducir de nuevo el disco.

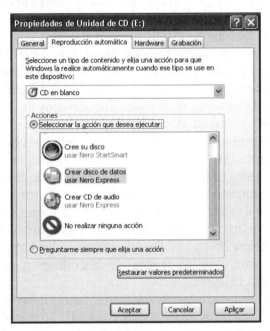

Figura 6.3. Usamos la pestaña Reproducción automática para modificar el comportamiento de la unidad con cada tipo de disco.

Problemas de rendimiento

No hay espacio tras formatear

El problema: ¿Por qué veo 0 MB de espacio disponible tras formatear un disco CD-RW?

La solución: El problema suele estar en el programa de grabación. Por ejemplo, este problema aparecía en la versión InCD 4.0.3.2 de Nero así como en algunas unidades CD-RW de AOpen (DRW2412Pro) con Windows XP (SP1). Busquemos un parche o actualización en la página Web del fabricante del programa. Para resolver en problema de InCD, actualizamos a la versión 4.0.1.11 o posterior (http://www.nero.com/en/nero-up.php).

Si no hay ningún parche o actualización, podemos probar con otro programa de grabación, como Drag-to-Disc de Roxio (`http://www.roxio.com`).

Grabar 80 minutos y más

El problema: ¿Por qué no puedo grabar CD de 80 minutos con mi grabadora? ¿Tengo que actualizarla? ¿Puedo actualizar mi unidad?

La solución: Los discos CD-R normales admiten 74 minutos (650 MB) de música en un solo disco. Los fabricantes de CD suelen dejar los últimos seis minutos en blanco para evitar que las manchas de dedos y demás suciedad del borde del disco interfieran con la lectura o grabación. Si queremos usar los 80 minutos (700MB), necesitaremos un disco diseñado para grabar los 80 minutos. También necesitaremos una unidad y un programa de grabación (como Nero 6) capaces de grabar discos de 80 minutos (revisemos las especificaciones de la unidad y del programa).

Sin embargo, esto sólo nos proporciona seis minutos más (50MB). ¿Qué hay de esos discos que prometen 90 o 99 minutos? Para introducir aún más datos en un CD, podemos usar una unidad de almacenamiento y una técnica llamada "sobregrabación", que no tiene en cuenta el límite de almacenamiento indicado para el CD. Igual que con la grabación de tamaño extra, la unidad y el programa de grabación deben admitir la sobregrabación. El programa de grabación, como Nero, nos indicará si la unidad admite esta función.

Podemos activar la sobregrabación mediante el programa de grabación, que nos permite introducir el tiempo de grabación total (normalmente hasta 99 minutos y 99 segundos) para el disco. A continuación, debemos confirmar que queremos grabar antes de que comience el proceso de grabación.

Truco

Antes de sobregrabar un CD, la mayoría de los programas nos permitirán hacer una prueba de grabación. Si se produce algún error durante la prueba, podemos reducir el tiempo de grabación y volver a intentarlo.

¿Qué sucede si la unidad no nos permite la sobregrabación? Podemos actualizar el *firmware* de la unidad para que lo permita. Por ejemplo, la unidad CD-R/RW Plextor PX-W4824TA/TU necesita la versión 1.04 o posterior del *firmware*. La PX-W4012TA/TU necesita la versión 1.05 o superior. Antes de intentar sobregrabar un CD, siempre debemos buscar actualizaciones del *firmware* en la página Web del fabricante.

Mezclar y ordenar formatos de disco

El problema: He enviado a mis abuelos un VideoCD (VCD) de mi boda, pero dicen que su CD-ROM no puede leer el disco. Sé que el disco funciona porque lo he probado en mi ordenador antes de enviarlo por correo.

La solución: Para leer un Video CD, necesitamos una unidad que disponga de "multilectura". Las unidades de CD-ROM antiguas sólo leían discos en modo 1. A medida que se introducían nuevos formatos, las nuevas unidades CD tenían que admitir más formatos. Hoy en día, las unidades de CD-ROM y CD-RW multilectura (junto con las modernas unidades de DVD-ROM y DVD-RW) admiten una gran cantidad de formatos diferentes.

Por ejemplo, la unidad PlexWriter 40/12/40 de Plextor admite discos CD-DA, CD-Extra, CD-ROM Mode 1, Mix CD-ROM XA, PhotoCD, Video CD, CD-I Multisession, CD-Text, CD+G, UDF, y MRW (Mt.Rainer). Realmente son muy variados. Obviamente, esta unidad podría ver nuestro Video CD. Para averiguar qué formatos admite la unidad de nuestros abuelos, revisemos las especificaciones en el manual (o veamos la página Web del fabricante). Quizás tengamos que cambiar la unidad por un modelo más reciente.

Acabar con las unidades ruidosas

El problema: Mi unidad óptica hace mucho ruido cuando gira el disco. Me produce dolor de cabeza.

La solución: Aquí tenemos varios posibles culpables, pero todo se reduce a velocidad y equilibrio. ¿Ha notado como el coche vibra al llegar a cierta velocidad? Suele suceder porque las ruedas desequilibradas producen vibraciones. El mismo principio se aplica a los discos ópticos; un disco desequilibrado, girando a las velocidades actuales de 40X-52X, puede moverse lo suficiente como para producir vibraciones audibles.

Truco

Los CD pequeños, del tamaño de una tarjeta de crédito, son famosos por hacer que suene la unidad. Debemos evitar, dentro de lo posible, el uso de CD de menor tamaño.

Comencemos por inspeccionar el disco. Busquemos etiquetas adhesivas que sólo ocupen parte del disco, o etiquetas de CD circulares que no estén correctamente centradas. Probemos con varios discos (en blanco). Si el sonido persiste, el mecanismo de la unidad podría estar dañado, por lo que quizás haya que cambiar la unidad. Si el sonido cesa, ya sabemos que el problema está en el disco. Quitemos la etiqueta o volvamos a grabar los datos en un CD sin etiquetas. El problema podría no estar en la etiqueta (el grosor del disco puede ser desigual). Por ejemplo, algunos discos de controladores incluidos en las viejas Plextor 1210A, 2410A y 4012A tienen un grosor desigual, lo que produce un bamboleo a altas velocidades. Probemos con discos de otro fabricante.

Si estamos obligados a usar CD con etiquetas extrañas y el sonido nos produce dolor de cabeza, quizás podemos limitar artificialmente la velocidad de la unidad, utilizando una herramienta como Nero DriveSpeed (parte del paquete de herramientas de Nero 6). También podemos descargarlo de `http://www.cdspeed2000.com`. Basta con establecer la velocidad máxima para la unidad mientras la utilidad se ejecuta en la bandeja del sistema (véase la figura 6.4). Por supuesto, limitaremos el rendimiento óptimo de la unidad, pero es mejor que quitar las pegajosas etiquetas de nuestros discos importantes.

Figura 6.4. Nero DriveSpeed nos permite reducir artificialmente la velocidad de una unidad de CD ruidosa.

Reanimar a una unidad lenta

El problema: Mi unidad óptica va a la velocidad de un caracol. ¿Cómo puedo hacer que vaya más rápido sin gastar más dinero?

La solución: En primer lugar, usando una herramienta como CD Speed (`http://www.cdspeed2000.com`) para

medir el rendimiento de la unidad (véase la figura 6.5). Si la velocidad real de la unidad cumple con las especificaciones indicadas (por ejemplo, 40X lectura/16X grabación/12X regrabación), no tenemos motivos para quejarnos. De hecho, la mayoría de las unidades de CD sólo llegan a sus velocidades de lectura máximas en la mitad final del disco. Por ejemplo, una unidad 32X puede comenzar a 15X cerca del centro y luego acelerar hasta los 32X cuando llega al final del disco (hay que recalcar que el perfil de velocidad que aparece en la figura 6.5 variará dependiendo del modelo y fabricante de la unidad).

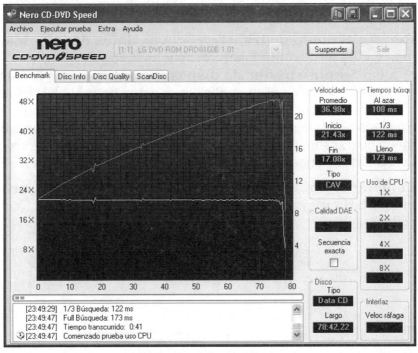

Figura 6.5. Usamos una herramienta como CD Speed para medir el rendimiento de la unidad.

Truco

Debemos recordar que otros factores del ordenador, como el programa antivirus que se ejecuta en segundo plano, una interfaz IDE mal configurada (quizás configurada para transferencias de datos PIO en lugar de transferencias DMA), descargas de archivos, excesiva actividad del disco duro (por ejemplo, accediendo a la memoria virtual), e incluso una CPU lenta, pueden afectar al perfil de velocidad de la unidad.

También podemos utilizar los siguientes trucos para reactivar el rendimiento de la unidad:

❏ **Asegurarnos de que el disco está limpio:** Los arañazos y las marcas de dedos a veces pueden hacer que la unidad reduzca su velocidad y vuelva a leer los datos corruptos.

❏ **Cerrar las tareas que tengamos en segundo plano:** Las tareas que abusan de la CPU pueden interferir con el proceso de lectura y grabación. Cerremos todos los programas de la barra de tareas que no sean necesarios antes de leer o grabar un disco.

❏ **Revisar el modo de transferencia de datos de la unidad:** Arimos Sistema, en el panel de control, hacemos clic en la pestaña Hardware y hacemos clic en el botón **Administrador de dispositivos**. Ampliamos la entrada Controladoras IDE ATA/ATAPI, hacemos clic con el botón derecho del ratón en el canal principal o en el secundario (en el que se encuentre la unidad óptica) y seleccionamos Propiedades. Hacemos clic en la pestaña Configuración avanzada y marcamos el modo de transferencia de cada dispositivo. Debemos asegurarnos de seleccionar DMA si está disponible (véase la figura 6.6) y de hacer clic en el botón **Aceptar**.

❏ **Cambiar la unidad por un modelo más moderno, que ofrezca mayor velocidad y mejor rendimiento:** Por ejemplo, la unidad Kenwood TrueX 72X comienza a 44X y pasa a 68X a los 20 minutos del disco (véase la figura 6.7).

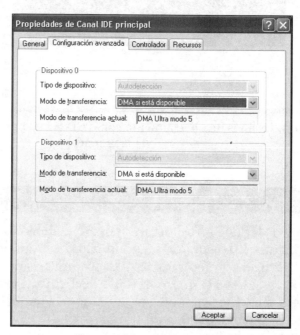

Figura 6.6. Nos aseguramos de que el modo de transferencia de las unidades ópticas sea DMA si está disponible.

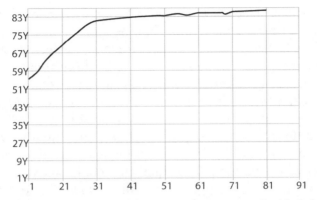

Figura 6.7. La unidad Kenwood TrueX 72X ofrece una velocidad de transferencia de datos muy superior, para realizar una lectura rápida.

VAC o VLC

Los discos ópticos y los discos duros hacen girar sus discos de forma diferente. Los discos duros hacen girar sus platos a un número constante de revoluciones por minuto (RPM), lo que produce una velocidad angular constante (VAC) en el disco. Este método supone un reto para el mecanismo de lectura/escritura porque los datos se mueven "más rápido" en los bordes del plato que en el punto más cercano al centro.

Las unidades ópticas, por el contrario, ajustan la velocidad de giro para mantener un flujo constante de datos, lo que produce una velocidad lineal constante (VLC). Esta técnica ralentiza el giro a medida que el lector se aleja del centro del disco y lo acelera cuando lee datos más cercanos al centro del disco.

Cables para el CD de audio

El problema: He puesto un CD de en la unidad y he abierto Windows Media Player (WMP). Puedo ver que hay una pista reproduciéndose, pero no hay sonido.

La solución: Seleccionamos Inicio>Todos los programas>Accesorios>Entretenimiento>Control de volumen. Debemos asegurarnos de que el canal de CD de Audio no está silenciado y de que el volumen tenga un nivel adecuado.

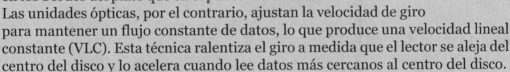

A continuación, comprobamos la configuración de la unidad de CD. Abrimos Sistema, en el panel de control, hacemos clic en la pestaña Hardware y hacemos clic en el botón del **Administrador de dispositivos**. Ampliamos la entrada Unidades de DVD/CD-ROM, hacemos clic con el botón derecho del ratón en la unidad que da problemas, seleccionamos Propiedades y hacemos clic en la pestaña Propiedades (véase la figura 6.8). Comprobamos que el control deslizante Volumen del reproductor de CD esté activado y marcamos la casilla Habilitar audio de CD digital para este dispositivo de CD-ROM. Si la casilla de verificación no está disponible (quizás el CD-ROM o la versión de Windows son demasiado antiguos para admitir esta función), tendremos que conectar un pequeño cable de audio CD de 4 cables entre la unidad de CD y el puerto mezclador de la tarjeta de sonido. Podemos conseguir los cables de CD de audio en cualquier tienda de informática. Si el cable de audio está conectado a otra unidad (quizás tengamos dos unidades ópticas en el PC), podemos reproducir el audio mediante la unidad conectada, activando el audio de CD digital o actualizando la unidad/el SO para que admita el audio de CD digital.

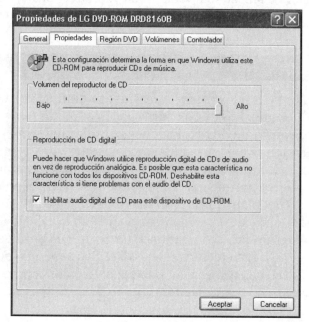

Figura 6.8. Subimos el volumen de la unidad y activamos el audio de CD digital si es posible.

Bandeja de la unidad temperamental

El problema: Mi unidad CD-RW se niega a expulsar el CD de audio. Creo que sé cómo hacer que salga el disco, pero necesito un martillo.

La solución: Que no cunda el pánico; recuperaremos el disco. En primer lugar, dejemos el martillo a un lado y volvamos a probar con el botón de expulsión. Sí, ya sé que ya hemos pulsado el botón doscientas veces, pero hagámoslo de nuevo. Quizás falle el botón. Esta vez, mantenemos pulsado el botón, firme y uniformemente, durante un segundo. Si sigue sin funcionar, abrimos Mi PC, hacemos clic con el botón derecho del ratón en la unidad y seleccionamos Expulsar.

Aquí viene el truco. Si la unidad no aparece en Mi PC, probablemente haya perdido la alimentación (por eso el equipo no puede verlo). Por ejemplo, esto puede sucedernos si no conectamos firmemente el cable de alimentación de 4 hilos durante la instalación de la nueva unidad. Apaguemos el PC, abrimos el chasis y volvemos a comprobar el cable de alimentación. Volvemos a encender el equipo, nos aseguramos de que la unidad aparezca en Mi PC y volvemos a intentar expulsar el disco.

Truco

Las utilidades de grabación, como Drag-to-Disc, de Roxio, suelen "encerrar" el disco CD-RW hasta que lo expulsamos mediante la utilidad.

Si la unidad aparece en Mi PC, pero sigue negándose a expulsar el disco, quizás tengamos entre manos una unidad averiada. Que no cunda el pánico, basta con apagar el equipo. Buscamos un clip grande de papel, lo enderezamos y cuidadosamente, insertamos un extremo en el Orificio de expulsión de emergencia (normalmente situado debajo de la bandeja de la unidad). Esto hace moverse manualmente al motor de la bandeja y la saca lo suficiente para que podamos cogerla con los dedos y extraerla cuidadosamente.

Si la bandeja está bloqueada y se niega a abrirse, el disco podría estar atascado. Si tiramos con fuerza, podríamos estropear el disco, la bandeja de la unidad o las dos cosas. Si no podemos abrir la bandeja tras utilizar el cierre de expulsión de emergencia, quizás tengamos que quitar la unidad del equipo, abrir su carcasa externa y desatascar físicamente el disco. Por supuesto, si la bandeja sigue negándose a abrirse y cerrarse tras sacar el disco, cambiemos la unidad.

Solucionar los errores CRC en la grabación de discos

El problema: ¿Por qué aparecen errores CRC cuando grabo en disco?

La solución: Estamos sufriendo errores de Verificación de redundancia cíclica (CRC) debido a la corrupción de datos. Los datos de archivo están divididos en segmentos y se procesan mediante un algoritmo que calcula un valor CRC para cada segmento. Cuando los datos llegan a su destino, se calcula un nuevo valor CRC y se compara con el CRC original, enviado junto a los datos. Si los dos valores CRC concuerdan, los datos están bien. Si no es así, los datos son dudosos.

Las interferencias del interior del PC son la causa más habitual de los errores CRC. Por ejemplo, las señales de un cable producen señales falsas en un cable cercano. Si la interferencia es lo bastante intensa, los bits de datos pueden cambiar (lo que provoca los errores CRC). Los fabricantes (y muchos aficionados a montar PC) suelen agrupar y atar el cableado interno para que tenga una apariencia más ordenada. ¡Por favor, dejad de hacerlo! Desagrupemos cualquier cableado y dejemos que cuelgue libremente, sustituyendo cualquier cable dañado y probemos a escribir de nuevo.

Antes de ponernos demasiado cómodos, celebrando la victoria, nos aseguraremos de volver a comprobar los modos de transferencia de las unidades ópticas. Por ejemplo, los errores CRC pueden hacer que el sistema operativo cambie el modo de transferencia de modo DMA a PIO.

PIO es más lento y no utiliza la técnica CRC. Debemos asegurarnos de mantener el modo DMA para que CRC siga haciendo comprobaciones y consiguiendo el mejor rendimiento de la unidad (véase la figura 6.6).

Borrando los discos que no necesitamos

El problema: Tengo que borrar unos discos CD-RW, pero la función de formatear de Drag-to-Disk, de Roxio, tarda mucho. ¿Hay una forma más rápida?

La solución: Bueno, podríamos borrar el disco en lugar de formatearlo. Las utilidades de grabación, como por ejemplo Drag-to-Disk, de Roxio, suelen proporcionar una función de borrado fácil y Nero 6 ofrece una opción de borrado rápido. Borrar un disco de reescritura es muy parecido a borrar un archivo de un disquete o del disco duro (los datos reales permanecen intactos, pero el espacio se señala como "libre"). Esto puede suponer un posible problema de seguridad para los archivos personales o de empresa, ya que los archivos pueden recuperarse tan fácilmente de un disco de reescritura como de un disco duro. Si tenemos que eliminarlo todo del disco, usamos la función de Borrado completo de Nero 6, o seguimos con la lenta función de formateo de Drag-to-Disc.

Truco

Algunas unidades ópticas, diseñadas para admitir discos muy rápidos, pueden salir a la venta antes de que haya discos disponibles. Si vamos a usar una unidad a su máxima velocidad, debemos asegurarnos de encontrar un suministro de discos compatibles. Además, debemos buscar, en la página Web del fabricante, cualquier actualización del *firmware* necesaria para que admita los discos más modernos.

Grabar y regrabar a alta velocidad

El problema: ¿Por qué no puedo usar discos de alta velocidad (o muy alta velocidad) en mi unidad de CD? ¿Cómo sé lo que es compatible y lo que no?

La solución: Las unidades modernas (como PlexWriter 52/24/52A de Plextor) pueden grabar discos a la velocidad de un CD-ROM (52X) y regrabar hasta a 24X. El truco está en encontrar los discos que aprovechen al máximo las velocidades disponibles en la unidad. El truco es: hay una pequeña diferencia en el diseño de los discos a velocidad normal (1X-4X), a alta velocidad (entre 4X y 10X o 12X) y los de velocidad muy alta (24X). El problema se complica con las grabadoras/regrabadoras a 32X o más rápidas. Normalmente no usaremos discos viejos (1X-4X) con unidades modernas de alta velocidad (más de 4X), y no podremos usar los discos más rápidos (4X-10X) en unidades viejas. En conclusión: para obtener mejores resultados, el rango de velocidad de la unidad debe corresponderse con la velocidad de los discos.

De modo que, ¿cómo obtenemos la velocidad de grabación óptima? Nos aseguramos de utilizar los discos más rápidos que acepte la unidad. Por ejemplo, la unidad CD-R/RW 52/24/52 de Plextor puede usar discos CD-R, clasificados para grabación a 52X (aunque nos costará encontrar discos CD-R más rápidos de 32X) y discos CD-RW, clasificados para grabar a 24X. ¿Y qué se puede decir de los discos? Conocer la velocidad de un disco vacío puede ser complicado, a menos que esté correctamente indicado en el disco. Si no hay indicaciones en el disco, podemos usar una utilidad como Nero InfoTool para identificar el disco y su rango de velocidad (véase la figura 6.9).

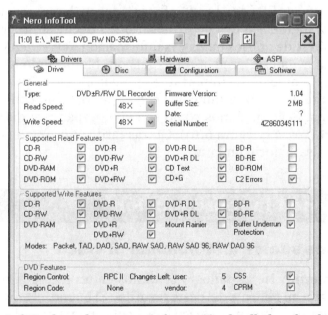

Figura 6.9. Nero InfoTool puede mostrar información detallada sobre la unidad y el disco.

Los multiplicadores de velocidad de CD

Quizás estemos confundidos por todas esos números y "X" relacionados con las unidades ópticas. Aunque es fácil saber que una unidad 54X es más rápida que una unidad 24X, conseguir las transferencias de datos reales puede suponer un trabajo para los no iniciados. Todos los CD se basan en el transferencia de datos de la disquetera, es decir, 150 KB/s (la velocidad 1X o de audio de CD). La música de CD se supone que viaja a 150 KB/s y todas las unidades reducen su velocidad hasta ese nivel cuando reproducen un disco de nuestro artista favorito. Sin embargo, los ingenieros no tardaron mucho en percatarse de que los programas y los datos pueden funcionar a una velocidad mayor. Por ejemplo, una unidad 4X puede transferir datos a 600 KB/s (4 x 150 KB/s). Por otro lado, una unidad a 54X puede transferir datos a 8,1 MB/s (54 x 150 KB/s).

Controlar la expulsión por software

El problema: ¿Por qué tengo que usar la opción Expulsar del programa de grabación para expulsar un disco de reescritura? ¿Por qué no puedo simplemente pulsar el botón de expulsión de la unidad?

La solución: Los programas de grabación como Drag-to-Disc, de Roxio e InCD, de Ahead Software, deben "preparar" el disco que va a grabar antes de expulsarlo (es decir, el programa debe asegurarse de que los datos y la información TOC estén grabados). El programa evita esta prematura expulsión, bloqueando el botón de expulsión del hardware de la unidad. Lo importante es recordar que el programa está funcionando correctamente. Cuando terminemos con el disco, basta con usar la opción Expulsar del programa. Seleccionamos cómo se debe preparar el disco y hacemos clic en el botón **Eject** (véase la figura 6.10). Quizás tarde unos segundos en preparar el disco, pero se expulsará normalmente.

Problemas con la reproducción

Los discos sucios distorsionan el vídeo

El problema: He gastado 50 céntimos en un mercadillo por un DVD de mi película del oeste favorita "El bueno, el feo y el malo". Pero cuando introduzco la película en mi portátil,

la película se reproduce durante unos 10 minutos y luego comienza a titubear y a mostrar bloques con colores extraños.

La solución: El disco sólo está sucio. ¿Qué vamos a esperar por cincuenta céntimos? Extraigamos el disco y usemos un paño suave, como el de limpiar las gagas, para quitar las marcas de dedos y demás suciedad del disco. Ahora podremos ver a Clint, Lee y Eli a pantalla completa, con toda la gloria del *spaghetti western*.

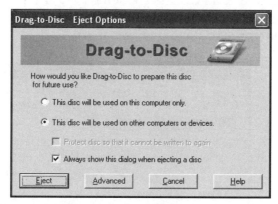

Figura 6.10. Usamos el programa de escritura para cerrar y expulsar el disco que vamos a grabar.

Eliminar los chasquidos y ruidos

El problema: ¿Por qué aparecen ruidos y chasquidos en mi música cuando la grabo en un CD?

La solución: Los melómanos suelen "extraer" las pistas de CD de música y crear compilaciones MP3 o CD-R de sus melodías favoritas. El truco está en "extraer" los datos de audio lo más limpiamente posible. Extraer simplemente el audio a la máxima velocidad, de una unidad CD-ROM vieja, no producirá los mejores resultados. En lugar de eso, extraigamos el audio de una unidad CD/DVD que permita la Extracción de audio digital (DAE); prácticamente todas las unidades ópticas modernas son compatibles con DAE, pero revisemos las especificaciones para asegurarnos.

> **Truco**
>
> Aunque muchos reproductores de audio admiten archivos WMA, podemos convertirlos a MP3 con Windows Media Player, usando un complemento como MP3 PowerEncoder de CyberLink (http://www.gocyberlink.com) o MP3 Xpack (http://www.intervideo.com) de InterVideo.

Si la unidad no es compatible con DAE (o DAE sigue sin ofrecernos los mejores resultados), probemos extrayendo el audio desde otra unidad. Como alternativa, podemos extraer las pistas a una mayor calidad. Por ejemplo, Windows Media Player (WMP) puede extraer pistas de CD a archivos de Windows Media Audio (WMA), en el disco duro. En WMP, seleccionamos Herramientas>Opciones y hacemos clic en la pestaña Copiar música desde CD (véase la figura 6.11). Movemos el control deslizante Calidad de audio hacia el lado Óptima (podemos ver el espacio necesario para la extracción). Para una calidad aún mayor, podemos optar por la conversión a WMA sin pérdida (aunque necesitaremos bastante más espacio).

Figura 6.11. Seleccionamos un formato de grabación y su calidad antes de extraer pistas de audio de CD.

Controlar los errores de lectura de disco

El problema: Cuando quiero leer un CD, recibo molestos mensaje de errores de lectura. ¿Qué puedo hacer para volver a poner el disco en forma?

La solución: Hay dos posibles fuentes de errores de lectura: el disco y la unidad. En primer lugar, limpiamos la unidad (especialmente si lleva varios años de servicio). Normalmente bastará con introducir aire comprimido por la bandeja de la unidad abierta o usando un CD de limpieza, diseñado para unidades CD-R/RW delicadas. Tras limpiar, probemos con varios discos diferentes. Si el problema no desaparece, quizás la unidad esté estropeada y haya que cambiarla.

Si el problema parece estar en un solo disco, busquemos en él marcas de dedos, suciedad, arañazos y demás defectos. Probemos limpiando el disco. A menudo podremos eliminar los pequeños arañazos utilizando un dispositivo de reparación, por ejemplo el paquete de reparación de CD/DVD, Memorex OptiFix Pro (`http://www.memorex.com/products/category_display.php?cid=72`). Sin embargo, los arañazos profundos, roturas y los daños producidor por productos químicos (como la acetona del disolvente) pueden dejar el disco inutilizable. Además, no podemos dejar nuestro CD favorito en el salpicadero del coche, al cálido sol de agosto, durante una semana, y esperar que funcione.

Siempre debemos tener los CD caros en sus cajas y realizar copias de seguridad por si se pierde o estropea el disco original. Podemos utilizar programas de duplicación y emulación de CD/DVD, como Alcohol 120% (`http://www.alcohol-soft.com`) para realizar copias de seguridad de nuestros discos.

Nota

La manipulación diaria del CD/DVD puede dejar arañazos y manchas en la superficie de los datos, lo que produce errores de lectura y pérdida de información. Por suerte, podemos limpiar los discos cuidadosamente con un paño suave y seco (como el paño para limpiar las gafas). Para eliminar las manchas rebeldes, humedecemos el paño con un poco de alcohol isopropilo (nunca debemos usar amoniaco u otros limpiadores agresivos). Pasamos el paño desde el centro hacia los bordes, como si dibujásemos los radios de una rueda de carromato. No hay que limpiar en círculos.

Conector de auriculares desactivado

El problema: ¿Por qué el conector de los auriculares no funciona en mi unidad óptica? Puedo escuchar perfectamente la música por los altavoces del PC.

La solución: Hay que recordar que las unidades ópticas pueden mostrar el audio de forma digital (en lugar de confiar en eso pequeños cables de audio, de 4 hilos, conectados a la tarjeta de sonido). Sin embargo, las unidades no reproducen audio y audio digital simultáneamente. Cuando activamos el audio CD digital en la unidad, se desactiva el audio analógico (del conector de auriculares trasero y frontal, de 4 pines). Si tenemos que usar los auriculares, volvamos a configurar la unidad para que use audio analógico. Para ello, abrimos Sistema, en el panel de control, hacemos clic en la pestaña Hardware y hacemos clic en el botón **Administrador de dispositivos**. Ampliamos la entrada Unidades de DVD/CD-ROM, hacemos clic con el botón derecho del ratón en la unidad que queremos cambiar y luego seleccionamos

Propiedades. Hacemos clic en la pestaña Propiedades, quitamos la marca de Habilitar audio de CD digital para este dispositivo de CD-ROM y hacemos clic en el botón **Aceptar** (véase la figura 6.8).

Usar discos híbridos

El problema: Cuando intento leer mi CD en un PC, me indica que no hay archivos en el disco. El CD funciona perfectamente en un Mac.

La solución: Bueno, comencemos con los motivos evidentes. En primer lugar, los PC no pueden leer los discos Mac nativos. Los equipos Apple utilizan el sistema de archivos HFS, que no es compatible con los sistemas de archivos Windows, como FAT o NTFS. Si introducimos un CD Mac en un PC, el PC simplemente no leerá el disco. Sin embargo, varias utilidades, como HFS Utilities, de Robert Leslie (`http://www.mars.org/home/rob/proj/hfs/#related`) permiten manipular discos HFS en UNIX y Windows. Para que un CD se pueda leer en PC y Mac, tenemos que crear un disco híbrido.

Herramientas de grabación como Nero 6 pueden crear CD híbridos no compartidos. Básicamente, un CD híbrido no compartido crea dos copias de datos: una copia usando FAT, para el PC y otra copia usando HFS, para el Mac. Por supuesto, duplicar los datos de esta forma significa que sólo podremos usar la mitad de la capacidad del disco para cada sistema operativo.

Leer discos nuevos en unidades viejas

El problema: La vieja unidad de CD-ROM de mi primo no puede leer un CD que he grabado. Sin embargo, el disco se lee perfectamente en otras unidades.

La solución: El hardware fabricado antes de la era de los discos grabables podría no ser capaz de leer los discos grabados. Como el disco funciona con otras unidades, sabemos que el disco no es el problema, de modo que debemos revisar las especificaciones técnicas de la unidad de CD-ROM. Probablemente no sea compatible con nuestro disco multilectura (véase "Mezclar y ordenar formatos de disco", en este capítulo).

De modo que, ¿cómo solucionamos este problema? Bueno, hay dos soluciones. Podemos preguntar al fabricante de la unidad si existe alguna actualización del *firmware*, pero probablemente ya no dispongan de servicio técnico para una unidad CD-ROM tan vieja que no puede leer discos R/RW. La segunda solución consiste en cambiar el viejo CD-ROM por una moderna unidad de CD-ROM o CD-RW.

Sólo se ve la última sesión

El problema: Cuando intento leer un disco CD-R multisesión, Windows Explorer sólo muestra la última sesión. ¿Cómo puedo ver todo el disco?

La solución: En Windows 95 y 98, Windows Explorer normalmente sólo mostraba la última pista de un disco multisesión. Para acceder a las sesiones seleccionadas del disco, probemos con una utilidad de CD-R, como MultiMounter (incluida junto a Nero).

Windows XP debería mostrar todo el disco, pero si tenemos algún problema, abrimos Sistema, en el panel de control, hacemos clic en la pestaña Hardware y hacemos clic en el botón **Administrador de dispositivos**. Ampliamos la entrada Unidades de DVD/CD-ROM, hacemos clic con el botón derecho del ratón en la unidad que queramos y seleccionamos Propiedades.

Hacemos clic en la pestaña Volúmenes y hacemos clic en el botón **Rellenar** para que muestre las características del disco y las diferentes sesiones (caso de haberlas) del disco (véase la figura 6.12).

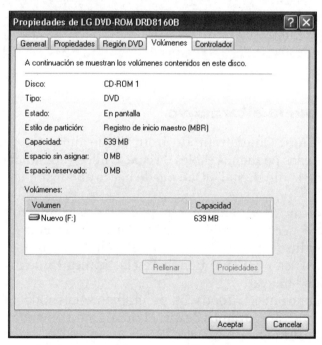

Figura 6.12. Usamos la pestaña Volúmenes para identificar y seleccionar las diferentes sesiones de un disco CD-R.

Rellenar una ventana de DVD en blanco

El problema: Cuando intento reproducir una película de DVD, la ventana del reproductor se queda en blanco. Sin embargo, puedo escuchar el sonido.

La solución: En casi todos los casos, el problema se deberá a la resolución de pantalla o a la profundidad de color. Por norma, debemos reproducir películas DVD en monitores con una resolución de 1.280 x 768 (o superiores) y una profundidad de color de 32 bits. Para cambiar la resolución del monitor, hacemos clic con el botón derecho del ratón en el escritorio y seleccionamos Propiedades. A continuación, hacemos clic en la pestaña Configuración y modificamos la Resolución de pantalla y la Calidad del color hasta, por lo menor, los requisitos mínimos del programa reproductor de DVD.

Truco

Los reproductores de DVD suelen emplear modos de superposición de vídeo para reproducir vídeo en tiempo real. Debemos asegurarnos de actualizar el controlador de la tarjeta de vídeo y la versión de DirectX para que se ajuste a los requisitos del reproductor de DVD.

Cable de audio alternativo

El problema: Quiero reproducir un CD de audio, pero no tengo uno de esos pequeños cables de cuatro hilos y mi unidad no dispone de audio digital. ¿Qué puede hacer un aficionado al PC?

La solución: Afortunadamente, podemos usar un cable estéreo para conectar la salida de auriculares al conector de la entrada de audio de la tarjeta de sonido. Podemos comprar el cable por unos euros en cualquier tienda de electrónica (mucho más barato que una unidad nueva).

Seleccionamos Inicio>Todos los programas>Accesorios>Entretenimiento>Control de volumen y nos aseguramos de que el canal Línea de entrada no está silenciado y de que tiene un volumen aceptable.

A continuación, basta con reproducir el CD de audio y subir el control de volumen de la unidad para conseguir un sonido agradable.

Leer discos de reescritura

El problema: He formateado un disco RW y he copiado datos en él, pero mi ordenador con Windows 98 no lo lee.

La solución: Necesitamos un controlador de Formato de disco universal (UDF) para Windows 98, que admita el formato de archivos de los CD regrabables. Un paquete de grabación, como Drag-to-Disc, de Roxio, nos proporciona una completa compatibilidad con estos discos y debería leer el disco. Windows XP incluye compatibilidad con los discos CDRW, pero sólo para lectura. Si queremos grabar o regrabar discos regrabables, necesitaremos un paquete de grabación.

Problemas con la grabación

Espacio perdido en el DVD

El problema: Estoy grabando en un DVD-R de 4,7 GB, pero sólo veo 4,38 GB disponibles. ¿Qué ocurre?

La solución: ¿Alguna vez ha trabajado con discos duros? Bien, los vendedores de discos duros usan gigabytes decimales (1.000.000.000 bytes) para indicar la capacidad, mientras que los vendedores de software utilizan gigabytes "binarios" (1.073.741.824 bytes). De modo que, cuando examinamos el disco nuestro programa habitual, un disco DVD de 4,7 GB puede parecer que solo tiene 4,38 GB (4,7/1,073) de espacio disponible. No falta espacio; sólo es otra forma de expresar la capacidad del disco.

Hay que recordar que un pequeño porcentaje del DVD grabable se reserva para ciertos aspectos fijos, como los bloques de vínculos, información de pista, zonas de título del vídeo, etc. Suelen ocupar un MB de espacio en el disco.

Acabar con los errores PMA

El problema: ¿Por qué recibo errores "Cannot recover from PMA" en mis nuevos discos?

La solución: Cada vez que introducimos un disco en la unidad, comprueba y calibra la potencia del láser en la Zona de administración de la energía (PMA). Si la unidad no puede calcular la potencia adecuada del láser, muestra un mensaje de error PMA. En muchos casos, el disco estará defectuoso o no será adecuado para la unidad. Los discos regrabables pueden simplemente hacerse desgastado (por grabarlos demasiadas veces). En cualquier caso, probemos con un disco nuevo de marca, que cumpla con las recomendaciones del fabricante.

Si el problema no desaparece, la unidad podría tener problemas para calcular la energía necesaria para una determinada marca de discos. Busquemos en la página Web del fabricante actualizaciones del controlador, que quizás consigan compatibilizar los discos con la unidad. Si no dispone de ellas, quizás la unidad esté defectuosa, de modo que podemos cambiar la unidad (o bien hacer que nos la reparen, si está en el periodo de garantía).

Formato de vídeo no compatible

El problema: Quiero grabar un vídeo en un CD, pero cuando coloco el vídeo en la ventana de grabación, Nero dice que el formato de archivo no es compatible.

La solución: Normalmente encontraremos el origen de esta pequeña molestia en los códecs, pero comprobemos antes el formato del archivo. Nero debería admitir los formatos de archivo estándar, como .AVI, .MOV, .WMV, .ASF y .MPG. Sin embargo, si estamos usando otros formatos, el programa de grabación probablemente no reconozca el archivo como un formato "de película", por lo que no nos permitirá crear un disco SVCD. La mejor forma de solucionar este problema es volver a crear la película o convertirla a un formato de archivo estándar.

Por otro lado, los problemas con los formatos estándar probablemente sean un indicador de la falta de códecs o de que hay códecs dañados. Hay que recordar que los códecs son controladores que Windows usa para interpretar y manipular determinados formatos de archivo (como un códec MPEG-2 para reproducir DVD o un códec MOV para reproducir archivos Apple QuickTime). Cada formato de archivo exige su correspondiente códec. Los problemas con el códec pueden evitar que el programa de grabación reconozca el archivo. Por ejemplo, si intentamos grabar una película DivX como SVCD, pero no tenemos instalado el códec DivX, aparecerá un mensaje de error "File Format Is Not Supported".

Para saber qué códec tenemos instalados en el equipo, abrimos Sistema, en el panel de control, hacemos clic en la pestaña Hardware y hacemos clic en el botón **Administrador de dispositivos**. Ampliamos la entrada Dispositivos de sonido, vídeo y juegos, hacemos clic con el botón derecho del ratón en la entrada Códecs de video y seleccionamos Propiedades. La lista de códecs disponibles aparecerá en la pestaña Propiedades (véase la figura 6.13).

Si falta el códec necesario, tendremos que instalarlo. Si el códec se encuentra en el sistema (pero el error se mantiene), tendremos que desinstalarlo y volver a instalarlo. En la mayoría de los casos, el códec se instala junto a la aplicación asociada (por ejemplo, los códecs MPEG-2 adecuados deberían instalarse junto al reproductor de DVD, como WinDVD). Volvamos a instalar el programa asociado desde el principio o busquemos en su página Web un parche autoinstalable que actualice los códecs.

Figura 6.13. Comprobamos que podemos grabar SVCD revisando los códecs del sistema.

Reducir el uso del disco

El problema: Easy CD Creator me dice que necesito 23 discos para hacer una copia de seguridad del disco duro. ¡Eso me llevará todo el día! ¿Hay alguna forma de hacerlo con menos discos?

La solución: El modo más sencillo de reducir los discos necesarios es usar la función de compresión, disponible en el programa de copia de seguridad. Por ejemplo, el programa BackItUp, de Nero, ofrece una opción de compresión (véase la figura 6.14). Es imposible determinar cuántos discos nos ahorrará la compresión porque la cantidad de compresión depende de los datos que intentamos comprimir. Por ejemplo, los documentos Word se comprimen muy bien, pero otros tipos de archivo (como películas) se comprimen muy poco (o nada).

Otro truco es utilizar discos CD-R en lugar de discos CD-RW. Podemos introducir 650 MB en un disco CD-R, pero sólo unos 530 MB en un CD-RW formateado. Si queremos reducir realmente el número de discos necesarios, podemos decidirnos por discos DVD+-R/RW en lugar de CD. Un DVD almacena hasta 4,7 GB, lo que reduce el número de discos a 2 o 3 DVD.

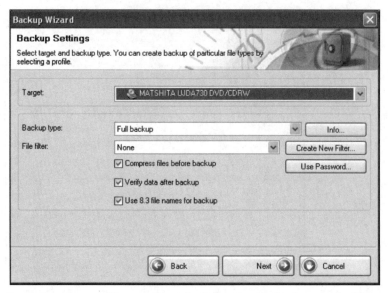

Figura 6.14. La compresión puede reducir bastante el número de CD necesarios para copiar un sistema.

Finalizar y cerrar

El problema: Mi programa me pide que finalice el disco. ¿Debo hacerlo o no?

La solución: Finalizar (o "cerrar") el disco, evita que se puedan escribir más datos, de modo que la elección depende realmente de lo que vayamos a hacer con ese disco. Si hemos escrito todo un disco, y no vamos a añadir más datos, podemos finalizar el disco. Es una buena idea si estamos creando discos y no queremos que nadie los modifique. Si vamos a añadir más datos al disco en futuras sesiones, dejemos el disco abierto (los programas de grabación más antiguos quizás nos pidan "cerrar la sesión" en lugar de "finalizar el disco"). Hay que tener en cuenta que algunas unidades antiguas podrían tener problemas para leer los discos que no hemos finalizado.

Ocuparnos de los desbordamientos de buffer

El problema: He intentado grabar algunos MP3, pero aparece un mensaje de desbordamiento de búfer que estropea el disco. Sé que los discos CD-R son baratos, pero ya he estropeado 10 discos.

La solución: Cada unidad de CD tiene un búfer (una pequeña porción de la memoria, que almacena los datos que se van a escribir en el disco). La unidad lee los datos del búfer y mueve el láser de grabación en consecuencia. Sin embargo, si el búfer se queda vacío durante el proceso de escritura se produce un desbordamiento de búfer y el láser se apaga. Esta parada hace que falte una parte de los datos, lo que hace que no se pueda leer el archivo (ni el disco). Para evitar los errores de desbordamiento de búfer, seguimos estos sencillos pasos:

❑ En primer lugar, cerramos todas las aplicaciones que tengamos en segundo plano y no utilicemos. Quiero decir que, si estamos descargando música de Internet mientras hacemos una copia de seguridad del sistema, es posible que tengamos problemas.

❑ Otro truco es grabar a una velocidad más lenta. Las unidades más rápidas pueden vaciar un búfer en cuestión de segundos, por lo que reducir la velocidad del proceso de grabación nos conseguirá un poco de tiempo para que el sistema se recupere (aunque tardaremos más en grabar el disco).

❑ Un tercer truco es crear antes un archivo de imagen ISO, en vez de grabar "al vuelo". La grabación al vuelo simplemente indica al sistema qué archivos debe copiar y deja que el disco duro localiza cada archivo. Al contrario, al realizar un archivo de imagen, organizamos antes los datos, con lo que el disco duro sufre menos.

❑ Por último, consigamos una unidad (y programas de grabación) que con tecnología *burn-proof*. Cuando el búfer de la unidad se vacía, las unidades con *burn-proof* apagan el láser y guarda un registro de la última posición de escritura válida. Cuando el búfer se vuelve a llenar, el láser volverá a encenderse y lo retomará desde donde lo dejo. Por ejemplo, la Plextor PlexWriter 52/24/52A ofrece tecnología *burn-proof*, de la cual podremos encontrar información en `http://www.plextor.com/english/news/burnproof.html`.

No puedo grabar al vuelo

El problema: Windows XP graba mis CD perfectamente, pero no parece grabar CD al vuelo. ¿Por qué? ¿Hay alguna función que no encuentro?

La solución: Windows XP no admite de forma nativa la grabación de CD al vuelo. En su lugar, crea una imagen temporal del disco antes de que comience el proceso de grabación. Grabar al vuelo necesita mucha potencia del procesador y suele producir errores de desbordamiento de búfer, que pueden estropear el CD. Crear antes una imagen de disco nos asegura que todos los archivos destinados al CD estarán disponibles y organizados. Necesitaremos alrededor de 1,5 GB de espacio libre en el disco duro antes de empezar a grabar un CD con Windows XP. Si tenemos potencia de sobra en el procesador, y preferimos no reservar espacio en el disco duro, podemos utilizar un programa independiente, como Easy Media Creator, de Roxyo, o Nero 6.

Encontrar el lado de grabar

El problema: ¿Cómo se sabe qué lado de un disco CD-RW es el de escritura? He comprado algunos discos a granel y los dos lados parecen iguales.

La solución: Mirar el código alfanumérico impreso alrededor del agujero del centro del disco. El lado en el que se pueden leer las letras y los números "hacia adelante" debe mirar hacia arriba (es el lado "impreso"). Es la cara en la que escribimos o ponemos una etiqueta. El lado en el que esas mismas letras y números están "al revés" debe mirar hacia abajo (es el lado de los datos).

La música grabada no suena

El problema: He grabado un CD de música, pero mi cadena musical se niega a reproducirlo. Sé que el disco funciona porque lo he escuchado en el PC.

La solución: El problema se deberá seguramente a un problema de compatibilidad entre el CD de audio recién grabado y el reproductor estéreo. Hay que recordar que los reproductores de CD comunes están pensados para reproducir CD audio a 1X. Los formatos de música actuales, como MP3 y WMA, no son compatibles con CD audio. Cada vez más equipos de ocio doméstico admiten otros formatos de música, pero debemos revisar las especificaciones para asegurarnos de que el reproductor admite nuestros tipos de archivo.

Truco

Si tenemos problemas para grabar discos al vuelo, cambiemos la configuración del programa de grabación para que cree antes un archivo de imagen (véase "Ocuparnos de los desbordamientos de búfer").

Si la cadena de música se niega a reproducir nuestra música grabada con CD audio, el problema puede estar en la velocidad de grabación. Grabar más rápido puede reducir la calidad de los datos de música; evitar la reproducción, o producir saltos, estática y otros problemas con la calidad del sonido. Volvamos a grabar el disco de música a la velocidad más lenta permitida por la unidad CD-RW (probemos 1X, si está disponible). Claro, tardaremos más, pero podría corregir este pequeño problema con la reproducción.

El DVD no graba CD

El problema: ¿Por qué tengo problemas grabando CD en mi unidad DVD-R/RW? Puedo grabar perfectamente discos DVD.

La solución: Las grabadoras de DVD funcionan en modo de CD o DVD. Es fácil grabar CD con la unidad de DVD, pero tendremos que cambiar el modo de la unidad para que pueda grabar/regrabar CD. En primer lugar, abrimos Mi PC, hacemos clic con el botón derecho del ratón en la unidad de DVD, seleccionamos Propiedades y hacemos clic en la pestaña **Grabación**. Marcamos la casilla Habilitar grabación de CD en esta unidad de disco (véase la figura 6.15).

Figura 6.15. Activamos/desactivamos la grabación de CD para intercambiar los modos de grabación de DVD y CD.

Problemas con la regrabación

Intercambiar discos "+" y "-"

El problema: ¿Por qué no puedo usar un disco DVD-R/RW en una unidad DVD+R/RW?

La solución: Todo está relacionado con la compatibilidad. DVD+ y DVD- son dos estándares de DVD similares (aunque diferentes). Las tecnologías -R/RW y +R/RW suelen

basarse en hardware de CD regrabable (CD-RW). Pioneer desarrolló -R/RW, que se ajusta mucho a lo establecido por el hardware de unidad y los discos CD-RW.

El estándar -R/RW es tan popular que lo admite el grupo de industrias DVD Forum (`http://www.dvdforum.com`). Por el contrario, la tecnología +R/RW es el fruto de los esfuerzos combinados de líderes de la industria, como Sony, Philips, HP, Dell, Ricoh, Yamaha y otros, y recientemente ha sido avalado por Microsoft. Aunque el DVD Forum no admite +R/RW, los dos estándares coexisten actualmente en el mercado.

De modo que, ¿qué demonios nos importa todo esto? Muchas unidades de DVD actuales admiten -R/RW y +R/RW. Por ejemplo, la unidad Plextor PX-712A admite ambos formatos y puede escribir DVD +R a 8X (los discos -R a 4X). Sin embargo, la compatibilidad no es universal. El truco está en cotejar los discos con las especificaciones de nuestra unidad.

Esperanza de vida del disco

El problema: He estado usando algunos discos CD-RW para guardar mi trabajo diario, pero últimamente un par de discos están teniendo un comportamiento extraño. ¿Están fallando los discos?

La solución: En un mundo ideal, los discos regrabables deberían durar 1.000 regrabaciones. Sin embargo, en el mundo real, las cosas no siempre funcionan tan bien. La tecnología de reescritura es bastante sólida, pero en la vida real, las unidades y los discos en los que se basa pueden verse afectados por una mala fabricación, materiales de baja calidad y factores ambientales (como el exceso de polvo en el aire).

Tratemos a los discos CD-RW que fallan igual que haríamos con cualquier CD comercial: buscando polvo y manchas que puedan interferir con la lectura o grabación. Además, debemos limpiar periódicamente la unidad.

A continuación, la calidad puede tener una gran influencia en la vida de un disco RW, Un disco de marca conocida, en su propia caja, durará más que un disco genérico vendido en tarrinas.

Afortunadamente, los paquetes de grabación incluyen herramientas de diagnóstico para probar y reparar los discos regrabables que tengan archivos dañados o perdidos (véase la figura 6.16). Los discos que muestren problemas frecuentemente no son fiables y deberíamos cambiarlos inmediatamente.

Disco regrabable sin espacio

El problema: Se supone que mi disco CD-RW tiene 650 MB, pero búfer veo 530 MB disponibles tras formatearlo. ¿A dónde se ha ido el espacio?

La solución: Es un efecto secundario perfectamente normal en el paquete de grabación DirectCD de Roxio. Desde luego, hemos comprado un disco regrabable de 650 MB, pero unos 120 MB del disco se reservan para funciones de grabación del programa. Esto nos deja con solo alrededor de 530 MB de espacio real. Es espacio de sobra para documentos, fotografías e incluso nuestra música favorita.

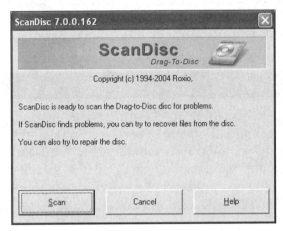

Figura 6.16. Usamos ScanDisc (o el programa de diagnóstico de nuestro paquete de grabación) para comprobar la existencia de problemas graves con los archivos de un disco RW.

El programa informa erróneamente de los discos

El problema: ¿Por qué Easy CD y DVD Creator detectan mis discos DVD+R como +RW?

La solución: Si la unidad no es completamente compatible con DVD+R, el programa creerá que un disco +R es un disco +RW. Por ejemplo, la unidad Ricoh DVD+RW RW5120 no detecta correctamente los discos +R. Podemos preguntar al fabricante de la unidad si hay actualizaciones del *firmware* disponibles. Si no es así, deberíamos pensar en comprar una nueva unidad DVD+/-R/RW, que ofrezca mayor compatibilidad.

Regrabar a 32X

El problema: Se supone que mi nueva unidad CD-RW regraba a 32X, pero no encuentro discos para la unidad. ¿Cómo puedo obtener la mayor velocidad posible con esta unidad?

La solución: Quizás necesitemos ir de compras para encontrar discos 32X. Aunque algunas de las unidades más modernas (como la unidad PlexWriter External USB 52/32/52, de Plextor) admite la regrabación a 32X, en realidad las unidades se han puesto a la venta antes de que haya discos disponibles. En otras palabras, estamos obligados a usar discos 24X, más lentos, hasta que las compañías de CD, como Verbatim y Ricoh, se pongan al día (véase "Grabar y regrabar a alta velocidad", en este mismo capítulo). Incluso tras una exhaustiva búsqueda en tiendas de informática, no ha habido forma de comprar discos regrabables a 32X. Afortunadamente, las nuevas unidades RW también suelen admitir discos de "alta velocidad" más lentos (4X-10X), que son más fáciles de encontrar (y mucho más baratos).

Truco

Pongámonos en contacto con el fabricante de la unidad y comprobemos la compatibilidad de cualquier disco 32X antes de comprarlo. Además, antes de comenzar a grabar, debemos buscar actualizaciones del *firmware* que reduzcan las posibilidades de tener problemas de rendimiento o de compatibilidad con 32X con la unidad.

XP no borra discos RW

El problema: ¿Por qué no Windows XP no puede borrar los archivos de mi disco CD-RW?

La solución: Se podría pensar que Microsoft podría pedir, tomar prestado o robar alguna tecnología de regrabado decente para Windows XP, pero esta es una función en la que realmente han fracasado. Windows XP no incorpora la escritura de paquetes UDF, por lo que no puede dar formato a los discos CD-RW. Cuando insertamos un disco CD-RW sin formato, Windows XP trata al disco como si fuera CD-R. Desde luego, podemos copiar archivo o carpetas en el disco CD-RW, pero sólo podemos borrar todo el disco (no disponemos del control de archivos individuales que permiten los discos regrabables). Quizás Windows XP Service Pack 2 (o incluso Longhorn) llenen este vacío. Mientras tanto, tendremos que utilizar un paquete de grabación como Drag-to-Disc, de Roxyo, para habilitar UDF y formatear el disco CD-RW. Con un paquete de grabación instalado, simplemente es cuestión de tratar a los discos RW como si fueran un gran disquete; añadiendo y borrando archivos según sea necesario.

Los límites del tamaño de archivo DVD

El problema: ¿Por qué no puedo grabar archivos mayores de 2 GB en mi DVD?

La solución: Probablemente hayamos seleccionado el formato ISO en lugar del formato de DVD-ROM (UDF). Como

el estándar ISO no permite archivos mayores de 2 GB, necesitaremos seleccionar el formato UDF. Volvamos al programa de grabación (como Nero Burning ROM) y volvamos a crear el proyecto de vídeo, pero asegurándonos de seleccionar el formato DVD-ROM (UDF) (véase la figura 6.17).

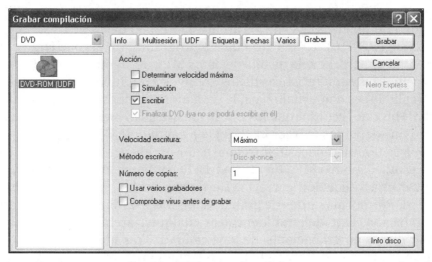

Figura 6.17. Para proyectos de vídeo DVD grandes, debemos asegurarnos de seleccionar el formato DVD-ROM (UDF).

Problemas con el programa de grabación

Eliminar los espacios en blanco en la música

El problema: Quiero grabar algunas canciones, pero odio los silencios que hay entre las pistas. ¿Cómo puedo librarme de esos molestos silencios?

La solución: ¿De modo que queremos pasar de una canción a otra, verdad? Bueno, vale. Para reducir o eliminar los silencios entre pistas, introducimos un CD, iniciamos el programa de grabación (como Nero 6) y abrimos el proyecto (las canciones seleccionadas aparecerán en la ventana de compilación). Seleccionamos cada canción cuya pausa queramos eliminar. Hacemos clic con el botón derecho del ratón en la ventana de compilación y seleccionamos Propiedades. Escribimos **o** como nueva longitud de la pausa (o escribimos un número pequeño, para que haya una breve pausa). A continuación, hacemos clic en **Aceptar** para guardar los cambios y grabamos el nuevo CD.

Controlar los errores de parámetros mientras grabamos

El problema: Aparecen errores de parámetro cuando grabo CD de audio usando archivos MP3. ¿Qué debería hacer?

La solución: Los errores de parámetro suelen producirse porque el programa de grabación (por ejemplo, Easy CD Creator) no puede convertir los archivos MP3 en datos de CD audio (CD-DA). La mayoría de los programas de grabación necesitan una frecuencia de bits de datos MP3 de, al menos, 128 Kb/s. Revisemos las características de los archivos MP3 fuente; si la frecuencia de bits (calidad) es demasiado baja, la grabadora no podrá crear datos precisos de CD de audio. Hay que recordar que los CD de música usan una frecuencia de bits de 192 Kb/s, por lo que debemos extraer los MP3 con calidad de CD a 192 Kb/s.

Quizás también necesitemos conseguir archivos MP3 de mayor calidad. En algunos casos, el archivo MP3 fuente podría no contener suficiente información como para realizar una validación correcta. De nuevo, probemos con archivos MP3 de buena calidad. Por norma, antes de grabar, debemos usar la función de prueba del software de grabación. Esto debería identificar cualquier archivo MP3 que dé problemas, sin gastar discos en grabaciones de baja calidad. Tras identificar los archivos que están causando los errores de parámetro, podemos eliminarlos del proyecto o conseguir versiones de estos archivos de mayor calidad.

Cambios en el orden de las pistas

El problema: ¿Por qué cambia el orden de las pistas MP3 cuando grabo un CD de MP3?

La solución: Un CD de audio usa el formato de audio de CD (CD-DA), que mantiene los nombres de pista según su orden físico en el disco. Sin embargo, un disco que contiene archivos MP3 es básicamente un disco CD-ROM de datos. Como con los discos de datos, el CD-ROM estándar coloca los archivos de datos en orden alfabético, independientemente de su localización en el disco. En otras palabras, un archivo MP3 es sólo un archivo de datos normal. Grabar un CD con 11 horas de archivos de música digital es igual que grabar un disco de documentos.

Por ejemplo, supongamos que grabamos cuatro canciones en el disco, en este orden: Giant Steps, Cousin Mary, Spiral y Naima. Si las pistas fueran auténtico CD audio, aparecerían exactamente en ese orden. Pero si las grabamos como pistas MP3, Mi PC y otras utilidades de exploración, las mostrarán en orden alfabético ("Cousin Mary," "Giant Steps," "Naima" y "Spiral"). Para solucionar este pequeño problema, volvemos a grabar el disco tras cambiar el nombre de los archivos utilizando prefijos que coloquen las pistas en el orden deseado (como 01_Naima.MP3, 02_Spiral.MP3, 03_Giant Steps.MP3 y 04_Cousin Mary.MP3). Los archivos seguirán ordenados alfabéticamente, pero los prefijos harán que aparezcan en el orden que queremos.

Los complementos amplían las funciones de grabación

El problema: ¿Por qué NeroVision Express sólo ofrece ayuda para los proyectos de Video CD? ¿Cómo grabo proyectos Super VCD o DVD?

La solución: Las versiones básicas de NeroVision Express no admiten la grabación de SVCD o DVD. Por ejemplo, el complemento para DVDVideo no se incluye con la versión OEM de NeroVision Express 2 SE (OEM), que se incluye en la compra de algunos ordenadores. Los programas con funciones limitadas suelen necesitar una actualización o un registro de compra, para desbloquear las funciones avanzadas. Para poder realizar proyectos SVCD y DVD con Nero, tendremos que adquirir el complemento para NeroVision (24,99 euros) o bien actualizar a Nero 6 Ultra edition (69,99 euros). Una vez instalado, el complemento de DVD proporciona codificación en MPEG-2 ilimitada. Por supuesto, podemos optar por un programa de grabación completamente diferente, que incluya la grabación de SVCD y DVD desde un principio (como Easy Media Creator). De modo que, saquemos la cartera, porque en cualquier caso, vamos a tener que pagar lo que vale.

Errores del controlador WinASPI en Nero

El problema: Cuando inicio la última versión de Nero, aparecen mensaje de error del controlador WinASPI.

La solución: El programa de grabación no puede iniciar y acceder a la unidad CD-RW. Los programas de grabación, como Nero, se basan en ASPI (Interfaz de programación SCSI avanzada) para transportar datos y comandos entre el adaptador SCSI y los controladores. Si el programa de grabación no puede encontrar los controladores necesario, eso quiere decir que el programa no se ha instalado correctamente, o que se han eliminado los controladores ASPI. Por ejemplo, Nero usa el controlador WNASPI32.DLL. Podemos descargar el controlador desde la página Web de Nero (`http://nero.com/us/631940733573829.html`) o bien copiarlo del disco de instalación de Windows XP y luego colocarlo en la carpeta `C:/Windows/System/folder`. Por otro lado, podemos desinstalar el programa de grabación usando el asistente para Agregar o quitar programas y volver a instalar el programa desde el principio.

La velocidad de la unidad ha descendido

El problema: ¿Por qué la velocidad de grabación de mi unidad se reduce cuando inserto un disco?

La solución: Bueno, a todos nos gustaría grabar nuestros discos a 100X, pero eso no va a suceder ¿verdad? La velocidad

de la unidad y los discos que usemos limitan la velocidad máxima de grabación. Por ejemplo, la unidad CD-RW a 24X sólo grabará a 12X si insertamos un disco 12X. El programa de grabación normalmente detectará la velocidad de la unidad y del disco antes de grabar. Si intentamos seleccionar una velocidad superior a la de la unidad (o el disco), el programa de grabación normalmente reducirá la velocidad durante el proceso de grabación.

Si buscamos más velocidad de grabación, comparemos la velocidad de los discos con la velocidad de la unidad. Probemos con discos más rápidos (o de otra marca) si la unidad los admite.

Por ejemplo, probemos con discos 24X en una unidad CD-R 24X. Además, podemos ponernos en contacto con el fabricante de la unidad, para conseguir actualizaciones del *firmware* que mejoren el rendimiento de la grabación.

A veces, actualizar el *firmware* mejora el rendimiento al eliminar problemas de compatibilidad con ciertas marcas de discos (ver también "Grabar y regrabar a alta velocidad", en este capítulo).

Controlar los errores SCSI Target

El problema: Cuando intento grabar un disco con Nero, recibo mensajes de error "SCSI Target". ¿Qué puedo hacer?

La solución: Este pequeño problema es más un problema de comunicación SCSI que un problema del programa. Antes de desenfundar el destornillador y comenzar a desmontar el ordenador, revisemos los discos (los discos de mala calidad, incompatibles o defectuosos, pueden provocar este tipo de error con una grabadora SCSI). Probemos con un disco recomendado por el fabricante de la unidad.

Los conflictos con el programa son otro problema habitual. Cuando hay varios programas de grabación instalados, sus controladores pueden cargarse y consultar a la unidad, provocando fallos de comunicación SCSI. Desinstalemos cualquier otro programa de grabación de CD. Si el problema no desaparece, desinstalemos todos los programas de grabación y volvamos luego a instalar nuestro programa de grabación desde cero.

Si seguimos atascados, puede que haya un problema importante con la unidad CD-RW o bien con sus conexiones con el ordenador. Apaguemos el ordenador, abramos el chasis y examinemos el cable de señal de la unidad. Debemos asegurarnos de que el cable está firmemente conectado a la unidad y al controlador. Asegurémonos también de que los dispositivos SCSI están correctamente finalizados. Por ejemplo, si la unidad de CD-RW SCSI es el último dispositivo físico del cable SCSI, deberíamos terminarla. Por último, quizás la unidad esté estropeada. Probemos con otra unidad u otro programa de grabación. Si los demás programas no consiguen grabar, cambiemos la unidad.

No puedo leer CD en ningún equipo

El problema: He instalado Nero en Windows XP, pero no puedo leer los CD grabados en ningún ordenador.

La solución: Sucede que las versiones más antiguas de Windows XP son muy quisquillosas a la hora de grabar y reproducir CD-R/RW. Afortunadamente, los amables chicos de Redmond han identificado el problema. Busquemos el artículo Q320174 en la Knowledge Base de Microsoft (`http://support.microsoft.com/default.aspx?scid=fh;EN-US;KBJUMP`) y descarguemos el parche. Por otro lado, también podemos usar la función Windows Update para descargar e instalar todas las actualizaciones de Windows XP.

Alejar de nuestros discos a los curiosos

El problema: He grabado muchos discos con información confidencial de la compañía. ¿Hay alguna forma de evitar que otras personas lean los datos de mis CD?

La solución: Parece que es un candidato ideal para la codificación y una trituradora de papel industrial. Los programas de grabación como Easy CD Creator, de Roxyo, proporcionan una función de codificación, que protegerá los datos valiosos de los ojos curiosos. Por ejemplo, basta crear un nuevo proyecto de CD y añadir los archivos de datos. A continuación, hacemos clic en el botón que tiene un pequeño fragmento de papel y un pequeño candado rojo (tres botones a la izquierda del botón de grabación). Activamos ahora la casilla Enable file encryption (128 bit), introducimos una contraseña y la confirmamos. Si también preferimos ocultar los nombres de los archivos, marcamos la casilla Hide file names on this disc y hacemos clic en **Aceptar**. A continuación, grabamos el disco de la forma habitual. Nadie podrá abrir los archivos codificados sin la contraseña adecuada.

Recuperar los archivos codificados es sencillo, utilizando su utilidad correspondiente, como Roxio Retrieve. Esta aplicación se añade automáticamente a todos los discos codificados, de modo que podremos recuperar los discos en cualquier ordenador (incluso en equipos que no tienen instalado Easy CD Creator). La aplicación de recuperación debería iniciarse automáticamente al insertar el disco codificado en la unidad. Si no es así, podemos usar Mi PC par localizar en el CD Launch_Retrieve.EXE y ejecutarlo. Introducimos la contraseña y hacemos clic en **Aceptar**. Aparecerá una lista de archivos. Seleccionamos los archivos que queremos copiar en el ordenador (los archivos se decodificarán al copiarlos).

Este es un punto importante. A diferencia de los discos CD-R ordinarios, que pueden leerse directamente (no es necesario transferir su contenido al PC), los discos CD-R codificados no pueden decodificar los archivos al vuelo. En vez de eso, los archivos codificados deben copiarse en el PC para ser decodificados.

Por lo tanto, para leer un CD codificado necesitaremos espacio en el disco duro y tiempo para decodificar los archivos.

Truco

Debemos guardar la contraseña en un lugar seguro; no podremos decodificar los datos sin la contraseña correcta.

Problemas copiando películas DVD

El problema: ¿Por qué no puedo copiar la película que he comprado? Sólo quiero crear mi copia de seguridad personal.

La solución: Probablemente esté utilizando el programa equivocado. Las herramientas de grabación como Easy Media Creator, de Roxio, pueden copiar nuestras películas personales en CD o DVD (como películas con las vacaciones de la familia), pero no copiarán discos con tecnología de protección, como CSS (Sistema de cifrado de contenido).

A propósito, deberíamos recordar que copiar DVD o CD comerciales puede tener consecuencias legales. Yo no soy abogado, pero incluso yo puedo leer la declaración de *copyright* que hay al principio de cualquier película. Muchos expertos legales podrían alegar que la cláusula de "uso no lucrativo" del actual *copyright* nos permite hacer copias para uso personal, pero es claramente ilegal vender (o incluso regalar) copias de películas, juegos y otras obras con *copyright*.

Los arañazos del disco impiden copiarlo

El problema: ¿Por qué aparecen tantos mensajes de error cuando intento copiar una película?

La solución: Las utilidades de copiado intentan realizar duplicados exactos de los discos. Esto significa que el programa intenta buscar cada bit y byte del disco, para transferirlo al nuevo disco (o a una imagen de disco, para ser grabado posteriormente). Un error de lectura suele indicar que hay un arañazo, manchas, polvo, marcas de dedos u otra suciedad que la unidad no pueda leer. Los pequeños arañazos no supondrán un problema durante la reproducción, pero un duplicador podría notarlas. Busquemos un paño suave y seco y limpiemos suavemente el disco desde el centro hasta el borde (como si dibujásemos los radios de una rueda de carreta). A continuación, volvamos a probar el disco.

Si los errores de lectura no desaparecen en un disco de película, normalmente aceptaremos el error y continuamos; probablemente haya muy poca (o ninguna) pérdida de datos. Sin embargo, es algo más importante para los CD de datos (por ejemplo, juegos) en los que los errores de lectura pueden afectar a archivos importantes y hacer que el disco copiado sea defectuoso o inservible.

Controlar los errores de DirectCD

El problema: ¿Por qué aparece un mensaje de error indicando que DirectCD está usando la unidad? ¿Por qué el programa bloquea mi unidad?

La solución: En la mayoría de los casos, DirectCD habrá bloqueado un disco con formato para que otros programas (como Easy CD Creator, Sound Stream o CD Copier) no puedan acceder al disco con formato para grabarlo (esperan encontrar discos vacíos, sin formato). Extraigamos el disco con formato e insertemos un disco vacío. Es la solución sencilla.

En otros casos, podría haber un problema con la instalación del programa de grabación. Probemos eliminando la aplicación de grabación de CD, mediante el asistente para agregar o quitar programas, y volver a instalar la aplicación desde el principio (sin olvidarnos de buscar parches o actualizaciones en la página Web del fabricante del programa).

También podría haber un conflicto con otros programas que estén funcionando en segundo plano. Por ejemplo, se sabe que Norton System Works a veces produce este molesto error. Probemos desactivando o bien eliminando cualquier aplicación que se esté ejecutando en segundo plano, de una en una, y probando el programa de grabación de nuevo. Si descubrimos que una aplicación (como System Works) provoca problemas, podemos buscar actualizaciones o bien parches que mitiguen el problema de compatibilidad (o podemos eliminar directamente el programa problemático).

El programa no reconoce las unidades

El problema: Acabo de instalar Easy CD Creator 6, pero mis unidades de CD y DVD no aparecen en Windows.

La solución: Nos hemos encontrado con un sorprendente error del registro. Los programas de grabación de CD (como Easy CD Creator) dependen de determinadas entradas en el registro para reconocer y acceder a las unidades ópticas del equipo. Si estas entradas resultan dañadas o corruptas durante la instalación (o eliminación) del programa, las unidades podrían no aparecer como parte del equipo. Si tenemos más de un programa de grabación en el ordenador, probemos desinstalándolos todos excepto el programa que queremos. Si el problema no desaparece (o hay otro programa de grabación en el ordenador), quizás haya un problema con el registro. Busquemos parches o actualizaciones que puedan corregir este problema en la página Web del fabricante del programa. Roxio tiene un parche para Easy CD Creator, disponible en `http://softwareupdates.roxio.com/gm/support/tools/DriveFixEZ_Installed.exe`.

Recuperar archivos perdidos en un CD RW

El problema: Me quedé sin electricidad mientras copiaba algunos archivos en mi disco CD-RW, y ahora no puedo encontrarlos, aunque hay menos espacio libre en el disco. ¿Puedo recuperar esos archivos perdidos o tendré que volver a grabar el disco?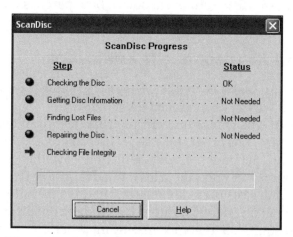

La solución: Podemos recuperar los archivos, aunque no apostaría el próximo plazo de la hipoteca. Drag-to-Disc, de Roxio, incluye la utilidad ScanDisc, que a menudo puede recuperar archivos que no aparecen en Windows Explorer. Este problema suele deberse a que el proceso de grabación se interrumpió antes de que la información del directorio de archivos estuviera completa (aunque la mayoría de los archivos estuvieran realmente grabados). ScanDisc también puede recuperar archivos dañados o perdidos (ver "Esperanza de vida del disco"). Por ejemplo, iniciamos ScanDisc desde el menú de Drag-to-Disc, seleccionamos la unidad grabadora y hacemos clic en **Scan**. La utilidad obtendrá información del disco, encontrará los archivos perdidos, reparará el disco y comprobará la integridad de los archivos (véase la figura 6.18).

Por supuesto, la recuperación de archivos no es un proceso perfecto. Si ScanDisc no consigue recuperar los datos, es cuestión de borrar y volver a grabar el disco (si no usamos Roxio, busquemos en nuestro programa de grabación una herramienta de recuperación similar a ScanDisc.)

Figura 6.18. ScanDisc de Roxio, puede encontrar archivos perdidos, reparar archivos dañados y a menudo, recuperar información perdida.

Problemas con el reproductor de DVD

Reproducir MP3 desde el DVD

El problema: Mi reproductor DVD de sobremesa reproduce CD de música, pero no los MP3 grabados en DVD-R o en DVD-RW. ¿Por qué?

La solución: El reproductor de DVD probablemente admita audio CD, pero puede ser demasiado antiguo como para reproducir archivos MP3. La mejor forma de afrontar este problema es revisar las especificaciones del fabricante del reproductor. Si no admite la reproducción de archivos MP3, tenemos un buen problema. Si el reproductor no reproduce archivos MP3, es muy probable que tampoco admita los discos DVD-R o DVD-RW. De nuevo, revisamos las especificaciones de discos compatibles. Si el reproductor sólo admite discos DVD-ROM, se nos acabó la suerte.

Actualizar el controlador ha estropeado el reproductor de DVD

El problema: He actualizado el controlador de vídeo, pero ahora no puedo iniciar mi programa de reproducción de DVD. ¿Algún consejo?

La solución: Puede que hayamos eliminado el vínculo entre el reproductor de DVD y el controlador de vídeo. Cuando instalamos el reproductor de DVD (como WinDVD), el programa depende del controlador de vídeo y de DirectX para acceder al hardware de vídeo. Cuando cambiamos el controlador de vídeo, podemos "romper" la relación entre el reproductor y el controlador. El reproductor no puede iniciarse porque no puede encontrar el controlador de vídeo. Iniciamos el asistente para la restauración del sistema para devolver al equipo a un estado anterior (o usamos el botón **Volver al controlador anterior** del cuadro de diálogo Propiedades, del adaptador de pantalla, para volver a usar un controlador anterior). Si esto funciona, sabemos que el controlador actualizado es el culpable. Volvemos a actualizar el controlador y desinstalamos y volvemos a instalar el programa reproductor de DVD para recuperar el vínculo entre el reproductor y el controlador.

Advertencia de Macrovision

El problema: Cuando intento reproducir un DVD, WinDVD muestra una advertencia de Macrovision. ¿Cuál es el problema?

La solución: Macrovision, una técnica contra el pirateo, evita que podamos grabar películas mientras se reproducen. Por ejemplo, si intentamos grabar una película DVD en una cinta de vídeo, la cinta se verá brillante y luego oscura, con un sonido muy bajo. Esto hace que la copia en cinta sea prácticamente inservible. Los programas de reproducción de DVD, como WinDVD, de InterVideo, no reproducirán un DVD usando una tarjeta de vídeo que disponga de salida de televisión (a menos que la salida de televisión sea compatible con Macrovision). Si aparecen mensajes de advertencia de Macrovision (véase la figura 6.19), tendremos que desactivar la salida de televisión siguiendo las instrucciones del fabricante de la tarjeta de vídeo.

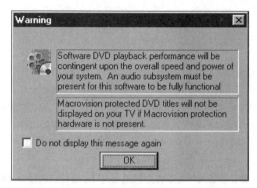

Figura 6.19. Las películas DVD podrían no reproducirse en tarjetas de vídeo con conectores para la salida de televisión.

Herramientas comerciales

Las unidades de CD y DVD suelen funcionar durante años sin ningún problema, pero todos los aficionados al PC deberían tener a mano estas útiles herramientas:

❏ **Nero InfoTool 2.21** (`http://www.cdspeed2000.com`): Una versátil herramienta que muestra una gran cantidad de información sobre nuestra unidad óptica y los discos.

❏ **DVD Speed** (`http://www.cdspeed2000.com`): Prueba y examina la velocidad de la unidad de DVD.

❏ **Virtual CD** (`http://www.virtualcd-online.com`): Protege los discos CD o DVD montando imágenes de CD en unidades virtuales.

7. Problemas con las redes

Cuando empecé a juguetear con los ordenadores, la única forma de compartir archivos entre distintos ordenadores era mediante disquetes que se llevaban de un ordenador a otro. Las redes existían mucho antes que los ordenadores personales, pero sólo en el reino de las instalaciones de unidades de proceso de enormes cantidades de datos. La adopción a gran escala de la conexión en red de datos Ethemet transformó la forma en la que los ordenadores intercambiaban información, lo que, a su vez, propició un crecimiento dramático en los tamaños de las redes de área locales (LAN), disminuyendo sus costes.

Fue entonces cuando Internet se desarrolló, vinculando ordenadores individuales y LAN enteras en una sola fuente de información global sin la que no podríamos vivir en la actualidad.

Sin embargo, conectar diversos ordenadores entre sí e Internet rara vez resulta sencillo. Este capítulo examina la configuración de hardware de redes y temas relacionados con los controladores, para pasar a considerar dolores de cabeza particulares relacionados con los módems de marcación normal y las conexiones por cable de alta velocidad y DSL.

También encontrará soluciones a problemas que se dan a menudo con redes inalámbricas, junto con algunos remedios prácticos a inconvenientes que surgen a la hora de compartir fuentes y con los firewall.

Problemas de configuración

Averiguar información detallada sobre la NIC

El problema: El Administrador de dispositivos en Windows XP no me da demasiada información sobre mi tarjeta de red. ¿Cómo puedo saber más cosas sobre este dispositivo y descubrir sus detalles morbosos?

La solución: No se rinda tan pronto con el Administrador de dispositivos. De acuerdo, en la etiqueta General no encontrará nada más que información básica de identificación y en la etiqueta Controlador del cuadro de diálogo Propiedades de conexión de red podrá acceder sólo a detalles comunes en relación con la versión del controlador. Pero, si se dirige a la etiqueta Opciones avanzadas (véase la figura 7.1), encontrará una gran cantidad de información sobre los ajustes actuales del dispositivo (tales como Control de flujo, Apagado inteligente, Bloques de control de transmisión, los ajustes Dirección MAC, Recursos E/S, etc.), aunque las opciones exactas pueden variar en gran medida dependiendo del modelo y de los fabricantes.

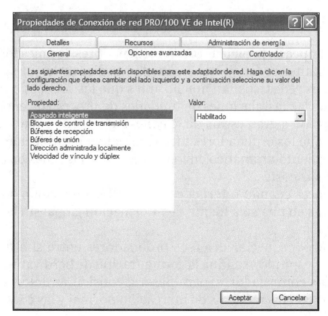

Figura 7.1. El Administrador de dispositivos puede ofrecerle una enorme cantidad de información sobre su tarjeta de red en Windows XP.

Si necesita más información sobre el adaptador (la versión actual de firmware, por ejemplo), hay otros recursos a su disposición que pueden resultarle útiles. Por ejemplo, Windows XP proporciona una utilidad de Información del sistema muy detallada que da una idea general de la mayor parte de los aspectos relacionados con el hardware y el software de su sistema. Solamente tiene que dirigirse a Inicio>Todos los programas>Accesorios>Herramientas del sistema>Información del sistema. Vaya a Componentes>Red>Adaptador y podrá ver cómo aparecen todos los detalles sobre su tarjeta de red (véase la figura 7.2). No olvide tampoco las herramientas de terceros. Las herramientas de diagnóstico del sistema como SANDRA de SiSoft (http://www.sisoftware.net) le proporcionarán un montón de información sobre su tarjeta de red (véase la figura 7.3), incluyendo ajustes de administración de energía.

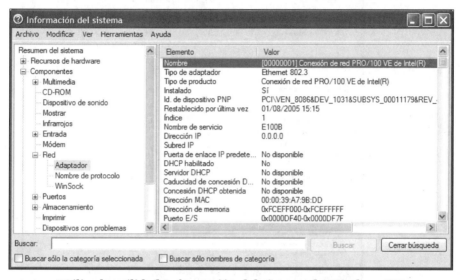

Figura 7.2. Utilice la utilidad Información del sistema de Windows XP para acceder a una gran cantidad de detalles sobre su tarjeta de red.

Truco

En algunos casos, el fabricante de las tarjetas de red puede proporcionar también una utilidad especial que proporcione detalles de sus dispositivos. Compruebe si tiene estas utilidades en el CD de controladores que viene con la tarjeta de red o en el sitio Web del vendedor.

Comprender los valores de las redes

El problema: Cuando salí a comprarme un enrutador el otro día me vi superado por el enorme número de opciones. ¿Qué se supone que significa 802.11b, 802.11a, y 802.11g? ¿Qué representan esos números? ¿Qué tipo de velocidades puedo esperar?

Figura 7.3. Las utilidades como SANDRA de SiSoft pueden revelar detalles técnicos en ocasiones oscuros y no documentados sobre las tarjetas de red y otros dispositivos.

La solución: Ah, es cierto que los números pueden llevar a una enorme confusión, así que le explicaré lo que necesita saber antes de volver a ir de compras. Los dispositivos inalámbricos domésticos y aquellos instalados en pequeñas oficinas se basan todos en variaciones del estándar inalámbrico del Instituto de ingenieros eléctricos y electrónicos (IEEE) 802.11. El estándar 802.11b es el más antiguo y el más ampliamente adoptado. Utiliza la popular banda de frecuencia de 2,4GHz, y proporciona ratios de datos de hasta 11Mbps (megabits por segundo) en distancias interiores de entre 30 y 45 metros aproximadamente. El estándar 802.11a es un poco más reciente, utilizando la relativamente abierta (o de lo contrario no utilizada) banda de 5GHz para lograr ratios de datos de 54Mbps en distancias sólo de entre 8 y 22 metros. Normalmente, los dispositivos 802.11a son más caros que los dispositivos 802.11b, pero pueden coexistir con dispositivos de red inalámbrica de 802.11b en la misma área.

El estándar inalámbrico del IEEE más nuevo 802.11g, que alcanza hasta 54Mbps y utiliza la banda más común de 2,4GHz, funciona en ámbitos de entre 30 y 45 metros y es compatible con dispositivos 802.11b.

Las ratios de datos varían dependiendo de factores de transmisión de radio real, como el rango y la interferencia. A medida que el dispositivo inalámbrico se aleja de su punto de acceso, las señales de radio se debilitan y los ratios de datos descienden. Puede observar que obtiene mejores ratios de datos en su mesa (más cerca del punto de acceso) que en la cafetería (situada más lejos del punto de acceso). La interfaz también tiene un papel importante, especialmente la popular banda 2,4GHz, que es utilizada también por teléfonos inalámbricos, microondas y otros dispositivos electrónicos comerciales. Por ejemplo, puede que note que los ratios de datos disminuyen de forma drástica siempre que su vecino habla por el teléfono inalámbrico. Esto se debe a que la interferencia del teléfono obliga a sus dispositivos inalámbricos a reenviar cualquier dato que se haya perdido a causa de la interferencia, lo que reduce la eficacia del ratio de datos.

Truco

Si va a configurar hoy una nueva red doméstica o una red SOHO opte por los dispositivos 802.11g puesto que tienen un menor coste y ofrecen un campo más amplio (en comparación con dispositivos 802.11a similares), son más rápidos y además son compatibles con dispositivos 802.11b existentes.

Buscar actualizaciones de firmware

El problema: ¿Qué es todo esto de actualizaciones de firmware para mi enrutador de Internet? ¿Voy a tener que comprar nuevo equipamiento de red?

La solución: Guarde su cartera. No necesita comprar nada nuevo sólo para cambiar el firmware. En primer lugar, determine cuál es su versión actual de firmware. Por ejemplo, puede localizar la versión de firmware de un enrutador de Internet simplemente accediendo a la unidad a través de un navegador Web y comprobándolo en Status u otra página de configuración (véase la figura 7.4). Ahora tendrá que determinar si necesita una actualización de firmware. Esto suele ser tan simple como una rápida visita al sitio Web del fabricante del hardware. Diríjase a las páginas de soporte del producto y eche un vistazo para ver lo que hay disponible. En la mayoría de los casos, la mejora del firmware implica poco más que la simple descarga y ejecución de un archivo procediendo después a reiniciar el hardware de red de forma que el nuevo firmware surta efecto. Tenga en cuenta que los vendedores a veces emiten frecuentes actualizaciones, especialmente para productos basados en los nuevos estándares como 802.11g, que necesitan soluciones para eliminar pequeños errores y mejorar la compatibilidad.

Figura 7.4. Compruebe la versión actual de firmware de sus dispositivos de red antes de considerar las actualizaciones.

Truco

Asegúrese siempre de descargar la versión de firmware exacta para su dispositivo, y siga las instrucciones de instalación del fabricante con atención. Como una actualización de firmware normalmente elimina su configuración inalámbrica existente, tome nota de su canal actual, las claves WEP/WPA, y otros detalles específicos antes de proceder a la actualización.

Tenga cuidado con los cables cruzados

El problema: ¿Por qué no puedo usar un cable cruzado para conectar mi ordenador al concentrador? ¿Cuál es la diferencia?

La solución: Un conocimiento escaso puede ser peligroso. Hay dos tipos de cables Ethernet: los convencionales y los cruzados. Un cable convencional es aquel en el que cada cable se conecta al mismo conector en cada extremo del cable (por ejemplo, el conector 1 de un extremo está conectado al conector 1 del otro). Un cable cruzado invierte un par de cables, conectando los conectores 1 y 2 de un extremo a los conectores 3 y 6 del otro (y viceversa). Para la mayoría de las conexiones Ethernet entre dispositivos (como la conexión de una tarjeta red de ordenador a un concentrador, o un puerto de un enrutador inalámbrico a un cable módem) Tiene que un utilizar un cable convencional. Si necesita un cable cruzado (por ejemplo, para conectar dos switches o enrutadores) podrá ver una "X" al lado del puerto.

Truco

La regla general es usar un cable convencional para conexiones entre tarjetas de red y un concentrador y un cable cruzado para las conexiones entre tarjetas de red a tarjetas de red, ordenadores a ordenadores (de igual a igual) o conexiones entre concentradores.

Tómese un momento para comprobar su conexión. Puede saber si el cable es el adecuado comprobando si el indicador LED Link que aparecen en ambos extremos del cable están iluminadas. Si está utilizando el cable equivocado (o el cable está dañado), esa luz permanecerá apagada, indicándole que tiene un problema de cable.

No se puede mantener la misma dirección IP

El problema: ¿Por qué narices obtengo una dirección IP diferente cada vez que inicio el ordenador? ¿Puedo mantener la misma dirección IP dejando el ordenador encendido?

La solución: Este problema requiere un poco de explicación. Las redes de hoy en día usan normalmente una técnica llamada Protocolo de Configuración Dinámica de Host (DHCP) para distribuir los datos de configuración (tales como la dirección IP, la máscara de subred y otros ajustes) de forma automática a los ordenadores que forman parte de una red. Este proceso elimina la necesidad de reconfigurar de forma manual los ordenadores cada vez que mueva uno o añada uno a la red. DHCP no designa los ajustes de forma permanente. En vez de eso, usa un "arrendamiento" DHCP a corto plazo que puede durar de unas horas a varios días. Y estaba en lo cierto, si deja el ordenador encendido y activo (no en modo standby o hibernación) es una forma de renovar la misma dirección IP, puesto que el "arrendamiento" se refresca de forma periódica. Cuando apaga su ordenador, la dirección IP que tenía asignada se libera, y puede reasignarse a otro dispositivo en la red. Esto explica también por qué puede tener más dispositivos en la red que direcciones IP disponibles.

Si obtiene una dirección IP diferente cada vez que inicia su sistema, es un síntoma de que su red está probablemente demasiado congestionada. En otras palabras, hay una gran cantidad probabilidades de que muchos ordenadores estén compitiendo por un número limitado de direcciones IP. Las redes menos saturadas (como las redes domésticas con un número reducido de usuarios) con frecuencia no tienen necesidad de reasignar direcciones IP, porque hay más direcciones que ordenadores. En cualquier caso, DHCP debería funcionarle. Como regla, no hay que temer a las direcciones IP dinámicas. El servidor DHCP (que podría ser simplemente su enrutador de Internet) sigue el rastro de sus IP de PC y direcciones MAC de forma que pueda mantener el acceso a su correo electrónico y a la Web independientemente de la frecuencia con la que cambia la dirección IP. Las direcciones IP dinámicas son, de hecho, beneficiosas para la seguridad de su PC puesto que hace que a los piratas y a otros intrusos les resulte difícil encontrar su dirección IP específica. El único caso en el que las direcciones IP dinámicamente asignadas pueden volverse contra usted es cuando las utiliza para un recurso que requiera una dirección IP estática, como un servidor Web. Una dirección IP de un servidor Web necesita permanecer estática de forma que los servicios de búsqueda DNS de Internet pueda encontrarla de forma sistemática.

Hora errónea en el correo electrónico

El problema: La hora que aparece en mi correo electrónico es siempre incorrecta. ¿Por qué Internet cree que envié mi email antes de que realmente lo hiciera?

La solución: Siempre que envía un email o participa en un grupo de noticias, se utiliza el ajuste de hora de su PC para localizar la hora de la transmisión. Si el reloj de su PC no es preciso, la hora que aparezca en sus mensajes tampoco lo será, lo que causará confusión cuando trate de seguir la pista de su correo mediante la hora. Afortunadamente, es sencillo hacer que su reloj marque la hora correcta.

Como los relojes de los PC típicamente pierden varios segundos cada semana, no pueden considerarse obras maestra de precisión. De hecho, a medida que un ordenador cumple años, la batería de la CMOS se debilita, y la hora tiende a desajustarse aún más. Si está perdiendo varios segundos al día o más, pruebe a cambiar la batería de seguridad CMOS de su placa base (diríjase al capítulo 1 para más información).

Debería habilitar ajustes automáticos para el cambio de hora llevado a cabo con el fin de aprovechar la luz del día (si vive en una zona horaria que lo utiliza). En primer lugar, haga doble clic en el icono del reloj en la barra de tareas y, a continuación, utilice la pestaña Fecha y hora para ajustar su hora de forma regular (o cuando vea que el reloj marca una hora incorrecta). A continuación, seleccione la pestaña Zona horaria y seleccione el recuadro de la opción Cambiar la hora automáticamente según el horario de verano.

Además, puede sincronizar el reloj de su PC de forma automática en Internet, utilizando la pestaña Hora de Internet (véase la figura 7.5). Seleccione un servidor de tiempo disponible y haga clic en el botón Actualizar ahora. Habilite la opción Sincronizar automáticamente con un servidor horario de Internet para actualizar su reloj. Recuerde que tiene que aplicar todos los cambios antes de cerrar el cuadro de diálogo.

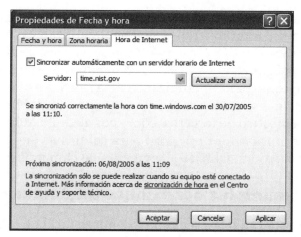

Propiedades de Fecha y hora

Fecha y hora | Zona horaria | Hora de Internet

☑ Sincronizar automáticamente con un servidor horario de Internet

Servidor: time.nist.gov [Actualizar ahora]

Se sincronizó correctamente la hora con time.windows.com el 30/07/2005 a las 11:10.

Próxima sincronización: 06/08/2005 a las 11:09

La sincronización sólo se puede realizar cuando su equipo esté conectado a Internet. Más información acerca de sicronización de hora en el Centro de ayuda y soporte técnico.

[Aceptar] [Cancelar] [Aplicar]

Figura 7.5. Evite problemas de hora manteniendo el reloj de su PC automáticamente sincronizado con sitios de hora en Internet.

Si observa una gran diferencia entre el tiempo que aparece reflejado en el mensaje y la hora real a la que lo envió (digamos, por ejemplo, de entre cinco y ocho horas), probablemente se debe a que su ISP aplica su hora a los correos electrónicos. Muchos ISP con servidores en múltiples zonas horarias configuran toda su red utilizando una hora UTC/GMT estándar. Por ejemplo, Hotmail utiliza siempre GMT, independientemente del lugar desde el que el emisor o el receptor acceden a la red.

No se reconoce el módem

El problema: Instalé un módem en mi ordenador montado en casa, pero el sistema no parece reconocerlo. ¿Alguna sugerencia sobre cómo podría despertarlo?

La solución: Los sistemas *plug and play* basados en PCI de hoy en día son realmente expertos a la hora de reconocer dispositivos como módems, por lo que resulta bastante inusual encontrar un sistema no cooperativo. Sin embargo, pasa. Empiece comprobando la instalación del módem. Asegúrese de que la tarjeta PCI está completa y correctamente insertada en su ranura, y asegurada al chasis con un tornillo.

Vuelva a leer las instrucciones de instalación del módem. Algunos dispositivos necesitan que se instale el software antes de conectar el dispositivo de hardware. Si instala la tarjeta del módem antes que el software, el sistema podría no reconocerla o podría identificar el dispositivo de forma errónea. Afortunadamente, puede solucionar fácilmente este pequeño pero molesto problema técnico eliminado cualquier entrada del dispositivo desde el Administrador de dispositivos (incluyendo cualquier categoría de dispositivos definida como "otra" o "desconocida"). A continuación, apague el ordenador y saque el módem. Finalmente instale el software del módem y vuelva a instalar el dispositivo tal como lo recomienda el fabricante.

¿Todavía tiene problemas? En ese caso el culpable podría ser un conflicto de hardware. Los módems internos tradicionalmente utilizan los mismos recursos aplicados a los puertos (de serie) COM, así que empiece por deshabilitar los puertos COM de su PC desde la Configuración de la BIOS. A menos que esté usando los puertos de serie para otra cosa (como para sincronizar su PDA), no necesitará estos puertos para nada. Reinicie el sistema y vea si reconoce el módem. También puede probar a usar una utilidad de diagnóstico de terceros, como por ejemplo Módem Doctor de Hank Volpe (`http://www.modemdoctor.com`) para confirmar que el módem está instalado y disponible. Si todo esto falla, es el momento de llamar al soporte técnico.

Configurar múltiples conexiones telefónicas

El problema: Tengo un segundo ISP por seguridad. ¿Puedo configurar más de una conexión telefónica en Windows?

La solución: Windows le permite configurar tantas conexiones de red telefónicas (DUN) como quiera, aunque sólo puede utilizar una cada vez. Abra el Panel de Control y en Conexiones de red, seleccione la opción Crear una conexión nueva. Aparecerá el Asistente para conexión nueva (véase la figura 7.6). Siga las instrucciones del asistente para establecer su nueva conexión telefónica. Para hacerlo, necesitará asignar un nombre a la nueva conexión, y tener a mano un número POP local para su ISP y la información sobre el tipo de conexión. Cuando termine con el asistente, el cuadro de diálogo de la conexión aceptará su nombre de usuario y su contraseña, la información sobre dominio y cualquier otro detalle que su ISP necesite. En este momento es sólo cuestión de hacer doble clic en el icono de conexión en su escritorio para probar la nueva conexión.

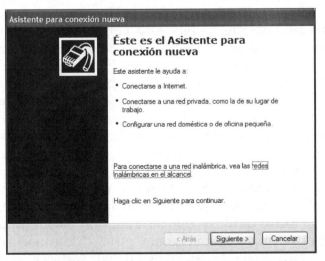

Figura 7.6. Utilice el Asistente para conexión nueva para configurar conexiones de red de marcado adicionales.

Confirmar el modo V.92

El problema: ¿Hay una forma rápida y sencilla de asegurar-me de que mi módem está funcionando en modo V.92?

La solución: Sí, la hay. La respuesta ATI11 en la pantalla de diagnóstico de su módem le dirá exactamente el modo ope-rativo en el que está su módem. ¿Dónde esta esto? Abra el Panel de control, diríjase a Opciones de teléfono y módem, haga clic en la pestaña **Módems**, seleccione su dispositivo de mó-dem y haga clic en el botón **Propiedades**. Cuando aparezca el cuadro de diálogo de propiedades del módem, haga clic en la pestaña Diagnóstico y, a conti-nuación, haga clic en el botón **Consultar módem**. Tras algunos segundos, deberían aparecer una serie de consultas y respuestas (véase la figura 7.7). Localice la entrada ATI11 y asegúrese de que le respuesta incluye V.92. Si no es así, puede que tenga que ponerse en contacto con el fabricante del módem (o del ordenador) para que le ayude a forzar el modo V.92 o sustituir su módem por un dispositivo V.92 de verdad.

Figura 7.7. Consulte el módem para confirmar el estado operativo V.92.

El módem cambia puertos COM

El problema: ¿Por qué mi módem de marcación parece cam-biar los puertos COM de forma espontánea?

La solución: Esto ocurre con algunos módems PCI Zoom V.92 que utilizan conjuntos de chips Agere; el módem no deja de cambiar entre los puertos COM3 y COM4. Básicamente, esto

cambia las asignaciones de recursos de hardware del módem, lo que significa que el software que depende del módem (como AOL) tiene que volver a buscar el módem. Con frecuencia puede arreglar este problema actualizando el controlador; normalmente puede descargar esta actualización del sitio Web del fabricante. Si el problema persiste o no hay controladores actualizados disponibles, sustituya el módem por otro de una marca y modelo diferentes.

Corrección interna de errores

Los módems utilizan técnicas de corrección de errores para verificar que la información permanece intacta durante un intercambio de datos. Se calcula una suma de comprobación y se adjunta a cada cuerpo de datos que se envía. El módem receptor calcula una nueva suma de comprobación para el cuerpo de datos y la compara con la recibida con los datos. Si las cifras de las dos sumas de comprobación coinciden, el cuerpo de datos es bueno, de lo contrario, se vuelve a enviar. La corrección de errores es una parte esencial en las transferencias de archivos de gran tamaño, como las descargas. Los dos protocolos de corrección de errores más populares utilizados hoy en día por los módems son MNP2-4 and V.42. Recuerde que los dos módems deben soportar el protocolo de corrección de errores para que pueda utilizarse. De lo contrario los módems "disminuirá los requerimientos de negociación" al protocolo común más bajo, lo que ralentizará su ratio de intercambio de datos.

Silenciar un altavoz de módem ruidoso

El problema: ¿Cómo desactivo el altavoz del módem? Sus chirridos me están sacando de quicio.

La solución: Hay una solución sencilla; puede controlar el volumen del altavoz del módem directamente a través del cuadro de diálogo de Propiedades de módem. Abra, en el Panel de control, las Opciones de teléfono y módem, haga clic en la pestaña Módems, seleccione su dispositivo de módem y haga clic en el botón **Propiedades**. Cuando se abra el cuadro de diálogo de propiedades del módem, haga clic en la pestaña Módem (véase la figura 7.8). Baje la pestaña deslizante Volumen del altavoz a Sin sonido, y haga clic en **Aceptar** para guardar sus cambios. Si su módem no ofrece esta pestaña, haga clic en la pestaña Opciones avanzadas y escriba el comando siguiente en la línea de Configuraciones adicionales: M0L0. El comando M0 desactivará el altavoz cada vez que se inicie el módem.

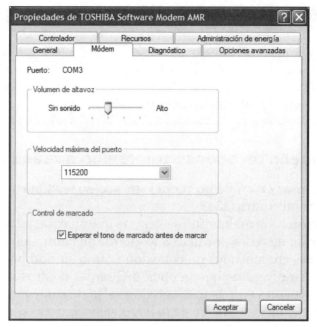

Figura 7.8. Utilice la pestaña deslizante para disminuir (o desactivar) el altavoz interno del módem.

El nuevo cable módem no funciona

El problema: Compré un nuevo cable módem y lo configuré de acuerdo con las instrucciones, pero no puedo hacer que funcione. ¿Qué estoy haciendo mal?

La solución: Comience por volver a comprobar la instalación del cable módem. Asegúrese de que el cable módem está adecuadamente encendido y enchufado de forma segura al conector coaxial de la empresa de cable. A continuación, asegúrese de que está utilizando el cableado Ethernet adecuado para su red. Normalmente necesitará utilizar cable convencional en vez de cable cruzado, aunque algunos modelos de cable módems pueden necesitar un cable cruzado que los conecte a un enrutador; en realidad depende del modelo de dispositivo de cable módem. Puede que necesite proporcionar a la empresa que le suministra el cable la dirección de Control de acceso a medios (MAC) de su nuevo cable módem de forma que puedan configurar su cuenta para que sirva al nuevo dispositivo.

La dirección MAC con frecuencia se encuentra en una etiqueta situada debajo o detrás del dispositivo.

Truco

No todos los suministradores de cable soportarán todos los cable módems de venta al público. Algunos suministradores favorecen su pro-
pio/s modelo/s preferido/s. Obtenga una lista de los cable módems
compatibles de su suministrador de cable.

La contraseña de acceso telefónico a redes no se guarda

El problema: ¿Por qué mi servicio de acceso telefónico a redes no guarda mi contraseña?

La solución: Normalmente, se supone que su característica de conexión de redes por marcado guarda su contraseña
junto con otras credenciales de conexión (como su nombre
de usuario). Asegúrese de que la opción Guardar contraseña
está activada cuando acceda a sus credenciales de conexión. Si
cierra y vuelve a abrir el cuadro de diálogo, debería aparecer una entrada de contraseña.

Sin embargo, si no aparece (obligándole a volver a escribir la contraseña cada vez
que quiera conectarse) hay posibilidades de que si archivo de contraseña esté corrup-
to. Localice todos los archivos `.PWL` en la carpeta `C:\Windows`. Cambie el nombre
del archivo o de los archivos y, a continuación, reinicie Windows. Esto debería obligar
a Windows a crear nuevos archivos PWL para usted. Vuelva a intentar la conexión.
Tendrá que introducir su contraseña una vez más, pero esta vez debería guardarse.
Puede que también pueda localizar un parche para este tema directamente en Microsoft (`http://support.microsoft.com/`).

Un fallo de conexión hace detenerse al PC

El problema: Desde que instalé una tarjeta de red en mi sistema, parece que éste se pausa de forma periódica.

La solución: El sistema se pausa porque la tarjeta de red
no puede comunicarse con la red. Yo sospecharía de un error
en la conexión de red. Quizá todavía no ha conectado su tarjeta de red a otros PC a través del concentrador, o quizá está utilizando un cable cruzado en lugar de un cable convencional.

En cuanto conecte su PC a la red y vea que se ilumina la luz de conexión, apuesto a que esas dudas del sistema desaparecen. Si no es así, puede que la
propia tarjeta de red esté defectuosa. Pruebe a desactivar la tarjeta utilizando el Administrador de dispositivos. Para hacerlo, simplemente haga clic con el botón derecho
del ratón en tarjeta de red y seleccione la opción Desactivar; A continuación, reinicie
el sistema para que Windows desactive la tarjeta de red por completo. Si esto resuelve

esas pausas inesperadas, vuelva a comprobar la configuración de la tarjeta, actualice el controlador de la tarjeta o sustitúyala por otra de una marca o modelo distintos.

Un nuevo dispositivo desactiva la tarjeta de red

El problema: He instalado un nuevo dispositivo en mi ordenador, pero ahora la tarjeta de red no funciona.

La solución: Puede que haya creado un conflicto de recursos de hardware añadiendo el nuevo dispositivo. Los conflictos son raros hoy en día, porque el bus de expansión PCI permite que se compartan de forma interrumpida entre los distintos dispositivos pero, si su sistema está extremadamente cargado, las posibilidades de que tengan un conflicto aumentan. Para comprobarlo, diríjase al Panel de control, seleccione la opción Sistema, haga clic en la pestaña Hardware y, a continuación, haga clic en el botón **Administrador de dispositivos**. Si la tarjeta de red está marcada con un icono de exclamación, expanda la entrada Adaptadores de red, haga clic con el botón derecho del ratón en la NIC y seleccione Propiedades. Examine el área Estado del dispositivo de la pestaña General (véase la figura 7.9); allí encontrará información sobre cualquier conflicto. La forma más sencilla de resolver este tipo de problemas es simplemente eliminar el nuevo dispositivo (siguiendo la regla de solución de problemas general, "el último en llegar es el primero en salir").

Si el problema se soluciona, habrá confirmado que el nuevo dispositivo era, de hecho, el culpable. Si es así, tendrá que volver a configurar el nuevo dispositivo (pruebe a intercambiar las ranuras PCI con otro dispositivo) u optar por una versión externa (USB o FireWire) del dispositivo.

> **Truco**
>
> También puede probar la opción "reset NVRAM" en la Configuración de la BIOS. Esto obligará al sistema PnP a resetearse y volver a asignar los recursos PnP a los dispositivos del sistema.

Si la tarjeta de red dejar de funcionar, pero no hay conflicto, puede que el problema tenga que ver con los controladores de la tarjeta. Descárguese los últimos controladores NIC del fabricante, seleccione la tarjeta de red en el Administrador de dispositivos, haga clic en Desinstalar y, a continuación, reinicie el sistema. Cuando reinicie Windows, el sistema debería volver a detectar la NIC y le permitirá instalar los últimos controladores.

Figura 7.9. Utilice el Administrador de archivos para comprobar conflictos de hardware que puedan interferir con su tarjeta de red.

Truco

Si encuentra un conflicto entre su adaptador Ethernet de placa base y su nueva tarjeta de red PCI (quizá esté actualizando la tarjeta de red para Ethernet Gigabit), desactive la tarjeta de red de la placa base utilizando la Configuración de la BIOS.

Un corte de suministro detiene el acceso a Internet

El problema: Vaya, se acaba de ir la luz. Cuando vuelve, ya no tengo acceso a Internet desde mis ordenadores. ¿Qué está pasando?

La solución: Los fallos en el suministro eléctrico pueden hacer que el enrutador de Internet deje de funcionar de forma adecuada. En primer lugar, tendrá que comprobar si el enrutador de Internet es un problema. Compruebe esto conectando la tarjeta de red de uno de sus ordenadores directamente al puerto LAN en su cable módem o DSL. Si puede conseguir una conexión a Internet desde ese ordenador, sabrá que el enrutador es el que falla. Si no es así, póngase en contacto con su ISP de alta velocidad para conseguir ayuda para llevar a cabo más comprobaciones (y posiblemente reemplazar su cable módem o DSL).

Si determina que el problema es el enrutador, pruebe a pulsar el botón de reinicio del enrutador o haga que la electricidad llegue al enrutador una vez que los ordenadores están funcionando. Desconecte el adaptador de corriente, cuente hasta 10 y, a continuación, vuelva a conectar el adaptador. Estos pasos pueden permitir que el enrutador vuelva a detectar los ordenadores en red y restaure el acceso a Internet. Si esto no funciona, resetee el módem siguiendo las instrucciones del fabricante. Esto implica normalmente mantener pulsado el botón de reinicio, lo que obliga al enrutador a restaurar sus opciones predeterminadas de fabricación. Después de eso, puede que necesite volver a configurar el enrutador para su red.

Por supuesto, si no puede acceder al enrutador (de forma directa o a través de su utilidad de configuración Web) o si sus indicadores sugieren un fallo interno, el propio enrutador se verá dañado y tendrá que reemplazarlo. Aunque un fallo eléctrico cotidiano no debería tostar un enrutador, he perdido varios dispositivos de red (incluyendo un enrutador) en una tormenta eléctrica particularmente desagradable en Nueva Inglaterra, así que puede ocurrir y de hecho, en ocasiones, ocurre.

Reducir la ralentización de la red

El problema: Tengo varios ordenadores Windows 2000 en mi red que están siempre ocupados y causan molestos retrasos. ¿Cómo puedo acelerar las cosas sin tener que hacer una enorme inversión en una Ethernet gigabit?

La solución: Puede que tenga un problema de latencia. La latencia indica el tiempo que tarda un paquete de datos en llegar de un punto a otro. Las redes con mucho movimiento pueden experimentar una fuerte latencia a causa del exceso de tráfico. Aunque en última instancia lo mejor sería aislar la arquitectura de red y conectar los distintos segmentos utilizando un switch (en vez de sólo un concentrador), una alternativa barata sería aumentar el tamaño del búfer de petición en el Registro del sistema. El valor `SizReqBuf` va de 1024 a 65535 bytes, y la opción 4356 es la establecida por defecto. Si tiene más de 512MB de RAM, aumente este valor a 16384. Para llevar a cabo este cambio, siga estos pasos:

1. Haga clic en Inicio>Ejecutar, escriba regedit, y haga clic en **OK**.

2. Diríjase a la siguiente entrada (véase la figura 7.10):

   ```
   HKEY_LOCAL_MACHINE\System\CurrentControlSet\
   Services\LanmanServer\Parameters
   ```

3. Seleccione Edición>Nuevo>Valor DWORD, utilice el nombre SizReqBuf y seleccione REG_DWORD; a continuación, introduzca el valor decimal 16384.

4. Guarde los cambios y reinicie el ordenador.

Debería notar un mejor rendimiento, especialmente cuando se trate de carpetas de archivos de gran tamaño.

Truco

Microsoft le dice cómo modificar el valor SizReqBuf establecido como predeterminado en el artículo Q320829 (`http://support.microsoft.com/default.aspx?scid=kb;en-us;Q320829`).

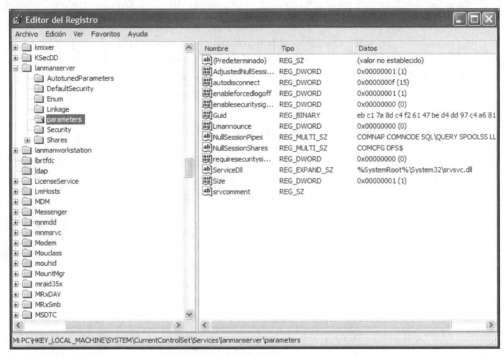

Figura 7.10. Utilice el Editor del Registro para aumentar el tamaño del búfer de petición.

Advertencia

Haga siempre una copia de seguridad del Registro antes de llevar a cabo ningún cambio. Si los cambios realizados en el Registro son incorrectos, puede que si PC no arranque.

Localizar una dirección MAC escurridiza

El problema: Mi ISP quiere algo que se llama mi dirección MAC de tarjeta de red antes de permitirme configurar una conexión de banda ancha. ¿Dónde encuentro esto?

La solución: La dirección de Control de acceso a medios (o MAC) es un identificador único que se asigna a cada dispositivo en la red. Esta dirección está codificada en el firmware de cada dispositivo por parte del fabricante, y debe ser único de forma que ningún par de dispositivos en el mundo utilicen la misma dirección. La dirección MAC aparece normalmente impresa en la parte inferior de los componentes principales (por ejemplo, los enrutadores), pero es difícil de encontrar en los dispositivos internos de red como las tarjetas de red.

Afortunadamente, la utilidad de Windows ipconfig le mostrará la dirección MAC sin ni siquiera tener que coger un destornillador. Simplemente abra una línea de comando, escriba ipconfig /all, y luego pulse **Intro**. Verá la dirección MAC bajo el título Dirección física (véase la figura 7.11).

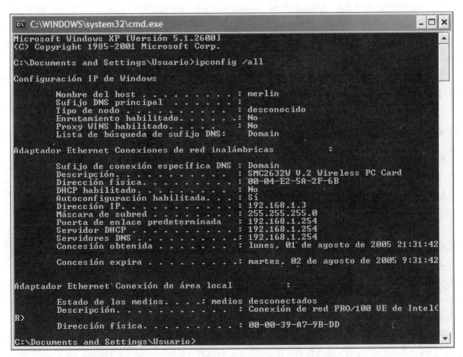

Figura 7.11. La utilidad ipconfig le revelará la dirección MAC de su ordenador local, junto con muchos otros detalles operativos.

Problemas con el módem

El módem no marca

El problema: No puedo hacer que mi módem marque. Puedo oír un clic seguido de los tonos de números, pero no oigo tono de marcación. No veo ningún problema en el Administrador de dispositivos.

La solución: Probablemente tenga un problema con la línea telefónica. En primer lugar, conecte un teléfono en el enchufe de la pared utilizando el mismo cable de teléfono que conectó al módem. Verifique que se obtiene tono. Si no es así, el problema estará en el cable del teléfono, la línea telefónica o el enchufe. Empiece por probar con otro cable telefónico. Si eso no funciona, póngase en contacto con su compañía telefónica local e informe del problema.

Examine los pequeños conectores metálicos en los enchufes de teléfono de su módem; observe si hay contactos doblados o dañados que podrían ser la causa de una mala conexión. Si los encuentra, tendrá que cambiar el módem. Si no es así, vuelva a conectar el cable del teléfono y asegúrese de conectar el cable al puerto del módem (no al puerto telefónico).

Si el problema persiste, podría ser que el circuito de la interfaz del teléfono interno del módem estuviera dañado, así que pruebe con otro módem.

El módem pierde la conexión después de algunos minutos

El problema: Mi módem se conecta sólo unos minutos a través de una conexión telefónica y después se desconecta.

La solución: Los problemas de desconexión son muy comunes en las conexiones telefónicas, y normalmente pueden localizarse en una o varias áreas. Antes de simplemente asumir que tiene un problema con su hardware, considere su línea telefónica. Tenga en cuenta que una conexión telefónica entre dos puntos se lleva a cabo a través de un batiburrillo de cables de teléfono, estaciones de intercambio e infraestructura analógica-digital-analógica de empresas telefónicas.

Existen posibilidades de que se encuentre ocasionalmente con conexiones ruidosas. Con frecuencia se debe a una calidad pobre de la línea (especialmente en áreas rurales o cuando marca en POP lejanos). Trate de seleccionar distintos números de acceso para su ISP; lo ideal es un número local, de forma que pueda evitar la acumulación de pagos de larga distancia.

Los controladores de módem antiguos o conflictivos pueden ser otra fuente de problemas. Como el controlador hace funcionar el hardware de su módem y le dice cómo responder a los acontecimientos de la línea, es una buena idea asegurarse de que tiene el último controlador del módem. Compruebe el soporte técnico del vendedor o bien los recursos ofrecidos en la Web para localizar las actualizaciones de cualquier controlador.

Si su servidor ISP todavía utiliza un módem V.90 (lo que normalmente aparece en la lista de número de acceso de su sitio Web), puede que necesite aumentar el tiempo de negociación durante el proceso de marcado u obligar a su módem a funcionar en modo V.90 añadiendo la siguiente cadena de inicio en las Propiedades del módem.

```
S7=150+MS=V90
```

Abra el Panel de control, diríjase a Opciones de teléfono y módem, haga clic en la pestaña Módem, seleccione su módem, y haga clic en el botón **Propiedades**. A continuación, haga clic en la pestaña Opciones avanzadas, introduzca la cadena en el campo Configuraciones adicionales y haga clic en **Aceptar**. Proceda ahora a reiniciar el sistema y vuelva a probar el módem.

Problemas de navegación con EarthLink

El problema: ¿Por qué no puedo mostrar páginas Web cuando utilizo Internet Explorer con EarthLink?

La solución: El tema es que EarthLink Accelerator y su utilidad asociada Fast Lane interfieren con Internet Explorer (IE), forzando ajustes de servidor proxy que impiden que IE acceda a las páginas Web con normalidad. Si desea navegar por la red con IE, la solución aquí es desinstalar tanto EarthLink Accelerator como Fast Lane utilizando el asistente Agregar o quitar programas. (Por supuesto, al hacer esto está deshabilitando el servicio acelerado por el que está pagando un extra. En vez de esto, quizá quiera cambiar a un explorador Web diferente, buscar un nuevo ISP, cambiar a una banda ancha o suscribirse al servicio no acelerado de EarthLink.)

Una vez que haya eliminado EarthLink Accelerator y Fast Lane, ajuste sus propiedades de Internet Explorer para desactivar cualquier selección de servidor proxy. Por ejemplo, abra Internet Explorer y seleccione Herramientas>Opciones de Internet; haga clic en la pestaña Conexiones (véase la figura 7.12).

Seleccione la conexión EarthLink, haga clic en Configuración, desactive las opciones de servidor proxy en el cuadro de diálogo y haga clic en **Aceptar**. De nuevo en la pestaña Conexiones, seleccione la opción Marcar siempre la conexión predeterminada. A continuación, haga clic en el botón **Configuración de LAN**, desactive cualquier opción de servidor proxy aquí también y haga clic en **Aceptar**. Cierre y vuelva a abrir Internet Explorer o reinicie su PC. Esta acción debería devolver a Explorer su funcionamiento normal.

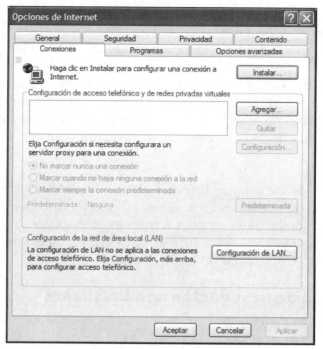

Figura 7.12. Elimine cualquier selección de servidor proxy para restaurar el funcionamiento normal de Internet Explorer.

Asuntos relacionados con MOH e ID

El problema: Tengo dificultades con las características avanzadas del módem, como el módem en espera (MOH) y el identificador de llamada (caller ID) ¿Algún consejo?

La solución: El módem en espera (o MOH) es una característica interesante de la tecnología V.92. Antes de V.92, una llamada entrante simplemente haría que su módem se colgase. Necesitaría desactivar la llamada en espera añadiendo un prefijo de comando como *70 a su secuencia de marcado. Por supuesto, entonces perdería cualquier llamada que entrara mientras usted estuviera conectado.

Con MOH, el módem le alerta de una llamada entrante. Si usted responde, el módem suspende su comunicación con el ISP durante algunos minutos (lo suficiente para llevar a cabo una breve conversación) y, a continuación, reestablece la comunicación de forma que pueda reanudarlo donde lo dejó.

Su suministrador de servicios de Internet o su servicio online determinará el tiempo máximo de espera de su módem. Con frecuencia éste se ve limitado a 10 minutos.

Por supuesto, tendrá que suscribirse a la llamada en espera para usar MOH. Además, los dos extremos de su conexión de módem (la suya y la de su ISP) deben utilizar módems con V.92 con MOH activado. Póngase en contacto con su ISP para confirmar que está utilizando estos ajustes. En algunos casos, puede que necesite utilizar un número de teléfono diferente para acceder al hardware V.92 en el ISP. También tendrá que comprobar su factura telefónica para asegurarse de que la identificación de llamada es parte de su servicio.

El módem USB no muestra LED iluminados

El problema: Instalé un módem USB, pero no veo ningún LED iluminado en el dispositivo.

La solución: Como muchos módems externos USB toman electricidad del propio puerto USB, asegúrese de conectar el módem directamente a un puerto USB o a un concentrador USB con cargador. Si no puede ver ningún indicador iluminado en el módem conectado, probablemente se esté enfrentando a un problema de instalación.

Truco

Una vez que el módem está instalado, utilice la pestaña Diagnóstico del cuadro de diálogo Propiedades para informarse sobre el dispositivo (véase la figura 7.7).

Seleccione su módem en el Administrador de dispositivos. Elimínelo, y, a continuación, elimine cualquier software del módem utilizando el asistente de Agregar o quitar programas. Luego, desenchufe el módem del puerto USB y reinicie el ordenador. Descargue el último controlador de módem directamente del sitio Web del fabricante. Una vez que los controladores estén en su lugar, pruebe a volver a conectar el módem a un puerto USB, si le es posible. Debería ver uno o varios indicadores iluminados en el módem, lo que indica que el módem está listo para ser utilizado. Si no es así, vuelva a comprobar las conexiones eléctricas y las instrucciones de instalación una vez más, o póngase en contacto con el fabricante que le proporcionará asistencia específica.

La actualización del PC inhabilita el módem

El problema: He actualizado el sistema operativo de mi ordenador, pero ahora el módem no responde. ¿Por qué ahora sólo veo controladores de módem genéricos?

La solución: Aunque no puedo asegurar al cien por cien lo ocurrido a su sistema particular, parece que la actualización ha interferido con el módem existente, y ha obligado al sistema a utilizar controladores genéricos compatibles con Hayes. Aunque es frustrante, no se trata de un grave problema. Simplemente reinstale el módem utilizando los últimos controladores.

Seleccione su módem en el Administrador de dispositivos. Elimínelo, borre todas las entradas que aparezcan bajo la categoría Otros dispositivos del Administrador de dispositivos, y, a continuación, elimine cualquier software relacionado con el módem desde el asistente de Agregar o quitar programas. Luego, apague el ordenador y desconecte físicamente el módem. Vuelva a iniciar el sistema y proceda a descargar e instalar el último controlador del módem directamente del fabricante. Una vez que tenga los últimos controladores en el sitio adecuado, vuelva a apagar el equipo y reinstale el módem. La próxima vez que inicie su sistema, éste debería detectar e instalar el módem de forma adecuada.

Fundamentos de la compresión de datos

Los módems transmiten datos a través de las líneas telefónicas utilizando sonidos analógicos. Aumentando la complejidad de esos sonidos, un módem puede transmitir más bits en un periodo de tiempo determinado. Sin embargo, el proceso puede ser bastante lento. Los módems normalmente utilizan compresión de datos para reorganizar los datos en partes más pequeñas antes de proceder a la transmisión, y, a continuación, utilizan el mismo esquema de compresión en el extremo de recepción para restaurar los datos y devolverlos a su formato original. Los módems negocian su esquema de compresión durante el marcado inicial, y se ponen de acuerdo en el esquema más alto soportado por ambos extremos. Dos protocolos de compresión comunes son MNP-5 (con un ratio de compresión de 2:1) y v.42bis (que tiene un ratio de compresión de 4:1). Algunos tipos de archivo (como los archivos que ya están comprimidos con ZIP) no pueden comprimirse más. V.42bis puede detectar si la compresión no es necesaria, y puede acelerar también la transferencia de archivos precomprimidos. Los módems V.92 actuales emplean compresión V.44, que se especializa en acelerar las descargas de páginas Web.

Comandos AT incompatibles

El problema: Algunos comandos AT no funcionan con mi módem. No puedo configurar el módem como quiero.

La solución: Las características del módem pueden variar de forma drástica de un modelo a otro, y no todos los módems soportan todos los comandos AT. Por ejemplo, un módem de voz sobre datos (el que normalmente se utiliza para jugar) usa comandos AT que un módem/fax genérico no soporta. Un ejemplo más específico, un módem que no soporta módem en espera carece de la funcionalidad para reconocer un comando +PHMR (para iniciar MOH).

Lo esencial es que si se siente con ganas de experimentar con su módem se asegure de tener la guía de usuario o la guía de referencia de comandos a mano. Las guías incluyen típicamente el juego completo de comandos soportados por su modelos particular de módem, así que compruebe qué comandos son compatibles antes de perder el tiempo probando comandos que no van a funcionar.

Si su módem no soporta las características que usted quiere, prepárese a comprar un nuevo.

V.44 no mejora todas las transferencias

El problema: He instalado un módem V.92/V.44 para hacer que mi descarga FTP sea más rápida, pero no veo diferencia alguna con la situación anterior. ¿Dónde está el problema?

La solución: Odio tener que decepcionarle, pero lo más probable es que no haya ningún problema en absoluto. La compresión V.44 está optimizada para tipos de archivo comunes asociados normalmente con la utilización de Internet (por ejemplo, páginas Web, gráficos GIF y documentos como PDF de Adobe Acrobat). Como resultado, verá la mejora más acusada cuando navegue por la Web, y no cuando utilice Internet para otras cosas tales como FTP, Telnet o Gopher. También observará que las búsquedas Web son más rápidas, especialmente las búsquedas de tiendas virtuales o páginas que tienen grandes cantidades de texto y un gran número de pequeñas imágenes.

El correo electrónico y los archivos de texto mostrarán una mejora perceptible (pero modesta). Es muy poco probable que perciba mejoras a la hora de descargar archivos (normalmente archivos de programa, de texto o comprimidos) de un sitio FTP. Como siempre, su experiencia puede ser diferente.

Problemas de cable

El flujo de datos no es uniforme

El problema: ¿Por qué el flujo de mi video da problemas ahora que mi hijo está compartiendo la conexión por cable?

La solución: Esto ocurre porque el ancho de banda medio disminuye a medida que se añaden más ordenadores a la red. Usted compra sólo una cierta cantidad de ancho de banda de su suministrador de cable, independientemente del número de ordenadores que están conectados en red a su conexión de Internet. Cuando su ordenador era el único sistema que utilizaba esa conexión, tenía el ancho de banda suficiente para reproducir secuencias video sin ninguna dificultad. Pero cuando su hijo conectó su PC a la red doméstica, redujo la cantidad de ancho de banda disponible para usted. Así, si él está descargando un archivo en su PC mientras usted reproduce secuencias, sus secuencias de video probablemente aparecerán entrecortadas o irregulares. Si le sirve de consuelo, su hijo probablemente se esté preguntando por qué tiene esa porquería de velocidad de descarga.

La solución más sencilla es aumentar el tamaño del búfer para sus secuencias de video u organizar sus tareas de descarga intensiva. Por ejemplo, si usted ve videos secuenciales de 8 a 9 de la tarde, su hijo puede empezar a descargar después de las 9 de la tarde, cuando usted haya terminado. Esto implica un poco de cooperación, pero es gratis. Otra opción sería aumentar su banda ancha de Internet adquiriendo un plan de servicio más rápido. Afortunadamente los precios de la banda ancha están bajando, así que infórmese de qué planes alternativos están disponibles.

Aumentar la velocidad de la conexión de su banda ancha

El problema: ¿Puedo sacar más velocidad de mi conexión de banda ancha haciendo cambios en el Registro? He oído que hay ajustes que pueden resultar de ayuda, pero no sé dónde están.

La solución: Aunque es posible hacer pequeños cambios a ajustes individuales del Registro, ¿para qué molestarse? En vez de esto, utilice una herramienta automatizada como la utilidad TCP Optimizer de SpeedGuide (`http://www.speedguide.net/downloads.php`). Se trata de un programa gratuito que soporta de Windows 9x a XP, y no requiere instalación; simplemente hay que descargarlo y ejecutarlo. La utilidad encuentra su mejor ajuste MaxMTU, comprueba la latencia, y automáticamente modifica todos los ajustes importante de Registro relacionados con la banda ancha (véase la figura 7.13).

Figura 7.13. TCP Optimizer de SpeedGuide modifica automáticamente las entradas relacionadas con la banda ancha en el Registro de Windows.

Antes de ponerse a experimentar con el funcionamiento más íntimo de su sistema operativo, lleve a cabo algunas pruebas rápidas para evaluar la velocidad actual del sistema. En primer lugar, pruebe el TCP/IP Analyzer online de SpeedGuide para comprobar ajustes actuales tales como MTU, MSS, RWIN, ancho de banda y otros parámetros. La información devuelta por esta utilidad no sólo le mostrará los ajustes actuales, sino que le señalará áreas potenciales de mejora (véase la figura 7.14). Otro recurso popular es Bandwidth Meter de CNET (`http://reviews.cnet.com/7004-7254_7-0.html?tag=cnetfd.dir`), que mide el ancho de banda de su conexión de ancho de banda en cualquier momento. Si todavía tiene la tentación de tontear con el Registro, tenga en cuenta que está exponiéndose a un desastre si no sabe lo que hace. Haga siempre una copia de seguridad de su Registro antes de tocarlo. Hay muchas entradas crípticas en el Registro; si cambia los ajustes de forma incorrecta, fácilmente puede hacer que su sistema no vuelva a arrancar. ¿Mi consejo? Si no ha oído hablar de `regedit`, suelte el ratón y sepárese lentamente del ordenador.

Comprobar la seguridad de la banda ancha

El problema: Acabo de cambiarme a una conexión de banda ancha, pero todos esos recientes problemas de seguridad me asustan. ¿Hay alguna forma sencilla de comprobar cómo de seguro es mi PC antes de pasar al software de seguridad más frío y caro?

TCP options string = 020405b40103030101010402
<u>**MTU = 1500**</u> MTU is fully optimized for broadband.
<u>**MSS = 1460**</u> Maximum useful data in each packet = 1460, which equals MSS.
<u>**Default Receive Window (RWIN) = 128480**</u> RWIN Scaling (RFC1323) = 1 bits (scale factor of 2) Unscaled Receive Window = 64240 RWIN is a multiple of MSS Other values for RWIN that might work well with your current MTU/MSS: 513920 (MSS x 44 * scale factor of 8) 256960 (MSS x 44 * scale factor of 4) 64240 (MSS x 44)
<u>**bandwidth * delay product**</u> (Note this is not a speed test): Your RcvWindow limits you to: 5139.2 kbps (642.4 KBytes/s) @ 200ms Your RcvWindow limits you to: 2055.68 kbps (256.96 KBytes/s) @ 500ms
<u>**MTU Discovery (RFC1191) = ON**</u>
<u>**Time to live left = 52 hops**</u> TTL value is ok.
<u>**Timestamps (RFC1323) = OFF**</u>
<u>**Selective Acknowledgements (RFC2018) = ON**</u>
<u>**IP type of service field (RFC1349) = 00000000 (0)**</u>

Figura 7.14. Las herramientas online como TCP/IP Analyzer de SpeedGuide pueden informarle de detalles sobre la conexión antes incluso de que se ponga manos a la obra.

La solución: No subestime el poder de un software de seguridad decente. Las conexiones continuas, como las conexiones por cable o bien DSL pueden hacer que su ordenador quede fácilmente expuesto a piratas informáticos. Si no hace nada más, asegúrese de invertir en un software de firewall para su PC. Un firewall evita las comunicaciones no autorizadas entre su ordenador y otros sistemas (de Internet, por ejemplo) y le advierte cuando alguien trata de fisgonear. McAfee Personal Firewall Plus (http://www.mcafee.com), Norton Personal Firewall de Symantec (http://www.symantec.com), y ZoneAlarm de Zone Labs (http://www.zonelabs.com) son todos productos de firewall de prestigio que merece la pena considerar. Si tiene varios ordenadores conectados en red que comparten una conexión de Internet, utilice un enrutador NAT para conseguir una seguridad aún mayor. NAT (Traducción de dirección de red) funciona "escondiendo" sus ordenadores de forma segura detrás de un solo enrutador.

Truco

Descargue e instale siempre las actualizaciones de seguridad de Windows. Utilice la característica WindowsUpdate que encontrará en el menú Inicio para buscar en la Web de Microsoft parches y actualizaciones.

Entonces, ¿cómo de vulnerable es su PC? Herramientas online como Security Scan que encontrará en SpeedGuide.Net (`http://www.speedguide.net/scan.php`) escaneará su PC en busca de la información que su ordenador esté compartiendo. A continuación, le proporciona un listado detallado del estado de sus puertos, mostrando puntos de entrada potencial en su sistema y ofreciéndole sugerencias para mejorar la seguridad de cada puerto (véase la figura 7.15). Como alternativa, el sitio Shields Up de Steve Gibson (disponible en `http://www.grc.com`) proporciona una retroalimentación detallada de todos los puertos de su sistema (véase la figura 7.16). Una vez que identifique los posibles puntos de entrada a su ordenador, puede aplicar un firewall para cerrar sistemáticamente cualquier puerto innecesario. No es un sistema perfecto, pero resulta eficaz para la mayoría de los usuarios de ordenadores normales.

			SG Security Scan
			Scanning (81.172.103.104):
			(The 30 ports scanned but not shown below are in state: filtered)
Port	**Status**	**Service**	**Description**
20/udp	filtered?	ftp-data	
21/udp	filtered?	ftp	FSP/FTP
22/udp	filtered?	ssh	Old verson of pcAnywhere uses port 22/udp (no relation to ssh and port 22/tcp). The real pcAnywhere port is 5632. The value 0x0016 (hex) is 22 decimal; the value of 0x1600 (hex) is 5632 decimal. Some say that pcAnywhere had a byte-swapping bug that led to its incorrect use of port 22.
49/udp	filtered?	tacacs	Login Host Protocol (TACACS)
53/udp	filtered?	domain	DNS (Domain Name Service) is used for domain name resolution. There are some attacks that target vulnerabilities within DNS servers. Some trojans also use this port: ADM worm, li0n, MscanWorm, MuSka52, Trojan.Esteem.C (05.12.2005).
67/udp	filtered?	dhcpserver	Bootstrap protocol server. Used by DHCP servers to communicate addressing information to remote DHCP clients.
68/udp	filtered?	dhcpclient	Bootstrap protocol client. Used by client machines to obtain dynamic IP addressing information from a DHCP server.
69/udp	filtered?	tftp	Trivial File Transfer Protocol - A less secure version of FTP, generally used in maintaining and updating systems, for configuration file transfers between LAN systems, firmware updates on routers, etc. Many trojans also use this port: BackGate Kit, Nimda, Pasana, Storm, Storm worm, Theef... W32.Blaster.Worm is a widely spread worm that exploits the MS DCOM RPC vulnerability described in MS Security Bulletin MS03-026. The worm allows remote access to an infected computer via ports 4444/tcp and 69/UDP, and spreads through port 135/tcp. To avoid being infected consider closing those ports. W32.Welchia.Worm - a wildly spread worm that removes the W32.Blaster.Worm and installs a TFTP server. W32.Cycle (05.10.2004). Exploits a MS vulnerability on port 445, Listens on ports 3332/tcp and 69/udp.

Figura 7.15. Las herramientas online como Security Scan de SpeedGuide pueden informarle rápidamente de la vulnerabilidad de los puertos de su sistema.

Problemas de velocidad con datos bidireccionales

El problema: ¿Por qué mi velocidad de descarga se ralentiza tanto cuando trato de cargar datos al mismo tiempo? Estoy muy por debajo del límite de ancho de banda de mi ISP.

La solución: El problema que está experimentando es una queja común. Está causado por la forma en la que las respuestas TCP se manejan en una conexión de red. Es una cuestión de tráfico más que de ancho de banda.

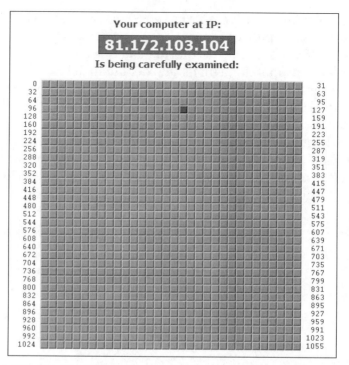

Figura 7.16. El sitio Shields Up de Steve Gibson proporciona una comprobación exhaustiva de puertos de hardware.

Durante una carga (o descarga), su ordenador comunica el valor RWIN (la ventana de recepción TCP) al servidor remoto. Cuando se transmite una cantidad valiosa de datos RWIN, el receptor debe enviar una ACK (respuesta, código de reconocimiento). Este flujo de paquetes de respuestas es el medio por el que el emisor marca la entrega de los datos al receptor. Para intercambiar datos rápidamente, los paquetes de datos deben llegar de forma rápida, y las respuestas deben recibirse de inmediato. Funciona de la misma forma ya esté enviando o recibiendo. Suena sencillo, ¿verdad? Sin embargo, los cable módems típicamente implementan topes de velocidad para cargas y descargas, así que la combinación de peticiones de carga y descarga han que los paquetes de respuesta hagan cola, esperando un hueco. El extremo receptor verá esto como un vínculo lento y reducirá la velocidad de transmisión en consecuencia, lo que deja lisiada su velocidad de carga o descarga.

Una forma de solucionar esto es aumentar el valor RWIN. Esto le permite al ordenador emisor enviar una cantidad más grande de datos antes de que se detenga a esperar una respuesta. Windows 98 configura normalmente RWIN a un valor de 8192, que es tan pequeño que siempre impacta simultáneamente en las cargas y descargas. Windows Me típicamente utiliza 16384, pero eso sigue siendo un poco pequeño.

Windows 2000/XP generalmente se ajusta a las condiciones de línea preponderantes, aunque puede cambiar el valor RWIN utilizando una herramienta como TCP Optimizer de SpeedGuide (véase la figura 7.13).

También puede usar una utilidad inteligente de gestión de descarga/carga (como utilidades para compartir archivos P2P) lo que puede regular internamente las demandas de velocidad de datos en su conexión de red. Configurando el gestor inteligente justo por debajo del tope de velocidad de su cable módem, puede garantizar que haya huecos disponibles para los paquetes de respuesta. Lo ideal sería que terminara optimizando la velocidad de datos en ambas direcciones de forma simultánea.

Sitios Web prohibidos

El problema: Mis dos ordenadores XP utilizan un enrutador para compartir una línea de cable. A veces funciona bien, pero otras veces me sale un mensaje en el que se me prohíbe entrar, explicándome que el acceso ha sido denegado por la lista de control de acceso cuando trato de visitar ciertos sitios Web.

La solución: Como los dos ordenadores en red parecen acceder a Internet de forma correcta, no se trata de un problema de red o de un problema de ordenador. Obtendrá errores de prohibición (o 403) en la ventana de su navegador siempre que el servidor Web entienda una URL pero se niegue a permitirle el acceso. Se encontrará con este error cuando una página Web esté restringida a un uso personal o doméstico y no tenga la contraseña. También lo verá si el webmaster del sitio ha configurado la página a la que quiere acceder de forma incorrecta.

Por ejemplo, puede que no haya asignado un permiso de lectura para todos los usuarios. Finalmente, el servidor Web puede haberse saturado o estar temporalmente fuera de servicio por mantenimiento, y esa es la razón por la que se le prohíbe el acceso por eso.

Empiece por lo más básico. Vuelva a comprobar la URL; puede que la haya copiado o escrito de forma incorrecta. Si la URL es correcta pero necesita una contraseña para acceder a ella, vuelva a comprobar la contraseña e introdúzcala de nuevo. Muchas contraseñas tienen en cuenta las mayúsculas y las minúsculas, así que asegúrese de que no está escribiendo en mayúsculas por accidente. Como la congestión puede paralizar un sitio Web, pruebe a volver a cargar o actualizar la página con el botón **Actualizar** del navegador (o inténtelo más tarde). Si el problema persiste durante más de un día o dos, avise al webmaster.

El cable módem no funciona

El problema: Puede ver otros ordenadores en la red a través de mi enrutador, pero no puedo acceder a Internet a través de mi cable módem. ¿Qué está pasando?

La solución: Como el concentrador interno del enrutador permite que sus ordenadores se comuniquen entre sí, está comprobado que las tarjetas de red inalámbricas y el cableado al enrutador están bien. Esto elimina una gran cantidad de complicaciones. El problema tiene que estar en el cableado del enrutador al cable coaxial o con su ISP. Empiece por comprobar el cable Ethernet entre el puerto de red de área amplia (WAN) del enrutador y el cable módem. Debería ver cómo se elimina un LED Link en el puerto de cable módem, y un LED WAN iluminado en el enrutador. Si no es así, el cable está desenchufado o dañado.

A continuación, compruebe el cable coaxial al cable módem. En primer lugar, asegúrese de que el cable está recto. Apague el cable módem durante al menos 10 segundos, y, después vuelva a encenderlo y observe la secuencia de luz del indicador. El cable módem puede tardar hasta 30 segundos en sincronizar con el ISP. Debería ver cierto indicador de actividad que le informa de que los datos se están moviendo en la línea del cable. Si no es así, puede que necesite reiniciar el enrutador también. Si sigue sin ver actividad, probablemente haya un problema con la propia línea del cable. Quizá hay una línea desconectada en algún lugar, y su servicio se ve afectado. O quizá haya un problema con su ISP o con su cuenta. Tiene que pagar la factura, ¿lo sabe, verdad?

Comunicación lenta del cable módem

El problema: ¿Por qué mi conexión a Internet por cable parece tan lenta? Opté por la banda ancha porque se suponía que era mucho más rápida que la conexión telefónica.

La solución: Un acceso a Internet lento puede estar causado por muchos problemas sobre los que usted puede tener control o no. Lo primero que debería hacer es medir la velocidad de su comunicación con Internet utilizando una herramienta online como Bandwidth Meter de CNET (`http://reviews.cnet.com/7004-7254_7-0.html?tag=cnetfd.dir`) o TCP/IP Analyzer de SpeedGuide (`http://www.speedguide.net`). Una vez que haya medido el ancho de banda, compárelo con el nivel de servicio que aparece en su factura de cable mensual. Si las cifras están relativamente cercas, está obteniendo la velocidad por la que ha pagado, por lo que no es problema de su ISP. Hay probabilidades de que simplemente esté visitando un sitio Web con mucho tráfico o demasiado complejo. Si el ancho de banda está significativamente por debajo del nivel del servicio por el que está pagando, puede que haya una interferencia con otros PC o con otro hardware (como concentradores, switches y enrutadores), puesto que todos ellos comparten ancho de banda con su sistema. Pruebe a conectar la tarjeta de red de su PC directamente al cable módem y compruebe de nuevo su velocidad. Si observa un aumento dramático del rendimiento, desconecte el hardware que no necesite de su red para aligerar la carga, o considere la posibilidad de un servicio más rápido.

Si no hay diferencia en el ancho de banda cuando su PC está conectado directamente al cable módem, puede que haya un problema con su servicio. Pruebe a utilizar si servicio a horas distintas. Si lo utiliza durante los periodos punta de gran tráfico (como, por ejemplo, de 6 a 9 de la tarde), con frecuencia comprobará una ralentización del servicio, puesto que usted será uno de los muchos usuarios que compiten por acceder al mismo tiempo. Si observa una ralentización durante horas que no son punta (como por ejemplo entre las 8 y las 10 de la mañana), puede que su ISP esté experimentando dificultades técnicas.

Póngase en contacto con su suministrador de servicios local y hable con ellos de su problema. No tenga miedo de montar un escándalo; tiene derecho a recibir el servicio por el que paga todos los meses.

El enrutador no distribuye direcciones IP

El problema: No puedo conseguir una conexión a Internet porque mi enrutador no tiene una dirección IP. Pensé que se suponía que el ISP proporciona una dirección IP de forma automática. ¿Cuál es el problema?

La solución: El enrutador de Internet normalmente recibe su dirección IP del suministrador de servicios, y a continuación utiliza DHCP para distribuir direcciones IP dinámicas a cualquier ordenador conectado. En primer lugar, verifique si el vínculo LED Link está iluminado en el cable módem y si un LED WAN está iluminado en el enrutador. Esto le dirá si los dos dispositivos pueden comunicarse entre si. Si no hay luz en uno u otro sitio, probablemente tiene un cable mal conectado o dañado, o quizá un tipo de cable equivocado. Podría necesitar el tipo de cable opuesto (por ejemplo, un cable convencional en lugar de un cable cruzado).

Cuando el LED tanto del enrutador como del cable módem esté iluminado, abra su navegador Web y acceda al enrutador. Utilizando las instrucciones del fabricante, cargue la página de configuración del enrutador y localice los ajustes WAN (el tipo de conexión de Internet). Muchos suministradores de cable utilizan DHCP, así que asegúrese de que está seleccionado. Sin embargo, si su ISP utiliza una dirección IP estática o una conexión PPPoE WAN, asegúrese de seleccionar el tipo de conexión adecuada. A continuación, compruebe la página Status del enrutador para ver la dirección IP asignada por el ISP (véase la figura 7.17). Si ve una dirección como 0.0.0.0, que significa que el enrutador no está comunicándose de forma adecuada con el ISP, y no puede recibir una dirección IP.

Pruebe a conectar el cable módem y reinicie el enrutador; a continuación, vuelva a comprobar la página Status del enrutador para comprobar la dirección IP. Una vez que el enrutador reciba una dirección IP válida, distribuirá direcciones IP adecuadas a los ordenadores clientes, proporcionándoles de ese modo acceso a Internet. Si su enrutador sigue sin tener una dirección IP rápida, compruebe el estado de su servicio con el suministrador de cable. Puede que haya una línea sin conexión, o que tengan dificultades técnicas. Si es ése el caso, espere hasta que el servicio del ISP vuelva a la normalidad y compruebe entonces el enrutador.

Figura 7.17. Asegúrese de que el módem recibe una dirección IP válida del ISP. Si no es así, los ordenadores integrantes de la red no podrán acceder a Internet.

Truco

En algunos casos, puede que tenga que registrar la dirección MAC con su ISP. Algunos ISP utilizan este truco para garantizar que su servicio esté siendo utilizado por equipamiento "autorizado".

Apagar un módem caliente

El problema: Mi cable módem está tan caliente que podría freír un huevo en él. ¿Me hago el desayuno o simplemente lo apago cuando termine de utilizarlo?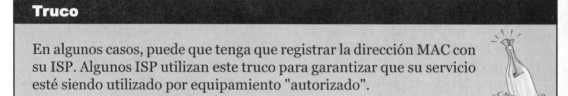

La solución: Hambriento o no, no hay necesidad de apagar el cable módem o la DSL. Las conexiones de banda ancha están "siempre encendidas" así que es normal dejar el módem encendido todo el rato. Sin embargo, la iluminación puede a veces dañar el equipo electrónico por sobretensiones en las líneas de comunicación y energía. Para ser prudente, proteja su cable módem durante las tormentas apagándolo y desenchufándolo (junto con su PC y enrutador), y desenchufando el cable coaxial.

Truco

Las unidades UPS (sistema de potencia ininterrumpida) como la familia APC Back-UPS (`http://www.apcc.com`) proporcionan al PC una batería de seguridad y protección de subidas de tensión a los dispositivos así como protección a Ethernet, a los dispositivos de telecomunicaciones, y al cable coaxial. Este tipo de protección mantiene su hardware funcionando durante una pérdida de tensión, y reduce el riesgo de daños de su equipo procedentes de estas subidas de tensión.

Problemas de DSL

Utilizar un divisor

El problema: La alarma de mi casa comenzó a comportarse de forma extraña cuando instalé la DSL. ¿Hay alguna forma de arreglar esto?

La solución: Dicho de forma sencillo, la DSL es un acceso a Internet de banda ancha que funciona sobre su línea de teléfono existente. El servicio DSL puede coexistir con su línea telefónica, porque utiliza rangos de frecuencias distintas de las usadas por el equipo de teléfono y fax convencional. Sin embargo, otros dispositivos de telecomunicaciones de su casa pueden en ocasiones afectar (y verse afectados por) el servicio DSL. Para eliminar la interferencia, instale un filtro en cada enchufe de teléfono de su casa. Hay filtros baratos que evitan que la mayoría de los teléfonos, faxes y otros aparatos interfieran con su servicio de datos. Puede comprar filtros DSL baratos en cualquier tienda de informática.

Sin embargo, los filtros no son una cura universal para la interferencia de dispositivos. Si no puede solucionar la interferencia con filtros, puede que tenga que instalar un divisor para separar completamente los datos de las señales de voz. Las casas con sistemas de alarmas o sistemas TDD (aparatos de telecomunicación para sordos) con frecuencia requieren un divisor en el punto en el que el cableado del teléfono entra en la casa, y un cableado separado al del enchufe de teléfono reservado para la utilización de datos. Póngase en contacto con su suministrador de servicios DSL. Quizá puedan comprobar el cableado de su casa, instalarle el divisor (si es necesario) e incluso instalar cableado y enchufes adicionales para su acceso de datos.

Truco

Recuerde que las compañías telefónicas normalmente cobran por todos los trabajos de cableado en casa, así que asegúrese de comprender los gastos adicionales antes de autorizar el trabajo. Puede que encuentre mejores ofertas con instaladores de teléfonos privados locales.

Enfrentarse a desconexiones DSL

El problema: Mi módem DSL se desconecta en ocasiones cuando mis hijos están al teléfono. ¿Hay una forma sencilla de solventar este problema?

La solución: Como el servicio de DSL funciona utilizando un conjunto de frecuencias por encima de la banda de voz, una línea de teléfono de buena calidad soportará de forma simultánea la voz y los datos. Esto le permite navegar en la Web o descargar archivos mientras sus hijos adolescentes están charlando con sus amigos. Sin embargo, la carga eléctrica de dispositivos electrónicos comunes en las casa (como múltiples teléfonos, un módem DSL, un contestador y quizá un fax) puede interferir con su servicio DSL, lo que a su vez causaría esas desconexiones ocasionales.

Como los módems DSL son sensibles a las condiciones de la línea, pruebe a desenchufar sus teléfonos auxiliares y el resto de equipos de la línea. (Por supuesto, también necesitará una palanca para separar el teléfono de la oreja de su adolescente.) Si la conexión DSL mejora, puede que usted o su suministrador de DSL tenga que instalar un divisor en la línea que entre a su casa, y sacar después una línea independiente del divisor a su enchufe de datos. Esto dejará el resto de enchufes de su casa libres para que sean exclusivamente utilizados por los dispositivos telefónicos. La parte negativa es que la fuerza de la señal DSL puede verse significativamente reducida si instala múltiples divisores. En ese caso, elimine los que no sean necesarios para evitar la pérdida de fuerza de la señal a su módem DSL.

Truco

Póngase en contacto con su suministrador de DSL (a menudo su compañía telefónica local) para que uno de sus técnicos compruebe si la fuerza de la señal es la adecuada. Compruebe antes si su suministrador de DSL le cobrará gastos adicionales por llevar a cabo trabajos de cableado dentro de la casa.

Evitar desconexiones con PPPOE

El problema; ¿Por qué mi conexión PPPoE parece siempre estar desconectada por mi suministrados de DSL? Creía que se trataba de una conexión que siempre estaba conectada.

La solución: La conexión de Protocolo de Punto a Punto a través de Ethernet (PPPoE) no es una conexión dedicada. Permanecerá encendida mientras usted esté activamente navegando por la Web o descargando archivos, pero, como su suministrador de servicio DSL, puede desconectarse después de un periodo de inactividad. Una vez desconectada, tendrá que volver a entrar y reestablecer la conexión.

Afortunadamente, los dispositivos de Internet como los enrutadores soportan los tipos de conexión PPPoE, y le proporcionan las opciones que ayudan a mantener la conexión durante prolongados periodos de inactividad. Considere un enrutador inalámbrico Linksys, por ejemplo.

Acceda a la rutina de configuración de la unidad utilizando el navegador Web y seleccione la pestaña Configuración. Configure el tiempo de conexión bajo demanda a un periodo de tiempo más largo (llévelos hasta 20 minutos), y establezca un periodo de mantenimiento de remarcación activa de 20 segundos. Recuerde que tiene que aplicar los cambios y, a continuación, volver a establecer su conexión DSL, si fuese necesario.

DSL: Cuestión de distancia

El servicio de línea de suscripción digital (DSL) es una conexión a Internet de alta velocidad que usa su línea telefónica existente. Aunque puede proporcionar hasta 1,5Mbps para usuarios domésticos cotidianos (más para los usuarios de negocios), DSL tiene un riguroso requerimiento de distancia. Debe encontrarse dentro de aproximadamente cinco kilómetros de distancia de una oficina central Telco para recibir un servicio DSL aceptable. A medida que la distancia aumenta, la fuerza de la señal empeora, y con ella el rendimiento de la DSL. Aunque la DSL es una buena alternativa dentro de áreas urbanas y de muchas áreas suburbanas, sería mejor que utilizar un servicio de cable en zonas suburbanas alejadas y áreas rurales.

DSL y distancias de cable

El problema: Mis instrucciones me dicen que mantenga el módem DSL cerca del enchufe del teléfono, pero sería mucho más sencillo llevar un cable de teléfono largo a mis datos a través de la habitación. ¿Realmente tengo que mover el ordenador y el módem al otro lado de la habitación?

La solución: Entiendo la adivinanza: ¿pone el módem cerca del conector de teléfono y tira un cable Ethernet largo al ordenador o mantiene el módem cerca PC y tira un cable largo de teléfono hasta la pared? La respuesta es mantener el módem DSL cerca de la toma de teléfono y el cable de teléfono más corto posible para conectarlo al enchufe de la pared. Esto minimiza la longitud del bucle DSL si son tan sólo varios centímetros y reduce potenciales interferencias de otros dispositivos como los teléfonos inalámbricos. Una vez que el módem DSL está conectado, puede tirar un cable Ethernet de categoría 5 al PC. Los cable Ethernet están mejor elaborados y protegidos que los cables de teléfono normales, y además puede tirar un cable Ethernet entre puntos que estén hasta 100 metros de distancia.

La conexión DSL a Internet se congela

El problema: Mi conexión DSL a Internet se congela, pero el LED Link del módem sigue encendido. Esto ocurre normalmente cuando estoy descargando un archivo. ¿Alguna idea?

La solución: Este tipo de situación afecta frecuentemente a conexiones DSL cuando el ajuste MTU (unidad máxima de transferencias de mensajes) está configurado demasiado alto en el Registro de Windows. Mientras que un ajuste MTU normal para PPPoE y PPPoA es 1492, reducir el valor de MTU a 1430 o 1400 con frecuencia resolverá el problema.

En primer lugar, hable con su suministrador de servicios DSL para ver si tienen un ajuste recomendado. Luego, utilice una utilidad de modificación de banda ancha como TCP Optimizer de SpeedGuide (`http://www.speedguide.net`). Este programa gratuito soporta desde Windows 9x a XP, y no requiere instalación (véase la figura 7.13). Sólo tiene que descargarlo y ejecutarlo. Recuerde reiniciar el ordenador y resetear el módem después de llevar a cabo cualquier cambio en sus ajustes de banda ancha.

Error DUN con la conexión DSL

El problema: Utilizo DSL para acceder a Internet, entonces, ¿por qué sigue apareciendo un error DUN cada vez que abro mi navegador?

La solución: Lo más probable es que necesite volver a configurar su navegador Web. Abra Internet Explorer, diríjase a Herramientas>Opciones de Internet, y haga clic en la ventana Conexiones. En el área Configuración de acceso telefónico y de redes privadas virtuales, seleccione la opción No marcar nunca una conexión (véase la figura 7.18). A continuación haga clic en el botón **Configuración de LAN** y seleccione el recuadro Detectar la configuración automáticamente. Haga clic en **Aceptar** para aplicar los cambios y reinicie el navegador. Debería no volver a producir un error DUN.

Figura 7.18. Elimine los errores DUN en conexiones de cable/DSL seleccionando la opción No marcar nunca una conexión.

El enrutador DSL es inaccesible

El problema: Tengo algunos grupos de trabajo de PC en mi pequeña oficina. Instalé un enrutador DSL para que pudieran compartir el acceso a Internet, pero no puedo hacer que los ordenadores se conecten a él.

La solución: En primer lugar, compruebe el cableado de corriente y de señal del enrutador. A continuación, compruebe que cada PC tiene asignada una dirección IP dentro del rango del enrutador (de 192.168.1.2 a 192.168.1.524 utilizando una máscara de subred de 255.255.255.0, por ejemplo). Si no es así, los ordenadores en red podrían aparecer en un segmento distinto del del enrutador, lo que les impediría comunicarse de forma adecuada. Puede corregir esto de forma manual asignando direcciones IP adecuadas a cada ordenador, o activando la característica DHCP del enrutador.

La última opción le permite al enrutador asignar direcciones IP a sus ordenadores en red siempre y cuando usted configure cada ordenador para obtener una dirección IP de forma automática. Para hacer esto abra el Panel de control y diríjase a Conexiones en Red. Haga clic con el botón derecho del ratón en su conexión de red y después seleccione la opción Propiedades. A continuación, seleccione la entrada Protocolo Internet (TCP/IP) y haga clic en el botón **Propiedades**. Asegúrese de activar la opciones Obtener una dirección IP automáticamente y Obtener la dirección del servidor DNS automáticamente (véase la figura 7.19). Haga clic en **Aceptar** para guardar sus cambios.

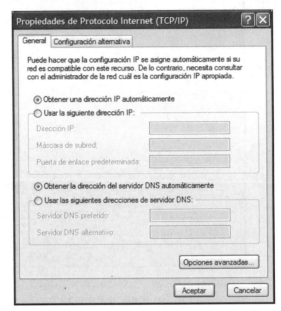

Figura 7.19. Configure cada ordenador para que obtenga direcciones IP y DNS automáticamente.

El LED Link no se mantiene encendido

El problema: El LED Link de mi módem DSL no se mantiene encendido de forma continua. ¿Qué significa esto?

La solución: La luz indica una conexión de red válida. Si la luz no se mantiene encendida, entonces tiene un problema de conexión. En este caso, es probable que el problema esté entre el módem DSL y el enchufe de la pared. En primer lugar, compruebe el cable de teléfono RJ-11 que va del módem al enchufe de la pared. Asegúrese de que los dos extremos del cable están insertados correcta y completamente. Si esto no funciona, pruebe con otro cable de teléfono (son baratos).

A continuación, compruebe los microfiltros. Recuerde que los filtros evitan que las señales de los dispositivos de red (teléfonos, máquinas de fax, contestadores automáticos, etc.) interfieran con las señales de datos; sin embargo, no queremos que haya un filtro en la toma del DSL, así que asegúrese de comprobarlo. Le sorprendería saber cuántos usuarios olvidan quitar el filtro cuando mueven el módem DSL de un enchufe a otro. Finalmente, contacte con su suministrador de DSL y haga que comprueben su servicio además del estado de su cuenta.

Truco

Tenga en cuenta que puede que necesite añadir un filtro a todos los enchufes de su casa que no sean de DSL. Si no lo hace, puede que oiga chirridos o interferencias (como la marcación de un módem) en los teléfonos y en otros dispositivos de telecomunicaciones cada vez que el módem DSL trata de hacer una conexión.

Los LED de diagnóstico anuncian problemas

El problema: No puedo conectarme a Internet utilizando mi conexión DSL. Cuando compruebo el módem DSL, veo que los LED de diagnóstico están iluminados.

La solución: Vuelve a ser un *déjà vu*, su módem no puede comunicarse con el ISP. Una vez más, el problema se debe probablemente a un cable de teléfono defectuoso o a un filtro inadecuado. Vuelva a conectar los dos extremos del cable de teléfono RJ-11, o pruebe un nuevo cable. También puede que haya instalado sin darse cuenta un filtro o un acondicionador de línea en el cable de teléfono que conecta el módem con el enchufe de pared del teléfono. Compruebe el enchufe DSL y elimine cualquier componente de filtros. Además, verifique el estado de su cuenta con el suministrador de DSL.

Los teléfonos interfieren con la DSL

El problema: ¿Por qué parece que mi teléfono inalámbrico interfiere con mi conexión DSL? Pensé que podían funcionar juntos.

La solución: La interferencia es el problema más común y desconcertante que asedia a las instalaciones DSL. Los teléfonos, los sistemas de alarma domésticos, las antenas parabólicas, las consolas de juegos y las máquinas de faz son tan sólo algunos de los dispositivos que podrían interferir con un módem DSL.

Desconecte sistemáticamente los dispositivos sospechosos y observe si la conexión mejora. Si es así, puede instalar un filtro DSL en la toma de teléfono en cuestión. Si es necesario, puede probar a instalar un filtro más fuerte (con más dB) en el enchufe utilizado por el dispositivo problemático. Si eso no funciona, puede que tenga que instalar un divisor para separar completamente los canales de datos de los de voz.

Problemas con redes inalámbricas

Los teléfonos inalámbricos interfieren con la red inalámbrica

El problema: Pierdo mi señal inalámbrica cada vez que alguien enciende el microondas o utiliza el teléfono inalámbrico. ¿Es que no puedo navegar por Internet y hacerme unas palomitas en el microondas al mismo tiempo?

La solución: El problema es una interferencia de radio frecuencia (RF) entre el punto de acceso inalámbrico y su tarjeta de red inalámbrica. Los dispositivos inalámbricos de acuerdo con los estándares 802.11b y 802.11g utilizan la banda de frecuencia de radio 2,4GHz. Desgraciadamente, ésta es la misma banda utilizada por algunos teléfonos inalámbricos. Para hacer que las cosas sean aún peor, otros electrodomésticos (como los microondas) a menudo emiten señales RF no deseadas en esa banda.

La mejor forma de enfrentarse a interferencias no deseadas es mover la fuente de la señal más lejos o eliminarla completamente. Por ejemplo, pruebe a utilizar un teléfono convencional, fijo en lugar de un teléfono inalámbrico, y lleve el microondas a otra habitación. Si tiene que utilizar obligatoriamente un teléfono inalámbrico, pruebe con un modelo de 900MHz o 5,8GHz. Por supuesto, también puede experimentar con la posición de sus puntos de acceso inalámbricos y buscar ubicaciones que puedan ser menos sensibles a la interferencia. En cualquier caso, la corrección del problema le llevará cierta experimentación.

Tratar con problemas de señal inalámbrica

El problema: Ayudé a una amiga a instalar un punto de acceso. Esta amiga es psicóloga y comparte consultorio con otros cinco médicos; todos ellos son usuarios de portátil inalámbrico. Conectamos el enrutador/punto de acceso y conseguí que funcionara, pero me encontré con problemas de señal en un ordenador de unas de las oficinas. Funcionaba bien en algunos sitios, pero no en otros.

La solución: El problema casi seguro tiene que ver con el diseño del edificio y la distribución. Si la conexión inalámbrica funciona en una ubicación, eso prueba que no hay nada erróneo en la configuración; es un problema de rango. Las oficinas tienen muchas paredes y otras barreras que perjudican las señales inalámbricas. Como está trabajando en una oficina, yo consideraría seriamente la ubicación de muebles archivadores de metal. Aunque los dispositivos de estándares de 802.11b y 802.11g típicamente hacen un trabajo decente a la hora de traspasar ciertos tipos de paredes (siempre y cuando no haya soportes de metal o pantallas metálicas en el camino), las obstrucciones de metal como los archivadores pueden ser virtualmente impenetrables. Desgraciadamente, ante la imposibilidad de una cara búsqueda de sitios de radio frecuencia o de un exhaustivo cambio de mobiliario, la única forma eficaz de solucionar el problema es añadir otro punto de acceso en la localización conflictiva. Cuando se instala otro punto de acceso, sitúelo céntricamente en el área (digamos, en el medio de la sala), monte el punto de acceso (o una antena para éste) a nivel de techo, de forma que se encuentre por encima de la mayor parte de la obstrucciones, y recuerde seleccionar un canal que evite la interferencia con otros dispositivos inalámbricos en el área.

Mantener la privacidad de sus conexiones inalámbricas

El problema: Tengo un enrutador inalámbrico para mi conexión de banda ancha, pero como un imbécil se lo conté a mis vecinos. ¿Cómo puedo evitar que se conecten y chupen de mi ancho de banda?

La solución: Como cualquier señal de radio, las redes inalámbricas pueden ser reconocidas y utilizadas por cualquier dispositivo que esté escuchando, lo que sin duda crea un enorme problema de seguridad. No hay forma de evitar que las señales inalámbricas entren en casa de su vecino si está a 30-45 metros de su punto de acceso. Sin embargo, puede proteger su configuración inalámbrica utilizando la característica acceso protegido de Wi-Fi (WPA) de sus dispositivos inalámbricos.

WPA aplica una codificación a sus señales inalámbricas, de forma que sólo los PC autorizados para utilizar su red inalámbrica (y la misma clave de codificación) pueden acceder a la red.

Truco

Antes de activar WPA, asegúrese de descargar el último controlador para sus tarjetas de red. Los enrutador WPA y los puntos de acceso pueden necesitar también la última actualización de firmware para conseguir el mejor rendimiento. Observe que Windows XP requiere Service Pack 1 para la total conformidad de WPA.

Para activar WPA en su conexión inalámbrica existente, abra el **Panel de control** y acceda a las **Conexiones de red**. Haga clic con el botón derecho del ratón en el icono **Conexiones de red inalámbricas**, haga clic en **Propiedades**, y seleccione la pestaña **Redes inalámbricas**. Haga doble clic en el SSID de su red inalámbrica dentro del área **Redes disponibles**. Cuando aparezca el cuadro de diálogo de propiedades de SSID (véase la figura 7.20), configure la opción **Autentificación red** en WPA-PSK. Configure la opción **Cifrado de datos** con el mismo esquema de codificación utilizado por la red inalámbrica (como TKIP), que encontrará en la guía del usuario. Escriba la clave compartida WPA en las entradas **Clave de red** y **Confirme la clave de red**. Haga clic en **Aceptar** para guardar sus cambios. Esto debería activar WPA en sus dispositivos inalámbricos. Tendrá que configurar cada usuario de red inalámbrica de la misma forma.

Figura 7.20. Para conseguir la máxima privacidad, configure su red inalámbrica para que utilice codificación WPA.

Truco

Desactive la característica de emisión SSID (identificador de conjuntos de servicios) de sus puntos de acceso inalámbricos. Esto hará que su red inalámbrica sea "invisible" para los usuarios no autorizados.

Una fuerte señal que no conecta

El problema: Tengo una enorme fuerza en la señal inalámbrica, pero todavía no puedo conectarme de forma sistemática a con mi ordenador portátil.

La solución: Probablemente su portátil esté utilizando un SSID diferente o ajustes de cifrado equivocados. Ambas cosas son fáciles de comprobar. Acceda al applet de su enrutador o punto de acceso y observe los ajustes de SSID y codificación. Los necesitará para añadir su PC a la red inalámbrica. Abra el Panel de control y haga clic en Conexiones de red. Haga clic con el botón derecho del ratón en el icono de Conexión de red inalámbrica, haga clic en Propiedades y luego seleccione la etiqueta Redes inalámbricas.

Asegúrese de que su PC está configurado para utilizar el mismo SSID que su red inalámbrica. Si no es así, haga doble clic en el SSID de su red inalámbrica para ver sus propiedades (véase la figura 7.20). Desactive la opción La clave la proporciono yo automáticamente. Si la red inalámbrica utiliza codificación, active el Cifrado de datos e introduzca las claves adecuadas (véase el problema anterior).

Los ajustes de su PC deberían coincidir con los del resto de la red inalámbrica. Si su red inalámbrica no utiliza codificación, asegúrese de que la opción Cifrado de datos está desactivada en su PC. Haga clic en **Aceptar** para guardar sus cambios y reinicie el ordenador.

No hay señal inalámbrica

El problema: Instalé una tarjeta de red inalámbrica, pero no puedo conectarme al punto de acceso. ¿Por qué no hay ninguna señal?

La solución: Puede que su ordenador esté demasiado lejos del enrutador inalámbrico o del punto de acceso, o podría estar configurado para usar un canal inalámbrico diferente. Empiece por comprobar el rango entre su PC y el punto de acceso. Es sencillo, simplemente acerque los dos dispositivos. Si el rango no es un problema, acceda al applet de configuración del enrutador o del punto de acceso y determine el canal, los ajustes actuales del canal, de la clave de cifrado/codificación y del SSID.

A continuación, abra las propiedades del dispositivo inalámbrico del PC y haga que coincidan con el canal, la clave de cifrado y el SSID para su red inalámbrica existente. Reinicie el ordenador y *voila*. Si el problema persiste o si no puede acceder al cuadro de diálogo de propiedades inalámbricas del ordenador, puede que su tarjeta de red inalámbrica sea defectuosa.

Hardware. Problemas y soluciones

El punto de acceso inalámbrico no responde

El problema: Instalé un Linksys WPC54G en Windows XP, pero no puedo hacer que la unidad funcione. Ni siquiera puedo ver la pestaña Redes inalámbricas en el cuadro de diálogo de propiedades de conexión de red inalámbrica.

La solución: Probablemente ha instalado software innecesario (como el monitor Linksys WLAN) o ha desactivado el servicio Configuración inalámbrica rápida en Windows XP. Elimine cualquier programa de control utilizando la utilidad Uninstall en el menú Inicio (por ejemplo, vaya a Inicio>Todos los programas>Wireless-G Notebook Adapter>Uninstall). Una vez que haya desaparecido, desconecte la unidad inalámbrica y reinstálela desde el principio, tal como se recomienda para Windows XP.

Si el problema persiste, haga clic en Inicio>Ejecutar y, luego, escriba `msconfig` en el campo Abrir; haga clic en **Aceptar**. A continuación, seleccione la pestaña Servicios y desplácese para encontrar la entrada Configuración inalámbrica rápida (véase la figura 7.21). Asegúrese de que la opción está activada, haga clic en Aceptar y reinicie el ordenador si es necesario. Esto debería permitir que si tarjeta de red inalámbrica funcionara de forma adecuada.

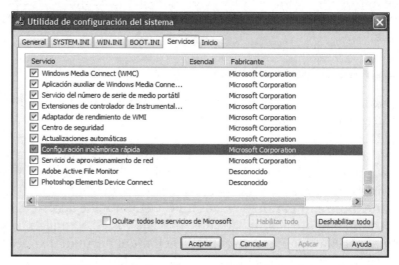

Figura 7.21. Utilice msconfig para comprobar el servicio en Windows XP.

No puede conectarse a redes disponibles

El problema: Conecté la tarjeta inalámbrica Linksys WPC54G en mi ordenador. Ahora no para de decirme que hay una o más redes inalámbricas disponibles. ¿Cómo puedo hacer para que funcione?

La solución: En la mayoría de los casos, una tarjeta de red inalámbrica no se detecta o está configurada de forma incorrecta para su red. Empiece por apagar y volver a encender su PC y su tarjeta de red inalámbrica. También puede probar a desconectar su enrutador o punto de acceso durante 60 segundos y, a continuación, reiniciar el dispositivo para que pueda detectar la tarjeta inalámbrica de forma adecuada. Si el problema persiste, haga los siguientes ajustes a su enrutador inalámbrico o punto de acceso (la figura 7.22 muestra el cuadro de diálogo Setup para el enrutador Linksys WRT54G Wireless G):

❏ Configure Wireless MAC Filtering en la opción Disable.

❏ Configure Beacon Interval a 50.

❏ Configure Fragmentation Threshold a 2304.

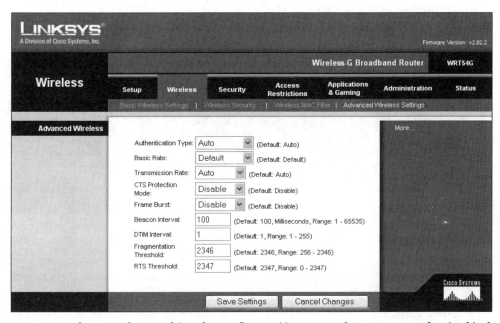

Figura 7.22. Lleve a cabo cambios de configuración avanzada a su enrutador inalámbrico o punto de acceso.

No hay dirección IP para la tarjeta de red inalámbrica USB

El problema: Conecté mi tarjeta de red inalámbrica USB a mi PC, pero no puedo conseguir una dirección IP válida aunque hay una potente señal. ¿Qué está pasando?

La solución: El software de firewall de su PC a veces corta la comunicación entre una tarjeta de red y la red, y haciendo esto evita la asignación de una dirección IP. Pruebe a desactivar el firewall de manera temporal para ver si el problema se soluciona. Si es así, puede que tenga que volver a configurar o reinstalar su software de firewall para acomodar la nueva tarjeta de red inalámbrica.

De lo contrario, puede probar algunos cambios de configuración en el enrutador inalámbrico o punto de acceso. Acceda al enrutador inalámbrico o al punto de acceso a través de su navegador Web, seleccione el menú Setup, y seleccione la página de opciones inalámbricas básicas.

Lleve a cabo los siguientes cambios de configuración (la figura 7.23 muestra estos ajustes para el enrutador Linksys WRT54G Wireless G):

❑ Configure Wireless Network Mode en Mixed.

❑ Para el SSID, seleccione un nombre único (no el que ofrece el fabricante)

❑ En la opción Wireless SSID Broadcast, seleccione Enable.

❑ Desactive Wireless MAC Filter.

❑ Desactive Wireless Security.

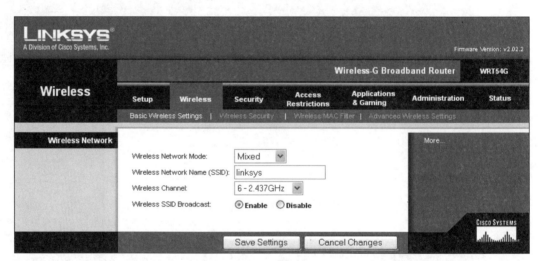

Figura 7.23. Lleve a cabo cambios de configuración básicos a su enrutador inalámbrico o punto de acceso.

Si el problema persiste, compruebe la configuración de su tarjeta de red inalámbrica. Abra el Panel de control. Seleccione Conexiones de red; a continuación, haga clic con el botón derecho del ratón en el icono Conexiones de red inalámbricas y después seleccione la opción Ver redes inalámbricas disponibles en el menú desplegable. Seleccione su SSID, y asegúrese de que coincide con el SSID de su enrutador o punto de acceso.

Finalmente, active la opción en la que se le permite conectarse a la red inalámbrica seleccionada, aunque no sea segura, y haga clic en el botón **Conectar**. Ahora debería tener una dirección IP válida.

Una actualización de XP acaba con la red inalámbrica

El problema: He perdido mi red inalámbrica después de haber instalado una actualización para Windows XP. ¡Qué lata!

La solución: ¡Sorpresa! Este molesto problemilla está normalmente asociado con el parche de Windows XP Q815485. Aunque el parche le permite utilizar la encriptación WPA, debe activar la encriptación WPA (o la antigua WEP) una vez que haya instalado el parche. De lo contrario, su conexión inalámbrica se desconectará. Si no desea utilizar encriptación, tendrá que desinstalar completamente el parche utilizando el asistente de Agregar o quitar programas.

Las conexiones compartidas van muy lentas

El problema: Aunque mi conexión 802.11b normalmente funciona bien, se ralentiza hasta límites insospechados cuando mi socio se conecta en la red. ¿Qué es lo que hace para que mi conexión vaya tan lenta?

La solución: Una vez más, el ancho de banda limitado vuelve para tocarnos las narices. Recuerde que un adaptador de red 802.11b funciona como máximo a 11Mbps (y a menudo, en el mundo real, no supera los 4-5Mbps). Aunque su red inalámbrica pueda soportar múltiples clientes simultáneamente, hay opciones de que se quede sin ancho de banda mucho antes de que la red inalámbrica alcance el número máximo de clientes. La mejor forma de solucionar este problema es mejorar su red a una configuración de 54Mbps 802.11g. Por supuesto, esto requiere un nuevo enrutador o punto de acceso, por no mencionar las nuevas tarjetas de red inalámbricas, así que prepárese para rascarse el bolsillo. Mientras tanto, proteja su ancho de banda evitando pedirle tareas (como ver secuencias de video) u organice un horario de utilización del ancho de banda con su socio.

Seleccionar una o dos antenas

El problema: ¿Conseguiré mejores resultados utilizando un enrutador inalámbrico con una antena o con dos? Si sustituyo una antena omnidireccional por una unidireccional, ¿esta nueva antena tendrá que ser de la misma marca que el resto de mis productos inalámbricos?

La solución: La sensibilidad es la única ventaja tangible que ofrecen los dispositivos con dos antenas. Muchos dispositivos inalámbricos incluyen una característica de "diversidad de antena" que automáticamente selecciona la antena con la señal más fuerte (una opción que no puede controlar) y puede que consiga ratios de datos ligeramente superior en largas distancias. Sin embargo, ésta no es una razón lo suficientemente poderoso para optar por un dispositivo de dos antenas sobre la versión con una. En pocas palabras: siempre y cuando la antena esté diseñada para la frecuencia de banda correcta (que es de 2,4GHz las redes 802.11b/g) y tenga un conector adecuado, puede utilizar cualquiera de ellas.

Problemas generales de redes

El LED Link se enciende y se apaga

El problema: ¿Por qué mi conexión de red se conecta y desconecta?

La solución: Probablemente tiene un cable Ethernet en mal estado que está causando estragos con su conexión de red. Si ve el LED Link en su puerto Ethernet, apuesto a que está viendo como se apaga y enciende la luz. Simplemente cambie el cable Ethernet dañado. También podría intentar conectar la tarjeta de red inalámbrica a un puerto diferente en el switch o en el concentrador.

Conexión telefónica y de banda ancha a la vez

El problema: ¿Por qué no puedo recibir faxes o correos de voz mediante mi nueva conexión de banda ancha? No tengo problemas con ninguna de las dos cosas cuando utilizo la marcación.

La solución: Aunque la DSL normal debería seguir proporcionándole sus servicios telefónicos actuales, las conexiones de banda ancha por cable no incluyen servicios telefónicos. Una vez que establezca una conexión de banda ancha, no debería necesitar un módem de marcación. Sin embargo, si pretende seguir mandando y recibiendo faxes y mensajes en su PC, tendrá que mantener su módem analógico en su sitio. Simplemente ha transferido las tareas relacionadas con Internet (como el correo electrónico, la navegación por la red y la descarga de archivos) a una conexión de alta velocidad.

Requerimientos de hardware compartido

El problema: Conecté varios PC en mi casa a un concentrador, y después he conectado el concentrador a mi cable módem. ¿Por qué no consigo que los ordenadores compartan el acceso a Internet?

La solución: No puede simplemente enchufar un concentrador a su cable módem o módem DSL y esperar que le proporcione un acceso a Internet en red a sus ordenadores. Para hacer esto, necesita un enrutador, que es un dispositivo que conecta las redes entre sí. El enrutador sustituye todas sus direcciones IP únicas de los ordenadores en su red por una sola dirección IP que es la que ve el ISP. El enrutador también controla qué paquetes de datos van con cada ordenador de su red, algo que un concentrador normal y corriente no puede hacer. Sin embargo, puede utilizar un switch o un concentrador detrás de un enrutador. Sólo tiene que conectar sus ordenadores al concentrador, y, a continuación, llevar un cable Ethernet de un puerto del concentrador al enrutador. De hecho, la mayoría de los enrutadores incorporan varios puertos de forma que pueda enchufar varios PC directamente, lo que le ahorra el gasto de comprar otro concentrador o un switch.

Prepararse para compartir conexiones

El problema: Cuando añado otro ordenador a la red, para que pueda compartir el acceso a Internet, ¿tengo que llevar a cabo cambios en la configuración del enrutador?

La solución: No, sólo tiene que conectar el nuevo ordenador a un puerto en el enrutador (o un concentrador o switch detrás del enrutador). Si el enrutador está configurado para actuar como un servidor DHCP y el ordenador está configurado para recibir una dirección IP de forma automática (véase la figura 7.19), el enrutador debería ver el nuevo ordenador y asignarle una dirección IP disponible de forma automática. Si este proceso no ocurre de forma automática, asegúrese de que el nuevo ordenador cliente tiene una conexión de red válida. Abra el Panel de control y haga clic en Conexiones de red. Asegúrese de que puede ver al menos una Conexión de red local. Si no es así, tendrá que volver a instalar la tarjeta Ethernet o el protocolo TCP/IP, y, a continuación, volver a configurar una conexión de red válida. La guía del usuario del enrutador o de su PC normalmente detalla este proceso, de forma que no emplearé 10 páginas para hacerlo aquí.

Crear una conexión VPN

El problema: Necesito crear una conexión VPN entrante, pero no sé cómo configurarla.

La solución: Las redes privadas virtuales (VPN) son importantes herramientas que se utilizan para garantizar la seguridad de las conexiones de red de acceso remoto. Si proporciona acceso remoto a la red de su empresa para usuarios externos de Internet que se encuentran en otro sitio (quizá un comercial que necesita acceder a archivos desde donde esté), puede utilizar el Asistente para conexión nueva de Windows XP para crear una interfaz de servidor VPN.

Abra el Panel de control, seleccione Conexiones de red y cree una nueva conexión. Siga el Asistente para conexión nueva hasta la página de Tipo de conexión de red; aquí seleccione la opción Configurar una conexión avanzada. Cuando accede a la página de Opciones avanzadas de conexión, seleccione la opción Aceptar conexiones entrantes y haga clic en **Siguiente**.

En la página Dispositivos de conexiones entrantes, seleccione cualquier dispositivo opcional que desee utilizar para conexiones entrantes. Cuando acceda a la página Conexión de red privada virtual (VPN) entrante, seleccione la opción Permitir conexiones privadas virtuales y haga clic en **Siguiente** (véase la figura 7.24). En la página Permisos de usuarios, seleccione los usuarios a los que se les permite llevar a cabo conexiones VPN y haga clic en **Siguiente**.

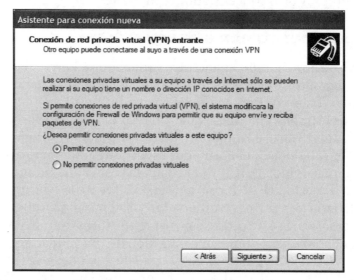

Figura 7.24. Cuando configure una VPN, asegúrese de permitir conexiones privadas virtuales.

Pero no hemos terminado todavía. A continuación debería acceder a la página Software de red. Seleccione la entrada Protocolo de Internet (TCP/IP) y haga clic en **Propiedades**. Active la opción Permitir a quienes llaman tener acceso a mi red de área local (véase la figura 7.25) y haga clic en Aceptar para volver a la página Software de red; haga clic en **Siguiente**. Complete el resto del asistente y haga clic en **Finalizar** para crear una nueva conexión.

Ahora que ha terminado de configurar su nueva conexión, localícela en el cuadro de diálogo Conexiones de red, haga clic con el botón derecho del ratón sobre ella, y seleccione Propiedades.

Si ve una nota en la que se le informa que no hay hardware capaz de aceptar llamadas, seleccione la opción tarjeta de red como su VPN.

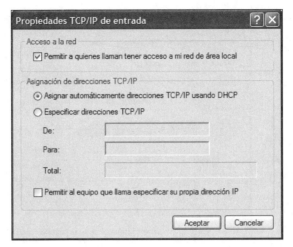

Figura 7.25. Permitir a los que llaman por VPN el acceso a su red de área local.

Desactivar los mensajes basura

El problema: ¿Hay alguna forma de detener esos molestos mensajes emergentes en Windows XP?

La solución: Cuando Microsoft introdujo su servicio Alerter en Windows 2000/XP, probablemente no pensaron en que las personas que envían mensajes publicitarios abusarían de la característica para enviar mensajes emergentes a los usuarios de banda ancha. El servicio está activado por defecto, así que sólo hay una forma de asegurar su ordenador frente a este tipo de detestables ataques: desactivar el servicio. Muchos firewalls llevan a cabo un buen trabajo a la hora de bloquear el servicio, pero es mejor estar seguro.

Simplemente tiene que hacer clic en Inicio>Ejecutar, escribir `services.msc` y hacer clic en **Aceptar**. Cuando aparezca el cuadro de diálogo Servicios, seleccione Mensajero en la lista y haga doble clic. Haga clic en el botón **Detener** con el fin de parar el servicio de forma inmediata (véase la figura 7.26) y, a continuación, seleccione la opción Deshabilitado en el menú desplegable Tipo de inicio. Esto evitará que el servicio se inicialice cada vez que encienda su ordenador. Cierre el cuadro de diálogo Servicios y está hecho.

La red no puede hacer que el sistema se ponga en funcionamiento

El problema: ¿Por qué mi sistema no se pone en funcionamiento cuando trato de intercambiar archivos a través de mi conexión LAN? Tenía la impresión de que podía acceder a un ordenador remoto incluso si estaba apagado.

Figura 7.26. Utilice el panel de control de Servicios para desactivar el servicio Mensajero.

La solución: Fácil, solo tiene que volver a configurar la característica WOL (Wake On LAN), que permite que un PC haga revivir a otro. Por ejemplo, puede utilizar WOL para encender un PC receptor desde el ordenador de otro cliente. Para hacer que WOL funcione, necesitará una placa base ATX con un conector WOL, una fuente de energía ATX 2.01 (o posterior), y una tarjeta de red compatible con WOL con su propio conector WOL. También necesitará los últimos controladores para su tarjeta de red compatible con WOL y una versión de la BIOS que soporte WOL (verá la opción WOL activada en su Configuración del sistema). Si no es así, hable con el fabricante de su placa base para conseguir una actualización de la BIOS.

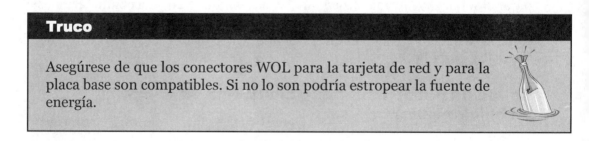

Truco

Asegúrese de que los conectores WOL para la tarjeta de red y para la placa base son compatibles. Si no lo son podría estropear la fuente de energía.

El truco está en mantener la tarjeta de red inalámbrica en modo standby (lo que mantiene la tarjeta de red "despierta" de forma que pueda despertar al resto del ordenador) una vez que el PC está apagado. Para comprobar si ha configurado de forma correcta la característica WOL, apague el PC y compruebe los indicadores de la tarjeta de red inalámbrica (como los LED Link); si los indicadores están encendidos, podemos seguir adelante.

Si no es así, vuelva a encender el PC y pruebe a configurar de nuevo la tarjeta de red inalámbrica. Abra el Panel de control y diríjase a Conexiones de red. A continuación, haga clic con el botón derecho del ratón en Conexión de área local, seleccione Propiedades y haga clic en el botón **Configurar**. Seleccione la pestaña Administrador de energía y compruebe que la opción Permitir a este dispositivo reactivar el equipo está activada. Después acceda a la pestaña Opciones avanzadas (véase la figura 7.27) y active la propiedad de encendido cuando se intercambian datos. Cambie el valor del controlador NDIS a NDIS 4 y active la propiedad Wake on Magic Packet si está incluida. Si la pestaña Opciones avanzadas no aparece, tendrá que actualizar los controladores de la tarjeta de red inalámbrica. Haga clic en **Aceptar** para guardar los cambios y reinicie Windows.

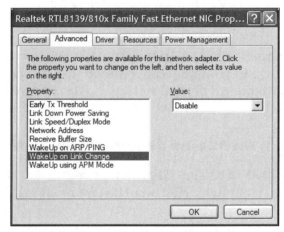

Figura 7.27. Recuerde que tiene que activar la característica WOL en su tarjeta de red.

Identificar nuevos ordenadores en la red

El problema: Añadí otro ordenador a mi red, pero el resto de los ordenadores conectados en red no pueden verlo. ¿Cómo puedo hacer que estos ordenadores se comuniquen entre sí?

La solución: Si los otros ordenadores pueden verse y comunicarse entre sí, hay probabilidades de que el nuevo ordenador no esté correctamente conectado o configurado. Antes de hacer nada más, reinicie el ordenador y compruebe si el LED Link entre el ordenador y su concentrador o switch se ilumina. Si no es así, eso significa que el cable está dañado o desconectado.

> ## Truco
>
> Compruebe la conexión IP con una utilidad existente de Windows como `Winipcfg` o `ipconfig`. Asegúrese de que su nuevo PC utiliza una dirección IP y una subred que lo coloque en el mismo dominio o grupo de trabajo que los otros PC.

Si el nuevo PC sigue sin aparecer, abra las Conexiones de red y asegúrese de que hay una conexión de red válida. Abra las Conexiones de red en el Panel de control. Si no ve una Conexión de área local, haga clic en Crear una conexión nueva y siga el asistente. Haga clic con el botón derecho del ratón en la nueva conexión, y, a continuación, seleccione la opción Reparar para dejar que Windows trate de arreglarla automáticamente.

Si el problema persiste, pruebe a acceder al nuevo ordenador desde otro cliente local. Para hacerlo, abra el Explorer de uno de los ordenadores en funcionamiento. Escriba el nombre del ordenador que no se conecta en la barra de direcciones, precedido por dos barras inclinadas (por ejemplo, `\\newpc` o `\\johnsys`). Si sigue sin poder ver el nuevo PC, reinicie el concentrador o el switch o bien pruebe a conectar la unidad a un nuevo puerto del concentrador o del switch. Puede que el propio puerto esté defectuoso.

Enfrentarse a mensajes de error Web de tiempo de espera

El problema: ¿Por qué me tengo que enfrentar a problemas de temporización cuando escribo una URL o una dirección IP en mi navegador?

La solución: Tenga cuidado con este tema, o puede que se pase mucho tiempo mordiéndose la cola. Pruebe con distintas URL (o direcciones IP conocidas) y vea si puede descargar sus páginas Web. Si es así, es probable que el problema esté en el sitio Web que le da errores. Quizá el servidor Web está congestionado o está siendo reparado. Vuelva a comprobar la URL o la dirección IP que le está causando problemas y, a continuación déjelo e inténtelo de nuevo más tarde.

Si no puede acceder a ningún sitio Web, el problema es un poco más complicado. Reinicie el ordenador, el concentrador/switch, el enrutador y el cable módem. Si el ordenador no recibe una dirección IP válida del enrutador, compruebe todas sus conexiones (compruebe los LED Link) y asegúrese de que todos los dispositivos de la cadena están recibiendo energía. Cambie los cables sueltos o dañados. Si el PC recibe una dirección IP válida procedente del enrutador, puede asumir que la red local está funcionando con el módem de banda ancha, así que hable con su ISP para saber si están teniendo dificultades técnicas.

Reparar conexiones de red

El problema: Mi ordenador ha fallado, y ahora mi PC no puede conectarse a la LAN. Aunque el LED Link que está al lado del puerto de la tarjeta de red inalámbrica está correctamente iluminado, no sé cómo reparar mi conexión en red.

La solución: Si está trabajando en Windows XP, puede reparar fácilmente interrupciones de red comunes ejecutando la herramienta Reparar. Simplemente abra las Conexiones de red del Panel de control. Haga clic con el botón derecho del ratón en la conexión problemática y seleccione la opción Reparar. Después de algunos segundos, la reparación debería estar completada, y puede volver a probar su conexión de red. Con frecuencia se puede decir que la reparación ha tenido éxito si ve una dirección IP válida u otra evidencia de conexión normal. Si no está trabajando en XP, utilice el asistente del Solucionador de problemas de red para ayudarle a aislar y corregir el problema.

Configurar una dirección IP estática

El problema: Estoy entregando algunos archivos FTP desde un ordenador, así que necesito una dirección IP que no cambie. ¿Hay alguna forma de hacer que mi dirección IP no cambie cada vez que reinicio el ordenador?

La solución: El truco para utilizar una dirección IP estática es seleccionar una dirección que esté fuera del esquema de direcciones dinámicas DHCP del enrutador. Por ejemplo, si el enrutador está configurado para gestionar direcciones IP dinámicas de 198.168.1.100 a 192.168.1.150, tendría que seleccionar una dirección IP entre 192.168.1.2 y 192.168.1.99 o entre 192.168.1.151 y 192.168.1.254. Compruebe la configuración DHCP de su enrutador para determinar el rango dinámico exacto y, a continuación, escoja una dirección IP fuera de ese rango.

Para asignar una dirección IP estática a un ordenador, abra el Panel de control y seleccione Conexiones de red. Haga clic con el botón derecho del ratón en Conexión de área local y seleccione la opción Propiedades. Seleccione Protocolo de Internet TCP/IP y haga clic en el botón **Propiedades**. A continuación, introduzca la dirección IP deseada para ese sistema, e introduzca una Máscara de subred de 255.255.255.0 (véase la figura 7.19).

Como dirección IP del enrutador utilice Puerta de enlace predeterminada. Ahora active la opción Usar las siguientes direcciones de servidor DNS e introduzca las direcciones de Servidor DNS preferido y Servidor DNS alternativo (estas direcciones puede proporcionárselas su ISP). Haga clic en **Aceptar** para guardar sus cambios y reinicie el sistema si es necesario.

Activar servicios detrás del enrutador

El problema: ¿Cómo puedo permitir que un servidor Web trabaje dentro de mi enrutador de alta velocidad?

La solución: Esto puede resultar un poco complicado si no lo ha hecho antes. Básicamente, tendrá que configurar la característica "redirección de puertos" de su enrutador de forma que todas las peticiones a su servidor Web pasen directamente a través del enrutador al puerto correspondiente (como el puerto 80 para HTTP, el puerto 21 para el FTP, el puerto 25 para el correo SMTP saliente y el puerto 110 para el correo POP entrante).

La figura 7.28 muestra la página de redirección de puertos para un enrutador Linksys. En primer lugar, tiene que introducir el rango de puerto para cada servicio que desee utilizar. Por ejemplo, un servidor Web utilizará un rango de puerto 80 a puerto 80. A continuación, tendrá que seleccionar el protocolo o protocolos que quiera utilizar (TCP, UDP, o ambos). Después proceda a configurar la dirección IP del ordenador que debería recibir la petición de puerto (por ejemplo, el PC que ejecute el servidor Web). Si ha configurado el servidor Web con una dirección IP de 192.168.1.101 (véase el problema anterior), asegúrese de introducir esa dirección IP. Finalmente, active los servicios de los puertos que quiera utilizar. Recuerde que tiene que aplicar los cambios y reiniciar el enrutador si es necesario. A partir de este momento, cualquier petición al puerto 80 irá directamente al servidor Web a través de su enrutador.

Figura 7.28. Utilice la redirección de puertos para pasar peticiones a servicios en apoyo de su enrutador.

Advertencia

Abrir un puerto de esta forma puede dejar su red indefensa ante posibles ataques. Para mejorar la seguridad de su LAN, instale un firewall en todos los ordenadores que formen parte de la red. Además, asegúrese de que todos los PC tienen contraseñas seguras, desactive las opciones administrativas compartidas por defecto (como c$, d$, etc), y proteja con contraseña cualquier archivo/carpeta compartida en cada PC.

Acceder a un enrutador sin contraseña

El problema: Necesito ajustar la configuración de mi enrutador, pero he olvidado la contraseña.

La solución: ¿Sabe qué? La mayoría de los enrutadores vienen con una contraseña predeterminada, que puede encontrar en la documentación de instalación y configuración incluida con su enrutador. Linksys, por ejemplo, utiliza "admin" como contraseña predeterminada. Si no ha cambiado esta contraseña predeterminada, esto debería ser suficiente para poder seguir adelante. Si usted se preocupa por la seguridad, entonces tendrá que cambiar la contraseña. Ésa es la mejor forma de evitar que usuarios no autorizados lleven a cabo cambios no planeados en la configuración de su enrutador.

No obstante, si ha olvidado la nueva contraseña, la mayoría de los fabricantes de enrutador le permiten resetear la contraseña (y, desgraciadamente, todos los demás ajustes de fábrica) simplemente reseteando el enrutador. Normalmente, todo lo que tiene que hacer es pulsar el botón de reinicio durante 15-30 segundos, lo que borrará la información del enrutador y le devolverá a sus ajustes predeterminados de fábrica (incluyendo la contraseña predeterminada que aparece en la documentación de la unidad). Una vez que pueda volver a acceder al enrutador, vuelva a configurarlo de acuerdo a las necesidades de su red, y cambie la contraseña por algo que vaya a recordar.

Deshabilitar PPPOE en una banda ancha

El problema: He estado utilizando un acceso telefónico a Internet, pero ahora tengo conexión DSL de banda ancha. ¿Tengo que seguir fastidiándome con los ajustes PPPoE en mi ordenador?

La solución: Depende de cómo esté configurada su conexión de banda ancha. Si está utilizando un solo ordenador conectado directamente a un módem DSL que utiliza una cuenta PPPoE, entonces sí, todavía necesita credenciales PPPoE cuando se conecte a su suministrador de DSL. Sin embargo, si se conecta a través de un enrutador (en cuyo caso está utilizando una conexión DSL compartida), entonces tendrá que deshabilitar la entrada PPPoE en cada ordenador que comparta la conexión. En vez de esto, configure el enrutador para que gestione los ajustes PPPoE por usted.

Para hacerlo, acceda a su enrutador y seleccione el tipo de conexión PPPoE (véase la figura 7.29). Esto cambia la configuración para recibir su nombre de usuario, contraseña y ajustes de mantenimiento de conexión, las mismas entradas que ha utilizado en el ordenador individual.

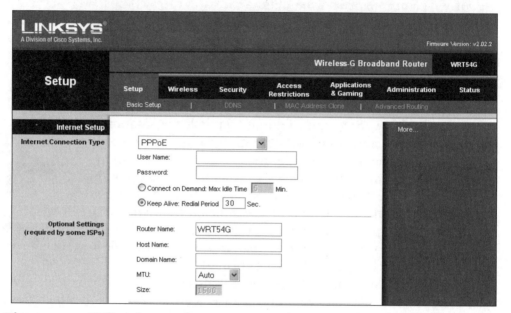

Figura 7.29. Utilice el enrutador para que gestione su configuración PPPoE cuando comparta una conexión DSL.

Una vez que el enrutador esté configurado para soportar su conexión PPPoE, desactive los ajustes en su PC. Abra el Panel de control, acceda a Opciones de Internet, haga clic en la pestaña Conexiones, haga clic en el botón **Configuración de LAN**, elimine las opciones activadas y haga clic en **Aceptar** (véase figura 7.30). Ahora seleccione la opción No marcar nunca una conexión. Esto evitará los mensajes de marcación PPPoE.

Enfrentarse a fallos de red

El problema: No puede hacer que mi nuevo PC entre en la red. Cuando ejecuto la utilidad de diagnóstico interno de mi tarjeta de red inalámbrica, ésta me informa de un fallo de red.

La solución: Un "fallo de red" puede significar un millón de cosas diferentes, así que no saque conclusiones precipitadas. Empiece por inspeccionar el cable que va desde la tarjeta de red al concentrador o switch local. Recuerde que podrá ver luz en el puerto Ethernet siempre que hay una buena conexión. Si el LED Link está apagado, el cable está mal conectado o dañado, o necesita un tipo de cable diferente (como un cable convencional en lugar de un cable cruzado). Pruebe también a conectar el cable Ethernet a un puerto distinto en el concentrador o en el hub.

Abra el Administrador de dispositivos y compruebe la entrada de su adaptador de red. Para hacerlo, abra el Panel de control, abra Sistema, haga clic en la pestaña Hardware, y, a continuación, haga clic en el botón **Administrador de dispositivos**. Expanda la entrada de Adaptadores de red, haga clic con el botón derecho del ratón en la tarjeta de red, y seleccione Propiedades. La entrada Estado del dispositivo en la pestaña General debería decirle si el dispositivo funciona correctamente. Si no es así, debería actualizar el controlador de red o cambiar de tarjeta de red.

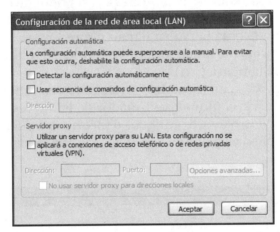

Figura 7.30. Desactive los ajustes de servidor proxy cuando elimine el soporte de marcación PPPoE de su PC.

Problemas de impresoras y archivos compartidos

Basura a través de un servidor de impresión

El problema: Conecté mi impresora a un servidor de impresión de forma que todos los ordenadores en red de mi casa pudieran compartirla. Era una buena idea en teoría, pero ahora la impresora escupe basura independientemente de lo que yo quiero imprimir.

La solución: Conectar una impresora a la red a través de un servidor de impresión es una forma excelente de permitir que la impresora se comparta, así que anímese. Lo primero que sospecharía es que hay un problema de cableado. Quizá el cable del puerto USB o paralelo está suelto.

Puede que el cable haya escogido esta oportunidad para manifestar problemas de cableado. Asegúrese de que los dos extremos del cable de su impresora estén asegurados y, si eso no funciona, pruebe con otro cable. Si tiene que cambiar de cable, asegúrese que el cable sustituto es relativamente corto (menos de aproximadamente dos metros; incluso más corto para un cable USB). Los cables largos pueden introducir todo tipo de errores de datos que tienen como resultado problemas de impresión, así que evítelos a toda costa.

Los controladores son fundamentales tanto para las impresoras en red como para las locales. Cuando instaló el servidor de impresión de su red, debería haber instalado un controlador que permitiera que si ordenado "viera" el servidor de impresión. Asegúrese de haber instalado este controlador en su PC, y en todos los ordenadores en red que vayan a acceder al servidor de impresión. No olvide que ha eliminado la impresora local cuando conectó la impresora al servidor de impresión. En consecuencia, tendrá que volver a instalar la impresora como impresora de red. Utilice el Asistente para agregar impresoras para instalar su impresora en la red. Abra el Panel de control haga clic en la opción Impresoras y faxes y luego seleccione la opción Agregar una impresora (véase la figura 7.31).

Repita este proceso en todos los ordenadores en red que utilizarán la impresora. Asegúrese de utilizar el último controlador de la impresora para su marca y modelo específicos. Los controladores antiguos o incorrectos pueden llegar a causar una gran cantidad de problemas, y podrían ser ellos los responsables de sus indescriptibles resultados.

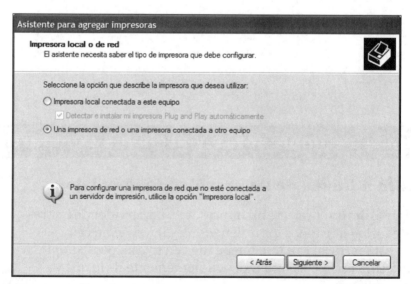

Figura 7.31. Utilice el Asistente para agregar impresoras como herramienta para configurar una impresora en red para todos los ordenadores conectados en red.

Compartir archivos y carpetas

El problema: Quiero acceder a una carpeta de fotografías del ordenador de mi hijo. Puedo ver su ordenador en Mis sitios de red, pero, ¿cómo puedo llegar a la carpeta?

La solución: Para que un ordenador pueda acceder a recursos en otro, tendrá que activar la opción para compartir archivos e impresoras en ambos ordenadores. También tendrá que compartir los recursos a los que desee acceder. Suena complicado, pero se trata de un proceso fácil de comprobar.

En primer lugar, compruebe la opción para compartir archivos e impresoras en cada uno de los sistemas que tengan recursos que quiera compartir (los sistemas que no vayan a compartir no necesitar la configuración para ello). Abra el Panel de control, diríjase a Conexiones de red, haga clic con el botón derecho del ratón en su Red de área local y seleccione la opción Propiedades. La pestaña General le ofrecerá una lista de los artículos utilizados en esa conexión. Busque Compartir impresoras y archivos para redes Microsoft (véase la figura 7.32).

Figura 7.32. Recuerde que tiene que instalar la característica Compartir impresoras y archivos para acceder a los recursos de un sistema desde otro.

Si la entrada está ahí, está todo hecho. Si no, haga clic en el botón **Instalar**, e instale la característica compartir impresoras y archivos (necesitará el CD de instalación del sistema operativo para llevar a cabo este paso).

Ahora es sólo cuestión de compartir la carpeta con sus fotografías. Utilice el Explorador para localizar la carpeta a la que quiere acceder. Haga clic con el botón derecho del ratón en la carpeta y seleccione Propiedades; a continuación, seleccione la pestaña Compartir (véase la figura 7.33). Seleccione la opción Compartir esta carpeta. Si desea editar o eliminar fotografías de dicha carpeta, seleccione la opción Permitir a los usuarios cambiar mis archivos. Si selecciona esta opción, no olvide añadir una contraseña para evitar que usuarios no autorizados accedan a sus archivos. Escriba un nombre compartido para el recurso, y haga clic en **Aplicar**. La carpeta aparecerá con una pequeña "mano" debajo, lo que indica que es un recurso compartido. Ahora, cuando vea el ordenador de su hijo en mis sitios de red, debería poder explorar las carpetas compartidas, y abrir las fotografías que necesite.

Figura 7.33. Asegúrese de compartir la carpeta de forma que el resto de los usuarios en red puedan acceder a los recursos.

Resolver conflictos IP del servidor de impresión

El problema: ¿Por qué mi servidor de impresión tiene un conflicto de dirección IP con otros dispositivos de mi red?

La solución: Hay dos cosas que tenemos que considerar aquí. Un error común es un problema técnico de ubicación DHCP; si el servidor de impresión está todavía encendido mientras el servidor DHCP (como su enrutador de Internet) está apagado, el servidor de impresión normalmente mantendrá su dirección IP, pero no comunicará esto al servidor DHCP cuando el servidor se reinicie. Como resultado, el servidor DHCP puede asignar, sin darse cuenta, la misma dirección IP a otro dispositivo de la red, lo que tendrá como consecuencia el conflicto que hemos descrito. En otras instancias, el recién añadido dispositivo tiene la misma dirección predeterminada que otro dispositivo en la red. Por ejemplo, puede que el servidor de impresión utilice la misma dirección predeterminada que el enrutador. La forma más sencilla de resolver este problema es simplemente reiniciar el servidor de impresión mientras el servidor DHCP está funcionando. Esto hará que el servidor de impresión obtenga una nueva dirección IP (si no es así, también puede cambiar la dirección IP manualmente).

También puede encontrarse con conflictos de direcciones si ha asignado una dirección IP estática a un dispositivo de red que entra en el rango IP usado por su servidor DHCP. Por ejemplo, si asigna una dirección estática a su servidor Web, pero esa dirección está dentro del rango de direcciones dinámicas utilizadas por los servicios DHCP del enrutador, puede que el enrutador asigne la misma dirección IP a su servidor de impresión, lo que causará un conflicto. La solución es asignarle al servidor de impresión una dirección estática que esté fuera del rango dinámico.

La impresora tarda mucho en empezar

El problema: Desde que empecé a compartir mi impresora en mi red doméstica, parece que le cuesta mucho tiempo empezar a imprimir los trabajos, especialmente cuando se trata de trabajos complejos. ¿Hay algo que pueda hacer para que lo haga más rápido?

La solución: Este tipo de molestia suele ser un problema de la cola de impresión. Recuerde que un ordenador debe enviar una cantidad sustancial de información a la impresora para especificar el texto y los elementos gráficos. Cuando la impresora está conectada a través de un cable Ethernet de 10/100, los datos de la impresora deben pasar a la impresora a través de la red antes de que el trabajo pueda comenzar. Si la red está muy ocupada (por ejemplo, con una gran cantidad de colisiones y retransmisiones) o si el vínculo funciona sólo a 10Mbps (quizá esté utilizando un servidor de impresión más antiguo o el servidor de impresión es lento), puede que lleve un tiempo considerable transmitir el trabajo de impresión por la red.

Una solución rápida es configurar la impresora de forma que empiece a imprimir después de que la primera página se haya transmitido (en lugar de empezar a hacerlo después de la última). Abra el Panel de control, vaya a Impresoras y faxes, haga clic con el botón derecho del ratón en la impresora en red y seleccione Propiedades. Haga clic en la pestaña Propiedades avanzadas y seleccione la opción Empezar a imprimir de inmediato.

Aplique los cambios, haga clic en **Aceptar** y pruebe a imprimir de nuevo. Si no le importa gastarse algo de dinero, otra solución es mejorar el rendimiento del segmento de red de la impresora. Por ejemplo, utilice un servidor de impresión de 100Mbps en lugar de uno de10Mbps, o bien añada banda ancha (quizá una tarjeta de red y un switch gigabit, aunque ésta puede ser una alternativa cara) para reducir la congestión de la red.

La impresora WPS no imprime

El problema: He conectado mi impresora de sistema de impresión de Windows a través de un servidor de impresión, pero no acepta los trabajos de impresión.

La solución: El problema es la arquitectura WPS (Sistema de impresión de Windows). Los controladores de la impresora WPS preguntan a la impresora antes de mandarle datos de impresión. Como la impresora está en red, la impresora no se encuentra, ni se envía ningún dato. Para arreglar el problema, tendrá que volver a configurar la impresora en red. Elimine la impresora de red y abra el Asistente para agregar impresoras desde cero. Cuando elija conectar la nueva impresora como una impresora en red, introduzca un valor tonto para la ruta de red (como \\MyNum\P2 for LPT2), y a continuación haga clic en **Siguiente**. El asistente no verá la impresora, y le dirá que está desconectada. Opte por instalar la impresora de todas formas.

Cuando haya terminado con el asistente, abra el Panel de control y acceda a la opción Impresora y faxes. Su impresora aparecerá desactivada, en color gris. Haga clic con el botón derecho del ratón en la impresora en red y seleccione Propiedades. A continuación, haga clic en la pestaña Puertos y seleccione su Servidor de impresión. Aplique los cambios y haga clic en **Aceptar**. Haga clic con el botón derecho del ratón en la impresora de nuevo y verifique que puede ver la opción Usar impresora sin conexión en el menú (si ve Usar impresora en línea, haga clic en la entrada para activarla). La impresora ya no debería aparecer en gris, y debería estar lista para ser usada.

Problemas de firewall

Firewalls baratos

El problema: Quiero utilizar un firewall para proteger mi red, pero lo quiero tan barato que no tenga que comprarlo. ¿Hay algún producto gratuito que pueda utilizar?

La solución: Pues sí, la hay, Windows XP incluye un firewall incorporado. Aunque este firewall está desactivado por defecto, es fácil de activar. Sólo tiene que ir a Inicio, hacer clic con el botón derecho del ratón en Mis sitios de red y seleccionar la opción Propiedades. A continuación, haga clic con el botón derecho del ratón en la Conexión de área local y haga clic en Propiedades. Haga clic en la pestaña Opciones avanzadas y compruebe la opción Proteger mi equipo y mi red limitando o impidiendo el acceso al mismo desde Internet (véase la figura 7.34). Haga clic en el botón **Configuración** y seleccione las características específicas de servicios, acceso o bien ICMP que necesite. No le aburriré hasta la muerte con una larga explicación de estas características aquí (siempre puede dirigirse a la Ayuda del firewall para obtener más detalles e información de cómo hacer las cosas). Haga clic en **Aceptar** para guardar los cambios y reinicie Windows si es necesario. Esto activará el firewall original de Windows XP.

Figura 7.34. Windows XP proporciona su propio firewall básico para proteger la red e Internet.

Si el firewall de XP no es lo suficientemente de confianza o versátil para su gusto, hay otras soluciones de firewall baratas como por ejemplo ZoneAlarm de Zone Labs (http://www.zonelabs.com). Puede descargar una versión gratuita del firewall e instalarla en su sistema en cuestión de minutos. ZoneAlarm ofrece un exhaustivo control y acceso además de control de programas individuales (véase la figura 7.35).

Compartir archivos

El problema: Instalé un firewall, pero ahora no puedo compartir archivos con otros PC en la LAN. ¿Dónde está el problema?

La solución: Los firewalls protegen su ordenador limitando la comunicación que tiene lugar entre su PC y otros sistemas en redes accesibles, incluyendo Internet. Por defecto, el firewall corta toda comunicación con otros PC. Afortunadamente, los firewalls como ZoneAlarm utilizan un proceso sencillo en dos pasos para permitir que los ordenadores de confianza accedan a su sistema. En primer lugar, añada la subred de red (o la dirección IP de cada uno de los ordenadores de confianza) a la página de Zona de confianza. En segundo lugar, configure el nivel de seguridad de su Zona de seguridad en Medio, ya que este ajuste permite a que los ordenadores de confianza accedan a sus recursos compartidos (véase la figura 7.36). Para una mayor seguridad, configure el nivel de seguridad de la Zona de Internet en Alto.

Otros productos de firewall pueden tener una apariencia distinta, pero la mayoría de los productos ofrecen características comparables.

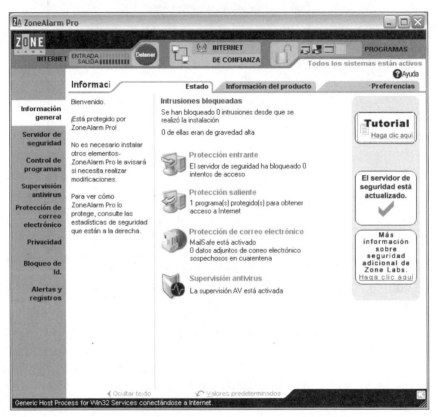

Figura 7.35. Puede obtener una versión gratuita de ZoneAlarm directamente desde Zone Labs.

El dominio ralentiza el arranque de la LAN

El problema: Desde que instalé un firewall en mi red, el arranque de la LAN tarda algunos minutos más. ¿Cómo puedo hacer que sea más rápido?

La solución: Normalmente, un ordenador en red necesita acceso al controlador del dominio de la red para completar sus procesos de arranque y registro. Si el firewall bloquea el controlador del dominio (que es lo que pasa cuando se olvida de añadir el controlador de dominio a su Zona de confianza), con frecuencia, el proceso de arranque de la red tarda mucho más tiempo del normal en terminar. Añadiendo una dirección IP (o bien su nombre) del controlador de dominio de la red a la Zona de confianza, conseguirá robar algunos minutos al tiempo de arranque.

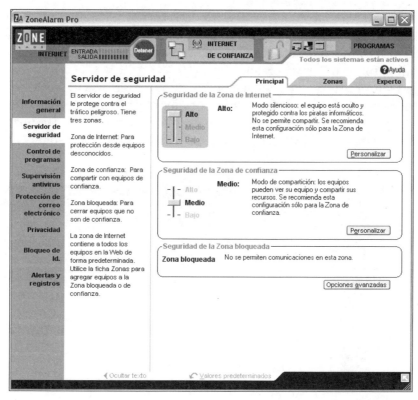

Figura 7.36. Configure el firewall para permitir que los ordenadores de confianza accedan a su ordenador.

El firewall corta la conexión a Internet

El problema: Odio mi firewall. No he podido conectarlo a Internet desde que lo instalé.

La solución: Éste es uno de los problemas más comunes con los que tiene posibilidades de encontrarse cuando instala un nuevo firewall. Recuerde, se supone que los firewalls sirven para restringir una comunicación no autorizada entre su PC (o LAN) e Internet. Los firewalls como ZoneAlarm de Zone Labs llevan a cabo esta tarea detectando las aplicaciones que se comunican a través de puertos conocidos, y bloqueando esas aplicaciones hasta que usted les da permiso específicamente. Hay posibilidades de que su firewall desconecte el software de marcado u otra aplicación (por ejemplo, el navegador Web).

Lo más sencillo es simplemente proceder a desactivar el firewall. Para hacerlo, cierre temporalmente la aplicación de firewall. (El proceso varía un poco dependiendo de la aplicación de firewall, pero, para ZoneAlarm, sólo tiene que hacer clic con el botón derecho del ratón en el icono ZA en la parte superior de la pantalla del sistema, y seleccionar Cerrar ZoneAlarm.)

Ahora vuelva a probar su software de Internet. Si sigue teniendo problemas para conectarse, el problema no tiene que ver con su firewall. Pero si ahora puede acceder a Internet con normalidad, tendrá que reiniciar el ordenador y volver a configurar el firewall para permitir el acceso.

Por ejemplo, abra el panel de control de ZoneAlarm y seleccione la página Control de programas (véase la figura 7.37). Localice el programa infractor en la liste y modifique los ajustes para configurar ese programa de forma que se conecte a Internet. Cierre el panel de control y vuelva a probar el software de Internet.

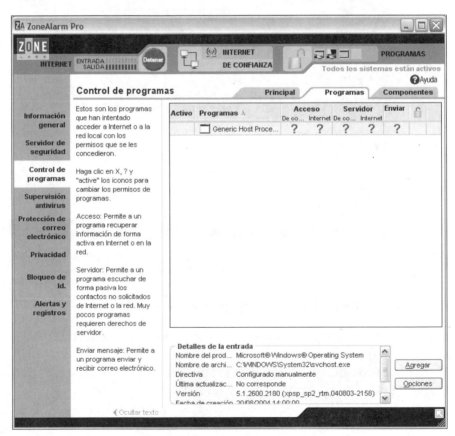

Figura 7.37. Configure el firewall para permitir que ciertos programas de confianza accedan a Internet.

Mantener el ritmo del ISP

El problema: ¿Por qué mi ISP se desconecta después de sólo algunos minutos? No había tenido este problema hasta que instalé un firewall.

La solución: El problema podría estar perfectamente en las señales de "ritmo" de su ISP. Muchos suministradores de servicios hacen *ping* en las conexiones de sus clientes para ver cuáles de ellos están conectados, y cuales no lo están. Los ISP con frecuencia consideran que los clientes que no responden a este test de "pulsaciones" están desconectados, lo que libera una IP asignada para utilizarla en otro sitio. Como la mayoría de los productos de firewall bloquean estas búsquedas o *pings* externos por defecto, puede que el ISP no lo vea como conectado y, de forma inesperada, le corte su acceso a Internet. Para evitar que esto pase, tendrá que identificar al servidor que envía los mensajes de "pulsaciones" y añadirlo a la zona de confianza de su firewall. Como alternativa, puede configurar la Zona de Internet para permitir mensajes *ping*. En primer lugar, tiene que identificar el servidor que su ISP utiliza para comprobar su conexión. Encontrará esto en el mensaje de alerta recibido cuando fue desconectado. También puede encontrar normalmente esta información en el registro o en el registro de alerta de su firewall. Si es necesario, póngase en contacto con su ISP y obtenga la dirección IP de dicho servidor. Ahora, proceda a añadir la dirección IP del servidor a su zona de confianza.

Truco

Es mejor permitir que su ISP envíe mensajes *ping* desde una dirección IP específica que permitir *pings* generales (en ocasiones denominados redirecciones ICMP). Los piratas informáticos con frecuencia utilizan *pings* para comprobar su PC, por lo que si los permite todos puede verse expuesto a un riesgo de seguridad mayor que simplemente permitir los *pings* de su servidor ISP conocido.

Restaurar una red privada virtual (VPN) deshabilitada

El problema: Perdí el acceso a mi VPN justo después de instalar mi nuevo firewall. ¿Cómo puedo recuperar ese acceso?

La solución: Un firewall puede afectar a tres servicios: recursos, permisos y protocolos. Una conexión de red privada virtual (VPN) puede deshabilitarse si cualquiera de estos elementos está bloqueado. Para comprobar si es el firewall el culpable, deshabilite el firewall temporalmente y verifique que su acceso VPN vuelve a la normalidad. Si es así, reinicie el ordenador para volver a cargar el firewall y siga las instrucciones del firewall para añadir recursos relacionados con VPN (como su servidor VPN) a la Zona de confianza (véase la figura 7.36). Ahora, conceda permiso de firewall a su cliente VPN y a cualquier otro programa relacionado con VPN. Finalmente, asegúrese de permitir protocolos VPN. Una vez que haya permitido recursos, aplicaciones y protocolos VPN, vuelva a probar el acceso VPN.

Sacar el máximo partido a los ajustes de seguridad

El problema: De acuerdo, mi enrutador incluye un firewall con ajustes de seguridad Alto, Medio y Bajo. El problema es que tengo que compartir algunos archivos, y no estoy seguro de qué nivel me deja hacerlo manteniendo sin embargo una seguridad adecuada. ¿Cómo sé qué nivel debo escoger?

La solución: Un nivel de seguridad alto es con diferencia el ajuste más restrictivo. Normalmente oculta el número máximo de puertos, y con frecuencia se utiliza como un ajuste "furtivo" puesto que hace que sea muy difícil ver los ordenadores que lo tienen desde Internet. Una alta seguridad también restringe los archivos compartidos y otras actividades comunes de comunicación, que pueden impedirle terminar tareas cotidianas de Internet, como navegar por la red o abrir su correo electrónico. El nivel medio de seguridad generalmente ofrece un equilibrio entre la seguridad y la funcionalidad. Permite tareas cotidianas y, a la vez, cierra y oculta otros recursos prescindibles, tales como puertos no utilizados. Una seguridad baja ofrece el mínimo de protección cerrando pocos puertos (si es que cierra alguno) y permitiendo una comunicación prácticamente sin restricciones. Como regla general, se recomienda alta seguridad para el área de Internet (o WAN), y una seguridad media para el área local (LAN). Todos los productos de firewall proporcionan ajustes personalizados que le permiten adaptar el firewall para conseguir el nivel de seguridad más apropiado para su red, así que asegúrese de revisar la documentación de su producto para localizar opciones específicas.

Activar VOIP a través del firewall

El problema: ¿Cómo puedo conseguir que mi programa VoIP funcione a través de mi firewall? No consigo que funcione.

La solución: Éste es un problema sencillo. Tendrá que configurar el firewall para dar permiso a la aplicación o aplicaciones VoIP, y añadir la dirección IP de servidor de suministrador de IP a la Zona de confianza del firewall. La dirección no es fundamental para peticiones salientes, pero tendrá que configurar los puertos TCP y UDP específicos para la aplicación VoIP. Los pasos concretos que necesita para completar estas tareas varía un poco dependiendo del firewall, pero los objetivos son los mismos (véase ZoneAlarm en la figura 7.37).

Evitar conflictos de firewall y antivirus

El problema: ¿Por qué mi firewall y mi software de antivirus luchan por mi correo? Obtengo mensajes de error de ambas aplicaciones cuando se descarga un fichero o archivo adjunto cuestionable, y me está sacando de quicio.

La solución: Este tipo de problema ocurre cada vez más, a medida que los productos de firewall y de antivirus incorporan características que se solapan. Por ejemplo, la característica MailSafe de ZoneAlarm puede crear un conflicto con las características de protección de correo del software de antivirus, como McAfee VirusScan. Afortunadamente, puede personalizar estas aplicaciones para que funcionen de forma complementaria.

Veamos una situación típica. Configure su programa de antivirus para que escanee todos los archivos de acceso, y desactive la opción de escaneado del correo electrónico. Deje la característica MailSafe activada en ZoneAlarm (véase la figura 7.38). Esto hará que MailSafe ponga en cuarentena los archivos adjuntos de email sospechosos, y le advertirá cuando intente abrirlos. Si opta por abrir un archivo adjunto de todos modos, su software de antivirus lo escaneará, informándole de los virus que encuentre y desinfectándolo.

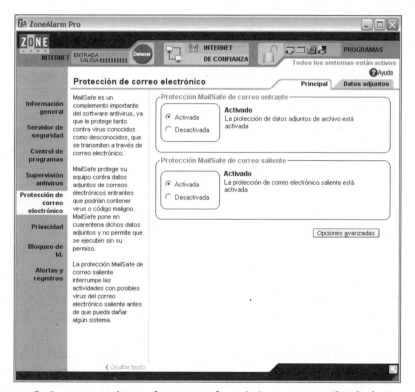

Figura 7.38. Las protecciones de correo electrónico como MailSafe de ZoneAlarm son una primera línea de defensa muy buena ante virus comunes.

Norton no se carga durante el arranque

El problema: Desinstalé y volví a instalar TCP/IP, pero ahora mi software de seguridad Norton Internet Security no se carga durante el arranque.

La solución: Esto ocurre cuando se elimina y reinstala TCP/IP en sistemas con Norton Internet Security (NIS) o bien Norton Personal Firewall. Una vez que reinstala TCP/IP, verá que las características como el bloqueo de anuncios y el bloqueo de información ya no funcionan, puesto que el orden de carga ha cambiado. Cuando su software de firewall ejecuta su programa de instalación, configura el firewall para que se cargue después de los protocolos de red (por ejemplo, TCP/IP). Cuando eliminó y volvió a instalar TCP/IP, su posición en el orden de carga cambió, lo que a su vez hizo que el firewall se cargara antes de TCP/IP. Este cambio de orden impide que la utilidad vea el protocolo. Afortunadamente, la solución es bastante sencilla. Sólo tiene que eliminar el software de firewall y reinstalarlo después desde cero. Esto restaura el orden de carga original, lo que debería hacer que las características especiales del software Norton vuelvan a funcionar. Si por alguna razón el software de seguridad de Internet Norton le sigue dando problemas, elimínelo e instale un firewall alternativo como ZoneAlarm.

El Norton Internet Security bloquea Outlook

El problema: Instalé el Norton Internet Security, pero ahora no puedo acceder a mi correo electrónico a través de Outlook en XP. ¡Qué incordio!

La solución: Un molesto problema que surge con Office XP cuando se instala el Norton Internet Security (NIS) o el firewall personal de Norton. Cuando abre Outlook para acceder a su correo, aparece un error que dice algo así como "Outlook no puede conectar a su servidor de correo entrante (POP3)". Aunque el software de firewall tiene reglas predeterminadas configuradas para las conexiones Outlook, hay probabilidades de que buscara automáticamente Outlook durante la instalación del firewall. Para solucionar el problema, sólo tiene que ejecutar la característica de escaneo de la aplicación de firewall y asegurarse de seleccionar todas sus opciones para habilitar Outlook.

Si el problema persiste, puede que necesite volver a configurar Outlook de forma manual. Para hacerlo, abra la ventana de Propiedades ISP en Outlook y cambie la entrada del servidor POP3 por el nombre real de su servidor POP3 (que le puede proporcionar su ISP o administrador de red). Con Outlook abierto, diríjase a Herramientas>Cuentas de correo electrónico. Seleccione la cuenta que desea configurar y luego haga clic en Cambiar. Examine entonces la opción Servidor de correo entrante (POP3) (véase la figura 7.39). Si la entrada es algo como `pop3.norton.antivirus` o bien `pop3.spa.norton.antivirus`, cámbiela por el nombre real de su servidor POP3. Aplique los cambios y haga clic en **Aceptar**; a continuación reinicie Outlook y trate de volver a recibir el correo. Si NIS sigue dándole problemas, desinstale el software de seguridad de Internet Norton y pruebe con un firewall alternativo como Zone Alarm.

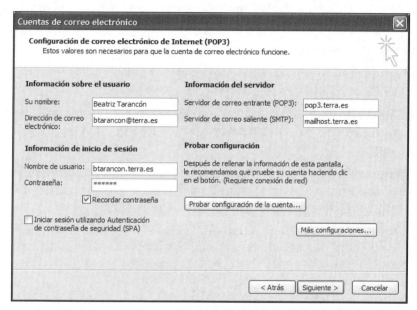

Figura 7.39. Vuelva a configurar la entrada POP3 para que refleje su dirección de servidor de correo verdadera.

El Norton Internet Security impide el acceso a sitios Web seguros

El problema: Acabo de añadir el software de seguridad de Internet Norton, pero ahora parece que no puedo acceder a ningún sitio Web seguro. Es pagar un precio demasiado alto por la seguridad.

La solución: Este es un tema famoso con las versiones del año 2002 del Norton Internet Security (NIS) y Norton Personal Firewall. Hay un parche disponible para eliminar este problema de las versiones 2002. Sin embargo, no se sorprenda si este problema aparece también en otras versiones del software de su firewall si no activa el acceso a sitios Web seguros (HTTPS). Para solucionarlo, abra el Panel de control para el software Norton Internet Security o para el firewall, seleccione Control de privacidad y haga clic en Configurar. Seleccione Nivel personalizado y asegúrese de que la opción Permitir conexiones seguras está seleccionada. Guarde los cambios y cierre el panel de control junto con el navegador. A continuación, abra el navegador y trate de acceder de nuevo al sitio Web seguro.

Herramientas comerciales

Existe una gran cantidad de utilidades para ayudarle a sacar el máximo partido de sus conexiones a Internet. Aquí tiene algunos programas particularmente útiles que van un poco más allá y merecen su atención: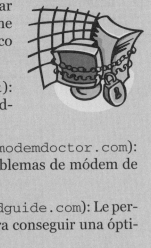

❏ **SiSoft SANDRA** (`http://www.sisoftware.net`): Una utilidad que puede identificar los ajustes de hardware, software y configuración de su sistema.

❏ **Módem Doctor de Hank Volpe's** (`http://www.modemdoctor.com`): Una utilidad versátil que identifica y diagnostica problemas de módem de marcación en Windows.

❏ **SpeedGuide TCP Optimizer** (`http://www.speedguide.com`): Le permite cambiar los ajustes de Registro de Windows para conseguir una óptima velocidad de conexión de ancho de banda.

❏ **SpeedGuide Security Scan** (`http://www.speedguide.com`): Un recurso online que comprueba su ordenador cliente en busca de errores de seguridad.

❏ **Shields Up de Steve Gibson** (`http://www.grc.com`): Un detallado recurso online que inspecciona con atención la condición de seguridad de los puertos de un PC cliente.

❏ **CableTraffic 2.1 de AOTR, Inc.** (`http://www.cabletraffic.com`): Una utilidad que controla su servicio de cable módem y localiza la calidad de su conexión a Internet.

❏ **Zone Labs ZoneAlarm** (`http://www.zonelabs.com`): Un programa de firewall versátil y popular; puede encontrar una versión gratuita en Zone Labs.

8. Problemas con la impresora y el escáner

Me acuerdo de las viejas impresoras matriciales, rechinando en las acristaladas salas de ordenadores, dejando sordo a cualquiera que se acercara (¡qué recuerdos!). Mi primera impresora Panasonic KX-P1124 expulsaba varias páginas por minuto, aunque hacía más ruido que la Harley-Davidson de mi hermano.

Las nuevas tecnologías, como la impresión por láser o por inyección de tinta silenciaron los molestos periféricos informáticos, a la vez que mejoraban la velocidad y calidad de la impresión. De repente, la gente estaba utilizando impresoras láser y de inyección de tinta para crear documentos de alta calidad y magníficas imágenes en alta resolución. Hoy en día, las impresoras con tinta de color son parte indispensable de la dieta multimedia, creando fotografías de alta calidad, atractivas tarjetas de felicitación y muchas más cosas.

Los escáneres también han avanzado enormemente en los últimos años y ofrecen una conectividad, resolución y rendimiento nunca vistos. Sin embargo, a pesar de su velocidad y calidad, las impresoras y escáneres todavía se comportan como los niños revoltosos del mundo del PC.

Este capítulo profundiza en los problemas de instalación y configuración, estudia una serie de problemas de rendimiento y resuelve algunos asombrosos quebraderos de cabeza relacionados con el mantenimiento.

Hardware. Problemas y soluciones

Problemas de instalación

Habilitar una impresora obstinada

El problema: He encendido la impresora, pero sigo sin poder imprimir.

La solución: Antes de poder imprimir, la impresora debe estar a disposición del ordenador. Observe la impresora y su conexión con el equipo. Debemos asegurarnos de que la impresora tenga energía (suele haber un indicador de encendido) y comprobar el cable paralelo o USB que conecta con el equipo servidor. Los cables sueltos pueden fácilmente impedir la impresión, de modo que podemos probar a volver a conectar los dos extremos.

Sin embargo, conectar la impresora sólo lo es el principio. El equipo todavía tiene que "ver" la impresora e instalar los controladores adecuados para ella. En caso contrario, podrían aparecer mensajes de error como "no se encontró la impresora". Abrimos Impresoras y faxes, en el panel de control, para poder ver las impresoras y dispositivos de fax configurados en nuestro sistema (véase la figura 8.1). Si no encontramos la entrada (icono) de nuestra impresora, eso quiere decir que no está instalada. Hacemos clic en **Agregar impresora** y seguimos el asistente para instalar los controladores de nuestra impresora.

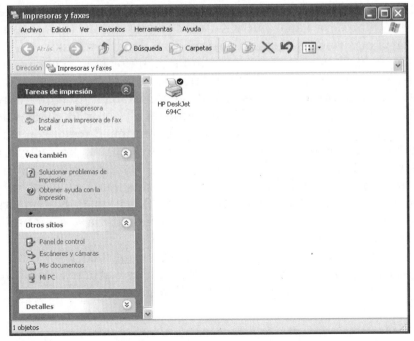

Figura 8.1. Comprobamos que la impresora está instalada y lista.

A continuación, nos aseguramos de seleccionar la impresora adecuada en el menú Archivo>Imprimir del programa. Por ejemplo, si hemos instalado una impresora láser monocroma y una impresora fotográfica con color, pero sólo tenemos conectada la impresora láser en ese momento, no podemos seleccionar la impresora a color (si lo hacemos, se producirá un error cuando el programa de impresión considere que lleva demasiado tiempo intentándolo).

Por último, si la impresora muestra un icono con color más claro, no está preparada. Quizás se ha quedado sin papel u otro elemento (como tóner o tinta). También debemos controlar que cualquier tapa externa de la impresora esté correctamente cerrada. Por ejemplo, quizás hayamos levantado la tapadera superior para reemplazar un cartucho que se ha agotado; sin embargo, si dejamos abierta la tapadera (o si no cierra completamente), la impresora seguirá sin estar disponible.

No se identifica a la nueva impresora

El problema: El PC no identifica a mi nueva impresora fotográfica durante su instalación inicial. Es como si no hubiera nada conectado.

La solución: La mayoría de las impresoras son dispositivos que funcionan con sólo conectarlos y que el sistema operativo identifica automáticamente, pero existen casos en los que una nueva impresora puede ser un poco remilgada. Los cables sueltos o que no están firmemente conectados pueden hacer que la impresora no funcione, de modo que debemos comenzar comprobando las conexiones de energía y de puerto USB (o paralelo) con el equipo anfitrión (en el capítulo 1 encontraremos los problemas con el puerto USB).

Truco

Debemos asegurarnos de seguir las instrucciones de instalación del fabricante de la impresora para nuestro sistema operativo. En algunos casos, quizás necesitemos instalar el programa antes de conectar realmente la impresora.

Una vez conectada, el PC normalmente debería "ver" a la impresora (aunque sólo la identifique como un nuevo dispositivo genérico). En caso contrario, hay un problema con el cable o el puerto del PC. Podemos probar con otro cable o entrar en la configuración del sistema y ver que el puerto paralelo o los puertos USB están habilitados. Si la impresora sigue sin identificarse, iniciamos el asistente para agregar impresora e instalamos los controladores de la impresora manualmente. Cuando el icono de la impresora aparezca de la forma habitual (como en la figura 8.1), podemos intentar imprimir.

¿Seguimos atascado? Probemos con otra impresora. Si una impresora diferente se instala y funciona correctamente, quizás la nueva impresora fotográfica esté dañada o bien sea incompatible con el PC anfitrión. Si las otras impresoras no funcionan, el problema puede encontrarse en el puerto. Podemos probar a instalar la impresora en otro puerto USB o bien probar a cambiar la impresora de puerto paralelo por un modelo USB.

Despertar a una impresora en red

El problema: He configurado una LAN doméstica para mi familia, pero mis hijos (y especialmente mi mujer) necesitan que yo les imprima todo (tengo la impresora conectada a mi PC). ¿Cómo puedo crear una configuración de impresión para la red antes de volverme loco?

La solución: La impresión en red añade un par de grumos a la mezcla. Por ejemplo, las "verdaderas" impresoras de red suelen incorporar un puerto paralelo y un puerto USB, además del puerto Ethernet 10/100 habitual. Algunas impresoras que pueden funcionar en red (como las impresoras profesionales HP) implementan un puerto Ethernet mediante una tarjeta añadida. Además de las habituales comprobaciones lógicas de energía y conexiones (véase "Habilitar una impresora obstinada"), debemos asegurarnos de que el puerto Ethernet esté realmente habilitado y configurado correctamente para la red. Por ejemplo, una impresora de red en 192.168.0.50 no funcionará en un segmento de red diferente (por ejemplo, en 192.168.1.x u otra subred). Normalmente podemos comprobar esto mediante una serie de controles del panel frontal, siguiendo las instrucciones del fabricante de la impresora.

Aunque la impresora no tenga un puerto Ethernet integrado, podemos usar la impresora en red mediante un servidor de impresión profesional. Sin embargo, el servidor de impresión suele necesitar que exista un programa en cada PC cliente de red, de modo que debemos volver a comprobar que la instalación del servidor se ha realizado correctamente, antes de conectar la impresora.

Si estamos usando la impresora en red a través de un ordenador cliente (es decir, hemos optado por "compartir" la impresora mediante un PC, en lugar de configurar la impresora de forma independiente), debemos asegurarnos de configurar la impresora como impresora local y de comprobar que el PC cliente tiene una conexión de red válida. Abrimos el panel de control Impresoras y faxes, hacemos clic con el botón derecho del ratón en la impresora que queremos compartir y seleccionamos Propiedades. Hacemos clic en la pestaña Compartir y configuramos la impresora para compartir (véase la figura 8.2).

Seleccionamos la opción compartir esta impresora y escribimos un nombre único de recurso compartido para la impresora.

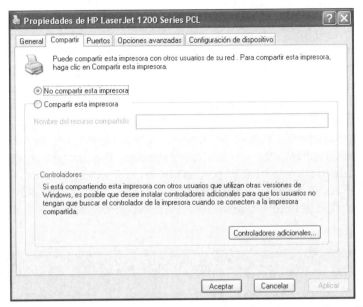

Figura 8.2. Asegurémonos de compartir las impresoras locales mediante los PC cliente.

Considerar una actualización de controladores

El problema: El fabricante de mi impresora dice que existe una actualización de sus controladores. ¿Merece la pena el esfuerzo de actualizar el controlador de la impresora? ¿Cómo sé qué controlador tengo instalado actualmente en mi equipo?

La solución: Como con la mayoría de las actualizaciones de software, las actualizaciones de los controladores de impresora suelen corregir fallos, mejoran el rendimiento de la impresora y reducen los problemas de compatibilidad con ciertos sistemas operativos y puertos (como el USB 2.0).

En otros casos, un controlador específico de un fabricante puede habilitar funciones especiales de la impresora, que no están disponibles mediante los controladores genéricos de Windows XP.

Truco

La impresora también puede aprovechar una actualización del *firmware* interno, además de la actualización del controlador del sistema operativo, de modo que también debemos buscar actualizaciones del *firmware*.

Sin embargo, la regla fundamental para solucionar problemas informáticos es "si no está roto, no lo arregles". De modo que, el que un fabricante publique una actualización de un controlador, no significa que tengamos que lanzarnos automáticamente a actualizarlo. En primer lugar, debemos leer el archivo de texto o la página Web explicativos para ver qué corrige realmente la actualización del controlador. Si la corrección va a suponernos un beneficio, merece la pena realizar la actualización.

Sin embargo, es mejor conocer qué versión del controlador estamos usando antes de pasar a una nueva. Para ello, abrimos Sistema en el panel de control, hacemos clic en la pestaña Hardware y en el botón **Administrador de dispositivos**. Ampliamos la entrada de la impresora, hacemos clic con el botón derecho del ratón en ella, seleccionamos Propiedades y hacemos clic en la pestaña Controlador. Anotamos el nombre del creador del controlador y el número de versión del mismo.

> ## Nota
>
> El tóner puede causar un gran estropicio (el polvo microscópico se mete en todas partes y es muy difícil de limpiar). Podemos limpiar el tóner con una toallita de papel empapada en agua fría. ¡No debemos usar agua caliente! El tóner está diseñado para fundirse a altas temperaturas y, una vez que se funde y seca, es imposible quitarlo. Además, no debemos usar una aspiradora para los restos de tóner si no disponemos de una bolsa diseñada específicamente para contener gránulos microscópicos. Las partículas de tóner atravesarán cualquier bolsa de aspiradora normal y producirán aún más daños.

No se necesitan cables especiales

El problema: El fabricante de mi impresora vende cables para sus impresoras. ¿Tengo que comprar los cables de puerto paralelo o USB recomendados o puedo comprar los cables en cualquier otro sitio?

La solución: No hay que pagar un extra por comprar los cables del fabricante de la impresora. Cualquier cable de puerto paralelo (IEEE 1284) o USB de buena calidad debería funcionar perfectamente. Si la impresora no incluía un cable de impresora adecuado, podemos ahorrar dinero y comprar los cables en una tienda especializada.

Tan sólo debemos comprobar la longitud del cable. Para obtener los mejores resultados, los cables paralelos (IEEE 1284) no deben superar los dos metros y los cables USB no deben superar los dos metros. Debemos seleccionar cables protegidos para reducir las pérdidas de datos producidas por el ruido y las interferencias de otros aparatos eléctricos cercanos.

Descubrir el lado bueno del papel

El problema: Alguien me dijo que el papel para fotocopias tiene un lado mejor para la impresión por láser. ¿Es cierto? ¿Cómo puedo saber cuál es? ¿Puedo dañar la impresora si no uso el lado bueno?

La solución: Si nos preocupa qué lado del papel va hacia arriba en una impresora láser, no debemos preocuparnos. Podemos imprimir tranquilamente en ambos lados del papel.

Por otro lado, el papel para la impresión por chorro de tinta es algo ligeramente diferente. Suele incluir un revestimiento que absorbe la tinta en uno de los lados (normalmente más brillante). Aunque podemos imprimir sin peligro en cualquier lado del papel para la impresión por chorro de tinta, si imprimimos en el lado "equivocado" las fibras del papel pueden absorber demasiada tinta, con lo que la imagen aparecerá ligeramente difuminada o apagada.

El papel fotográfico satinado es un ejemplo extremo de esto, de modo que siempre debemos imprimir en la parte satinada del papel fotográfico.

La impresora no imprime lo que se le indica

El problema: Se supone que mi impresora debe imprimir un borde de líneas onduladas que rodea un texto, pero las líneas onduladas aparecen como líneas continuas.

La solución: Este problema en realidad es de Word en Microsoft Office XP. Dependiendo de la combinación de impresora y sistema operativo, ciertos textos, párrafos y bordes de tabla, que usan puntos, guiones, líneas múltiples o líneas onduladas pueden imprimirse como líneas rectas. Afortunadamente, podemos corregir esta molestia mediante el Service Pack 1 para Office XP de Microsoft (http://support.microsoft.com/default.aspx?scid=kb;EN-US;298953).

También podemos encontrarnos este problema si usamos controladores de impresora erróneos (por ejemplo, si usamos el controlador de una HP LaserJet 3020 con una impresora HP LaserJet 3015, o si usamos un controlador Postscript o PCL incorrecto). Debemos comprobar concienzudamente el controlador y asegurarnos de que estamos usando la versión más actual del controlador para el fabricante y modelo de nuestra impresora.

La impresora imprime páginas en blanco

El problema: Conecté la impresora al puerto paralelo y ahora imprime páginas en blanco.

La solución: La impresora está recibiendo datos erróneos, de modo que comencemos comprobando la impresora que hemos seleccionado y que está usando el último controlador del fabricante. Por ejemplo, supongamos que sustituimos nuestra impresora Canon por una nueva impresora HP. Si no modificamos el valor de la impresora predeterminada, las aplicaciones que pueden imprimir (como Word) seguirán usando por defecto la impresora Canon. Como HP usa un conjunto de comandos diferente del de Canon, la aplicación que imprime no se comunicará correctamente con la impresora HP, enviará datos erróneos y podría causar este caos. Este problema también puede producirse si instalamos controladores PostScript con una impresora PCL.

A continuación, debemos comprobar en la BIOS la configuración del puerto paralelo (a menos que estemos usando una impresora USB). Las BIOS modernas suelen admitir los modos "estándar", ECP y EPP. El modo estándar es el modo de impresión bidireccional convencional, a 150KB/s. El modo ECP (Puerto de capacidad extendida) ofrece una impresión más rápida (de hasta casi 1MB/s) y la posibilidad de dirigirnos a dispositivos individuales a través del cable de puerto paralelo. El modo de Puerto paralelo mejorado (EPP) llega hasta los 2MB/s e incorpora una inteligencia de dispositivo superior a la de los otros modos. Hoy en día, la mayoría de las impresoras usan el modo estándar o ECP. Sin embargo, los problemas de impresora (como las páginas en blanco) pueden indicar una incompatibilidad con los modos ECP o EPP. Podemos abrir la configuración del sistema y deshabilitemos ECP, o bien cambiar el modo a EPP o estándar.

Truco

Configurar el puerto paralelo con el modo estándar reducirá el rendimiento de la impresora, pero a menudo proporciona mejor compatibilidad con algunas impresoras.

Descubrir la impresora en cada arranque

El problema: Siempre que inicio mi PC, éste "descubre" mi impresora Hewlett-Packard, una y otra vez, y me pide incesantemente que instale la impresora. Si cancelo todos los avisos, la impresora funciona perfectamente.

La solución: Este fallo parece producirse con algunos modelos de impresora en Windows XP. La primera solución es descargar todos los parches para Windows XP directamente desde Microsoft (`http://support.microsoft.com`, o utilizar la función de Windows Update). Tras actualizar Windows XP con su revisión más moderna, descargamos e instalamos los controladores más actualizados para nuestra impresora. En algunos casos, quizás tengamos que eliminar antes la impresora mediante el

Administrador de dispositivos y luego volver a instalarla desde cero, usando los últimos controladores.

Compartir impresoras mediante una red

El problema: Ahora que tengo varios PC en mi red doméstica, sería estupendo compartir mi impresora. ¿Hay una forma sencilla de hacerlo? ¿Se puede compartir una impresora sin dejar encendidos todos los PC?

La solución: Si no queremos pagar una cara impresora Ethernet, podemos usar un servidor de impresión para conectar una impresora de puerto paralelo o USB a la red Ethernet. Linksys (`http://www.linksys.com`), Netgear (`http://www.netgear.com`) y D-Link (`http://www.d-link.com`) ofrecen varios servidores de impresión para impresoras de puerto paralelo y USB. Algunos servidores de impresión admiten dos o más impresoras, por lo que podemos instalar varias impresoras convencionales en una red. Al quitar la impresora del ordenador local y colocarla en un servidor de impresión, no es necesario dejar el PC continuamente encendido y además no arriesgamos nuestros datos permitiendo que otros ordenadores accedan a la impresora a través de un PC.

Truco

Cuando instalemos el servidor de impresión y la impresora en cada PC de la red, necesitaremos los CD con sus respectivos controladores.

La impresora activa el SAI

El problema: ¿Por qué mi SAI se activa cuando enciendo la impresora láser?

La solución: Un Sistema de alimentación ininterrumpida (SAI) proporciona al PC la energía almacenada en su batería cuando falla la corriente continua. Sin embargo, un SAI sólo puede proporcionar una cantidad de energía (vatios) limitada a los aparatos conectados a sus unidades. Una impresora láser (especialmente las impresoras láser comerciales de gran calidad) pueden

extraer demasiada energía cuando se combina con la carga del PC y el monitor. El cortacircuitos se activa para proteger al SAI. Esta es una importante función protectora; ni siquiera piense en deshabilitarla a menos que quiera ver su casa u oficina quemados hasta los cimientos.

Deberíamos dejar los dispositivos de gran carga, como las impresoras, en una toma de corriente protegida (en lugar de en una toma del SAI). ¿A quién le importa que la impresora se quede sin energía? Un SAI está diseñado para proporcionarnos algunos preciosos minutos para guardar nuestros archivos y cerrar las aplicaciones de forma segura. Siempre podremos repetir el proceso de impresión cuando vuelva la corriente alterna.

La unidad multifunción no recibe faxes

El problema: He preparado una oficina doméstica y he comprado una impresora multifunción HP OfficeJet. Casi todo funciona perfectamente, excepto por el hecho de que no puedo recibir faxes.

La solución: Los servicios especializados de la compañía telefónica a veces pueden bloquear la llegada de faxes. El buzón de voz, los bloqueadores de publicidad, las pantallas de seguridad, el servicio de rechazo de llamadas anónimas y los gestores de privacidad pueden evitar la recepción de faxes, de modo que podemos ponernos en contacto con la compañía telefónica para ver si pueden desactivar temporalmente esos servicios o si existen otras soluciones.

Además, debemos asegurarnos de configurar la unidad multifunción para que reciba los faxes automáticamente. Por ejemplo, activando la respuesta automática o poniendo la unidad en modo de fax o fax/contestador automático (si usamos el modo de respuesta "teléfono", la unidad estará preparada para recibir mensajes de voz en lugar de faxes).

Podemos probar a quitar todos los contestadores automáticos y demás dispositivos telefónicos de la línea del fax. Por último, quizás haya que actualizar el *firmware* de la unidad multifunción.

No se reconoce la memoria RAM de la nueva impresora

El problema: Mi HP LaserJet1300 no consigue reconocer la nueva memoria que le he instalado. Estoy realmente frustrado porque sigo sin poder imprimir mis proyectos en CAD.

La solución: En primer lugar, pidamos a la impresora que imprima una página de prueba, con lo que debería aparecer la cantidad de RAM instalada (si necesitamos más detalles, podemos revise el manual de la impresora). Si no aparece la nueva memoria RAM, tendremos que apagar la impresora y volver a revisar la instalación. Debemos asegurarnos de que los módulos de RAM estén instalados simétrica y completamente, y comprobar que están correctamente orientados. También es aconsejable probar los nuevos módulos de RAM en otras ranuras de expansión (si la impresora dispone de varias).

¿Seguimos sin suerte? Busquemos el número de parte del fabricante de la RAM en la lista de módulos compatibles que aparecerá en la documentación de la impresora o en su página Web. Si el fabricante de la impresora no recomienda la nueva RAM, quizás no sea completamente compatible con la impresora. O quizás uno de los nuevos módulos de memoria sea defectuoso.

En cualquier caso, debemos probar un módulo de memoria probado y aprobado por el fabricante de la impresora.

Truco

Podemos buscar actualizaciones del *firmware* del fabricante de la impresora que puedan ayudarnos a solucionar los problemas de rendimiento o de compatibilidad con la memoria expandida.

Resolución limitada

El problema: Tengo una impresora antigua con una resolución de 600x600 y sin controladores para Windows XP. Los controladores predeterminados de Windows XP sólo ofrecen una resolución de 300x300.

Parece que el fabricante ni siquiera va a publicar controladores para XP.

La solución: Esta misma situación se produjo con la impresora láser NEC 1260. El modelo 1260 admitía una resolución de 600x600 con los controladores para Windows 98/SE. Sin embargo, los controladores no funcionaban en Windows XP. Aunque Windows XP proporciona un controlador predeterminado para el modelo 1260, está limitado a una resolución de 300x300. ¿Cree que es fácil? ¿Que basta con actualizar los controladores? Bueno, eso sería lo correcto; por desgracia, parece que NEC no ofrece controladores XP para la 1260 y no parece que vaya ha haber controladores para XP (acabando a todos los efectos con el servicio técnico de NEC para este producto).

Podemos dirigirnos al fabricante de la impresora para ver si hay otros controladores Windows XP para impresoras similares que puedan ser compatibles con este modelo. Un controlador similar podría no admitir todas las funciones, pero podría ofrecer las funciones que necesitamos (como una resolución más elevada). Por desgracia, no podemos hacer demasiado si el fabricante deja de publicar controladores. Podemos seguir con los controladores nativos de XP, o podemos cambiar la impresora por un modelo y fabricante mejor. Afortunadamente, hoy en día podemos comprar una impresora láser decente por menos de 300 euros, por lo que una nueva impresora no nos arruinará.

Problemas de rendimiento

Vaciar la cola

El problema: Tengo cinco minutos para imprimir un informe, tomarme un café, hacer una llamada y llegar a la reunión que está en la otra punta de la ciudad. Tiempo de sobra. Pero cuando intento imprimir el documento, recibo un mensaje de error que me indica que la cola de impresión está llena.

La solución: Una cola de impresión llena suele indicar que ya hay esperando para imprimirse el número máximo de trabajos de impresión. La solución más sencilla es tomarnos una segunda taza de café y entonces probar a imprimir más tarde (cuando se hayan completado varios trabajos de impresión y hayan salido de la cola). Si esto se convierte en un problema persistente (y los otros usuarios de la red), podría ser productivo incrementar la cantidad de memoria de la impresora. Las impresoras en red con mucho trabajo también se beneficiarán de una unidad de disco duro. Más RAM y espacio en disco permitirán almacenar más trabajos, proporcionándonos una cola más larga.

Conseguir la máxima velocidad

El problema: Trabajo en una gran oficina y tardo 20 minutos (de acuerdo, 15 minutos) en llegar desde mi cubículo a la impresora. Sin embargo, cuando finalmente llego a la impresora, todavía tengo que esperar a que se impriman mis documentos.

La solución: Varios factores importantes afectan a la velocidad de impresión. La complejidad del documento es un gran problema. Las memorias que sólo incluyen texto subirán en la cola y se imprimirán más rápido que dibujos complejos o diseños en CAD, que tardan mucho tiempo en descargarse del ordenador en el que están. Si queremos más velocidad para las impresiones de borrador, bastará con bajar la resolución de la impresión (y volver a dejar los niveles de calidad originales para el trabajo de impresión final). Por ejemplo, abrimos Impresoras y faxes en el panel de control, hacemos clic con el botón derecho en nuestra impresora y seleccionamos Propiedades. Hacemos clic en Preferencias de impresión, en la página General y luego hacemos clic en el botón **Opciones avanzadas** (véase la figura 8.3). Reducimos la calidad de la impresión (por ejemplo, de 600 dpi a 300 dpi). También podemos intentar deshabilitar las Características avanzadas de impresión.

Otro posible truco es cambiar las preferencias de las preferencias de la cola de impresión. Volvemos al cuadro de diálogo de propiedades de la impresora y hacemos clic en la pestaña Opciones avanzadas (véase la figura 8.4). Nos aseguramos de que esté seleccionada la opción Empezar a imprimir de inmediato. La impresora imprimirá las páginas en cuanto disponga de cada página. La otra opción (Iniciar la impresión cuando la última página haya entrado en cola) esperará a que todo el trabajo esté en la cola para empezar a imprimir. Modificar esta opción puede suponer una gran diferencia en trabajos grandes y con dibujos complicados.

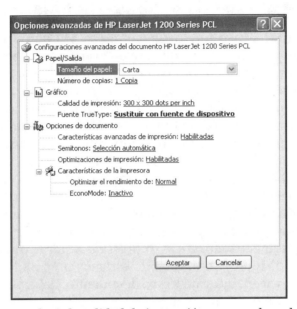

Figura 8.3. Reducir la calidad de impresión para acelerar los trabajos de impresión de borrador.

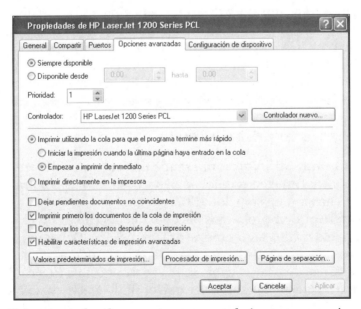

Figura 8.4. Coloquemos los documentos para que la impresora comience a imprimir páginas en cuanto estén disponibles.

Por último, si estamos intentando imprimir el máximo número de páginas por minuto, podemos preguntar al fabricante de la impresora si hay actualizaciones del *firmware* o del controlador que mejoren el rendimiento.

Aprovechar al máximo el tóner y la tinta

El problema: Tengo una pequeña impresora por chorro de tinta para mi nuevo PC. Creí que era un gran negocio hasta que empecé a imprimir fotografías. Ya he gastado más en tinta de lo que costó la impresora. ¿Qué puedo hacer?

La solución: Considerando que casi hay que pedir una segunda hipoteca para pagar el tóner y la tinta de las impresoras modernas, podemos ahorrar bastante dinero utilizando los modos "económico" o "borrador" cuando imprimamos trabajos poco importantes. Abrimos Impresoras y faxes en el panel de control, hacemos clic con el botón derecho en nuestra impresora y seleccionamos Propiedades. Hacemos clic en Preferencias de impresión, en la página General y hacemos clic en el botón **Opciones avanzadas** (véase la figura 8.3). Por ejemplo, el *Economode* de mi HP LaserJet 1200 debería estar activado. Otras impresoras tendrán opciones similares para reducir el consumo de tóner/tinta. Cuando estemos preparados para imprimir una copia "final" de una imagen, informe y otro documento, debemos acordarnos de desactivar el modo de ahorro de tinta.

Aquí tenemos otra cosa en la que pensar. Se desperdicia mucho tóner y tinta imprimiendo gráficos y texto que no son realmente necesarios. Por ejemplo, supongamos que queremos imprimir un mapa de una página Web de viajes, pero no necesitamos las enormes direcciones en texto que aparecen en la misma página. Una utilidad como PrintMagic crea una impresora virtual que nos permite arrastrar sólo el contenido que queremos imprimir. Aunque se creó inicialmente para Mac, PrintMagic ya está disponible para Windows (desde 98 a XP). Podemos descargar una versión de prueba en `http://downloads-zdnet.com.com/3000-2088-10145322.html`.

La impresora imprime basura

El problema: Mi impresora escupe caracteres incorrectos, fuentes erróneas, imágenes deformadas y todo tipo de basura. ¿Qué puedo hacer para solucionarlo?

La solución: Comprobemos la conexión del cable con el puerto paralelo o USB en la impresora y en el PC. Debemos sustituir los cables cortados, rozados o dañados. Además, debemos asegurarnos de usar el cable lo más corto posible (los cables largos y mal aislados pueden hacer que el ruido eléctrico afecte a los datos de la impresora).

Si el problema persiste, debemos asegurarnos de que estamos usando el controlador más actual del fabricante y modelo de nuestra impresora (ver "Considerar una actualización de controladores"). Si hemos instalado varias impresoras, debemos asegurarnos de seleccionar la impresora que usemos actualmente en la aplicación que imprime. Por ejemplo, si tenemos instalada una impresora láser y una de tinta, pero sólo tenemos conectada la impresora láser, debemos asegurarnos de seleccionar la impresora láser en el menú Archivo>Imprimir.

Detener varias copias

El problema: Mi impresora láser imprime varias copias de una página, aunque sólo he seleccionado una copia en el cuadro de diálogo Imprimir. Suelo reciclar o reutilizar las copias adicionales como papel de sucio, pero sigue pareciéndome un desperdicio.

La solución: Quizás la impresora esté configurada para imprimir varias copias. Debemos revisar el panel de control por menús del LCD de la impresora y establecer el valor interno de número de copias a 1 (encontraremos las instrucciones en el manual de la impresora). Si el valor es superior a 1, normalmente imprimirá ese número de copias, independientemente del número de copias que indiquemos en la aplicación.

Detener un trabajo de impresión no solicitado

El problema: Pulsé accidentalmente el icono de imprimir de Word mientras trabajaba con en un gran archivo. Fui inmediatamente al icono de la impresora de la barra de herramientas y cancelé el trabajo, pero siguió imprimiendo.

La solución: Este problema sucede a menudo y es sorprendentemente difícil de detener. Cuando indicamos a una aplicación que imprima un archivo, ese archivo se envía a la cola del disco duro y luego a la memoria de la impresora. Los documentos sencillos pueden ponerse a la cola con una velocidad sorprendente (antes de que nos demos cuenta el documento ya está en la impresora).

Cuando iniciamos un trabajo de impresión fallido, basta con apagar la impresora en primer lugar y luego vaciar la cola de impresión del PC haciendo doble clic en el icono de la impresora que hay en la barra de herramientas y borrar el trabajo. Cuando la cola se vacíe por completo, sacamos el papel que siga atascado en la impresora y volvemos a encender la impresora.

También tendremos que reiniciar la impresora (siguiendo las instrucciones del fabricante) para eliminar cualquier trabajo que siga en la cola interna del disco duro de la impresora (si tenemos uno instalado).

El HTML fastidia la impresión

El problema: Me gusta imprimir recetas y mapas de Internet, pero a menudo se cortan los márgenes y termino perdiendo una ingrediente o giro importante.

La solución: Este problema sucede porque las páginas HTML no saben nada de los márgenes del papel. Casi siempre, el navegador dibujará las páginas HTML con unos márgenes excesivamente anchos (más de 20 centímetros). También usa otros comandos de formato que pueden hacer que la página se imprima mal. Hacemos clic en el botón **Propiedades** del cuadro de diálogo Imprimir y seleccionamos la orientación Horizontal para imprimir la página de lado e incluir el contenido que se perdería de otra forma. En otros casos, podemos buscar en las páginas HTML versiones "para imprimir", que tienen un formato específico que se ajusta a los márgenes normales del papel.

> **Nota**
>
> El tóner y los cartuchos de tinta pueden ocupar mucho espacio en el basurero local y eso no es bueno para el medio ambiente. La mayoría de los fabricantes de impresora aceptarán que les devolvamos el tóner y los cartuchos de tinta gastados para su reciclado. En muchos casos, la caja del cartucho puede tener otra función, como paquete de devolución gratuita del cartucho vacío. Podemos ponernos en contacto con el fabricante de la impresora para conocer más sobre sus programas de reciclaje.

Invertir una impresión en espejo

El problema: Cuando imprimo archivos PDF y PhotoShop, el documento o fotografía aparecen como si se vieran en un espejo (invertidos).

La solución: Un controlador mal diseñado puede producir este problema cuando intentamos imprimir ciertos tipos de archivo. Hagamos clic en el botón **Propiedades** del cuadro de diálogo Imprimir y devolvamos el controlador a su valor predeterminado. Por ejemplo, hacemos clic en la pestaña Opciones avanzadas del cuadro de diálogo Propiedades de HP LaserJet 1200 y hacemos clic en el botón **Valores predeterminados de impresión** (véase la figura 8.4). Si el problema persiste, descargamos e instalamos los últimos controladores de impresora para nuestro sistema operativo.

Tratar con espacio insuficiente

El problema: He actualizado el controlador de la impresora pero ahora recibo un mensaje de error que me indica que no hay suficiente espacio para imprimir el trabajo.

La solución: Es un problema de compatibilidad con el nuevo controlador de la impresora. Como solución temporal, abrimos Sistema en el panel de control, hacemos clic en la pestaña Hardware y hacemos clic en el botón **Administrador de dispositivos**. Hacemos clic con el botón derecho en la impresora (se encontrará junto a los puertos de impresora o los puertos USB, dependiendo de la interfaz de la impresora) y seleccionamos Propiedades. A continuación, seleccionamos la pestaña Controlador y hacemos clic en el botón **Volver al controlador anterior** y seguimos las instrucciones del asistente para recuperar el controlador anterior. Alternativamente, podemos abrir Impresoras y faxes en el panel de control, hacer clic con el botón derecho del ratón en la impresora y seleccionar Propiedades. Seleccionamos la pestaña Opciones avanzadas y hacemos clic en el botón **Controlador nuevo**. A continuación, volvemos a instalar el controlador antiguo.

Limpiar las fuentes sucias

El problema: Algunas de mis fuentes parecen sucias o rotas al imprimirlas o los caracteres no se imprimen por completo.

La solución: Se olvidó de pedir a la asistenta que limpiase el polvo de la impresora ¿verdad? Bueno, no se preocupe. En la mayoría de los casos, la aplicación encargada de imprimir distorsiona el texto y hace que parezca sucio o roto. Pregunte a su proveedor de software por la existencia de parches o actualizaciones. También puede ser útil actualiza el controlador de la impresora.

También podemos cambiar la calidad de impresión mediante la aplicación. Por ejemplo, en Microsoft Word, seleccionamos Archivo>Imprimir, hacemos clic en el botón **Propiedades** y hacemos clic en el botón **Avanzadas**. A continuación, aumentamos la resolución de la calidad de la impresión o utilizamos Sustituir con fuente de dispositivo (usando las fuentes internas de la impresora) en vez de descargar los datos a la impresora como "fuentes de software" (véase la figura 8.3).

Imprimir los trabajos no vacía la cola de impresión

El problema: Estoy intentando imprimir en mi HP LaserJet a través de una red. Los trabajos se imprimen, pero no desaparecen de la cola. Incluso el trabajo se vuelve a imprimir si reinicio el sistema.

La solución: Esta pequeña joya de problema aparece en las impresoras HP LaserJet y puede deberse al programa de administración de la impresora de HP, que se ejecuta en segundo plano. La cola de impresión no funciona correctamente con el programa de administración de la impresora, lo que hace que el trabajo de impresión se quede en la cola (aunque el trabajo se imprimirá perfectamente). Probemos desactivando la impresión bidireccional. Abrimos Impresoras y faxes en el panel de control, hacemos clic con el botón derecho del ratón en la impresora y seleccionar Propiedades. A continuación, hacemos clic en la pestaña Puertos y deseleccionamos la casilla Habilitar compatibilidad bidireccional (véase la figura 8.5).

Si el problema persiste, podemos actualizar el controlador y desactivar la compatibilidad bidireccional como se explicó anteriormente. Como último recurso, podemos probar el controlador nativo de Windows XP en lugar del controlador (posiblemente sin certificar) del fabricante.

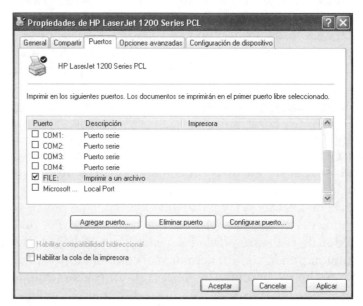

Figura 8.5. Desactivamos la compatibilidad bidireccional para cortar la comunicación entre la cola de impresión y el programa de administración de la impresora.

Problemas con el mantenimiento

El nuevo tambor también pide ser cambiado

El problema: He cambiado el tambor electrofotográfico de la impresora, pero sigue apareciendo el mensaje que me pide que lo cambie. ¡Argh!

La solución: Cuando sustituyó el tambor, ¿se acordó de reiniciar el contador de páginas? Si no es así, rescate las instrucciones para cambiar el tambor de la papelera (o quite las telarañas del manual de la impresora) y asegúrese de reiniciar el contador de páginas siguiendo las instrucciones del fabricante. La impresora usa el contador de páginas para saber la edad del tambor y poder recordarnos que ha llegado el momento de poner uno nuevo.

Abrumadores errores de tóner persistentes

El problema: He cambiado el cartucho de tóner de mi impresora láser, pero sigue apareciendo el mensaje de error que me dice que el cartucho de tóner está vacío.

La solución: Sacamos el cartucho, con cuidado, lo agitamos para distribuir el tóner y lo volvemos a insertar en la impresora. Si el problema persiste, limpiamos el cargador de corona (un cable de alto voltaje que se utiliza para colocar una carga en el tambor y atraer al tóner). Con el tiempo, el cable puede corroerse ligeramente o atraer polvo y hacer que aparezcan rayas claras/blancas en la página (observe que si cambiamos el cartucho de tóner, no cambiamos el cargador de corona, a menos que el cartucho de tóner sea parte del tambor electrofotográfico). Tendremos que sacar el tambor electrofotográfico de la impresora y encontrar el cargador de corona principal (encontraremos su ubicación exacta en el manual de la impresora). En muchos casos, los componentes del tambor ya incluyen una pequeña pestaña de plástico limpiadora que podemos mover varias veces adelante y atrás a lo largo del cable. Volvemos a colocar la pestaña en su posición bloqueada y a colocar el tambor.

> ### Truco
>
> Cuando veamos el primer aviso de "nivel de tóner bajo", podemos sacar el cartucho, con cuidado y agitarlo para distribuir el tóner. Tendremos para otras 10-20 páginas (probablemente más) con el viejo cartucho antes de tener que instalar uno nuevo.

Acabar con las franjas claras

El problema: He comprado una impresora láser para poder imprimir documentos con un aspecto más profesional, pero todas las páginas tienen una franja más clara en el medio. La impresora láser no me indica que tenga que cambiar el tóner.

La solución: Los cartuchos de tóner suelen avisarnos correctamente cuando están vacíos, pero no siempre distinguen muy bien cuando queda poco tóner. Si las páginas que imprimimos tienen buen aspecto (excepto por la franja clara/blanca que recorre la página), quizás quede poco tóner en algún punto.

Sacamos el cartucho de tóner, lo agitamos con cuidado y volvemos a introducirlo en la impresora. Si el problema vuelve posteriormente, bastará con cambiar el cartucho de tóner.

Sin embargo, si agitamos el cartucho de tóner y las franjas no desaparecen, tendremos que extraer el tambor electrofotográfico. A continuación, limpiamos el cargador de corona de transferencia (no el cable cargador de corona) como indica el fabricante de la impresora. El cargador de corona de transferencia aplica una carga al papel, con lo que se extrae el tóner del tambor.

Si alguna parte del cargador de corona está sucia, no se aplicará la carga a la página en esa zona y el resultado será una franja clara/blanca. Como último recurso, sustituyamos todo el tambor electrofotográfico.

Limpiar la tinta derramada

El problema: ¡Vaya! Tengo un cartucho defectuoso que está goteando tinta por todas partes. ¿Cuál es el mejor modo de limpiar este estropicio?

La solución: La tinta es especialmente difícil de limpiar. No suele ocurrir con los cartuchos recién salidos de la fábrica, pero puede suceder a menudo con los cartuchos que han sido dañados por demasiadas recargas de tinta. En primer lugar, debemos protegernos las manos y la ropa (por ejemplo, poniéndonos ropas viejas y unos guantes de látex) o podríamos arruinar la nueva corbata para la oficina o hacer que nuestras manos se parezcan a las de la "cosa del pantano". Mientras nos preparamos, recogemos algunas toallitas de papel, una papelera vieja, un trapo suave y un poco de alcohol isopropilo (para limpiar).

Abrimos la impresora y eliminamos el cartucho que pierde tinta. Usamos las toallas de papel para absorber la mayor parte de la tinta. Nos aseguramos de quitar la tinta de todos los contactos eléctricos del cartucho de tinta y del cilindro en el que los cartuchos pasan sobre el papel.

A continuación, humedecemos el trapo con una mezcla al 50 por ciento de alcohol isopropilo y agua y limpiamos cualquier residuo persistente.

Hay que recordar que no tenemos que ser perfectos, basta con quitar la tinta de la zona en la que está el papel y secarlo todo antes de instalar un nuevo cartucho y volver a imprimir.

Limpiar los cartuchos de inyección de tinta

Los cartuchos de chorro de tinta expulsan pequeñas gotas de tinta por boquillas microscópicas en el cartucho de tinta. En teoría, los cartuchos de tinta no necesitan mantenimiento. Sin embargo, en el mundo real dejar un cartucho destapado durante un largo periodo de tiempo puede secar tanto la tinta que bloquee las boquillas y queden finas líneas blancas a lo largo de la página. En la mayoría de los casos, las impresiones habituales desbloquean los bloqueos más pequeños y las impresoras suelen incluir una función para "limpiar", diseñada para desatascar los bloqueos persistentes. Si el cartucho sigue teniendo alguna boquilla bloqueada, podemos extraer el cartucho y dejarlo descansar (con las boquillas hacia abajo) en un baño poco profundo de alcohol isopropilo (de no más de tres centímetros de profundidad, lo justo para que lo toquen las boquillas). Esperamos 24 horas, secamos cuidadosamente las boquillas en una tcallita de papel, volvemos a colocar el cartucho, ejecutamos la aplicación de limpieza y volvemos a intentar imprimir el trabajo.

Recargar los cartuchos de tinta

A la hora de recargar los cartuchos de chorro de tinta, el éxito depende de la calidad del cartucho y de la tinta empleada. El típico proceso de recarga requiere llenar una pequeña jeringuilla con tinta, introducir la aguja en el cartucho (a través de un agujero ya existente o bien un pequeño agujero que hagamos nosotros) e introducir lentamente la tinta de la jeringuilla en el cartucho. Podemos comprar paquetes de  rellenado en tiendas de informática, además de por Internet, por unos 20 euros (`http://www.compusa.com/products/product_info.asp?product_code=299371&pfp=SEARCH`). Cuando se realiza correctamente, con tinta adecuada, un cartucho recargado debería funcionar casi tan bien como uno nuevo. Sin embargo, a los fabricantes de impresoras no les suele gustar la tinta que se usa para recargar y quizás revoquen la garantía si devolvemos una impresora con un cartucho recargado instalado. Debemos revisar atentamente la garantía por si queda revocada al usar ciertos tipos de cartuchos de tinta.

Si no queremos molestarnos en recargar, podemos conseguir cartuchos de tinta refabricados (cartuchos de tinta recargados y que el fabricante del cartucho o la empresa de reciclado garantizan que funcionan). Podemos visitar la página Web del fabricante de la impresora para ver si admiten cartuchos refabricados. Si es así, normalmente nos ahorraremos unos euros por cartucho.

Otra alternativa es un sistema de "tinta continua" de un fabricante como por ejemplo Niagara Systems (`http://www.mediastreet.com`). Estos sistemas sustituyen el cartucho de tinta de algunas impresoras Epson y Canon por un sistema de boquillas semipermanentes que llevan a una serie de tanques situados fuera de la impresora. Esta configuración puede ser una solución muy económica cuando imprimimos mucho en color.

No se encuentran los cartuchos de tinta instalados

El problema: Un mensaje de error me indica que falta un cartucho de tinta, pero acabo de instalar cartuchos completamente nuevos.

La solución: Los cartuchos de tinta reemplazables tienen una serie de contactos eléctricos en su parte posterior (el lado opuesto a la etiqueta) y cada uno de estos pequeños contactos eléctricos debe coincidir exactamente con los contactos correspondientes de la impresora. Debemos volver a comprobar la instalación y asegurarnos de que hemos colocado los cartuchos de tinta en su posición (por lo general, no querremos el cartucho Azul en el hueco para el cartucho Magenta).

Con el tiempo, los contactos eléctricos pueden oxidarse ligeramente y afectar a la conexión. Debemos extraer los cartuchos estropeados y limpiar los contactos con un poco de alcohol isopropilo en un poco de algodón (hay que limpiar los contactos del carro y del cartucho). Dejamos que el alcohol se seque por completo y volvemos a colocar los cartuchos. Si el problema no se soluciona, tendremos entonces que cambiar los cartuchos.

El atasco que no termina

El problema: Mi impresora láser se paró debido a un atasco. Quité la hoja atascada, pero la impresora sigue informando de un atasco. ¿Qué he pasado por alto?

La solución: Quitar los atascos de papel puede ser algo difícil cuando se empiezan a romper el papel. Probablemente haya quedado un pequeño fragmento de papel en la impresora que está tapando el sensor de papel y alargando la tortura. Abrimos la impresora y examinamos atentamente su interior. Quizás otra página haya entrado en la impresora desde la bandeja de papel. Debemos revisar todo el recorrido del papel y comprobar que no queden fragmentos de papel. Quizás tengamos que quitar el cartucho de tóner y el tambor electrofotográfico para ver todo el recorrido del papel.

Atascos en el duplexor

El problema: Mi impresora láser se atasca cada vez que uso el duplexor

La solución: Un duplexor nos permite imprimir en ambos lados de la página, pero cuando añadimos complejidad al recorrido del papel, también aumentamos la posibilidad de que se produzcan atascos. Abramos el duplexor y busquemos trozos de papel o de etiquetas que puedan estar obstruyendo el paso del papel (un pequeño fragmento de papel puede apartar a la página de su camino y producir un atasco).

Además, debemos asegurarnos de que hemos conectado correctamente el duplexor a la impresora.

A continuación, comprobamos que el duplexor admite nuestros consumibles (es decir, el papel, las etiquetas y transparencias). Por ejemplo, una impresora básica se puede imprimir fácilmente en tarjetas de papel de hilo de 50lb, pero el duplexor podría no admitir un papel de más de 30lb. Probemos con papel de 20lb y veamos qué sucede. Otros factores, como una humedad excesiva en verano (o poca humedad en invierno), podrían afectar negativamente al papel. Si todo esto falla, tendremos que cambiar el duplexor.

El tóner mancha

El problema: Cuando recojo las impresiones de mi impresora láser, parece como si un poco de tóner se desprendiera de las páginas y se quedara en mis manos y luego en mi camisa, y luego en... bueno, ya se imagina. ¿Qué puedo hacer para gastar menos en tintorería?

La solución: Las impresoras láser calientan las partículas de tóner hasta una temperatura muy elevada y luego empujan el tóner fundido contra las fibras de papel. Cualquier papel extraño o una pérdida de temperatura pueden hacer que parte del tóner siga en forma de partículas (con lo que puede manchar otras páginas o nuestros dedos). El mismo papel podría ser el principal culpable. Especialmente los papeles satinados o el papel demasiado fino podrían no permitir que se fijara el tóner correctamente. Probemos con el papel normal de 20lb.

Si el problema persiste, quizás haya un problema con la unidad de fijación de la impresora (los dos rodillos que calientas y presionan el tóner). Abramos el manual de la impresora y busquemos una función para regular la temperatura y aumentémosla poco a poco hasta que se resuelva el problema. Si la impresora no incluye esta función, pongámonos en contacto con el fabricante. Quizás tengan que cambiar el fijador (también llamado "fusor") estropeado.

Cómo funciona una impresora láser

Las impresoras láser funcionan colocando una carga eléctrica uniforme en un tambor sensible a la luz. A continuación, un rayo láser se mueve adelante y atrás mientras el tambor gira y atrae hacia sí el texto o los gráficos. El tóner "salta" a las zonas del tambor tocadas por el láser. Después, el tóner pasa a la página, donde es calentado y comprimido para fijar el tóner al papel. Algunas impresoras láser tienen el cartucho de tóner y el tambor electrofotográfico separados, mientras que otras integran el tóner y el tambor en un solo ensamblaje que se puede cambiar.

Las páginas parecen grises y deslucidas

El problema: He tardado casi 20 minutos en quitar un molesto atasco de papel de la impresora láser. Lo he vuelto a colocar todo correctamente (cartucho de tóner, tambor electrofotográfico, etc.), pero ahora las páginas aparecen oscuras y grises.

La solución: Este problema se produce cuando exponemos el tambor electrofotográfico a la luz (especialmente la luz del sol de alguna ventana cercana) durante 15 minutos o más. Los tambores electrofotográficos son muy sensibles a todo tipo de luz, aunque la luz intensa (como la luz del sol) es más dañina. Si dejamos el tambor al descubierto, podemos "corromper" su revestimiento sensible a la luz, lo que hará que sea mucho más difícil que el tambor acepte una carga resistente al tóner. ¡Voila! Páginas oscuras con poco contraste.

Por suerte, el tambor normalmente se recuperará de esto en 24 horas (48 horas como mucho). Si no es así, tendremos que cambiar el tambor. En el futuro, si sacamos el tambor electrofotográfico de la impresora, siempre debemos colocarlo en un contenedor en el que no entre la luz. Una gruesa bolsa de basura debería bastar, o podemos usar la bolsa oscura que tapaba el tambor cuando lo instalamos por primera vez en la impresora.

Ocuparnos de los errores de controlador de HP

El problema: Cuando intento imprimir en mi impresora HP 930C, recibo el mensaje de error HPF9XDR0.

La solución: Estamos buscando directamente un error del controlador HP. El error HPF9XDR0 suele aparecer el los principales programas, como Word, Paint, Photoshop y PrintMaster. En la mayoría de los casos, la versión del controlador es antigua o incompatible con el software. Descarguemos el controlador más actual para nuestro modelo de impresora. Si el problema no se soluciona, podemos desactivar o desinstalar el programa de supervisión de la impresora HP.

Además, debemos buscar fuentes extrañas o bien especializadas. Por ejemplo, según HP, la fuente BD Denver.TTF (fuente True Type) que se instala con los programas de ByDesign, pueden no ser compatibles con el controlador HPF9XDR0. Para este problema particular, podemos actualizar el archivo de fuente que da problemas o desinstalar el programa de ByDesign.

Problemas con la impresora de color

Corregir los fallos en las boquillas

El problema: ¿Por qué aparecen líneas blancas en las fotografías que imprimo?

La solución: Con el tiempo, las boquillas se pueden estropear u obstruir y hacer que aparezcan líneas blancas (o no impresas) en las fotografías. Para corregir este problema, limpiamos los cartuchos de tinta. Las impresoras de inyección de tinta suelen incluir una función de limpieza, diseñada para desatascar las boquillas obturadas (ver el cuadro adjunto "Limpiar los cartuchos de inyección de tinta", en este mismo capítulo). Si siguen sin funcionar todas las boquillas, podemos probar con otro cartucho de tinta. No hay que tirar el viejo cartucho (sólo relegarlo a tareas secundarias, como la impresión de texto o de borradores). Por supuesto, si la impresora usa un cabezal de impresión y un tanque de tinta separados, devuélvala al servicio técnico del fabricante.

> **Truco**
>
> Muchas impresoras de inyección de tinta incluyen un patrón de prueba en su página de prueba. A menudo aparece como una rejilla, un bloque de color u otro patrón que puede mostrar claramente el fallo de alguna boquilla.

Optar por la limpieza profunda

El problema: Mi impresora tiene un ciclo de limpieza de cabezales y uno de "limpieza a fondo". ¿Cuál es la diferencia?

La solución: Casi todas las impresoras de inyección de tinta incluyen algún tipo de ciclo de limpieza automático para

limpiar las boquillas obturadas. Sin embargo, algunas impresoras, como la Canon S9000, incluyen una función de "limpieza profunda" para eliminar cualquier atasco obstinado. Por supuesto, esto impulsa tinta por las boquillas más fuerte y durante más tiempo y gasta más (cara) tinta. Cuando limpiamos las boquillas, siempre debemos comenzar con el ciclo de limpieza básico (o ligero). Esto limpiará la mayoría de las boquillas y gastará la menor cantidad de tinta. Si la boquilla no se ha limpiado con uno o dos ciclos, quizás el cartucho esté defectuoso, por lo que entonces tendremos que cambiarlo (podemos guardar el cartucho viejo para borradores o para imprimir texto).

Los cabezales no se alinean

El problema: Las fotografías que imprimí en mi HP multifunción parecen rotas y desencajadas.

La solución: La impresora tiene un problema de alineación. Normalmente, las impresoras de inyección de tinta incluyen una función de alineado que imprime una página de prueba con una serie de símbolos (cada uno usando un factor de compensación diferente). Cuando realizamos el ciclo de alineación y recibimos la hoja impresa, seleccionamos el número que se corresponde con la mejor "alineación" y lo enviamos al controlador de la impresora. Tendremos que repetir el ciclo de alineación cada vez que cambiemos los cartuchos de tinta.

Si no encontramos un factor de alineación adecuado, es probable que estemos usando un cartucho de tinta de un proveedor independiente, que no cumpla con las especificaciones técnicas del diseño original del fabricante. ¿Seguimos atascados? Podemos ponernos en contacto con el fabricante de la impresora para hablar con el servicio técnico o que nos la sustituyan.

Los colores no parecen los correctos

El problema: Acabo de volver de mi luna de miel y he comenzado a imprimir algunas fotografías para la familia. El problema es que mis preciosas fotografías de las puestas de sol parece que no han captado el momento; los colores parecen estar mal. ¿Alguna idea?

La solución: Recuerde que los colores que vemos en el monitor no siempre reflejan los colores que aparecerán en la impresora de inyección de tinta. Sólo algunas impresoras incluyen una unidad para que coincida el color de impresión con el del monitor. En los demás casos, la impresora de color sólo intenta interpretar de la mejor manera posible la imagen en color. Conclusión: los colores impresos pueden ser algo diferentes de los colores que aparecen en el monitor. Si el controlador de la impresora admite perfiles de color (véase la figura 8.6), podremos modificar los colores de la impresora dependiendo del papel y de la configuración de la impresora.

También podemos usar un programa de edición fotográfica, como Adobe Photoshop Elements para modificar los colores de la imagen.

Si observamos problemas aún más sutiles (como manchas de tinta con una mezcla de colores pobre) quizás sea hora de limpiar los cartuchos de tinta. Realizamos un ciclo de limpieza completo en la impresora de inyección de tinta y volvemos a intentar imprimir otro trabajo. Comparamos los dos trabajos de impresión y vemos si el ciclo de limpieza ha servido para algo.

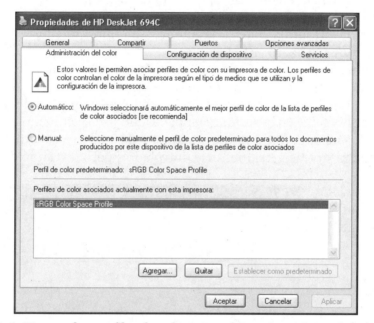

Figura 8.6. Usamos los perfiles de color para adaptar los colores de la impresora al tipo de papel y la configuración del hardware.

Color en escala de grises

El problema: Veo restos de color en las imágenes que imprimo en escala de grises. ¿Se ha convertido de repente el color rojo en un tipo de gris?

La solución: La mayoría de las impresoras de color de inyección de tinta usan cuatro colores: negro, azul claro, magenta y amarillo. Cuando optamos por el negro (o una sombra de gris), la impresora debería emplear solamente el cartucho de tinta negra. Sin embargo, también podemos combinar las tintas azul claro/magenta/amarillo para producir el color negro (y gris). Algunas impresoras nos permiten alternar entre el negro "auténtico" y el negro "combinado". Cuando imprimimos imágenes en escala de grises, debemos asegurarnos de escoger el primero. En caso contrario, la impresora intentará usar los componentes de color (con lo que la impresión será mucho más cara). Si la impresora se basa en un cartucho de color para emular el negro y el gris, debemos sustituir el cartucho de color por un cartucho de tinta negra antes de imprimir imágenes en escala de grises.

Los colores parecen grises

El problema: Hice una foto de una puesta de sol increíble. El cielo estaba ardiendo con todo tipo de amarillos, rojos y naranjas. Por supuesto, nunca lo dirías mirando a lo que imprimí, porque mi impresora a color, de repente, sólo imprime imágenes en blanco y negro. ¿Qué pasa?

La solución: Abrimos Impresoras y faxes en el panel de control, hacemos clic con el botón derecho en nuestra impresora y seleccionamos Propiedades. Hacemos clic en **Preferencias de impresión** y hacemos clic en la pestaña Papel/calidad y seleccionamos la opción Color (véase la figura 8.7). Por supuesto, esta opción puede aparecer de otra forma en otros tipos de impresora y otras versiones del controlador, pero nos sirve de ejemplo.

Figura 8.7. Nos aseguramos de que seleccionamos la opción de impresión Color y no Blanco y negro.

Evitar las manchas de tinta

El problema: Cuando imprimo fotografías, la tinta simplemente se desparrama en una línea; es como un pincel que mezclase los colores.

La solución: Si se acumula suficiente polvo, pelo de animal y demás suciedad en el cartucho, puede actuar realmente como un pincel (mezclando un color húmedo con otro) y arruinar la impresión. En primer lugar, debemos quitar los cartuchos de tinta y limpiar cualquier suciedad del cartucho y de su contenedor.

Este problema también puede aparecer si usamos la superficie de impresión equivocada, una mala calidad de impresión o un tipo de papel erróneo. El papel normal, el papel para la inyección de tinta, transparencias y el reluciente papel fotográfico, todos absorben diferentes cantidades de tinta. Por ejemplo, si indicamos a la impresora que estamos usando papel fotográfico, puede expulsar más tinta para crear una imagen más nítida y brillante. El problema es que si hemos introducido una transparencia o un papel no satinado en la impresora, el exceso de tinta podría hacer que los colores se corrieran o gotearan. Debemos asegurarnos siempre de que la configuración del papel y la calidad de impresión concuerdan con el medio (papel) que hay en la impresora.

Truco

Incluso cuando el medio y la configuración de la calidad son correctos, las fotografías estarán húmedas varios minutos. Antes de manipular la impresión, debemos dejar que se seque.

La tinta no rellena correctamente

El problema: Mi impresora de inyección de tinta funciona correctamente, pero la tinta no parece llenar por completo el texto y los gráficos. Por ejemplo, cuando imprimo listados de terrenos, las fotografías parecen tener zonas sin color y las descripciones y el texto con los detalles parecen rotos.

La solución: Los fabricantes diseñan las impresoras de inyección de tinta para imprimir en superficies planas. Los papeles con texturas (como el papel de lienzo) crean muchos bultos y huecos que no cuadran correctamente. Probemos imprimiendo en el papel normal de 20lb que se encuentra en cualquier tienda de suministros de oficina. Si realmente tenemos que imprimir en un papel tosco o rugoso, debemos asegurarnos de que seleccionamos el modo de impresión "normal" o "calidad alta" y hacer que la impresora envíe la máxima cantidad de tinta.

También debemos vigilar los cartuchos. Las líneas blancas (sin imprimir) indican una boquilla de tinta obstruida (ver el anterior problema "Corregir los fallos en las boquillas"), de modo que debemos realizar un ciclo de limpieza del cartucho y volver a intentar imprimir.

Tirar los cartuchos de tinta

El problema: Imprimo muchas fotografías del mar. Por tanto, mi impresora, que usa un sólo cartucho de color CMY, se queda sin tinta azul antes que sin los demás colores. La tinta es muy cara y tirar un cartucho CMY cuando sólo se ha quedado sin un color me parece un derroche de dinero.

La solución: Por desgracia, tenemos muy pocas opciones. Una opción que es popular es un paquete de recarga de tinta. Seleccionamos paquete de recarga de color adecuado para el fabricante y modelo de nuestros cartuchos y añadimos algo de tinta al color agotado de nuestro cartucho.

Sin embargo, las recargas no siempre son fiables. Los usuarios suelen dañar el cartucho durante el proceso de recarga y muchos cartuchos sólo pueden recargarse un pequeño número de veces. Si utilizamos tinta de baja calidad o nos equivocamos de tinta para la recarga podrían producirse muchos atascos en las boquillas (o un goteo excesivo).

Advertencia

Nunca intente obtener más tinta de un cartucho introduciendo disolventes u otros productos químicos en el contenedor de la tinta. Los disolventes reducirán la concentración de la tinta que quede y probablemente el cartucho gotee.

Sin embargo, no todo es tan negativo. Prácticamente todos los fabricantes de impresoras de color proporcionan algún tipo de programa de reciclaje y algunos fabricantes pueden ofrecer un descuento considerable en cartuchos de tinta refabricados (podemos buscar ofertas especiales del fabricante de la impresora).

Truco

Podemos comprar cartuchos de inyección de tinta azul, magenta y amarillo por separado, en lugar de un solo cartucho CMY combinado. De esta forma, solamente tendremos que cambiar el color que se ha acabado.

Más tinta por el mismo dinero

El problema: ¿Dónde puedo encontrar sistemas de tinta continua para la impresora? ¿Son realmente buenos? ¿De verdad se ahorra dinero?

La solución: Dos grandes fuentes de sistemas de tinta continua son MediaStreet (http://www.mediastreet.com) y CIS, Inc. (http://www.nomorecarts.com). Los sistemas de tinta continua suelen usar una serie de botellas de tinta externas (cada una con entre 0,1 y 3,5 kilogramos) para alimentar a un sustituto del cartucho y proporcionan suficiente tinta para cientos (o incluso miles) de páginas. Por desgracia, no todos los tipos de impresora admiten los sistemas de tinta continua. Los sistemas Niagra de MediaStreet tan sólo sirven para impresoras Epson (y algunas Canon). Continuous Inking Systems de CIS, Inc. sirve para varias impresoras Epson (véase la figura 8.8).

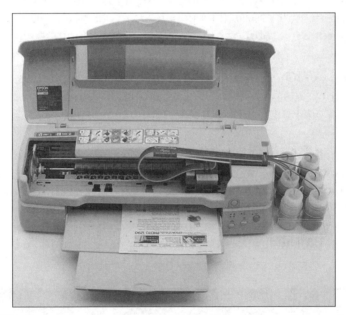

Figura 8.8. Una impresora Epson Stylus Photo 1290 con un sistema de tinta de CIS.

¿Merece la pena gastarnos el dinero? Para calcular lo que nos podemos ahorrar, tendremos que saber lo que cuestan nuestros propios cartuchos de tinta, la cantidad de tinta que contiene y el número de páginas que podemos imprimir. Entonces podremos calcular el coste aproximado de cada página.

A continuación consideramos el precio del sistema de tinta y del sistema de tinta continua y calculamos el precio aproximado de cada página. Comparamos las dos cifras y veremos lo que nos ahorraremos.

Problemas con el papel

Evitar los tipos de papel incorrectos

El problema: Mi impresora admite una increíble variedad de texturas, grosores y acabados de papel. De hecho, me molesta el exceso de opciones. ¿Tiene algún consejo sobre los tipos de papel a evitar?

La solución: Hay pocas reglas fijas, pero aquí mostramos algunos consejos para poder decidir:

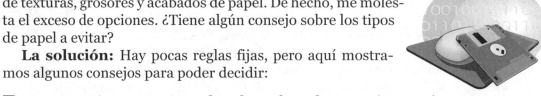

❏ Los mecanismos que controlan el papel pueden manejar un número limitado de peso de papel (hay que evitar el papel demasiado ligero o bien demasiado pesado). Por ejemplo, el papel de 50lb suele dar problemas con la alimentación puesto que no puede realizar las dobleces y los giros de las rutas de la mayoría de impresoras. Los papeles finos también producen fallos de alimentación porque los rodillos que mueven el papel no pueden sujetar las páginas con firmeza.

❏ La tinta y el tóner no suelen adherirse bien a los papeles con satinados extraños, como encerados o metálicos. Los satinados también pueden hacer que las páginas se resbales (y ensucien los rodillos) y producir fallos en la alimentación o atascos.

❏ Los papeles con texturas (por ejemplo, el papel de lienzo) pueden servir para algunas impresoras, pero no para todas. Por ejemplo, una impresora de inyección de tinta puede usar una página de lienzo para realizar una impresión de calidad fotográfica profesional, pero una impresora láser no podría transferir el tóner a un papel con una superficie tan rugosa. Debemos asegurarnos de usar productos de papel probados y recomendados por el fabricante de la impresora.

Truco

Algunos fabricantes (como HP) venden paquetes de mantenimiento, que nos permiten cambiar elementos como los rodillos y los fusores sin tener que llevar la impresora al servicio técnico. En la página Web del fabricante de la impresora encontraremos las partes y servicios disponibles.

Entran varias páginas a la vez

El problema: A veces, cuando intento imprimir documentos largos, las hojas se pegan y atascan la impresora.

La solución: En primer lugar, debemos asegurarnos de usar un tipo y tamaño de papel recomendado para la impresora (ver "Evitar los tipos de papel incorrectos"). Los papeles demasiado delgados o satinados suelen pegarse y producir fallos en la alimentación. Los entornos extremadamente secos (especialmente el seco invierno de Nueva Inglaterra) pueden producir electricidad estática y hacer que las páginas se peguen. No debemos cargar la bandeja del papel demasiado ni demasiado poco. Además, debemos asegurarnos de abanicar las hojas antes de introducirlas en la bandeja.

Acabar con las arrugas en los sobres

El problema: Cuando intento imprimir sobres, salen arrugados o atascan la impresora.

La solución: Buscar en la documentación de la impresora el tamaño y grosor recomendado para los sobres. Los sobres demasiado grandes o gruesos no funcionan bien con nuestra impresora (ver "Evitar los tipos de papel incorrectos"). Al igual que con el papel, las condiciones ambientales como un exceso de humedad (o la falta de humedad) pueden afectar negativamente a los sobres y producir atascos inesperados. El exceso de humedad también puede causar daños a los adhesivos del sobre en una impresora láser. La combinación de calor y humedad pueden pegar el adhesivo del sobre y obligarnos a abrir la solapa pegada. Debemos mantener el papel y los sobres en un lugar seco y fresco.

Problemas con el escáner

El PC no reconoce al escáner USB

El problema: Mi PC no consigue reconocer mi escáner USB. El resto de dispositivos USB funcionan perfectamente.

La solución: En primer lugar, asegúrese de que su equipo cumple (o supera) los requisitos mínimos del escáner. Por ejemplo, quizás tengamos que actualizar el SO antes de conectar el escáner USB.

A continuación, nos aseguramos de que el cable de alimentación y el cable USB estén firmemente conectados en ambos extremos. Muchos dispositivos USB también necesitan que instalemos controladores y otros programas de apoyo (como un programa de administración del escáner) antes de conectar realmente el hardware. En ese caso, desconectamos el escáner, eliminamos todas las entradas desconocidas del administrador de dispositivos (abrimos Sistema en el panel de control, hacemos clic en la pestaña Hardware y en el botón **Administrador de dispositivos**), a continuación, instalamos el programa del escáner, tal y como recomienda el fabricante.

Si el escáner está todavía de vacaciones, probemos el puerto USB conectando otro dispositivo USB (como un ratón) al puerto para ver si funciona. Si no es así, conectemos el escáner a otro puerto o busquemos errores en el puerto USB original (en el capítulo 1 encontraremos varios problemas con el puerto USB interesantes). Si el ratón USB funciona, sabemos que el puerto funciona (aunque tampoco vendrá mal probar con otro puerto USB de todas formas). A continuación, probamos el escáner en otro PC. ¿Seguimos sin suerte? Entonces tendremos que llevar el escáner al lugar de compra o ponernos en contacto con el fabricante.

Aquí tenemos otro truco para los amantes de la tecnología. Como los equipos a veces desactivan los puertos USB sin actividad, pero no siempre permiten que el puerto se active cuando se conecta un dispositivo, podemos probar reiniciando el PC y conectando el escáner USB inmediatamente. También podríamos acceder al concentrador raíz USB de nuestro puerto y evitar que lo desactive. Para ello, abrimos Sistema en el panel de control, hacemos clic en la pestaña Hardware y en el botón **Administrador de dispositivos.** Ampliamos la entrada Controladores de bus serie universal, hacemos clic con el botón derecho del ratón en el Concentrador raíz USB correspondiente y seleccionamos Propiedades. Hacemos clic en la pestaña Administración de energía y deseleccionamos la casilla Permitir al equipo apagar este dispositivo para ahorrar energía (véase la figura 8.9).

Figura 8.9. Evitemos que el ordenador desactive automáticamente los puertos USB.

Truco

Si usamos un concentrador USB, podemos intentar conectar el escáner directamente a un puerto USB del PC.

La conexión SCSI no puede iniciar el escáner

El problema: Cuando conecto mi escáner SCSI aparece un error que dice "No se puede inicializar el escáner".

La solución: Esta molestia sorprendentemente común suele hacer referencia a la configuración del adaptador SCSI. En primer lugar, tenemos que revisar el cableado y las terminaciones SCSI entre el escáner y el puerto SCSI. Además, debemos asegurarnos de que hemos terminado el último dispositivo SCSI externo (casi siempre, el escáner).

Esto tiene truco. Tendremos que quitar la terminación de los adaptadores SCSI si tenemos conectados dispositivos SCSI internos y externos. Hay que recordar que los extremos de una cadena SCSI deben terminarse; de ahí que normalmente terminemos el adaptador SCSI y la última unidad interna. Sin embargo, con los dispositivos internos y externos conectados, el adaptador SCSI queda en el medio de la cadena SCSI y, por tanto, no deberíamos terminarlo. Además, debemos asegurarnos de asignar al escáner una identidad SCSI única.

¡Guau! Ahora buscamos controladores actualizados para el adaptador SCSI y el escáner SCSI. Instalamos primero todas las actualizaciones del controlador del adaptador SCSI y luego probamos los nuevos controladores del escáner SCSI.

Podemos encontrar otro problema en la función SCAM (Configuración automática SCSI) del adaptador SCSI. SCAM asigna automáticamente una identidad SCSI a cada dispositivo del adaptador SCSI (en lugar de las identidades fijas que establecemos a mano). Por desgracia, algunos dispositivos SCSI pueden recibir identidades diferentes cada vez que iniciamos el PC. Si el escáner recibe identidades diferentes, parecerá que funciona bien con algunos arranques, pero no con otros (depende de la identidad que reciba). Podemos deshabilitar SCAM mediante la BIOS del adaptador SCSI y establecer manualmente las identidades SCSI de cada dispositivo.

El botón para escanear cuelga el PC

El problema: Cuando pulso el botón de escaneado en mi unidad multifunción HP, el PC se cuelga y tengo que reiniciarlo. Qué dolor de ya-sabes-qué.

La solución: Muchos de los escáneres actuales incluyen botones diseñados para automatizar tareas habituales. Por ejemplo, el botón para escanear puede iniciar la aplicación de escaneado y mostrar una vista previa de la imagen con sólo pulsar un botón (eliminando gran parte de la pesadez de iniciar el programa y encender el escáner manualmente). Sin embargo, el PC debe cumplir (o superar) los requisitos mínimos requeridos por el escáner. Si es necesario, tendremos que parchear o actualizar el sistema operativo. Disponer de poco espacio en el disco duro o poca memoria RAM también puede hacer que el sistema se cuelgue cuando utilicemos estos botones. Debemos cerrar cualquier aplicación en segundo plano que no sea necesaria para liberar memoria RAM. En último caso, quizás tengamos que actualizar la RAM o conseguir un disco duro con mayor capacidad para poder usar los controles del escáner. Por último, debemos buscar controladores y programas actualizados, que pueden eliminar este problema en un determinado tipo de PC y sistema operativo, en la página Web del fabricante del escáner.

Truco

Quizás tengamos que instalar y ejecutar el programa que incluía el escáner antes de poder usar los botones personalizados.

Al escanear se abre otra aplicación

El problema: Cuando pulso el botón de escaneado, se abre un programa de edición fotográfica, en lugar del programa de escaneado.

La solución: Los programas del ordenador configuran los botones del escáner. Cuando el PC ve un botón de función (como el de escaneado), automáticamente realiza la tarea asignada en el controlador del escáner o en el programa de gestión del escáner. Probablemente el programa de edición fotográfica detectó el escáner y cambió la aplicación predeterminada para escanear/editar del escáner. Para cambiar la configuración del botón y que inicie otro programa, podemos revisar el manual de instrucciones del escáner.

Conseguir más RAM para escanear

El problema: Cuando intento escanear las imágenes de una página, recibo un mensaje de error.

La solución: Escanear es una tarea que consume mucha memoria; no hay solución. Imaginemos que tenemos que

escanear un documento de 8,5 x 11 pulgadas a 300 ppp en color de 16 bits. Son más de 90.000 puntos por pulgada cuadrada. Como la imagen de 8,5 x 11 pulgadas tiene 935 pulgadas cuadradas, estamos hablando de casi 84.150.000 píxeles. Con 16 bits por píxel (dos bytes), son 168.300.000 bytes (168,3 MB) para una imagen completa sin comprimir. Incluso para un PC con 512 MB, 168,3 MB son muchos. Un escaneado con color de 32 bits necesitaría el doble (336,6 MB). Es fácil quedarnos sin memoria RAM (especialmente si tenemos varias aplicaciones abiertas).

Comencemos con una rápida comprobación de la memoria. Quitemos las aplicaciones de fondo para liberar más memoria RAM (y evitamos posibles conflictos con otros programas, que podrían estar causando este error). Volvamos a intentar el escaneo. Si el problema no se ha solucionado, probemos con un escaneado más pequeño, bajando la profundidad del color o la resolución. Cualquiera de estas tres opciones reducirá la RAM necesaria para escanear. Si el error de memoria desaparece, necesitamos más RAM.

No debemos olvidarnos de la memoria virtual. Los PC suele guardar cierto espacio en el disco duro para emular la memoria RAM. Cuando falta memoria RAM auténtica, el PC usará la memoria virtual. Abramos Sistema en el panel de control, hacemos clic en la pestaña Opciones avanzadas y en el botón **Configuración** del apartado Rendimiento. Hacemos clic en la pestaña Opciones avanzadas y examinamos la zona Memoria virtual (véase la figura 8.10).

Figura 8.10. Comprobamos la cantidad de memoria virtual asignada al sistema.

Por defecto, Windows XP usa para la memoria virtual aproximadamente 1,5 veces la cantidad de RAM disponible. Para un equipo con 512 MB de RAM, el sistema reservará 768 MB. Si esta opción está deshabilitada (o es muy inferior), hacemos clic en el botón **Cambiar** (véase la figura 8.11). Seleccionamos la opción de personalizar la memoria virtual o dejamos que Windows lo haga automáticamente. Cuando el programa de escaneado disponga de mucha memoria virtual, los errores de memoria deberían desaparecer.

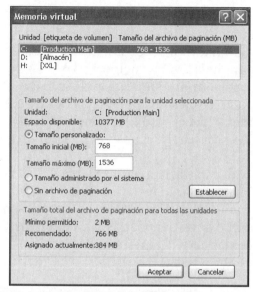

Figura 8.11. Configuremos manualmente la cantidad de memoria virtual disponible o dejemos que Windows la gestione automáticamente.

Gestionar la lámpara del escáner

El problema: Mi HP ScanJet se toma su tiempo antes de comenzar a escanear. Tarda 45 segundos o más para escanear una sola página. ¿Puedo hacer que el escáner vaya más rápido aumentando la luz emitida?

La solución: Normalmente, los escáneres funcionan con un modo de ahorro de energía (el escáner se apaga cuando no está trabajando para no malgastar su lámpara interna. Cuando iniciamos un escaneo, la lámpara tiene que calentarse durante unos 30 segundos para asegurar que la intensidad de la luz sea uniforme y para garantizar la pureza del color.

Los escáneres como el HP ScanJet 6200C nos permiten desactivar el modo económico para que la lámpara esté siempre encendida. Abrimos Escáneres y cámaras en el panel de control y hacemos doble clic en el icono del escáner. Hacemos clic en la pestaña Lámpara, seleccionamos el modo Exploración más rápida y hacemos clic en **Aceptar**. Mantener encendida la lámpara elimina el periodo de calentamiento y se inicia el ciclo de escaneado más rápido.

Escanear en aplicaciones rebeldes

El problema: Quiero escanear unos artículos del periódico, pero la aplicación de escaneado no considera a la aplicación Works de Microsoft como destino válido.

La solución: Este problema habitual se produce con escáneres antiguos y programas de OCR (Reconocimiento óptico de caracteres). En algunos casos, podremos parchear o actualizar el programa que incluía el escáner (y si es necesario, la aplicación de destino) para mejorar la compatibilidad. Si el escáner y la aplicación simplemente no se llevan bien, normalmente podremos enfrentarnos al problema mediante un proceso de dos pasos. En primer lugar, usamos el programa que incluía el escáner para crear un escaneado y lo guardamos como un archivo de imagen estándar (como .BMP o .TIF). En segundo lugar, abrimos lo escaneado mediante la opción de importar de la aplicación que queremos usar (como el editor de imagen o el programa de OCR).

Gestionar el moiré

El problema: ¿Por qué aparecen pequeñas líneas onduladas en mis fotografías escaneadas?

La solución: Probablemente estemos viendo el efecto de moiré (una especie de distorsión que se produce cuando intentamos escanear o mostrar imágenes con mucho detalle, como patrones o texturas delicados). En primer lugar, nos aseguramos de alinear adecuadamente la imagen en la superficie del escáner. A continuación, usamos una resolución de escaneado/muestra igual (o superior) a la imagen original.

Si usamos una resolución inferior, la diferencia entre la fotografía original y la fotografía escaneada pueden producir una impresión óptica y crear círculos concéntricos o patrones a cuadros. Por último, buscamos en nuestro programa de escaneado una función "Reducción de moiré".

Conseguir los mejores escaneados fotográficos

El problema: Escaneo muchos documentos en mi trabajo. Los escaneados nunca tienen buen aspecto, pero al menos cumplen su función. Sin embargo, ahora quiero escanear las fotografías de mi familia y archivarlas en un CD-RW. ¿Qué puedo hacer para mejorar la calidad de lo que escaneo?

La solución: Los siguientes trucos nos ayudarán a realizar los mejores escaneados de nuestras fotos en color y en blanco y negro:

❑ **Tengamos en cuenta la fotografía original:** Las fotografías poco nítidas o desenfocadas no mejorarán al escanearlas. Los pliegues y las manchas también aparecerán en la imagen escaneada. Sin embargo, un buen programa de edición fotográfica, como Adobe PhotoShop Elements, nos permitirá gestionar el brillo, contraste, reducción de ojos rojos y demás males de las fotografías.

❑ **Diferentes escáneres proporcionan diferentes resultados:** Debemos usar un escáner que ofrezca la resolución y precisión de color necesarias para realizar escaneados de buena calidad. Escanear con una resolución y profundidad de color altas generará archivos de imagen más grandes, pero nos ayudará a trasladar los detalles y sutilezas de nuestra imagen original (los escaneados en alta resolución también nos permiten agrandar las fotografías para imprimirlas posteriormente). Si nuestro escáner tiene diferente resolución horizontal y vertical, podemos probar girando la fotografía 90 grados y apreciando el resultado con la nueva orientación. Por otro lado, escanear en resoluciones ligeramente más bajas puede ayudar a ocultar pequeñas imperfecciones en algunos casos.

❑ **Limpiar el escáner:** Hay que recordar que el polvo, pelo de las mascotas y demás suciedad que se encuentre en la pantalla del escáner, aparecerá en nuestros escaneados (ver el cuadro adjunto "Limpiar un escáner", en este apartado).

❑ **Dejar que el escáner se caliente:** Los escáneres usan fuentes de luz intensas (generalmente, lámparas halógenas o fluorescentes) para iluminar el objeto a escanear. Sin embargo, las lámparas tardan hasta 30 segundos en llegar a su máximo brillo y estabilizarse a la "temperatura de color" adecuada. Si escaneamos con una bombilla "fría", el escaneado parecerá oscuro o apagado y quizás los colores no parezcan los correctos (ver "Gestionar la lámpara del escáner", en este capítulo).

❑ **Guardar las imágenes en formatos con menor pérdida:** Cada formato de archivo (BMP, PNG, TIFF, JPEG) ofrece un equilibrio entre tamaño de archivo y compresión. Algunos formatos (como JPEG) usan una compresión "con pérdidas", que ahorra espacio en el archivo pero sacrifica los pequeños detalles de la imagen. Apreciaremos más la pérdida de detalle cuando imprimamos la imagen guardada. Si queremos imágenes con la máxima calidad (y podemos sacrificar espacio en disco), usamos un formato de archivo con menor pérdida, como BMP o PNG.

Truco

Para probar la calidad de la imagen, escaneamos una imagen y guardamos entonces una copia en diferentes formatos de archivo. A continuación comparamos los tamaños y la calidad de imagen de cada archivo guardado.

Nota

Para limpiar el polvo de la superficie de cristal del escáner, utilizamos un paño suave. Podemos quitar las huellas de dedos y manchas con un limpiador de cristales con amoniaco (como por ejemplo Windex). No debemos rociar el cristal directamente, es mejor humedecer una toallita suave.

Escanear para el rendimiento en Internet

El problema: Estoy escaneando una caja de zapatos llena de fotografías para la página Web de mi familia. Las imágenes se escanean bien y tienen un aspecto estupendo, pero cuando las cuelgo en la página Web, la página tarda años en cargarse. Sé que las fotografías probablemente son demasiado grandes, pero ¿cuál es la mejor forma de reducir su tamaño para que se carguen rápidamente, pero que sigan viéndose bien?

La solución: Cuando escaneamos imágenes para usarlas en Internet, debemos seguir estos pasos:

❏ Seleccionar una resolución de 75 ppp (resoluciones más altas no se verán mejor en el monitor de un ordenador).

❏ Reducir el tamaño del archivo de imagen usando una profundidad de color de 16 bits, en lugar de 32 bits.

❏ Usar un formato con gran compresión, como JPEG, GIF o FPX para guardar la imagen, en lugar de usar un formato con poca pérdida, como TIFF o BMP (algunos programas de escaneo incluyen una opción de "escanear para Internet", que configura automáticamente la resolución y el formato de archivo).

Puntos blancos en el escaneo

El problema: Cuando escaneo fotografías, aparecen puntos y manchas blancos en la imagen.

La solución: Si imprimimos la fotografía original en papel no satinado (como papel mate, brillante o de lienzo), puede atrapar la luz reflejada y producir cosas extrañas, que aparecerán como puntos blancos o pequeños parches. Por otro lado, si usamos el suave papel fotográfico, el escáner capturará la luz reflejada directamente de la fotografía.

Una solución habitual es volver a escanear la fotografía con otra orientación. Por ejemplo, cambiando la fotografía de la posición vertical a la horizontal, o girando la fotografía 180 grados. Luego podremos usar el programa de escaneado para girar la imagen escaneada. Al girarla cambiamos la dirección en la que se refleja la luz y muchas veces se reduce el número de puntos blancos. Por supuesto, también podemos volver a imprimir la fotografía original en el papel fotográfico satinado estándar.

Conseguir escaneados más definidos

El problema: He escaneado, accidentalmente, dos veces un dibujo usando la misma configuración. El primer escaneo era bueno, pero quería ajustar el contraste para ver si había alguna diferencia. Curiosamente, el segundo escaneo tenía más color y mejor definición, aunque usé la misma configuración por error.

La solución: Probablemente el segundo escaneo se benefició de una fuente de luz más caliente. Debemos recordar que el escáner es básicamente un dispositivo fijo, pero la fuente de luz halógena o fluorescente sigue siendo un elemento "analógico". Las características de esa fuente de luz cambiarán ligeramente a medida que la lámpara se calienta. Suele hacerse más brillante y su "temperatura de color" cambia (produciendo una calidad de color ligeramente superior al escanear). Si tenemos que realizar muchos escaneados, podemos usar el controlador del escáner o su aplicación de administración para desactivar la función de ahorro de energía y tener siempre la lámpara encendida. Además, debemos dejar que el escáner se caliente durante varios minutos antes del primer escaneo (ver "Gestionar la lámpara del escáner", en este capítulo).

Hacer coincidir los colores en el escaneado

El problema: He escaneado una hermosa fotografía en color de la boda de mi primo, pero los colores del monitor no coinciden con los colores de la fotografía (el hermoso cielo azul parece gris y las nubes parecen oscuras).

La solución: En teoría, los colores de una imagen escaneada deberían coincidir con los colores del dibujo o fotografía original. Sin embargo, esto no siempre es así. Por ejemplo, los colores pueden variar debido a la imprecisión del escáner, producida por una fuente de luz fría o que falla (ver el anterior problema "Conseguir los mejores escaneados fotográficos"). También puede verse afectado por la configuración del brillo, color y contraste del escáner, además de pequeñas diferencias en la forma en que el controlador de pantalla interpreta la información del color de la imagen escaneada. Los siguientes consejos nos ayudarán a mejorar la fidelidad del color:

❑ Dejar que la lámpara del escáner se caliente durante varios minutos y usar el controlador del escáner o el programa de escaneado para configurar el brillo, contraste y color con sus valores "neutrales".

❑ Buscar controladores actualizados y parches de programas, diseñados para mejorar la fidelidad del color, en la página Web del fabricante del escáner. Buscar también controladores actualizados para la tarjeta gráfica y el monitor. Además, debemos asegurarnos de que el adaptador de pantalla está configurado específicamente para nuestro monitor (en lugar del genérico "monitor Plug-and-Play").

❑ Probar un archivo de corrección del color. Igual que podemos emplear un archivo de corrección del color entre el PC y la impresora, también podemos usar archivos de ajuste del color entre el PC y el escáner. Abrimos Escáneres y cámaras en el panel de control, hacemos clic con el botón derecho del ratón en el escáner y seleccionamos Propiedades. Hacemos clic en la pestaña Administración del color y seleccionamos un perfil de administración del color que nos ayude a corregir los colores (véase la figura 8.12).

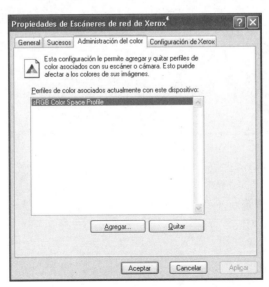

Figura 8.12. Usamos la pestaña Administración del color para usar los perfiles de color adecuados.

❏ Algunos escáneres modernos (como el HP ScanJet 8200) incluyen una función de calibración que nos permite igualar directamente (calibrar) el escáner y el monitor para asegurar la fidelidad del color en la imagen escaneada.

Herramientas comerciales

Los fabricantes de impresoras suelen incluir los controladores, el programa de administración del hardware y otras utilidades esenciales en la caja. Sin embargo, las siguientes utilidades independientes se merecen un lugar en nuestra caja de herramientas:

❏ **PrintMagic** (`http://downloads-zdnet.com/3000-2088-10145322.html`): Nos permite arrastrar sólo el contenido que queremos imprimir, ahorrándonos papel y tóner/tinta.

❏ **InkSaver** (`http://www.inksaver.com`): Nos ayuda a controlar la cantidad de tinta que usa nuestra impresora de inyección de tinta, para que los cartuchos de tinta duren más.

❏ **IntelliScribe** (`http://lpr.brooksnet.com`): Un cliente de impresión, basado en el protocolo TCP/IP para Windows, que nos permite enviar eficientemente trabajos de impresión a las impresoras de la red o de nuestro equipo.

❏ **Color Converge** (`http://www.redweathertech.com/products/colorconverge/index.html`): Una utilidad digital para hacer coincidir el color que mejora la fidelidad de los colores en diferentes dispositivos de impresión.

❏ **ThumbsPlus** (`http://www.cerious.com`): Una utilidad de base de datos y edición fotográfica, rápida y con numerosas opciones de formato y de compresión.

Índice alfabético